百年大党
走向最强大政党

张志明 ◎ 著

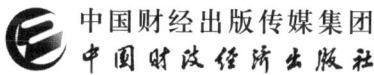

中国财政经济出版社

图书在版编目（CIP）数据

百年大党：走向最强大政党 / 张志明著. -- 北京：中国财政经济出版社，2021.6

ISBN 978-7-5223-0600-1

Ⅰ.①百… Ⅱ.①张… Ⅲ.①中国共产党—党史—学习参考资料 Ⅳ.①D23

中国版本图书馆 CIP 数据核字（2021）第 105563 号

责任编辑：蔡丽兰 责任校对：胡永立
封面设计：马淑玲 责任印制：刘春年

百年大党：走向最强大政党

BAINIAN DADANG ZOUXIANG ZUIQIANGDA ZHENGDANG

中国财政经济出版社 出版

URL: http://www.cfeph.cn

E-mail: cfeph@cfemg.cn

（版权所有　翻印必究）

社址：北京市海淀区阜成路甲 28 号　邮政编码：100142

营销中心电话：010-88191522

天猫网店：中国财政经济出版社旗舰店

网址：https://zgczjjcbs.tmall.com

北京中科印刷有限公司印刷　各地新华书店经销

成品尺寸：170mm×240mm　16 开　28 印张　430 080 字

2021 年 6 月第 1 版　2021 年 6 月北京第 1 次印刷

定价：79.80 元

ISBN 978-7-5223-0600-1

（图书出现印装问题，本社负责调换，电话：010-88190548）

本社图书质量投诉电话：010-88190744

打击盗版举报热线：010-88191661　QQ：2242791300

目录

引 论　破译中国共产党百年成功的密码	1
第一章　如何应对千古未有之变局	**001**
一、晚清政府自我救赎的挽歌	002
二、农民起义再次以悲剧落幕	008
三、痛苦难产的辛亥革命	013
第二章　1921年：开天辟地的大事变	**021**
一、现代政党来到中国	022
二、国民党没有承担起拯救中国的责任	029
三、中国共产党与中华民族同呼吸共命运	035
第三章　新民主主义革命的辉煌成功	**051**
一、被逼出来的中国革命	052
二、中国特色的民族民主革命理论	058
三、新民主主义革命的光辉历程	070
四、新民主主义建设的伟大成就	077

第四章　中国共产党自身建设取得重大发展　　095

一、国民党失去了领导中国革命的道义和能力　　096

二、党的建设的成功是中国共产党革命成功的最大法宝　　109

三、新民主主义革命时期党的建设的宝贵经验　　121

第五章　从新民主主义走向社会主义　　143

一、经过民主主义才能到达社会主义　　144

二、联合政府主张与重庆谈判　　158

三、从"别了，司徒雷登"到"一边倒"　　176

四、从新民主主义向社会主义转变　　185

五、开辟党的建设新的伟大工程　　192

第六章　走向中国特色社会主义道路　　205

一、1956年：中国建立社会主义制度　　206

二、在曲折探索中实现转折　　213

三、1992年：市场经济与中国社会主义结合　　223

四、1997年：中国走向依法治国　　235

五、以人为本、科学发展与和谐社会　　246

第七章　党在领导社会主义建设和改革中浴火重生　　259

一、社会主义建设初期党的建设的探索实践　　260

二、制度治党开辟党的建设新时期　　276
三、"新的伟大工程"与"三个代表"重要思想　　292
四、执政能力建设与党的建设科学化　　299

第八章　新时代中国特色社会主义的新境界　　309

一、中国特色社会主义进入新时代　　310
二、"五位一体"总体布局与新发展理念　　319
三、"八个明确"与"十四个坚持"　　326
四、实现国家治理体系和治理能力现代化　　340

第九章　全面从严治党炼就金刚不坏之身　　353

一、什么是全面从严治党？　　354
二、为什么要全面从严治党？　　365
三、如何全面从严治党？　　382
四、开辟全面从严治党新征程　　396
五、开创全面从严治党新局面　　407

结　语　百年大党与中国梦　　423

参考文献　　427

后　记　　429

引论

破译中国共产党百年成功的密码

能够见证中国共产党的百年华诞,是无上的荣光和幸运。在中华民族5 000多年的文明史上,100年也许只是历史的一瞬,但中国共产党的100年,是彻底改变近代中华民族苦难命运的100年,是根本决定中华民族伟大复兴命运的100年,是中国共产党领导中国人民创造无数人间奇迹的100年,是彪炳千秋、功垂万代的100年,是感天动地、惊天动地的100年。

中华民族和中国人民造就了中国共产党的独特品格和内涵,中国共产党造就了中国革命和中国社会主义的独特气质和境界。中国共产党在中华民族和中国人民的深重灾难中诞生,为拯救中国人民和复兴中华民族而立。因此,当中华民族和中国人民遇到了中国共产党,就上演5 000多年中华文明史上石破天惊的风云际会了,就让中华民族和中国人民的命运与中国共产党的命运紧紧联系在一起了,就让中华大地开始发生凤凰涅槃的沧桑巨变了,就让中国革命和中国社会主义开始鸣奏异彩纷呈的恢宏乐章了。

在100年的无数曲折坎坷面前,中国共产党人每次都以伟大的自我革命精神,实事求是,坚持真理,修正错误,把这些磨难化作砥砺前行的动力,进而走向更加高远深邃、充满智慧的领导境界。

鲁迅先生在1925年发表的《忽然想到(六)》一文中说,我们目下的

百年大党：走向最强大政党

当务之急是：一要生存，二要温饱，三要发展①。的确，这是中华民族近现代以来最急迫、最实际、最热切的诉求，近现代中国任何组织和力量，如果能带领中国人民把这三件事完成，中国人民就会跟着她走，就会听她的话，就会感念她、追随她、拥护她。为什么中国共产党能够用短短28年的时间，就领导中国人民彻底推翻"三座大山"，根本解决近代以来的生死存亡危机，从而实现中华民族的彻底解放和光荣独立？为什么中国共产党能够继续领导中国人民用70余年的时间，不仅解决了十几亿人口的温饱问题，而且大踏步走到了当代世界大国强国的行列，使中华儿女拥有了空前的自豪和尊严？中国共产党成功的密码究竟是什么？

这是今天世界各国政党对中国共产党的询问，也是国外很多学者特别是中国问题研究专家的追问。于是，对中国共产党的研究成了全球中国问题研究的显学。但是国内外学界的一些研究几乎同时出现了一种貌似趋同的有趣现象，那就是对中国的发展治理成就和领导这种发展治理的中国共产党解读失灵。仔细探究其原因就会发现，西方的学者一直试图用西方政治逻辑来推演解读中国共产党，国内一些学者也往往是用西方政治逻辑来解读中国共产党，并对中国共产党治理中国的历史作出自己的逻辑解读和法理判断。但中国共产党实际的历史进程与这些所谓的历史逻辑演绎风马牛不相及，中国共产党没有也不可能按照他们设定的逻辑标准去领导中国的发展治理，而是紧密结合中国的实际来领导中国的革命和建设，并取得了巨大成功。进一步分析探究这种解读失灵的原因，更根本的则在于中西方话语体系和理论体系的不同。

在西方政治理论中，对"政党"这一概念有一种根深蒂固的信念，那就是"政党"就是"party"。西方民主政治发展到政党政治阶段后，基于西方国家的政治传统，的确是通过多个"政党"（party）的竞争来实现其民主理念的。著名西方政党社会学家G.萨托利就强调说："政党（party）一词，原义只是全体中的一部分（part）；全体由多个部分组成，故政党本义即是'多个政党'（parties）"，"如果政党不是一个'部分'，它便是个假政党；一个全体被指称只是一个政党，它便是假全体"。这种关于政

---

① 《鲁迅全集》第3卷，人民文学出版社1973年版，第44页。

党的认知，绝不是个别学者的个人观点，也早已不是简单的概念界定，而成了西方国家的普遍的政党信念，成为他们共同的主流意识形态。由这样的概念出发所构筑的西方政党政治理论体系，有一套非常严密的逻辑范式，强调在政党政治条件下，政党控制和运作政权及政治生活都必须按照下面三种路径加以实现：第一，政党通过竞争争取成为执政党来控制和行使国家政权；第二，政党通过各种政治参与活动对国家政治生活施加影响；第三，政党协调处理本党与国家和其他政党以及社会组织的关系等。其实，西方国家基于他们的政治传统和历史演变，有自己的政治理念、政治逻辑、政治范式和政治话语体系，本无可厚非，问题的关键是他们把这一套范式作为所谓"普世"的真理，以"救世主"的心态强加于别的国家，并运用这种逻辑范式去评判其他国家政治制度的合法性（或正当性），即凡是符合这一逻辑范式的都是所谓的"民主国家"，凡是不合乎这一逻辑范式的就是"专制国家"。一些西方国家的政客继而得出结论：由于共产党执政国家的政党不是西方意义上的"party"概念，而是整体（或全体）意义上的"政党"概念，因此无论这些国家取得什么样的文明建设成就，这些国家的政党一定而且必须是"伪政党""伪整体（全体）"，这些国家就一定是专制独裁的"非民主国家"，就一定构成对西方"民主自由"世界的威胁，就必须将其颠覆而后快。这就是在他们的话语霸权、逻辑霸权、学术霸权后面的政治霸权和军事霸权。

显然，这种话语霸权与学术研究所提倡的理性批判精神是不相容的，根本已经超出了学理讨论的范畴，即便是一些比较客观的西方学者，对中国共产党的这种偏见也是根深蒂固的，这就是他们对中国的和平发展无所适从、惊慌失措的深层心理，也是他们渲染所谓"中国威胁论"的深层心理。于是我们看到，一些西方政客和学者便理直气壮地以这样的偏见和傲慢来解读中国共产党，以此来判定中国共产党不是真正意义上的政党，因为中国共产党是宣示代表中华民族及中国人民整体利益和根本利益的党，不是他们规定的代表部分人利益的党。他们还声称中国的民主党派也不是真正意义上的政党，因为中国的民主党派也不符合他们规定的政党标准，即不是企图通过竞选获得执政地位而运作和影响国家政权、国家政治生活的政治组织，而只是配合中国共产党参与国家和社会建设的政治组织。这

百年大党：走向最强大政党

样的判断是非常武断和蛮横的，是与科学理性精神背道而驰的，更是不符合历史事实的，完全没有考虑和尊重中国政党政治产生的独特背景和独特国情。如果掉入他们的逻辑范式陷阱，无论中国共产党怎么做都不可能得到他们的认同，都会被他们加以误读和扭曲，这是我们需要特别警惕的。

我们中国共产党人是讲理的，是讲真理的，而真理是需要在探索中认识和选择的，是不能强加于人的。我们的政党制度从来都不强加于人，我们国家在贫弱的时候，我们不这么做，今天在富裕强大起来以后，我们也不会这样做，我们一样始终坚持尊重各国人民自己的制度选择，我们唯一的要求是西方国家也必须尊重中国人民自己的制度选择。这应该是常识和常理，也是中国共产党和中国人民最起码的正义的合情合理的要求。不能因为我们走的路跟他们西方国家不一样，选择的制度跟他们不一样，西方国家一些政客就有资格和理由通过各种手段围堵"剿灭"我们。这是一种不讲理的强权逻辑，近代被帝国主义列强长期蔑视侮辱的中国人民，对此有刻骨铭心的切肤之痛，过去贫弱的时候，中国人民冒死抗争决不低头，今天国家强大了，中国人民更不可能接受这种强权逻辑。

应该说，中国共产党不仅是政党，而且是现代政党中最先进的政党，但不是西方政治学意义上的政党；中国的民主党派是政党，但也不是西方政治学意义上的政党。中国共产党领导中国人民发展到今天，我们完全可以反问，为什么必须以西方政党的概念作为政党界定的唯一标准呢？政党从走进苦难中国开始就不是西方国家的样子，后来一些人也想照猫画虎地学习照搬西方国家的政党政治模式，结果都被历史无情地宣告失败和终结了，那么为什么在用西方政党理论说不清楚中国政党制度问题时，就不怀疑是西方政治学的政党概念出了问题呢？当年中国革命的很多重大问题，无论是按照西方国家资产阶级革命的标准，还是苏俄革命的标准，都无法解释清楚，因为中国革命的复杂性远远超出了所有已有革命的解释范畴，中国共产党人难道非要削足适履，把中国革命硬塞进西方革命和苏俄革命的范式中才具有革命的"合法性"吗？中国共产党没有那么做，而是义无反顾地把马克思主义基本理论与中国国情相结合，创造性地回答和解决了中国革命的一系列重大难题，创造性地回答和解决了领导中国革命的中国共产党自身建设的一系列独特问题，才在短短28年内领导中国人民取得了中国革命的伟大胜利。

从第二次世界大战结束以后西方国家发展的顺境中，从不少共产党执政国家遭遇的种种曲折和挫折中，一些人开始感到，共产党执政国家这些历史进程中的坎坷，仿佛再次印证了西方这种貌似真理的话语霸权的"合理性"。但随着中国共产党领导的中国特色社会主义事业取得的巨大成功，随着中国共产党自身建设所带来的巨大成功，随着中国共产党和中国政府在全球治理中的影响力越来越大，这种局面开始悄然发生变化，以至于西方战略学家开始调适他们对"中国威胁论"的解读，声称将来对于西方国家来说，真正的"中国威胁"不仅是中国的经济、军事和科技实力，更多的可能是中国的道路和中国的价值观。

一句话，再试图用西方政党政治理论的概念、框架和逻辑来解读中国共产党和中国治理是不合理的，中国的发展成就和治理经验已经有足够的积淀和准备，促使中国政党理论研究像中国共产党领导中国人民开辟中国特色社会主义事业新境界一样独辟蹊径。首先，大胆实现对"政党"这一元概念的突破与创新；然后以此为支点，探索中国共产党作为具有独特功能定位的马克思主义政党的内在规定性，阐释清楚中国共产党与中华民族和中国人民命运一体的特征；接下来廓清中国共产党与西方政党从功能定位到组织体系、结构形式和活动方式的不同；最后从党与国家民族命运一体的本质特征出发，阐述中国共产党领导中国人民所做的伟大事业与中国共产党的自身建设是良性互动关系，并善于从这种良性互动中把握中国共产党的党建学理框架。只有这样，才有可能说清楚中国共产党引领中华民族在近现代走过的苦难辉煌的历程。

《共产党宣言》指出，"过去的一切运动都是少数人的，或者为少数人谋利益的运动。无产阶级的运动是绝大多数人的，为绝大多数人谋利益的独立的运动"，因此共产党人"没有任何同整个无产阶级的利益不同的利益"，"在无产阶级和资产阶级的斗争所经历的各个发展阶段上，共产党人始终代表整个运动的利益"。[1] 中国共产党的诞生是带着拯救和复兴中华民族的伟大使命来的：她代表的不是中国社会部分阶层的利益，而是代表着

---

[1]《马克思恩格斯选集》第1卷，人民出版社2012年版，第411—413页。

百年大党：走向最强大政党

中华民族和中国人民的整体利益；她不仅是中国无产阶级的先锋队，也是中国人民和中华民族的先锋队。这与西方政党诞生的历史背景和条件迥异，其承载的功能使命也不可同日而语，由此展开的组织架构和活动方式更是反差巨大。因此，简单拿西方政党的功能逻辑标准来评判中国政党制度是没有任何道理的，也是没有这个资格的。必须把政党制度置于各自国家发展面临的具体问题场景中，才能得出比较客观的结论。

我们发现，随着中国在全球治理中的话语权和影响力越来越大，随着一个个生动的中国故事的传播，随着一个个中国共产党治国理政成就的出现，西方国家越来越多的学者和政治家开始尝试从中国共产党自身历史和中国文化的视野来研究和解读近现代中国。美国著名中国问题专家莫里斯·迈斯纳评价中国共产党时说，中国共产党人与其说是一批共产主义者，毋宁说他们首先是一批近代中国维新事业的继承者。德国总理默克尔在中共中央党校访问座谈时就曾经对时任中央党校校长的习近平感叹过：同样是共产党执政，为什么中国共产党的治理成效与苏联、东欧共产党反差这么大？她发现，中国共产党治理自己的国家是有一套独特的办法的，这套办法是应该被尊重的。默克尔经历过东西德两种社会制度的切身比较，她年轻时在民主德国（即东德）工作生活过很长时间，后来又到联邦德国（即西德）工作生活。有这样一份阅历的西方政要说出这样的感慨，绝不是偶然的，她是有感而发的。尽管在意识形态上她是西方阵营的，但能够感受到她对中国共产党发自内心的敬重，因为中国共产党与她感受到的苏联、东欧的共产党不一样，因此不能简单拿苏联、东欧的共产党的演变逻辑认识和对待中国共产党。

2017年11月，笔者带领中央党校学者代表团去美国访问期间惊喜地发现，美国著名大学（包括当时参加交流的斯坦福大学、乔治城大学、哥伦比亚大学）和著名智库（包括美国布鲁金斯学会和美国亚洲学会）的中国问题专家的研究，有很多已经聚焦到中国共产党的历史。按照他们的说法就是：要研究清楚当代中国，就必须研究清楚中国共产党；要研究清楚中国共产党，就不能按照西方的逻辑去想当然地解读，就必须研究清楚中国共产党的历史。布鲁金斯基金会的几位资深的中国问题研究专家甚至提出，要研究清楚中国共产党的历史，就必须研究清楚中国共产党的党建；他们在发言中一直用汉语拼音强调"党建"。乔治城大学副校长甚至提出,美国学者要加强与中国党建学者的交流。他们越来越感觉到,对于美国的中国问题研究学者来说,中国的党建研究是中国的独特学问,是能够说明中国共产党成功秘诀的学问,而不是模仿美国的学问。尽管这些评论不一定特别准确,但是至少表明,他们从一个侧面发现了中国共产党不仅与西方政党不同,而且与其他国家的共产党也很不同。他们认为,这些不同,不仅是中国共产党的独特之处,更是其优势所在。换作我们的话说就是,这种独特优势集中体现在中国共产党和中国人民、中华民族所结成的命运一体的特征。

中国共产党与中华民族命运一体的特征,不是自封的,不是一厢情愿的,而是中国共产党领导中国人民为实现民族独立、人民解放和国家富强、人民幸福而奋斗的真实历史的写照。自世界政党政治兴起以来,曾经在一个国家、民族历史上起举足轻重作用的大党有不少,但大多数要么昙花一现,要么时过境迁。可是,中国共产党不一样。在世界政党政治舞台上,中国共产党可以说是最为独特的一个大党,其特殊的品格和精神铸就了党与中华民族命运一体的特征。从中国共产党孕育诞生一直到今天,中华民族的命运就与党的命运紧紧联系在了一起。这也就决定了我们党自身建设的特殊重要性,决定了只有通过党的建设的功夫与成就,才能保证党能够做到始终与人民"想在一起、干在一起",决定了中国共产党的党建学理逻辑必然是,首先在理论上廓清党要领导人民做什么事情、如何做好这些事情,以及要做好这些事情需要一个什么样的中国共产党、如何通过自身建设建成这样一个党。

我们常说,办好中国的事情关键在党。这不仅是历史的结论所在,也是历史的逻辑使然,更是历史的真实写照。这句话揭示了一个朴素的真理,说了两件大事,一件是中国的事情,另一件是党的事情。把中国的事情和党的事情在理论上弄明白很不容易,在实践中做成功更不容易,但中国共产党做到了,成功了。

中国共产党从理论到实践办好了第一件事情:近现代中国遇到了什么要命的事情?为什么要通过革命的方法来办这些事情?什么是中国革命?中国革命与西方资产阶级革命有什么不同?与苏俄社会主义革命有什么不

同？与孙中山领导的旧民主主义革命又有什么不同？中国革命内在规律是什么？如何遵循这种规律把取得中国革命胜利这件事情办成功？中国革命胜利后，为什么中国要通过走社会主义道路继续办好中国的事情？什么是中国的社会主义？如何把建设中国的社会主义这件事情办成功？中国共产党人在马克思主义指导下，以中华民族独有的大智慧大气魄，成功地回答和解决了这些决定中国革命命运的历史性课题，并在成为执政党以后成功回答和解决了决定中国社会主义命运和中华民族伟大复兴命运的一系列重大课题，找到了一条适合中国国情的为中国人民所喜欢和高度认同的中国特色社会主义道路，逐步形成了中国特色社会主义理论体系。

中国共产党在理论和实践上做成功了第二件事情，即把党自己的事情弄明白了、搞成功了。把中国革命和中国特色社会主义这第一件事情搞明白以后，也就同时给中国共产党的自身建设提出了一系列独特、复杂和艰难的课题，这些课题如果得不到正确的回答和解决，中国革命的胜利和中国社会主义建设的成功同样是不可能实现的。比如，搞好中国革命这件事情为什么需要政党来办？如此艰巨复杂的中国革命需要中国共产党的领导吗？需要一个什么样的中国共产党才能办好取得中国革命胜利这件大事？如何才能建设成功这样一个中国共产党？中国共产党人在马克思主义指导下，运用中华民族的大智慧，把中国共产党不仅建设成为中国无产阶级的先锋队，而且同时建设成了中华民族的先锋队，使中国共产党既具有无产阶级的阶级纯洁性特质，同时又具备中国社会和中华民族最广泛代表性的品格。中国新民主主义革命的辉煌胜利，验证了中国共产党人卓越的理论能力和领导能力，印证了中国共产党自身建设理论和实践的巨大成功，也证明了必须紧紧围绕中国革命进行党的建设、必须在中国革命与中国共产党建设的良性互动中把握党的建设的内在遵循。

中国革命胜利后，同样重大而急迫的一系列课题等待着中国共产党人的回应和解决，这就是在经济、文化基础非常落后的中国搞好社会主义，这是一项非常艰难复杂、曲折坎坷的事业，是前人没有做过的全新探索和实践，做好这一艰巨的事业需要一个什么样的中国共产党？中国共产党达到什么样的境界品质和能力水平才能领导中国人民办好建设中国的社会主义这件大事？怎么样通过马克思主义执政党建设，把自己建设成为这样一个符合中国社会主义建设要求的党？马克思主义执政党建设与民主革命时期党的建设有什么不同？民主革命时期形成积累的优良传统和好的经验办法，还能不能在全国执政条件下继续使用？如何在全国执政条件下创造性地实现历史传承的同时，针对马克思主义执政党建设的新情况新问题，实现党的建设的与时俱进和时代创新？特别是在没有外部残酷战争环境制约，在一党长期执政条件下，如何通过党的长期执政建设成功跳出治乱循环的历史周期率，既保证国家权力的人民主体性质不变质，又能够实现人民幸福、国家富强和民族复兴？人民领袖毛泽东早在民主革命时期就说过，为什么中国人民会跟着共产党走，而不跟着国民党走呢？那是因为，人民要解放，就会把领导中国革命的权力委托给能够代表他们的并忠实为他们办事的人，这些人就是我们共产党人。

也就是说，中国共产党人要想取得对中国革命和中国社会主义建设的领导权，就必须通过党的自身建设保证共产党对国家、民族、人民群众做到两条：一是态度好，即忠实地、无私地、全心全意地而不是虚伪地、自私地、虚情假意地为国家、为民族、为人民办事情；二是能力强，即有能力、水平保证能够真实代表并实现和满足国家、民族及中国人民的利益诉求。具备了这两个条件，人民就会把领导革命和建设的权力委托给中国共产党人。注意，毛泽东用的是"委托"一词。显然，既然是委托，就不是一劳永逸的，就不是一成不变的，就意味着，过去委托不代表现在委托，现在委托不代表将来委托，中国共产党人要实现自己的历史使命，要想不被人民和历史所抛弃，要想通过长期执政领导人民实现中华民族伟大复兴，就一定要自身过硬，就一定要做到毛泽东曾经生动比喻的那样，在中国人民眼里，中国共产党人要像柳树一样可亲，要像松树一样可靠。就一定要做到习近平强调的那样，政治过硬、本领高强。要让中国人民在党的领导实践中切身感受到中国共产党实实在在的先进性。要想始终做到这一点，就必须继续通过马克思主义执政党建设练就真正的功夫。因此，党的领导和党的建设是一个开放的、动态的在领导中国社会革命中不断实现自我革命的奋斗历程，是一个始终把党与国家和人民的命运紧紧联系在一起构成命运共同体的过程。在中国化马克思主义执政党建设方面，同样在经历了曲折艰辛的探索之后，党领导人民回答和解决了"领导中国特色社会主义

百年大党：走向最强大政党

需要一个什么样的党、怎么才能建设成功这样一个党"等决定党和国家命运的一系列重大课题，取得了中国特色社会主义事业举世钦敬的伟大成就。

　　本书将依照这样的历史逻辑，展开中国共产党气势恢宏的百年画卷，让读者感受中国共产党和中华民族的百年辉煌，砥砺中国共产党人向着第二个百年奋斗目标继续前行。

第一章

如何应对千古未有之变局

中国是一个具有5 000多年历史的文明古国，曾经为人类文明作出过巨大的历史贡献，并多次执世界文明之牛耳。但自从进入封建时代后期以来，特别是进入清朝中晚期以来，经济社会长期缓慢发展甚至停滞不前，农业社会系统及其生产方式保守落后，思想僵化守旧，闭目塞听，掩耳盗铃，妄自尊大，不思进取，皇权政治日益走向没落、腐朽、反动，与世界历史发展潮流渐行渐远，一代代王朝沿袭着历史的固定轨迹循环往复。然而从13世纪开始，国门以外的世界却发生了翻天覆地的沧桑巨变。西方资本主义开始萌芽，资产阶级及其代表的资本主义生产方式逐步登上历史舞台，并很快成为世界文明走向的主宰力量。正如马克思所指出的那样："资产阶级在它的不到一百年的阶级统治中所创造的生产力，比过去一切世代创造的全部生产力还要多，还要大。"① 因此，当以英国为代表的西方资本主义列强在逐步把拓宽市场、殖民侵略的魔爪伸向古老的东方大国时，号称"天朝上国"的大清帝国还在懵懂无知中昏昏欲睡。

一、晚清政府自我救赎的挽歌

1840年6月，当时世界上最强大的英国以"保护英商贸易"为借口，对一直以为自己是世界上最强大国家的中国正式发动了武装侵略的鸦片战争。结果，数万大军竟被数千名"蛮夷"之兵在自己的家门口打得一败涂地。1842年8月29日，大清帝国的谈判代表在英军旗舰"康华丽号"上签订了近代中国历史上第一个不平等条约——《南京条约》。随后，国门被

---

① 《马克思恩格斯选集》第1卷，人民出版社2012年版，第405页。

迫打开，在大清帝国统治者的图册上曾经毫无存在感的"蛮夷之邦"的坚船利炮赳赳而来，与列强被迫签订的割地赔款、丧权辱国的条约接踵而至，中华民族遭遇了千古未有的变局，步入了半殖民化的苦难岁月。从此，如何实现中华民族的独立解放、发展富强就成了近代仁人志士矢志不移的奋斗目标。当时能够影响近代中国命运的主要有三种力量：一是晚清皇权体制内的变革力量；二是晚清皇权体制外的农民起义军；三是以孙中山为代表的中国民主革命先驱。但这些努力和奋斗皆以失败告终，不仅没有能够解救中华民族和中国人民的苦难命运，民族危机反而愈加深重，人民困苦日甚一日。

中体西用的洋务运动

巨大而惨重的失败，一方面深深地伤害了中华民族的自尊，给中国人民带来了深重的灾难，另一方面也给近代以来自我封闭、妄自尊大的大清王朝带来了空前巨大的政治、经济和文化参照，它迫使中华民族优秀分子不得不面对一个极不情愿面对的残酷现实，那就是中华民族已经被世界列强远远地甩在了后面。在这个被弱肉强食、强权即是真理的"丛林法则"把持着的残酷世界，中华儿女如果再不奋起救亡图存、知耻而后勇，中华民族就将亡国灭种。如何救亡图存呢？只能拜西人为师。由此可以看出，被迫无奈向列强学习，是近代先贤寻求中华崛起的起点，而这个起点是令人感到非常悲凉、残酷和压抑的。但无论如何，自信了太久的中国终于在列强入侵的枪炮声中开始放眼看世界了，开始向西方先进国家孜孜探求救国救民的真理了。

究竟向西方学习什么呢？因为民族危机首要是战争的落败，所以他们首先认识到西方资本主义国家先进的地方，就是他们的船坚炮利和武力强盛。于是，学习西方的军事技术和养兵练兵之法，就成为那一代有识之士的迫切追求。在这些中华民族优秀分子中，魏源是典型代表。而魏源最具有代表性并对近代中国社会产生重大影响的主张，是他在《海国图志》中提出的"师夷长技以制夷"的原则，这是近代中国在西方列强的枪炮威逼之下所拿出的第一个比较切实的应世方略。它不仅包含了向西方学习先进的军事工业和民用工业的设想，而且极力倡导从西方引进先进技术、人才，大力培养本国技术人才。尤为可贵的是，他把当时的中国置于近代世界的坐标上，并从中国与世界的联系中重新审视了数千年未变的传统，破天荒地对西方资本主义的代议民主制度进行了赞扬和评介，为以后中国引入西方民主思想做了心理上的铺垫和准备。当然，这种对西方民主政治的介绍和评判标准还是中国古代的圣贤之道，当时没有也不可能有学习西方民主制度以代替君主专制制度的意识。因此，这一思想在当时并没有引起更多注意，更没有对中国社会产生实质性的影响，倒是"师夷长技以制夷"的原则为当时优秀的士人阶层所普遍认同，在列强持续入侵和太平天国农民起义的内忧外患逼迫下，这一原则也得到了清王朝统治者中改革派的接受和支持，并在后来的洋务运动中得到了具体的运用。

《南京条约》签订之后，随着开辟五口通商和实行协定关税，西方先进资本主义国家大量的工业品被倾销到了中国市场，而中国大批的原材料被廉价掠夺，中国人民被吸血吮髓，民族危机进一步加重，国势日趋衰微。特别是经过两次鸦片战争的失败，清政府痛定思痛、意欲图强。在清朝统治集团中，一些头脑比较清醒的清政府洋务派官员，如曾国藩、李鸿章、左宗棠以及在中枢执掌大权的恭亲王等人，面临中国"数千年未有之变局"，继承了魏源等经世派提出的"师夷长技"的思想，并极力将这种思想付诸实践。咸丰十年十二月初一（1861年1月11日）恭亲王奕䜣会同桂良、文祥上奏《通筹夷务全局酌拟章程六条》，推行了一场以富国强兵为目标的洋务运动。这场以民族自强为宗旨的洋务运动，自清咸丰十年开始，至1895年大致告终，持续约35年。洋务派在大清中央以恭亲王奕䜣为代表，在地方上以李鸿章、曾国藩、左宗棠、张之洞为代表，主张摹习列强的工业技术和商业模式，使用官办、官督商办、官商合办等模式发展近代工业，以获得强大的军事装备、增加国库收入、增强国力，从而维护清王朝的统治。洋务运动是近代中国第一次大规模学习西式工业化的运动，是一场维护封建皇权制度的由上到下的改良运动。洋务运动引进了18世纪以后西方大量的科学技术成果，翻译介绍了大量各类西方著作，培养了第一批留学生，兴建了一大批工业企业，开辟了中国近代工业化的先河。

然而在不触动腐朽的封建皇权专制制度的前提下，洋务派试图通过学习和利用西方资本主义国家器物层面的所谓"长技"来维护风雨飘摇的封建专制统治，从一开始就决定了它不可能成功的命运。首先，洋务运动的诸多曲折、挫折表明，如果没有好的适应中国当时经济社会发展需要的政治制度，是断然不可能实现国家富强的。其次，洋务派本身的阶级局限性也决定了他们不可能取得近代工业化的成功。虽然从表面上看他们是近代工业的创办者和经营者，但是他们自身带有天然的封建衙门和官僚专制体制基因，所办企业一方面具有封建性和垄断性，另一方面又具有很强的对外依赖性，在工业技术、资本乃至管理上都受到帝国主义列强的左右和牵制，这又反过来加深了西方列强对中国政治、军事和经济的控制，使得洋务派也加速了自身的买办化。因此，这样的企业不仅无法避免自身遭到破产的命运，而且严重地阻碍和压制了中国近代民族工业的发展。另外，洋务运动的根本目的还是维护大清帝国的专制独裁制度和封建官僚特权，虽表面抵御外辱，但一遇到可以苟延残喘的机会，洋务派便在主持外交活动中秉持"外须和戎"，对外妥协投降，甚至和列强联手血腥镇压太平天国运动。因此，他们不可能最终实现"求强""求富"的运动目标，更不可能改变中国半殖民地半封建社会的命运。

随着洋务运动的艰难推进，在洋务运动中成长起来的早期资产阶级改良主义者冯桂芬、王韬、薛福成、马建忠、郑观应等人，进而提出了不仅要在军事技术上向西方学习，更要在经济上师从西方国家的主张，提倡大力发展民族工商业，以自握利权，积蓄财力、民力，与外国竞争，进行一场没有硝烟的商战。而只有商战获胜，才会真正有可能在军事上占据优势。他们在继续深入向西方学习军事工业和发展民族工商业的过程中，不可避免地接触到了西方的法律和政治问题。为了与列强打交道时不吃亏，就有必要详细地了解西方的法律制度和政治制度。然而他们大力发展军事工业和民族资本主义工商业的爱国之举，却处处遭遇封建制度的羁绊和顽固保守势力的压制、排挤和打击。从中外制度环境的深刻对比和观察中，早期资产阶级改良派日益产生了对封建君主专制制度的厌恶和对西方资产阶级民主制度的仰慕，认识到国家富强的根本在于政治制度，而器物技术层面只不过是辅助手段。这就进一步促使他们迫切希望改革中国皇权专制制度，以便为发展民族军事工业和民族资本主义工商业开辟道路。因此，他们提出了不仅要学习西方的先进技术，而且要师从西方的政治制度，倡导"君民共主"的君主立宪政体，实行议会民主。由此我们可以看出，洋务运动以发展军事工业为初衷，却引发和导致了发展资本主义工商业和实行政治民主的强烈诉求，而洋务运动的最终失败，则使中国政治民主化的涓涓溪流迅速演变发展为中国近代社会发展不可逆转的历史大潮。

1883年12月，中法战争爆发，洋务大臣们用西方国家先进的武器技术装备武装起来的福建海军，在法国舰队的攻击面前，仍然不堪一击，11艘兵船和整个马尾船厂，短短一个多小时就被敌人全部摧毁。除了刘永福的黑旗军和冯子材率领的清军为大清帝国和洋务派大臣挽回点面子外，其他各路清政府的正规军均一败涂地。但腐败无能、愚顽至极而又对内骄横凶残的清王朝，自鸦片战争以来早已习惯于以土地和白银换来一时苟且偷生，此时此刻却在为镇南关大捷的局部胜利而弹冠相庆；连比较开明的洋务派大臣也为洋务运动仅存的这点儿果实而沾沾自喜，他们根本没有也不可能去自觉主动地深刻反省军事失败的真正原因，更不会听取和采纳早期资产阶级改良主义者的政治改革主张。而此时此刻的东瀛岛国日本却在上下同心、励精图治，如火如荼地进行着明治维新。其实，这种政治上的鲜明对比，已经决定了9年之后这两个国家之间的军事成败。

变法改良的百日维新

然而当中国人在中日甲午战争中惨败的消息真的传来时，即便当时中国最先进的资产阶级改良主义先驱已经有了很多不祥的推测和预感，但仍然感到无比惊讶和难以置信，所有良知未泯的中国人仅存的那些寄托和幻想也彻底破灭了。如果说过去输给西方列强还勉强说得过去的话，那么这场肇始于1894年、历时8个月的甲午战争，却败给了一个自己一直都瞧不起的蕞尔岛国，并且败得惨不忍睹：大清帝国花费大量人力、物力、财力所精心装备起来的北洋海军全军覆没，陆军部队更是连遭败绩，最终不得不与日本签订了自《南京条约》以来最为丧权辱国的条约——《马关条约》，不仅割让包括台湾岛在内的大片国土，而且被强迫赔偿日本军费2亿两白银，加上所谓"赎辽费"3 000万两白银，共计2.3亿两白银，约合4亿日元，相当于日本当年国内财政收入的5倍（日本自此强大，并在40多年后对中国再次发起了一场比甲午战争更为野蛮和凶残的侵略战争）。如果说鸦片战争的失败仅仅使先觉者感到了亡国灭种的危险的话，那么甲午战争的失败则意味着这种灭顶之灾已经变成了现实,并宣告了以洋务运动求得富国强兵的"中兴"迷梦已经彻底破产。它使越来越多的中国人认识到,在不从根本上触动封建君主专制制度的前提下学习西方国家的物质技术和工商之道,是根本不可能实现救亡图存的目标的,"中学为体,西学为用"的变革方案,最终只能被用所谓"中学"组织起来的封建顽固保守势力打得粉碎。因此,政治制度的近代化便成了摆在当时所有先进的中华优秀分子面前再也无法回避、无法折中的严峻问题。"要救国,只有维新,要维新,只有学外国。那时的外国只有西方资本主义国家是进步的,它们成功地建设了资产阶级的现代国家。日本人向西方学习有成效,中国人也想向日本人学。"[①] 于是,在一批进步知识分子的奔走呼号和极力倡导下,以日本明治维新为模式的一场声势浩大的君主立宪改良运动,揭开了近代中国政治变革运动的序幕,这就是历史上著名的戊戌变法。

1895年4月,日本逼签《马关条约》的消息传到北京,在康有为、梁启超等人的组织发动下,在北京应试的1 300多名举人联名上书光绪皇帝,痛陈民族危亡的严峻形势,提出拒和、迁都、练兵、变法的主张,史称"公车上书"。"公车上书"失败后,维新派积极进行宣传和组织活动,著书立说,介绍外国变法经验教训,在各地创办了许多报刊、学会、学堂,广泛宣传变法思想,大力培养变法人才,维新变法运动逐渐在全国兴起。1897年冬,德国出兵强占胶州湾,引发了列强瓜分中国的狂潮。在大清帝国陷入全面生存危机的情势下,酝酿日久的维新变法浪潮迅速高涨。康有为再次上书光绪皇帝,再次痛陈国家民族和皇室江山已在危亡之秋。后来,光绪皇帝接见了康有为,表示坚决不做"亡国之君",同意让康有为全面筹划变法事宜。1898年4月,康有为同梁启超在北京发起成立保国会。1898年6月11日,光绪皇帝颁布了"明定国是"诏书,变法正式开始。变法期间,以康有为、梁启超为代表的维新派,为了救亡图存而从经济、政治、法律、军事、文化教育等多方面提出了一套比较完整的改良主义宪政主张,其核心是要学习西方的宪政民主,设议院定宪法,建立以"三权分立"为原则的君主立宪制度。光绪皇帝也依此先后发布上百道变法诏令,力图大刀阔斧、除旧布新。但是轰轰烈烈的维新变法运动由于缺乏民主政

---

① 《毛泽东选集》第4卷,人民出版社1991年版,第1470页。

治生存和发展的社会土壤,兼之封建传统保守势力过于强大,而缺乏人民大众广泛认同和支持的维新派力量过于弱小,所以仅仅存活了百日便宣告失败了:光绪皇帝被囚于瀛台,维新志士或被处死,或被放逐,或流亡国外;曾经以光绪皇帝的一纸诏书下达的各项维新变法条例,很快被慈禧太后重新颁布的另外一道懿旨予以废除。

对此,国外学者认为:"1900年以前,大批有才能的人并没有致力于真正的革命或改革。在旧制度下,没有人具有根本改变这一制度的坚定信念。中国国内变革力量的弱小与其归咎于西方帝国主义倒不如归因于中国的社会秩序、国家和文化之强大。阻碍中国对西方的威胁作出迅速反应的抑制因素主要是中国文化的坚强内聚力和稳固的结构。"[①]这种分析是有道理的。

然而需要指出的是,百日维新作为惊动全国上下的近代中国第一次资产阶级性质的政治改革运动,对于宣传维新变法理念和近代民主思想,对于启发民智、激扬民族士气、推动思想解放,还是起到了很大作用的,以至于后来以慈禧太后为代表的清王朝统治者也不得不接受宪政主张,搞起了"新政"和"立宪"。这说明经过戊戌变法运动,维新思想和民主观念已经成为人心所向的历史大势。但更有价值的是,戊戌变法的失败和维新志士的热血也强烈警示国人,企图在封建君主专制制度的体制内实行自上而下的君主立宪是行不通的,企图依靠一个政治改革最大的敌人去搞政治改革,去靠它革除自己的特权而让位给人民和国家是不切实际的。

二、农民起义再次以悲剧落幕

1840年以后,大清帝国皇权政治体制外还有一种能够影响中国社会的力量,那就是农民起义军,他们发动的运动叫太平天国运动和义和团运动。这两场农民运动实际上也是中国2 000多年伴随皇权政治始终的农民运动的谢幕。

[①] 〔美〕费正清、赖肖尔:《中国:传统与变革》,陈仲丹等译,江苏人民出版社1992年版,第398页。

太平天国运动

太平天国运动是清朝咸丰元年到同治三年（1851—1864 年）期间，由以洪秀全为代表的农民起义军领袖发起的反对清朝统治和外国列强侵略的农民起义，共持续了 14 年，势力扩展到 17 个省，是 19 世纪中叶中国最大的一场大规模反清运动。1864 年，太平天国首都天京（南京）的陷落，标志着运动失败。太平天国运动发生在中国进入近代社会的初期，它既是纯粹的农民运动，又带有一些旧资产阶级民主革命的痕迹。《天朝田亩制度》把农民平均主义思想发展到了顶峰。太平天国运动失败的教训是非常深刻的。与历次农民起义军相似，起义军一旦夺取了政权进城以后，政治上便迅速走向腐败，权力高层开始争权夺利、分崩离析，军事战略决策更是一再失误，最终在大清帝国军队和外国列强军队的共同围剿下走向灭亡。

腐败从根本上动摇政权的根基，这几乎是所有农民起义军拥有政权后的宿命，太平天国运动也不例外。太平天国的腐败是和建都南京同时产生的。尽管洪秀全曾经提出要建立一个没有以强凌弱、尔虞我诈的公平世界，鼓吹"凡天下男人皆兄弟、天下女子皆姊妹"的平等思想，但他很难把这些平等思想付诸实践，进城以后还是按照封建王朝的等级制度，即《太平礼制》所规定的等级来规定自己所应该享受的特权。

洪秀全、杨秀清占据南京以后，便把享受和特权放在首要地位。洪秀全改两江总督府为天王府，天王府城周围十余里，墙高数丈，内外两重，外曰"太阳城"，内曰"金龙城"，殿曰"金龙殿"，苑曰"后林苑"，雕琢精巧、极尽奢华。广选后妃供其骄奢淫逸，洪秀全的后妃竟达 88 人之多。等级森严，君威难测，一道"止行"诏，洪秀全把自己和当年同生死共患难的杨秀清、韦昌辉、石达开等起义军领袖分割开来。任何人都不能随意出入天王府，临朝时也必须站在朝门外列队，还特别规定见面时对自己不能仰视，否则就有杀身之祸。这时的洪秀全已俨然成为"一人垂拱于上，万民咸归于下"的封建皇帝。

杨秀清一开始也是农民起义领袖中有眼光和能力的人物，不论是指挥战争，还是组织新政权，他都有许多建树，为太平天国立下了很大的功勋。但是建都南京后，杨秀清的封建特权思想恶性膨胀。一到南京，他就建起了高大的穷极工巧的王府，3 年多的时间，从不出南京城一步，但在城里则为统治一切的全权主宰，行事极度张扬，作风飞扬跋扈。杨秀清每次出门都盛陈仪仗，不知自忌，甚至用代"天父下凡"来惩罚洪秀全，最后更是发展到"逼封万岁"。为了显示特权，杨秀清还设立各种酷刑，如鞭打、枷杖、斩首、五马分尸等，连韦昌辉这样的高级将领都被他杖责过。杨秀清的骄横，造成他和诸多朝臣的积怨，也导致洪秀全的不满，终于酿成了天京事变，杨秀清及其家属、部下和太平军精兵两万多人被韦昌辉所杀。天京事变后，石达开回到天京，受到天京军民的热烈欢迎，满朝同举石达开提理政务。可洪秀全却对石达开大生疑忌，重用自己的兄弟安福二王，以牵制"翼王"，并有"阴图戕害之意"。在这种情况下，石达开率20万精兵远离天京。经过天京事变、石达开出走，太平天国处于十分困难的境地，最后一步一步走向败亡。

传统农民阶级的局限性是农民起义无法促进社会进步的根本基因。农民阶级的分散、守旧以及眼光短浅等局限性，在太平军中都有突出表现。许多太平军将士参加起义都是出于生活所迫，希望改变自己的贫苦命运，用太平天国名将李秀成的话说，当时太平军将领号召"凡拜上帝之人不必畏逃"，可以"同家食饭"，这和旧式农民起义者的动机是一致的。洪秀全在永安突围时，号召"男将女将尽持刀，同心放胆同杀妖"，因为这样做了，就能"脱尽凡情顶高天，金砖金屋光焕焕，高天享福极威风，最小最卑尽绸缎，男着龙袍女插花"。当一种政治和军事组织只有这样的目标理想和愿景时，怎么还能指望他们为了民族独立解放和国家复兴去登高望远和奋斗牺牲呢？

义和团运动

义和团是与反清的秘密教派白莲教有联系的八卦教的一个分支。19世纪90年代，这个传统的反清组织开始表现出排外性质，立誓要杀掉洋人及其在中国的帮凶。义和团树起的旗帜是"反清灭洋"，加上他们杀害外国传教士，使外国联军大为恐慌，于是列强纷纷要求清政府采取措施消灭义和团。因此，义和团运动在开始阶段屡次遭到清政府的镇压。但由于多种原因，义和团运动不仅一时无法扑灭，反而不断发展起来。为了消灭义和团，列强遂于1900年5月28日提出派出"使馆卫队"进入北京，清政府先是拒绝，后被迫于31日同意，但提出"每馆以二三十人为率"，结果列强先后派出400多人进京，大大超出了清政府的限制。后来，外国联军又派遣西摩尔带领2 000人前往北京，这些行为对清政府形成了严重威胁。在这种严峻的情势下，清政府对义和团的态度开始出现转变，逐渐承认义和团为合法组织，直接导致了大量义和团成员进入北京。随后，面对一些列强的野蛮武力打压，愤怒的义和团在北京开始焚烧教堂和屠杀基督教徒，清政府也作出了以武力阻止联军进京、对外宣战的决策。外国联军不顾清政府的阻拦，正式组建八国联军向清军开战。在大沽口失陷后，清军和义和团联合对外国侵略军进行了顽强抵抗。八国联军在受到清军和义和团重大杀伤后，开始不断增加兵力继续进攻北京，北京失陷。八国联军攻占北京后，曾特许军队公开抢劫三日。随后，兵分数路，向南进犯保定，向西进犯山西，向北进犯张家口和山海关，所到之处烧杀抢掠，奸淫妇女，对中华民族和中国人民犯下了滔天罪行。为了争取到继续苟延残喘的机会，腐朽无能的清政府再次向列强屈膝求降，为了讨好诸列强，不择手段与列强勾结，出卖并联手剿灭了义和团，导致义和团运动最终失败。随后，清廷起用庆亲王奕劻和李鸿章与外国人谈判。经过谈判，1901年，清政府被迫与11国签订了丧权辱国的《辛丑条约》。当人类刚刚迈进20世纪的时候，苦难深重的中华民族遭遇了全面危机。

要充分肯定的是19世纪末20世纪初爆发的义和团运动，是一场由农民群众自发组织的反帝爱国运动。但是它的最终失败还是再次凸显了农民起义运动的狭隘性和局限性，如盲目的排外性、组织的分散性、浓厚的迷信色彩等。因此，义和团运动从表面看是与晚清政府一起合作抗击外寇入侵的行动，但实质上依然延续了传统农民起义军的悲剧基因。历史再次证明，农民起义军式的运动促进不了中国实质意义上的政治变革、社会进步和经济发展，更无法成为挽救中华民族近代苦难命运的主体力量。但是义和团运动失败的启示意义，却是以前任何农民起义军运动所无法比拟的。晚清政府从顽固阻碍洋务运动的发展，到残酷迫害戊戌变法义士，再到疯狂镇压太平天国运动，特别是出卖、愚弄义和团并联合西方列强绞杀义和团运动，使得晚清帝国皇权专制制度的虚伪、自私、阴暗、残忍、腐朽、堕落，已经完全赤裸裸地暴露在了全中国人民面前，更透支了它所有继续统治下去的道义和合法性。所以，义和团运动的失败绝不仅仅是一个悲剧的剧终，而是一个伟大世纪伟大事变的发端。因为义和团勇士的热血所换来的全民族警醒，正在孕育出20世纪伟大的中国革命。

中国共产党绝不是农民起义军

需要在这里特别说明的是，我们中国共产党是一个现代政党，是一个先进的现代政党，是当今世界政党中最先进的马克思主义政党，这是我们党的基本定位。因此，我们党领导的工农联盟的农民，是中国共产党领导下的参加新民主主义伟大革命的新农民阶级，中国的新民主主义革命绝不是又一次农民起义军式的农民战争，中国共产党绝不是又一支农民起义军。尽管在研究历史、评价历史时，不能苛求于前人，对农民起义军也应该有足够的敬意，但对于我们党最基本的立足点还是必须说清楚。传统农民起义基本上属于官逼民反的皇权专制体制循环范畴，没有实质性的现代革命意义。在大多农民起义军领袖的心里，所仇恨的多不是皇权政治的特权，而是欺压他们的无道昏君，通过起义造反使自己拥有可以作威作福的皇权，是不少农民起义军舍生忘死奋斗的最高目标。于是，农民起义开始阶段是官逼民反后轰轰烈烈的造反，但一旦"造反大业"完成，自己进城做了皇帝，历史周期率便再一次鸣锣开场。而每一次造反在付出社会被巨大破坏的代价后，所得到的依然是换汤不换药的皇权制度轮回，2 000多年的皇权制度嬗变几乎不离其宗。这是近代中国积贫积弱的重要基因之一，也是中国封建专制制度的悲剧宿命。

尽管中国农民起义军在历史上推动社会实质性进步的价值、意义不大，但这最后两次农民起义的悲剧谢幕，却为近现代中国的政治发展提供了一种可以引领转化的重要政治力量，那就是中国农民阶层。中国共产党的一个伟大和高明之处就在于，敏锐地认识和把握了这个问题的重要性，教育、引领、组织农民阶级走上了新民主主义革命的道路，把中国传统意义上的农民阶级转化为中国革命的中坚力量。历史证明，在近现代中国，谁解决好了中国的农民问题，谁就把握了中国的基本问题。革命的关键是如此，温饱的关键也是如此，民族复兴的关键还是如此。当然，这是后话。

三、痛苦难产的辛亥革命

百日维新失败后,当时中国的优秀分子并没有动摇通过实行政治变革为民族独立、民族复兴开辟道路的坚定信念。但是,他们对如何才能真正达到政治改良的目标,通过什么样的方式才能更好地切合中国国情、实现政治改良的理想,却产生了两种完全不同的主张,并提出了两条完全不同的中国式政治变革道路。

改造中国的改良与革命之争

一种是以康有为、梁启超为代表的立宪派继续坚持的君主立宪的改良主义道路,还企图通过政治体制改良求得大清帝国的自我救赎;另一种是以孙中山、黄兴、章太炎、陈天华、邹容、秋瑾为代表的资产阶级民主革命家所推崇的资产阶级民主共和道路。审视立宪派和革命派关于在中国实现政治变革的方式的论争可以看出,双方的目的都是一样的,都殚精竭虑地想把一个专制落后的中国变成一个民主先进的中国,进而把一个贫弱不堪的中国变成一个富强独立的中国;双方都是民主派,都是中国民族复兴大业的奋斗者。但立宪派在分析了国情以及革命对民主事业可能带来的灾难性影响后,认为在不改变大清帝国君主制度的前提下,通过政治改良来实现君主立宪,是实现中国民主化的最切合实际的办法,也是最安全的通道;而革命派则认为,只有用革命的手段来清除封建君主专制制度,才能为中国的民主化开辟道路,从而为中国的经济、军事和社会发展扫清障碍。

但无论是立宪派或是革命派,在当时都显得过于理想化了:前者的理想化表现在对腐败无能的清朝统治集团实行宪政的决心和能力抱有不切实际的幻想;后者则把民主的实现想得过于简单幼稚了,以为通过革命推翻了清王朝的统治,以为只要凭一纸约法来制约革命军领袖在革命胜利后争做皇帝的设想,就能够顺利解决建设民主政治的问题,国家就可以在平坦的民主政治康庄大道上实现独立富强和人民幸福的目标了。他们都没有(或许在当时也不可能有)对中国民主化道路曲折性、复杂性和长期性的足够认识,都对中国汪洋大海般小农经济基础上的封建君主专制制度的强大和顽固,及其对民主事业的深层瓦解力和破坏力估计不够,对于如何才能从根本上消除这些破坏力，进而为民主政治培植适宜的土壤更是不可能有理性的把握。这也就决定了无论是立宪派还是革命派，都将在日后的中国政治风云变幻中为封建专制势力所毒害和愚弄。当然，这场争论在当时的社会历史条件下还是产生了深远的影响，尤其是革命派在批判立宪派君主立宪主张的同时，大力宣传了民主共和的思想，使共和民主革命越来越成为国人的共识，从而为后来的辛亥革命奠定了思想舆论基础。而立宪派的君主立宪主张，则伴着末代帝国的"立宪"挽歌，逐渐消弭于波浪汹涌的革命洪流中了。

大清帝国与西方列强被迫签订《辛丑条约》以后，各帝国主义国家掀起了瓜分中国的狂潮，"普天之下，莫非王土"的大清帝国已经到了连皇族安身立命之地都无法保障的境地，以慈禧太后为代表的清王朝统治者这才终于认识到，一帮仕子草民10多年前闹的那场维新变法也不是没有一点儿道理。面对内外交困的统治危机，面对朝野上下痛切要求实行政治改革的舆论压力，清王朝统治者最终不得不下决心进行政治革新，企图以此挽救大清帝国的垂死命运。然而清政府在社会改革时机尚好时，为了守住自己的既得特权和利益而迟迟不愿革新甚至扼杀真正的政治革新，而到感觉自己的统治地位岌岌可危之时才下决心改革，这导致的直接政治后果和代价，就是最终丢掉自己一直煞费苦心想保住的统治地位。从当时的实际境况而言，清朝统治者的确不得不喝下自己亲手酿造的苦酒：不实行政治变革是死路一条，真的实行政治变革也将是死路一条；不实行政治变革是等死，实行政治变革则是找死。果然，清廷的这场过于迟缓的政治改革非但没有成为挽救其颓势的最后一根救命稻草，反而变成了其迅速土崩瓦解的催命符。

1901年1月29日，清廷发布上谕，宣布实行新政改革。新政改革尽管没有从根本上改变封建君主的专制统治方式，但在一定程度上还是顺应了压抑以久的时代发展要求，进而引发了全方位的社会变革浪潮：民族工商业开始得以复苏和发展，士绅两个社会阶层的人数剧增，人民的思想观念日益开放，革命力量也在迅速壮大。与此同时，1904年，日俄战争爆发，两个帝国主义国家为争夺在中国的权益而在中国的土地上开战，使中国朝野上下更急切地感受到了被东西列强瓜分的危险；而小小的日本国竟然战胜了不可一世的沙俄帝国，更被中国人看作立宪国战胜专制国的样板。

为了对外避免遭受被瓜分的厄运，也为了以政治变革来扑灭革命的火焰，1906年9月，清廷才被迫发布预备立宪上谕。然而清廷在颁布了《钦定宪法大纲》后，却又在立宪问题上宣布以9年作为预备期，并在立宪派的多次请愿和抗议后才装模作样地组织了一个"皇族内阁"，依然迟迟不愿交出任何特权。

1911年10月10日，武昌起义爆发，清廷这才大惊失色、如梦方醒，连发三道上谕表示"誓与我国军民维新更始，实行宪政"，释放自戊戌变法以来的所有政治犯，准开"党禁"，承认革命党为正式政党；命令资政院迅速起草宪法，在宪法颁布之前，先拟定《宪法重大信条十九条》（简称《十九信条》），宣誓太庙，于11月3日正式公布；解散皇族内阁，任命袁世凯为内阁总理大臣，全权组织新内阁。此前不久还被清廷视为危害江山社稷心腹大患并被罢黜的袁世凯，如今被突然委以重任，无非是清廷想利用袁世凯实际控制的北洋军来镇压革命，包括《十九信条》其实都是被清朝统治者逼出来的。就本质而言，清廷所关心的仅仅是如何稳定军心民心，如何消除革命、如何维持其腐朽专制的特权和利益，而绝非真心实行宪政以顺应时代潮流，促进社会的进步和发展。身在清廷体制内部浸淫洗礼多年的袁世凯自然对清廷的本质嘴脸看得非常清楚，所以善于根据政治力量的发展趋势权衡利弊得失而行事的袁世凯，不仅没有被利用成为用北洋军去扑灭革命的末日清廷的御用工具，反而借助革命的力量和压力把清王朝推向了死地，同时也宣告了立宪派企图依靠清政府实现宪政民主理想的最终失败。

命途多舛的辛亥革命

1911年的辛亥革命，向全世界宣告了人类历史上最漫长的封建君主专制制度的结束，同时也揭开了中华民族20世纪走向共和时代的沉重帷幕。1911年12月30日，临时大总统选举预备会选举孙中山为临时大总统。12月31日，正式改国号为中华民国，改阴历为阳历，宣布1912年为民国元年。1912年1月1日，孙中山宣誓就任临时大总统。1月28日，中华民国临时政府正式成立。3月11日，孙中山正式公布了近代中国第一部资产阶级宪法——《中华民国临时约法》。这些都意味着资产阶级民主共和制度终于在古老的中国大地上诞生了。资产阶级革命派为此欢欣鼓舞，以为铲除了清王朝的反动统治，就为中国民主建设扫除了障碍、开辟了道路，就可以放开手脚实现无数民主革命先驱以前所没有条件实现的抱负和理想了，就可以在最先进的民主共和政体下，努力建设国家，达到复兴中华民族的宏伟目标了。但是后来残酷的现实很快便宣告了这种幻想的破灭。建设民主政治的种种努力一次次受到重挫，仿效西方国家建立的民主共和制度不仅没有体现出人民期望的民主政治的任何优越，反而由政党政治和代议制度带来了政治秩序的日益混乱，国家毫无起色，人民痛苦不堪。因此，多年来对西方民主制度的寄托和希望变成了巨大的失望和绝望。

"中国人向西方学得很不少，但是行不通，理想总是不能实现。多次奋斗，包括辛亥革命那样全国规模的运动，都失败了。国家的情况一天一天坏，环境迫使人们活不下去。怀疑产生了，增长了，发展了。"[1]连资产阶级共和国的缔造者孙中山先生也沉痛地说："政治上、社会上种种黑暗腐败比前清更甚，人民困苦日甚一日。"[2]维新派过去所担心的那种一旦革命就会因革命本身所要求的集权性质而荼毒革命者的民主初衷，甚至会造成革命军领袖在革命胜利后争做皇帝的预言，被不幸言中了；而革命党人以为依靠一纸临时约法就能避免民主被参加革命的军事领袖们所荼毒的幻想，很快便因袁世凯上台后的独裁统治而破灭。孙中山在后来总结这个教训时说："辛亥之役，汲汲于制定《临时约法》，以为可以奠民国之基础，而不知乃适得其反。……试观元年临时约法颁布以后，反革命之势力不惟不因以消灭，反得凭借之以肆其恶，终且取临时约法而毁之。"[3]

1912年2月13日，袁世凯在成功威逼清帝退位后，公开声明赞成共和。2月14日，孙中山向参议院提出辞职，并举荐袁世凯继任。2月15日，南京临时政府参议院选举袁世凯为临时大总统。1912年3月10日，袁世凯在北京宣誓就任临时大总统。1913年3月20日，宋教仁被袁世凯派人暗杀，彻底宣告了革命党人政党内阁和责任内阁主张的失败。随后，袁世凯向帝国主义列强乞求借款，发动了反革命内战，用了不到两个月的时间，镇压了国民党人组织发动的"二次革命"。袁世凯在镇压"二次革命"后，一方面破坏辛亥革命的民主共和的成果，加紧向专制独裁统治急转，另一方

---

[1] 《毛泽东选集》第4卷，人民出版社1991年版，第1470页。
[2] 《孙中山全集》第9卷，中华书局1986年版，第99页。
[3] 张晋藩、曾宪义：《中国宪法史略》，北京出版社1979年版，第123页。

面出卖国家主权,极力寻求帝国主义列强的支持,为复辟帝制积极做准备。袁世凯强迫国会改变先订宪法、后选总统的立法程序。1913年10月6日,先进行正式大总统的选举。当天,被袁世凯所收买的便衣军警、地痞流氓数千人,打着"公民团"的旗帜包围了国会,高喊"今天不选出我们中意的大总统,你们就休想出院",在会场外面捣乱。议员们从早上8时到晚上10时,忍饥挨饿,连选三次,最后屈服于袁世凯的淫威,被迫投票选举袁世凯为中华民国正式大总统。11月4日,袁世凯下令解散国民党,收缴了438名国民党议员的证书、证章,使会不足法定人数无法开会而名存实亡。1914年1月10日,袁世凯更是直接正式下令解散了国会。2月,袁世凯授意成立的"约法会议",炮制出一个"字字皆袁氏手定"的所谓《中华民国约法》,于5月1日公布施行,以取代孙中山在任时的《中华民国临时约法》。《中华民国约法》规定,"大总统总揽统治权",凡一切内政、外交、军事、制定宪法和官制、任免大权,统由袁世凯独揽。12月,"约法会议"通过《总统选举法》修正案,规定大总统无限期连任,大总统的继承人由大总统推荐。这样,袁世凯不仅可以终身独揽统治权,而且还可以传之子孙。

袁世凯的身上除了剩下一块"中华民国"的遮羞布以外,其他一切已和封建专制皇帝没有区别了。袁世凯觉得披着这块遮羞布也非常别扭,为了最终摘掉"中华民国"这一国号,经过长期准备,遂即着手复辟帝制活动。1915年8月,首先由袁世凯的外国顾问古德诺(美)和有贺长雄(日)出面,先后发表《新约法论》《共和与君主论》等,鼓吹"中国如用君主制,较共和制为宜",公开为袁世凯当皇帝制造舆论。后来,袁世凯又指使在北京成立所谓"筹安会",公开策划复辟帝制活动。为了盗用"民意",袁世凯又授意梁士诒等人于9月19日成立所谓"全国请愿联合会",两次请愿尽快决定国体。10月到11月,在袁世凯的统一指挥下,在各省长官监督下,各省选出所谓的国民代表1993人,进行决定国体的投票表决,全票通过拥护君主制,废除多党议会政治,民国初年风光一时的政党政治大戏,至此黯然落幕。12月11日,国民代表全体一致上"推戴书":"谨以国民公意,恭戴今大总统袁世凯为中华帝国皇帝。"袁世凯装腔作势表示推让,于是,当天下午全体代表再上"推戴书",袁世凯遂于 12 月 12 日发表接受帝位申令，高唱"民之所欲，天必从之"，意即他如果不当皇帝，上天和百姓都会不答应。13 日，袁世凯在居仁堂接受百官朝贺，封黎元洪等 128 人爵位，成立"帝制大典筹备处"，下令改 1916 年为"洪宪"元年，并在元旦登基。经过 3 年的密谋策划，袁世凯终于得偿所愿，把皇帝的皇冠戴到了自己的头上。

从洪宪帝制闹剧到军阀混战灾变

袁世凯冒天下之大不韪恢复帝制，激起了全国上下的公愤。12 月 25 日，云南首先宣布独立；接着，贵州、广西响应，组成"护国军"进行讨袁战争。北洋军阀内部也发生了分化，袁世凯手下的两员大将段祺瑞和冯国璋也对帝制抱消极态度，冯国璋甚至暗中和护国军联络。在这种形势下，袁世凯不得不在 1916 年 2 月 25 日下令缓办帝制、撤销大典筹备处，3 月 22 日又宣布取消帝制，废除"洪宪"年号，仍以"大总统"的名义发布命令。袁世凯从称帝到取消帝制，总共经历了 83 天。可是，护国军仍不肯罢休，坚持要袁世凯下台；孙中山也继续发动武装反袁斗争；全国各地纷纷发表宣言、通电，要求惩办袁世凯；冯国璋接连发电报，催促袁世凯退位；袁世凯在南方的爪牙，为了保住自己的地位，也相继宣布独立。袁世凯在内外夹攻的压力下，感到焦头烂额，从此一病不起。1916 年 6 月 6 日，袁世凯在全国上下的声讨中死去。

令人深思的是，袁世凯的死并没有给中国带来人们期望已久的和平民主，而是出现了长达 10 年的军阀混战。这又不幸应验了极力撺掇袁世凯放弃共和民主而取君主立宪者的预言：如果不确立一种君主立宪的集权体制而取共和政体，必然会因总统更迭所造成的权力真空而引发北洋军阀争夺最高权力的内战。果然，各地军阀借反袁、护法、维宪之名乘机争夺地盘，扩张各自的势力范围。鉴于袁世凯的教训，这些军阀打的依然是民国的旗号，借用的也是民主共和的资产阶级政治制度，但实质上行的却是军阀集团的极权独裁统治。而本来应当是神圣的宪法，却成了为各军阀争夺统治权提供服务的掌中玩物，其间所进行的立宪和修宪闹剧让人目不暇接，其修宪立宪的频率之高堪创世界之最。至此，革命志士付出巨大牺牲后所换来的资产阶级民主共和制度，所剩下的仅仅是一具空洞的躯壳了。

孙中山先生在痛心疾首中，开始了对中国式革命道路的冷静反思。他从多年的民主革命奋斗和牺牲中逐渐认识到，在中国这样一个封建君主专制传统根深蒂固而人民的近代民主意识极其淡漠的国家，建立真正的民主共和制度绝非一朝一夕之功，人民民主意识的培养和国家民主事业的建设，需要一个长期的循序渐进的过程。面对一次次民主实践的惨痛教训，孙中山在1914年新成立的中华革命党所订立的《中华革命党总章》中，重申了以前曾提出过的三段革命程序论，即军法之治、约法之治和宪法之治，并将其修改为"军政""训政"和"宪政"三个时期：军政时期是以积极武力扫除一切宪政民主障碍而奠定民国基础；训政时期是以文明法理督率国民建设地方自治；宪政时期是待地方自治完成之后，由国民选举代表组织宪法委员会创制宪法。孙中山在生前反复强调了"训政"时期的必要性，他认为由军政时期直接进入宪政时期将会导致严重的政治后果，"第一流弊在旧污未由涤荡，新治未由进行；第二流弊在粉饰旧污，以为新治；第三流弊，由发扬旧污，压抑新治。更端言之，即第一民治不能实现，第二假民治之名行专制之实，第三并民治之名而去之也"①。他以为，只要实行了他所讲的训政时期，就能够避免以上民主悲剧的再次发生。然而孙中山怎么也不可能预想到，他煞费苦心力图保卫民主果实的"训政"，在他去世后恰恰成了导致他所极力避免的上述流弊的导火索。

至此，洋务运动的中兴之梦被1894年的甲午海战击得粉碎，戊戌变法的君主立宪改良仅仅百日就宣告"流产"，太平天国和义和团运动皆以悲剧而终，而辛亥革命的共和政体实验更是被袁世凯和北洋军阀政府荼毒殆尽，从西方学来的多党竞争制度在各派军阀、官僚、政客的争权夺利游戏中，早已沦落到任何当时想洁身自好者羞于言党、言党色变的境地，而随后南京国民党政府的训政实践，不仅没有成为国民党实现民主政治的必要准备，反而变成了蒋介石法西斯独裁专制的"合法"借口和理论依据，并最终蜕变为蒋介石个人极权统治的党国政治、特务政治。正如毛泽东所总结的那样："自从一八四〇年鸦片战争失败那时起，先进的中国人，经过千辛万苦，向西方国家寻找真理。洪秀全、康有为、严复和孙中山，代表了在中国共产党出世以前向西方寻找真理的一派人物。那时，求进步的中国

---

① 黄季陆：《总理全集》第1集，近芬书屋1944年版，第924页。

人，只要是西方的新道理，什么书也看。向日本、英国、美国、法国、德国派遣留学生之多，达到了惊人的程度。国内废科举，兴学校，好像雨后春笋，努力学习西方。我自己在青年时期，学的也是这些东西。这些是西方资产阶级民主主义的文化，即所谓新学，包括那时的社会学说和自然科学，和中国封建主义的文化即所谓旧学是对立的。学了这些新学的人们，在很长的时期内产生了一种信心，认为这些很可以救中国，除了旧学派，新学派自己表示怀疑的很少。""帝国主义的侵略打破了中国人学西方的迷梦。很奇怪，为什么先生老是侵略学生呢？""一切别的东西都试过了，都失败了"，"西方资产阶级的文明，资产阶级的民主主义，资产阶级共和国的方案，在中国人民的心目中，一齐破了产"。① 林伯渠在回顾这段历史时也感慨地说："辛亥革命前觉得只要把清帝推翻便可以天下太平，革命以后经过多少挫折，自己所追求的民主还是那样的遥远。"②

问苍茫大地，谁主沉浮？能够拯救中国人民和中华民族的道路何在？具有 2 000 多年封建君主专制传统的古老中国是不是根本就不可能走向复兴？一次次拯救中华民族的实践的惨痛失败，使一些人对中国能否实现民族复兴产生了深深的怀疑。就在中华民族处于十字路口的严峻关头，一批优秀的中华儿女开始了对中国复兴道路的全新思考和探索。他们就是中国早期的马克思主义者先驱。而启发和促成他们这种全新探索的最直接、最根本的动因，是1917年爆发的俄国十月革命。

---

① 《毛泽东选集》第 4 卷，人民出版社 1991 年版，第 1469—1471 页。
② 林伯渠：《荏苒三十年》，《解放日报》1941 年 10 月 10 日。

第二章

1921年:开天辟地的大事变

似乎所有拯救国家民族的失败和尝试，都在为一个伟大政党的诞生做孕育和准备，都在为中国革命的成功助道资粮。20世纪20年代，中国共产党之所以会诞生，是因为中国顺应了世界政党政治发展的历史潮流，是因为中国的其他政党根本无法完成中国革命的重责大任，是因为在苦难深重中崛起的中国需要一个先进的马克思主义政党。

一、现代政党来到中国

尽管近代中国仁人志士艰难学习西方的尝试和努力都失败了，但是他们为国家、为民族、为人民的无私奋斗绝不会化为乌有，他们的奋斗精神将唤醒更多后继奋斗者的勇气和力量。因为这些失败和教训进一步打开了近现代中国优秀分子的视野，促使他们开始习惯于睁开眼睛看世界，学会了把中华民族放在世界民族之林中去比较、去审视，明白了当今世界发展的历史大势，进而明白任何民族对世界历史发展趋势都不能阻挡，顺之者昌，逆之者亡。这种觉醒是中华民族在苦难中走向崛起的第一步，也是必经之路。特别需要指出的是，走中国政党政治之路就是这些觉醒的宝贵共识。他们认识到，经过1840年以来的反复失败和挫折磨难，近现代中国最需要顺应的历史趋势是世界政党政治的发展大势。也就是说，20世纪的中国需要全新的政治力量来解决近代以来中国一直无法破解的难题，这个全新的政治力量就是政党。中国共产党就是近现代中国顺应这一大势的结果，她在中国政党发展的大势中脱颖而出，并经过历史和人民的检验，成了拯救和复兴中华民族的核心力量，成了中国人民值得信赖的主心骨。

第二章 1921年：开天辟地的大事变

政党政治是人类政治文明发展大势

近现代政党的出现是世界政治发展的文明成果，政党制度是民主政治发展到近现代的核心制度安排，也是人类政治发展的历史大势。当代世界各国，绝大部分都先后进入了政党政治时代，政党在控制、运作国家政权和国家政治生活中扮演着越来越关键的角色，在殖民地国家和半殖民地国家，政党则肩负着领导民族民主革命的艰巨任务和使命。

西方国家现代意义上的政党与西式民主制度的发展是密不可分的。第一，西方政党是近代资本主义经济、社会、思想文化和代议制民主政治发展的必然结果。资本主义经济的产生与发展是现代政党产生的根本条件。与封建社会经济相比，资本主义的社会化大生产方式，能够集中大量的人员，使组织团体的建立成为可能。资本主义经济通过平等、自由竞争来实现商品的交换，自由竞争必然形成不同的利益集团，各个利益集团通过政治竞争来确保本集团的利益，当他们的政治竞争发展成为有组织的竞争时，政党便应运而生。也就是说，有组织的政治竞争使政党组织的产生成为资产阶级维护自身利益的一种迫切的现实政治需要。

第二，资本主义生产关系的确立为政党的产生提供了社会基础。自由竞争的资本主义经济关系的建立，彻底打破了原有的社会分工和社会结构，不同地域、不同阶层的人们可以自由流动，社会结构和社会阶层开始出现新的分化和重新整合，这就为政党这种政治组织的产生提供了社会条件。随着经济实力的扩大，资产阶级必然要求获得与其经济地位相匹配的政治地位，由此必然带来资产阶级与封建贵族既得利益阶层的尖锐斗争，正是在这种权力和利益斗争中，资产阶级找到了政党这一有力的政治斗争工具。也许出乎资产阶级的意料，资产阶级在取得斗争胜利的同时，也造就了无产阶级，随着无产阶级登上历史舞台并不断发展壮大，更需要成立无产阶级自己的政党组织来捍卫自身的利益和最广大人民群众的根本利益。

第三，资产阶级民主政治思想的传播为资产阶级政党的产生提供了思想理论基础。政党必须有自己的纲领、政策和主张，而纲领、政策和主张都必须以一定的理论为指导。中世纪晚期以来，欧洲出现了一系列进步的思想观点，如针对君权神授思想的天赋人权论、针对国家主权的社会契约论、针对主权在君的人民主权论，以及自由论、分权制衡论和代议制政府论，等等。这些自由、平等、民主、竞争、三权分立的资产阶级民主思想，为资产阶级政党的产生和运作提供了合法性依据，既为资产阶级战胜封建贵族提供了思想武器，也哺育了一批资产阶级的革命家和政治家。

第四，资产阶级革命和西方现代政治制度的确立使政党的产生成为现实。资产阶级革命爆发后，资产阶级由于反对封建专制制度的斗争需要，形成了各种各样的社会政治团体、政治派别，来推动和领导资产阶级革命。这些社会政治团体在资产阶级革命胜利后逐渐演变成代表社会不同阶层利益的政党，而西方资产阶级现代政治制度的确立，则使政党的出现成为一种必然。正如亨廷顿所说，在传统政体中没有政党，在现代化政体中才需要政党。西方资产阶级政治制度的关键特征是议会民主制，而代议制民主制一开始就是资产阶级用来同封建专制势力斗争的有力工具。在选举过程中，"政党是唯一能够驾驭大批成员的团体。当选民数量剧增时，通过个人关系来指导投票决定是不可能的，而必须依靠一个组织——这个组织要建立在人们普遍认同的宗旨的基础上"①，从而可以更好地捍卫其阶级和所代表的不同阶层的利益。所以西方资产阶级政党的功用就是能把如一盘散沙的选民整合组织起来，并以议会为主要舞台展开权力和利益的角逐与分配。也就是说，议会为西方资产阶级政党的产生提供了制度空间，并为其活动提供了舞台。

正如恩格斯指出的那样，"迄今为止在历史著作中根本不起作用或者只起极小作用的经济事实，至少在现代世界中是一个决定性的历史力量；这些经济事实形成了产生现代阶级对立的基础；这些阶级对立，在它们因大工业而得到充分发展的国家里，因而特别是在英国，又是政党形成的基础，党派斗争的基础，因而也是全部政治史的基础"，"应该从经济关系及其发展中来解释政治及其历史，而不是相反"。②因此，经济基础变革及其带来的生产方式的革命，在很大程度上决定着资产阶级领导的政治革命，这种政治革命催生了政党。总之，西方工业革命带来的生产方式的巨大变化，带来了西方国家社会结构的巨大变革，代表先进生产力发展要求的新生的资产阶级及其意识形态应运而生，那么维护和巩固新生资产阶级利益的政治斗争工具，即资产阶级政党的产生就成为必然。这是西方资本主义国家

---

① 〔法〕让·布隆代尔、〔意〕毛里齐奥·科塔：《政党政府的性质——一种比较性的欧洲视角》，曾淼、林德山译，北京大学出版社2006年版，第22页。
② 《马克思恩格斯选集》第4卷，人民出版社2012年版，第202页。

成为列强的基本路径。

近代中国顺应了政党政治的历史趋势

中国近代先知先觉的优秀分子，正是在学习西方以求自救的过程中，先是看到了西方国家器物层面的船坚炮利和人才优势，及其支撑军事工业的强大经济实力，后来逐步发现西方国家强盛的进一步原因来自他们的科技发展和商业繁荣，再逐步认识到，这些成就的取得来源于资产阶级领导的资产阶级革命铲除了皇权专制制度，进而为西方国家迅速走向近代化和现代化开辟了道路，而资产阶级之所以能够成为领导资产阶级革命成功的中坚力量，是因为有组织化程度高的资产阶级政党。中国要向西方国家取得自我图强的"真经"，就必须成立自己的政党，这才是中国通过学习西方国家走向近代化和现代化的根本出路。于是，在20世纪初，政党组织在中华大地上如雨后春笋般地涌现了出来，加入政党一时成为政治时尚。

与发端于西方近代资本主义国家的政党不同，古代中国的皇权政治话语体系对"党"一直很排斥，特别是"朋党"完全是个贬义词，专指排斥异己、结党营私。孔子主张君子"群而不党"。因此，中国封建皇权政治文化传统历来对朋党现象深恶痛绝、讳莫如深。历史上的朋党之争也确实乏善可陈，其互相攻伐的结果，只会使政局变得日益混乱，政治变得更加腐败。这种现象是中国长期封建专制制度的寄生现象，属于专制政治的衍生品。显然，这种中国古代的朋党之争与近现代政党之间的政治竞争不可相提并论，但是资产阶级政党之间的尔虞我诈、争权夺利、蝇营狗苟，至今仍是困扰资本主义国家的致命问题，也是其政党制度无法解决的根本问题之一。当然，清末民初时期中国最先进的优秀分子，是带着极大的希望看待和学习西方列强的政党制度的，决不会把拿来的西方政党与中国古代的朋党联系在一起，更不可能设想到这种朋党现象会很快在刚刚诞生的中国政党政治舞台上泛滥成灾。

从清末到民国初年，古老的中国大地上出现了一个全新的政治现象，那就是政党林立。从此，近现代意义上的政党正式登上中国历史舞台，并逐步成为组织和引领中国人民完成救国救民目标的主体力量。然而当西方政党真的走进中国这块古老的拥有封建专制传统的大地上，一开始就不可能不带有鲜明的中国特色,不可能不经过艰辛探索的磨难就能走出中国政党政治的新天地。对这一发展演变的历程很多学者进行过深入考察和研究,大致经历了从1860年到1915年前后的演变。

如前所述,在1860年之前,中国政治舞台上没有近现代意义上的政党组织,只有秘密结社性质的朋党和会党。从1861年到1895年的洋务运动时期,以郭嵩焘、薛福成为代表,一些先进分子开始注意并认识到西方资本主义国家政党制度对国家民族富强的作用,并开始向国内进行有意识的介绍,但认识比较肤浅,谈不上对当时中国现实政治生活有很大影响。1898年戊戌变法时期,以康有为、梁启超为代表的维新派领袖,比较全面地认识到了近现代政党对国家、民族实现独立自强的重大意义,极力宣传、倡导政治社团在国家政治生活中的重要作用,并亲自引导组建了大量学会组织。梁启超在回忆1895年创办《中外纪闻》那段经历时说:"当甲午丧师以后,国人敌忾心颇盛,而全瞀于世界大势。……彼时同人固不知各国有所谓政党,但知欲改良国政,不可无此种团体耳。"①这说明梁启超此时已经认识到,1894年甲午战争惨败以后,中国要想继续通过改良以自立图强,组建政党就显得非常必要了。这是非常难得的政治觉醒。从1905年到1911年的立宪运动时期,以梁启超为代表的立宪派,大力宣传、倡导和引进西方资本主义国家的政党制度,大规模成立立宪团体,并于1911年创立中国最早的合法政党——宪友会。甲午战败之后,梁启超等人还在上海创办《时务报》,与严复等人在天津创办的《国闻报》南北呼应,成了维新派言论的重要宣传刊物,也成为介绍西方议会民主政治和西方国家政党的主要阵地。对西方政党政治和议会民主的这些介绍和宣传,经历了由表及里、由浅入深、由少到多的变化过程。

而此时以朱执信、孙中山、章太炎为代表的革命派,激烈抨击立宪派的改良主张,同时也对立宪派企图通过模仿西方国家政党制度实行君主立宪制进行了否定。他们组织建立了大量革命团体,但没有组建政党组织。从1911年10月到1912年,以孙中山、宋教仁为代表的革命派,也逐步认识到了通过政党领导革命并在革命成功以后通过政党政治来运

---

① 梁启超:《初归国演说辞·鄙人对于言论界之过去及将来》(1912),载《饮冰室文集》之二十九,林志钧编,中华书局1936年版,第1页。

作国家政治生活的重要性，开始大力宣传结社自由，并把组建责任内阁制度作为中国政党制度的目标。1912年8月，宋教仁改组同盟会为国民党，使同盟会这一过去的秘密革命团体正式转变为现代意义上的政党组织。

但民国初年的中国政党政治在实施运行中出现了很多问题，这些问题正如一些学者所描述的那样，"党派林立，党争不休，原则模糊，独立依附，惟利是趋，本性使然，党中见党，派复有派，分和无常，脱党跨党，进出自由，党德败坏，因人而党，主义无别，政见雷同"。为了纠正中国政党政治与生俱来的这些弊端，从1912年到1913年，以梁启超、孙中山、章士钊为代表，推动中国政党组织从政党林立走向两党制，并对大量政党进行了整合重组，逐渐在国会内部形成了国民党和进步党两大政党竞争的局面。从1913年到1914年，袁世凯篡取中国革命的果实后开始实行军事独裁统治，宣布取消政党活动，并实施军事打压。民国初年两党制的尝试失败，让宋教仁责任内阁制的设想也胎死腹中。1915年以后，孙中山总结中国革命和中国政党政治失败的惨痛教训，力图走出一条中国特色的政党政治之路，这条道路在制度安排上就是所谓的党国体制。

近代中国照搬西方政党政治模式的完败

清末民初中国学习、模仿、尝试西方资本主义国家政党政治的努力，也与先前的仁人志士的奋斗一样遭到了失败。这种失败同样有其内在的必然性。这些政党都是当时社会精英阶层的代表，对中国基层社会民众几乎没有任何触动，在广大的中国民众中代表性很弱，更不可能有大的影响力。公民素质和高社会组织化程度是西方政党政治运行的基础条件，而当时中国不仅大众识字率极低，而且绝大多数民众缺失最基本的公民意识。1912年底至1913年初的国会选举，虽然较之前的谘议局选举有所完善，选民比例进一步过大，从之前的0.4%扩大到9.88%，选民人口近4000万，但是对于绝大多数没有选举权的中国民众来说，对于选举和政党依然是非常陌生和疏离的。即使对于有选举权的民众来说，投票率也不高。比如，在民主思想开化较早、政党和政治团体相对集中的上海，参加投票的人数也只占全部选民的 1/4。① 因此,尽管清末民初政治参与的广度有一定程度的拓展,但是由于太多时代的局限性,清末民初成立的大大小小的政治团体或政党组织雏形,只能是一个个依附于国家政权机构的相对封闭的政治群体,只能是少数城市社会精英的专属物。对于当时中国社会底层民众特别是对在传统农业社会中占绝大多数的农民来说,中国有没有政党都与他们关系不大,政党不会去关心他们,他们更不会去关心什么政党。

从政治文化角度看,清末民初政党失败,与一开始就受到近代中国形成的腐朽的"帮圈文化"侵蚀有关。在封建社会的大多数时期,朋比是官僚阶层内部的事,到了20世纪初,政治权力可以交换的社会资源远远超出"士"的范围,江湖秘密会党和关系网的影响力也渗透到了官场,官僚朋比与江湖游戏规则合流,由此形成的近代中国的"帮圈文化",渗透到了中国社会生活的各个领域,这就使得中国政党政治自诞生伊始就被深深地打上了中国社会"江湖化""帮圈化"的烙印。兴中会成立后,资产阶级革命派就很注意联络会党,以扩大自己的革命力量和影响。孙中山曾说:"余所持革命主义,能相喻者,不过亲友数人而已。士大夫方醉心于功名利禄,惟所称下流社会,反有三合会之组织,寓反清复明之思想于其中。虽时代湮远,几于数典忘祖,然苟与之言,犹较缙绅为易入,故余先从联络会党入手。"② 蒋介石本人就曾经是黄金荣的弟子。掌握权力之后,蒋介石的许多部将也与帮会有很深的渊源,以至于国民政府的许多军政要务都是借助帮会得以完成的,甚至为了巩固统治,通过结拜等手段拉拢关系,已经成为后来国民党内部关系的一种常态。除了蒋介石,民国许多大军阀都是青帮正式在册成员。对这种民国时期的中国特有的政党政治现象,有学者一针见血地指出:"世界上,没有第二个民主共和国元首依靠江湖拜把兄弟和泛家族主义嫡系军队来维持,唯有中华民国建立在帮会势力和私人关系网基础之上,它的法律是一纸空文。"③

当然,清末民初中国政党政治失败最直接的原因,来自袁世凯的军事独裁政权实施的镇压政策。然而在袁世凯的军事独裁统治被推翻以后,并没有迎来一个中国人民期望的和平民主发展的局面,中国政局反而走向了

---

① 参见杨德山:《清末民初的非政党思潮述析》,《教学与研究》2009年第12期。
② 《孙中山全集》第7卷,中华书局1985年版,第63页。
③ 于阳:《江湖中国——一个非正式制度在中国的起因》,当代中国出版社2016年版,第19页。

更加动荡的军阀割据时代,后袁世凯时代的巨大权力真空,成了各路军阀发展壮大的肥沃土壤,一时天下大乱、战争频仍、民不聊生,国家民族更加没有希望。如何外抗列强、内除军阀、恢复国家统一、维护国家政治秩序,成为当时中国最迫切需要解决的问题。建立一个强有力的政党组织,来替代走马灯似的北洋军阀政府,成为当时革命者的首要选项。十月革命后,孙中山等国民党人受到苏俄革命的鼓舞和启发,决心学习苏俄经验,改组国民党,并逐渐形成了以党建国、以党治国、党国合一的中国政党政治新思路新思想,通常被称为"党国体制(party state system)"①。但是孙中山当时怎么也想不到,他用心良苦创立的党国体制,竟成了蒋介石训政时期实行反革命独裁统治的遮羞布,更成了日后国民党腐化堕落的制度基因。

二、国民党没有承担起拯救中国的责任

经过清末民初中国政党政治发展的大浪淘沙,自20世纪20年代开始,中国国民党和中国共产党逐步发展成为领导中国革命的主体政治力量,中国政党政治在中国革命的宏大背景下,发展成为独特的中国式的两党政治,这两个政党两次合作,又两次发生分裂和战争。在国民党恶意挑起的两次政党斗争中,国民党企图利用自己的强势消灭共产党,实行一党独裁专政,却以自己的惨败而告终。也许历史给了中国国民党承担领导中国革命的使命,但是它的所作所为充分证明,它没有能力完成这样的使命,中国国民党从革命性政党走向反动性政党的蜕变,再清楚不过地说明了这个问题。与其说是中国共产党打败了国民党,毋宁说是国民党自己打败了自己;与其说是历史淘汰了国民党,毋宁说是国民党自己淘汰了自己。

被中国革命寄予厚望的中国国民党

中国国民党在孙中山的领导下,开始也是有理想、有初心、有革命精神、有血性、有担当的党,曾经为国家民族走向独立自强,同封建势力、

---

① 陈明明:《作为一种政治形态的政党-国家及其对中国国家建设的意义》,《江苏社会科学》2015年第2期。

北洋军阀势力和帝国主义进行过艰苦的斗争，作出过牺牲和贡献。特别是在抗战时期，国民党和国民党军队对抗战的最后胜利是作出了很大牺牲和贡献的。但它自身的历史局限性决定了国民党的眼界、视野、胸怀、境界、品格和能力的局限性，也决定了国民党无法通过自我革命超越自己的局限性。这是一个浅显的道理：一个有私心杂念的政党，一个自我偏执的政党，一个自我修行功夫有所欠缺、自身建设功夫存在严重短板的党，最后只能被自身的局限性、狭隘性所裹挟而走火入魔，绝不可能修得正果，更不可能堪当大任，不可能给国家民族带来发展复兴的希望。

1917年，列宁领导的俄国革命取得了胜利，使屡战屡挫的孙中山受到极大的鼓舞和启示。孙中山认真总结民主革命屡次失败的沉痛教训，思想开始转变，而共产国际的支持和中国共产党的成立，成为孙中山完成这种转变的历史契机，也为国民党的自我革新提供了宝贵机缘和条件。1920年秋，孙中山在上海会见了共产国际代表维经斯基，维经斯基向孙中山介绍了俄国革命的情况。1921年底，孙中山在桂林会见了共产国际殖民地委员会秘书马林，马林向孙中山提出了三点建议：一是中国国民党与苏俄建立联盟；二是改组国民党，并与中国共产党建立联合战线；三是创办军官学校，建立国民党自己的革命武装。1922年4月底，孙中山在广州与苏共国际代表达林进行会谈，达林也向孙中山提出国共建立"联合战线"建议，孙中山则希望共产党加入国民党。1922年6月，中共中央发表《中国共产党对于时局的主张》，提出与国民党共同建立一个民主主义的联合战线。7月，在中国共产党第二次全国代表大会上，通过了《关于民主的联合战线的决议案》。8月，孙中山与李大钊会谈，对孙中山思想的转变起了重要作用。8月下旬，中共中央在杭州西湖举行特别会议，决定共产党员以个人身份加入国民党。不久，马林从莫斯科带回了共产国际要求中国共产党加入国民党的最新指示，使孙中山受到鼓舞。1923年1月，苏俄政府的副外长越飞在上海同孙中山进行了六天的会谈，并发表了《孙文越飞联合宣言》，使国共两党的合作进入了实质性阶段。

1924年1月20日至30日，中国国民党在广州召开第一次全国代表大会，《大会宣言》是国共合作的政治基础，其核心内容是联俄、联共、扶助农工三大政策，并制定了实现新三民主义的政治纲领。国民党第一次全国代表大会通过了中国共产党党员和青年团员以个人名义加入中国国民党的决议，使改组后的中国国民党成为工人、农民、小资产阶级和民族资产阶级革命统一战线的组织形式。中国国民党第一次全国代表大会的召开，标志着第一次国共合作的正式开始。改组后的国民党在国民党左派势力和共产党人的帮助下，获得了新生，并不断地发展壮大。这是中国国民党和中国共产党第一次合作的黄金时期，这两大政治组织的携手合作，迅速给中国带来了大革命的高潮。

积劳成疾的孙中山于1925年3月12日在北京与世长辞，弥留之际写下了遗嘱和《致苏俄遗书》，痛陈西方资本主义列强之伪善，深念苏俄党的同志支持中国革命之诚心，痛感革命事业之艰难，激励党内同志继续努力之斗志，让人钦敬、感慨、动容。1925年7月，国民政府军事委员会在广州成立，汪精卫任军事委员会主席。军事委员会成立不久，即下令取消地方军的名称，一律改称"国民革命军"，实行军政统一、财政统一和民政统一。1926年7月，中国国民党发表《中国国民党为国民革命军出师北伐宣言》，北伐战争开始。北伐军势如破竹，屡战屡胜，不到10个月的时间，就占领了半个中国，把革命势力迅速由珠江流域推进到长江流域和黄河流域的大部。在北伐进军中，工农运动促进了北伐战争胜利进军，北伐战争的胜利又推动了工农运动的发展。工人阶级的武装起义、农民运动和北伐战争把中国革命推向了高潮，严重动摇了帝国主义和北洋军阀在中国的统治，中国人民又一次看到了中国革命胜利的曙光。

与中国共产党反目成仇犯下滔天罪行

这是近现代中国历史为国民党提供的大展宏图、施展救国救民抱负的难得良机，如果能够继续和中国共产党精诚合作，中国国民党就会对中国革命作出应有的担当和贡献。但历史不能假设，国民党没有这么做，也不会这么做。果然，以蒋介石为代表的国民党反动右派很快就扑灭了中国革命的希望。国民党右派一开始就反对国民党改组，反对孙中山的联俄、联共、扶助农工三大政策。孙中山逝世后，国民党便失去了维持各派力量的中心，原来受孙中山震慑的国民党右派又肆无忌惮地活跃起来。1925年8月20日上午，廖仲恺被国民党右派收买的暴徒枪杀。随后，国民党新右派的代表蒋介石炮制了一系列事件，其中最著名的为"中山舰事件"和"整理党务案"。"中山舰事件"是蒋介石阴谋夺取国民党和国民革命军领导权的重要步骤，是开始反共的一个信号。"整理党务案"则迫使共产党员担任的国民党中央部长全部被国民党右派所代替。随后，蒋介石当上了中央执委常务委员会主席，又被任命为国民革命军总司令。1927年4月12日晨，蒋介石发动了反革命政变，疯狂屠杀共产党员和革命群众。4月18日，南京国民政府举行成立大会，推举蒋介石为国民革命军总司令。1927年7月15日，汪精卫也开始了反共行动，在武汉召开了国民党中央常务委员会扩大会议，并提出"宁可枉杀千人，不可使一人漏网"的口号，在武汉地区对共产党员和革命群众进行了大屠杀。8月1日，中国共产党人在南昌举行武装起义，打响了武装反抗国民党反动派的第一枪。1928年2月2日至7日，国民党二届四中全会在南京召开，推举蒋介石为军事委员会主席、中央政治会议主席，并担任组织部长。这次会议公开抛弃了孙中山的三大政策，把共产主义视为"民族独立运动之大敌"，确立了反苏反共政策，使国民党的性质发生了根本变化，成为大地主大资产阶级的政治代表。

南京国民政府对外政策软弱无力，但在对内政策上却采取压迫工农、维护大地主大资产阶级利益的政策。一方面，南京国民政府镇压和屠杀共产党人和革命群众；另一方面，蒋介石重新上台以后，立即着手建立以国民党为中心的新的国家机器。1928年8月，国民党二届五中全会在南京召开。全会宣称军政时期结束，训政时期开始。在训政时期，行政、立法、司法、考试、监察五院应逐渐设立，并决定蒋介石为国民政府主席兼陆海空军总司令，国民党一党专政体制正式确立。同时，蒋介石在英、美支持下，建立起一支以黄埔系为骨干的近代装备军队。1929年下半年，陈果夫、陈立夫在蒋介石的指使下，建立了特务组织"国民党中央组织部党务调查科"，对国民党各级党部、政府机关、人民团体实行自上而下的监视，特务政治开始运行。此后，蒋介石与其他军阀派系先后发生了蒋桂战争、蒋冯战争、中原大战，最后以蒋介石的胜利而告终，这使他的独裁统治得以巩固，不久就开始强化对工农红军和苏维埃革命根据地的"围剿"。

九一八事变激起了全国人民的抗日浪潮，但是蒋介石根本不顾全国各阶层人民停止内战、一致抗日的要求，公然提出了"攘外必先安内"的政策。国民党在外交上的懦弱形象，使日本步步进逼，不断制造事端，加快了侵略步伐，控制了长城各口，平津危急。蒋介石政府在对日本采取步步退让政策的同时，却加强了对内的统治，建立特务组织和实行法西斯的保甲制度，先后成立了"中央调查统计局"和"军事委员会调查统计局"，使特务政治走向疯狂。为了巩固南京国民党政权的基层组织，蒋介石在农村重新建立保甲制度，重点是红军和共产党活动的地区。随着国民党政权的政治强制和经济特权的扩大，逐渐形成了以蒋介石、宋子文、孔祥熙和陈果夫、陈立夫四大家族为代表的官僚资本主义。四大家族官僚资本依靠国民党政府的政治权力，垄断了全国的金融、资源、工业和进出口贸易，成为中国最大的经济独裁者。

国民党被迫走上抗战道路

1936年12月12日，西安事变结束了10年内战的局面，中国的政治生活转入了一个新的阶段，开始了国共两党重新合作、国内和平的新局面。抗战初期，国民党军队大都积极作战，并取得较为明显的战果，给了日本侵略军以沉重的打击，对于促进战争相持阶段的到来起了重要作用。相持阶段以后，在日本帝国主义的诱降下，国民党统治营垒很快发生分化。1940年3月，汪精卫自任代理主席的南京汉奸政府成立。在日本帝国主义的军事打击和政治诱降面前，蒋介石虽然没有像汪精卫集团那样公开投降日本，但当看到中国共产党的敌后抗日武装力量有了迅速的发展时，对内、对外政策开始发生显著的变化，确立了"溶共、防共、限共、反共"的方针，制造了一系列摩擦事件，特别是制造了震惊中外的皖南事变，在国难当头之时为一己之私、一党之私而作出如此下作的勾当，充分暴露了国民党蒋介石政权的狭隘性。太平洋战争爆发后，国民党的消极抗战、积极反共行径愈演愈烈。随着抗战的进行，国民党更加坚持一党独裁的统治。随着后来豫湘桂战役的失败，国民党在政治、经济、军事上出现了全面危机，全国人民强烈要求废除国民党一党专政的呼声越来越高，国统区的民主运动出现了高潮。为此，国共两党进行了关于成立民主联合政府的谈判，但由于国民党的阻挠和破坏，致使谈判毫无结果。1945年7月，中、美、英发表了《波茨坦公告》，日本政府宣告无条件投降。9月2日，日本在投降书上签字。14年抗战，国民党的积极作用是主要的。国民党军队阵亡130万人，受伤170多万人，沉重打击了日本侵略军。

国共两党再次携手抗战取得胜利，使中国人民看到了抗战胜利后中华民族和平发展的曙光，迫切希望国共两党能够继续携手合作，共同建设自己的国家。历史惊人地相似，就如同当年国共合作取得北伐战争的胜利一样，这是历史再次给国民党提供的难得的历史机遇，但是这种机遇很快就被国民党蒋介石的一党独裁之私断送了。

1945年10月10日，国共两党签署了《政府与中共代表会谈纪要》，即著名的《双十协定》。国民党对中共提出的"和平建国基本方针"表示同意，承认以和平、民主、团结、统一为基础，坚决避免内战，建设独立、自由和富强的新中国，承认各党各派的平等政治地位，同意迅速结束训政，实施宪政，召开政治协商会议，保证人民享受身体、信仰、言论、出版、集会结社之自由等。但《双十协定》并未阻止国民党发动内战的步伐。10月13日，在蒋介石的"剿匪"密令下，国民党军队向解放区大举进犯，计划花6个月的时间在全国范围内击溃八路军、新四军的主力，然后进行分区"清剿"。1946年6月26日，蒋介石命令国民党大军向中原解放区发动大规模的围攻，并向晋绥等解放区大举进攻，内战全面爆发。至此，蒋介石国民党集团已经丧失了中国人民道义上的支持。

发动内战气数尽失

果不其然，全国内战开始后不久，国民党的统治很快就出现了全面危机。内战爆发前，国民党集团为了支付庞大的军事费用和行政开支，不断地发行货币，从而造成不可遏制的通货膨胀。战争爆发后，由恶性通货膨胀发展为财政、金融、工业、农业、商业危机，造成了国民经济的日益萎缩。国民党统治区严重的经济危机，造成工人失业、农民破产、劳动群众和公教人员的生活日益恶化。1947年11月15日，国民党在南京召开了国民大会，确认了蒋介石专制独裁统治的国家制度，遭到了国统区人民及全国人民的坚决反对，国民党统治区内掀起了具有广泛群众基础的爱国民主运动，其中以全国性的"反饥饿、反内战、反迫害"的运动为斗争的高潮。1948年夏季以后，国民党军队在中国人民解放军的进攻下节节败退。1948年9月至1949年

1月，经过辽沈、淮海、平津三大战役，国民党丧失了154万人的兵力，国民党赖以维持的军事力量基本瓦解。随着军事上的节节败退、政治上的众叛亲离，国民党在经济上进一步走向全面崩溃。1949年4月23日，人民解放军占领南京。1949年8月，国民党败退中国台湾，结束了在大陆的统治。

简略回顾国民党从革命性政党走向反革命政党的历史嬗变过程可以清楚地看出，国民党自身的狭隘性和局限性，决定了它在近现代中国历史舞台上的暂时性存在，也决定了其最后失败的历史宿命。

三、中国共产党与中华民族同呼吸共命运

毛泽东说："中国产生了共产党，这是开天辟地的大事变。"[①]正如习近平在庆祝中国共产党成立95周年大会上所指出的那样，1921年，五四运动之后，在中华民族内忧外患、社会危机空前深重的背景下，在马克思列宁主义同中国工人运动相结合的进程中，中国共产党诞生了。他强调，这一开天辟地的大事变，深刻改变了近代以后中华民族发展的方向和进程，深刻改变了中国人民和中华民族的前途和命运，深刻改变了世界发展的趋势和格局。

马克思主义来到苦难的中国

中国共产党诞生的缘起，来自马克思主义在近代中国的传播。而近代中国的先进分子思考和接受马克思主义，则是以拯救民族和复兴民族这两大主题为基线的。换句话说，只有那种与近代中国救亡图存的民族主义关怀和爱国主义情操相契合的思想理念，才是最适合近代中国社会需要并能够在中国社会生根、开花、结果的思想理念。而关于这一基线的高度共识是，近现代中国必须首先通过政治革新，才能为拯救和复兴民族开辟道路。那么什么样的思想理念才能帮助中国人民找到管用的成功的政治革新道路呢？就在这个时候，马克思主义和社会主义带着真诚朴实的气息来到了近代中国的先进分子面前，让他们为之振奋、为之欢呼。而促使他们最终放

---
① 《毛泽东选集》第4卷，人民出版社1991年版，第1514页。

弃西方资产阶级革命的幻想而师从苏俄劳动阶级革命的直接动因，则是第一次世界大战的爆发和俄国十月革命的胜利；促成他们实现这种转变的社会运动则是新文化民主启蒙运动和五四反帝爱国民主运动；促使中国共产党的成立成为现实则源于中国工人阶级和马克思主义的相遇。

民国初年，经过无数牺牲奋斗所建立的资产阶级民主共和制度，在转瞬之间被北洋军阀的独裁统治化为泡影。仁人志士从辛亥革命的沉痛教训中逐渐觉悟到，在中国半殖民地半封建社会的历史条件下，建立资产阶级民主共和国是不可能的，必须另外探索救国救民的新道路。正如林伯渠后来在回顾自己的思想历程时所说，辛亥革命以前觉得只要把帝制推翻便可以实现天下太平，革命以后经过多少挫折，自己所追求的民主还是那样的遥远。于是慢慢地从痛苦经验中，发现了此路不通，终于走上了共产主义的道路。这不仅仅是一个人的经验，在革命的队伍里是不缺少这样的人的。

就在以孙中山为代表的民主派政治家们为护国护法而苦苦斗争的时候，一些一直致力于民主和进步的知识分子（有不少人都是中国马克思主义者的先驱）却从思想文化的深层底蕴开始了对这次失败的反思。他们认为：袁世凯破坏共和的行为，之所以被许多人所认同，甚至一些思想很新派、很开明的人也认为这种"开明专制"是中国走向民主政治的必由之路，原因是中国社会缺乏民主政治生存的文化土壤，而根深蒂固的是与专制政治紧密契合的"崇古尊圣"的习惯势力和依赖"贤人政治"的社会心理；选择中国政治道路的前提条件，并不是被动地认可这种无奈的国情而与专制政治妥协走"开明专制"之路，而是首先要通过大力批判和清除封建专制主义的思想文化传统，把多数国民头脑中的旧思想、旧观念冲洗干净，以此唤醒人民的民主自觉，为民主政治和共和制度奠立社会基础。

当时，他们企图把中国引向民族独立、政治民主、国家富强的新社会的新办法，就是彻底批判和摧毁一切封建主义的旧事物，而用来批判和摧毁这些旧事物的武器，是从西方借来的"德先生"和"赛先生"。他们没有也不可能合理回答如何通过这种方法来达到建立新社会的目标，也没有办法令人信服地回答如何用这种武器来解决中国政治建设当时所遇到的一系列难题。所以尽管新文化运动对近代中国的民主启蒙起到了重要作用，但它依然不可能解决中国民主建设和政治革新的道路和方向问题。尤其是其倡导者们提出的要实现的"新国家新社会",仍奉行资本主义的共和立宪制和资本主义私有制,这在当时的社会历史条件下是根本不可能实现的。一方面,20世纪初的中国根本就不具备实行这种制度的历史条件,也已根本不可能再形成这样的历史条件,下此结论不仅是因为这种结果是漫长的封建君主专制制度所遗留下来的无法选择的沉重遗产(这种历史重负绝不是通过一场声势浩大的文化批判运动所能够卸载的),更是因为已经建立了西方民主制度数百年并已经完成工业化的西方资本主义列强,决不会让一个他们正在侵吞和掠夺的中国变成一个和他们一样的独立统一的现代民主民族国家,而更希望从混乱中的中国捞取更多的利益;另一方面,这种资本主义制度本身不仅对其他贫弱民族犯下了殖民掠夺的可耻罪恶,而且其内部也已弊病丛生,那里的劳动人民也一样过着贫苦不堪的生活,也没有什么真正的民主权利。

五四反帝爱国民主运动

1914年第一次世界大战的爆发,无疑揭开了掩盖资本主义制度本身所具有的深刻内在矛盾的遮羞布,包括西方知识分子都清醒意识到了这种制度的沉重危机,而苦苦求索的中国先进分子更是由此而对几十年来一直极力师从的西方民主制度产生了深深的疑惑。他们意识到这种制度并非白璧无暇,更不可能是人类文明的希望和未来。

正当这种怀疑随着第一次世界大战灾难性恶果的升级而日益增强的时候,1917年俄国爆发了十月革命,接着国内爆发了五四反帝爱国民主运动。中国早期的马克思主义者,以此看到了步履艰难的中国革命事业的全新前途和希望,并相信十月革命给人类带来了比资本主义革命更彻底的新的革命模式。李大钊说,十月革命是一场开辟世界革命新纪元的社会主义革命,布尔什维主义的胜利不仅是社会主义的胜利、劳工主义的胜利和资本主义的失败,而且是民主主义的胜利和一切专制主义的失败。[①] 陈独秀则把十月革命与法国大革命相比较,认为前者比后者更能缔造出完善的共和民主制度,是对民主政治的新发展,"二十世纪俄罗斯之共和,前途远大,

---

① 参见中国李大钊研究会编注:《李大钊全集》第2卷,人民出版社2006年版,第255页。

其影响于人类之幸福与文明，将在十八世纪法兰西革命之上，未可以目前政象薄之"①。他们当中的不少人还从十月革命所掀起的群众斗争运动中逐渐看到了工农大众在社会急剧变革中所起的巨大作用，这种发现在随后的五四运动中得到了强化。

1919年爆发的五四运动，高擎"民主"与"科学"的旗帜，点燃了文化革命和思想解放的燎原之火，引进了马克思主义的科学理论，启动了中国历史上最为伟大壮阔的思想解放运动。它像一炬硕大的圣火，照彻了沉沉黑夜中的中国大地，唤醒了沉睡日久、苦难深重的劳苦大众。经过五四反帝爱国民主运动，不仅使广大知识分子更清楚地看到了人民群众尤其是工人阶级在斗争中的伟大能量，而且使劳动阶级本身得到了一次空前规模的近代革命意识的启蒙，这对中国革命的发展是具有划时代意义的。陈独秀把五四运动中的这种觉悟归结为"强力拥护公理"和"平民征服政府"：前者是指中国人破除了在1919年1月巴黎和会前对所谓"公理战胜强权"的国际政治新秩序的幻想，深感弱国无外交，要夺得主权和领土完整、实现民族独立，必须依靠中国人自己的力量和抗争；后者是指救亡图存绝不能依靠专制卖国的北洋军阀政府，必须由人民大众自己起来制止政府的卖国行为，以"强力"迫使政府和议员"低下头来听多数平民的命令"。② 蓝公武在五四运动结束不久谈到这场运动的价值时认为："此次运动之价值可言者有二。一、各人能认识自身能力。……自身能力之效大著，此后当用此能力以与外界抗，匪复如前之畏避矣。二、知个人能力有限，非合多数人之力不足有为。盖必先有组织而后始能奋斗，设'五四'后而无组织的运动，卖国者何能遽去？斯二者，苟能保存而发挥之，则改造中国不难矣。"③

千百年来，本来极其勤劳智慧、为人类创造了伟大文明的中国人民，却在长期的封建君主专制制度以及封建礼治秩序的压制下，形成了为近代先进分子所痛心疾首的所谓"国民性格"，并被认为这种国民性格是阻碍中国社会步入近代社会的根本性原因。然而在五四运动中，人民群众一改过去被动受治的姿态，以社会主人的姿态登上了政治斗争的历史舞台，并

---

① 陈独秀：《驳康有为共和平议》，《新青年》第4卷第3号，1918年3月15日。
② 陈独秀：《山东问题与国民觉悟》，《每周评论》第23号，1919年5月26日。
③ 张允侯等：《五四时期的社团》（二），生活·读书·新知三联书店1979年版，第27页。

表现出了过去的任何进步势力所无法比拟的强大政治能量。中国人民在五四运动中教育了一直高高在上、总抱政治幻想的知识分子。这场运动不仅对劳工群众是一次思想的大解放,而且对一直在黑暗中苦苦求索中国革命道路的先进分子也是一次心灵的巨大震撼,促使他们深刻感受到,人民群众自身具有变革社会的巨大力量,而自己身上的国民性格弱点是可以在变革社会的运动洪流中得以改造。所以如果说新文化运动注重的还是以个人价值为核心的西方国家民主意识的启蒙的话,那么五四运动则超越了这种个人主义的樊篱,以救国救民的爱国主义传统把个人的利益和权利同整个民族的利益和奋斗联系在了一起,具有鲜明的中国特色,而只有中国自己创造的才可能成为在中国革命中管用的、成功的。因此,五四运动成了中国新、旧民主主义革命的分水岭。

社会主义思潮在中国大地传播

也正是五四运动所带来的全民族的觉醒,促进了社会主义思潮在中国的迅速高涨,而形成这种思潮的就是中国早期的马克思主义者。五四运动以后,出现了一批信仰马克思主义的知识分子。他们积极宣传唯物史观和科学社会主义思想,并以此为指导,探索彻底改造中国政治和中国社会的新道路。在这批早期的马克思主义者当中,大多数原是激进的民主主义知识分子和具有民主观念的知识青年。他们的理论素养虽然各不相同,甚至相差很大,但都是在反对封建专制主义的民主思想运动中接受马克思主义的,因而他们在接受马克思主义之后,都面临一个如何运用马克思主义搞好前人屡试屡败的中国政治革新事业、为拯救和复兴中华民族开辟道路的问题。如前所述,近现代中国先进分子已经从屡次救国救民运动的失败中得出结论:必须首先通过革命铲除腐败、专制、落后的中国政治制度以图政治民主自强,才能推翻帝国主义的压迫实现民族自强,才能进而实现国家富强。他们对这一问题的认识,首先是从对资产阶级民主产生怀疑并对其进行批判开始的。

自第一次世界大战爆发以后,中国民主派政治家们就开始了对西方资本主义民主的理性反思,逐渐认识到:西方议会民主政治实际上只是少数人垄断的政治,并不体现大多数人民的意志和利益。如梁启超认为,西方议会民主政治只能是少数人的精英政治,"主权在民"不过是一种"极端之民权主义"的"空想";孙中山认为这种民主只是"智识阶级"的政治,实质上是"少数人的专制";陶履恭则说这种议会民主"只可以代表消费者的利益不能代表生产者的利益"①;等等。这是难能可贵的。然而他们看到了西方议会民主的缺陷和不足,却没有(也不可能)说清楚究竟如何变革这种代议制度以实现真正的民主政治,更不可能拿出切实的办法和措施去实现真正的民主政治。那么如何能够在中国既避免西方议会民主的弊端,又能够真正实现政治民主的理想呢?这道在批判西方议会民主弊端时出现的难题,终于在早期马克思主义者那里初步得到了理论上的解决。他们依据马克思主义观点,指出近代西方议会民主本质上是资产阶级民主,这种民主是在资本主义经济基础上产生和发展的,是为资本主义经济和资产阶级统治服务的,这样就为西方议会民主为什么不能体现大多数人民的意志和利益的缺陷提供了切实可信的解释。

谭平山在 1919 年 12 月 14 日发表的《现代民治主义的精神》一文中指出,"民治主义"(Democracy)自古以来就立足于"平等思想",法国革命的《人权宣言》也主张"人间一律平等",但"事实上不曾做到,反将政治上的霸权,完全被这般资产阶级垄断了",无产阶级为这场革命流血牺牲却没有得到任何政治权利。法国革命"推翻贵族阶级的功劳虽不可没",却"造成了一种资产的托辣斯"。文章认为,由于"资本家垄断了政治上产业上社会上一切的霸权","使人间生活的体系,无论国会,政府,法律,政策,和军事组织,产业组织,都是拿去专拥护这般资本家,不许那些无产阶级沾多少余惠","这种体系"便是"资本主义"。因此,"法国革命所宣言的平等,可以是虚幻而非实际的,局部而非普遍的;其最大多数的平民,沉沦于社会最底下一层,历劫未复,遂酿成现代的民治主义"。文章第一次对"现代的民治主义"作出了正面回答,认为"现代的民治主义,是个 [由] 劳动阶级对于非劳动阶级争自由争平等发生的"。其"精神实质,约有两点:第一,现代的民治主义,以反对资本的托辣斯做出发点,故以劳动中心主义做中坚,而要求真正的自由,真正的平等,真正的解放";第二,"今日的劳动阶级要求解放,非把资本的托辣斯昔日所掠夺

---

① 陶履恭:《游欧之感想》,《新青年》第 7 卷第 1 号。

的、所盘据的、所霸占的，社会上产业上政治上一切人间生活的领域，尽行解除之摆脱之不可"。总之，"一定要人人在政治上产业上社会上，都同是有个平等的机会，去发展自己的智慧和自己的才能。既不许那一种阶级拥有特权，来压制自己，也不希望自己拥有特权，去压制他人"。这才是真正的平等、自由。

文章还认为，《人权宣言》关于"所有权神圣"的原则所体现的"排斥他人的利益，想把人受我支配的意思"，实际上就是"资本万能欲的精神"，即"托辣斯的精神"，而这种精神是与"现代民治主义"不能相容的，因为后者所讲的自由，就是使一切人"都同时获得个平等的机会"，"虽不是要人进行舍弃利己的欲望，也不是绝对没有丝毫限制的"。显然，谭平山这里所说的"现代的民治主义"就是早期马克思主义者所理解的社会主义。

谭平山在文章中对资产阶级民主的实质作出了在当时较为深刻的揭露和批判，揭示了近代西方民主虽然具有"个人自由"与"权利平等"的普遍性形式，但实际上只不过是资产阶级一家的民主。它所标榜的自由、平等也只不过是以资本主义的私有制为前提的，是资本家阶级自由地剥削劳动者的利己主义的体现，因而只是为资本家的经济和政治上的特权服务的，绝不是人人都能享有的社会民主。资产阶级的民主在历史上曾经起到过反对封建阶级统治的进步作用，但最终给无产阶级带来的却不是真正的自由和解放，而是新的资本主义的压制。因此，劳动人民应当起来推翻资本主义制度，并且在此后逐步根除任何的阶级压迫和阶级垄断，真正实现人人平等和自由。他把这种人人真正平等自由的、区别于西方近代民主的民主叫作"现代民治主义"，即现代的民主，而不称之为无产阶级或劳动阶级的民主，这是因为在他看来，这种民主不是属于任何单一阶级的民主，而是人人都享有的全社会的民主，是对资产阶级民主的一种扬弃、超越和发展。

李大钊和陈独秀也表述了类似的观点。1919年2月，李大钊在《劳动教育问题》中说："现代生活的种种方面，都带着Democracy的颜色，都沿着Democracy的轨辙。政治上有他，经济上也有他；社会上有他，伦理上也有他；教育上有他，宗教上也有他；乃至文学上、艺术上，凡在人类生活中占一部位的东西，靡有不受他支配的。简单一句话，Democracy就是现代惟一的权威，现在的时代就是 Democracy 的时代。""战后世界上新起的那劳工问题，也是 Democracy 的表现。"①3 年以后，即 1922 年 7 月，李大钊在《平民政治与工人政治》一文中仍然坚持认为："现代有一最伟大、最普遍的潮流，普被人类生活的各方面，自政治、社会、产业、教育、文学、美术，乃至风俗、服饰等等，没有不著他的颜色的，这就是今日风靡全世界的'平民主义'。"②"平民主义原语为 Democracy"③，"德谟克拉西与社会主义，在精神上亦复相同"④。从而鲜明指出了社会主义就是民主精神的一种体现或一种形态。1919 年 12 月，陈独秀在《实行民治的基础》一文中也指出，民主乃当今世界发展的历史潮流，"原来'民治主义'（Democracy），欧洲古代单是用做'自由民'（对奴隶而言）参与政治的意思，和'专制政治'（Autocracy）相反。后来人智日渐进步，民治主义的意思也就日渐扩张；不但拿他来反对专制帝王，无论政治、社会、道德、经济、文学、思想，凡是反对专制的、特权的，遍人间一切生活，几乎没有一处不竖起民治主义的旗帜"⑤。

1920 年 2 月，陈独秀开始接受马克思主义，在《我们为甚么要做白话文》的讲演中，依然将"德莫克拉西"看作"时代精神"，并把经济的民主直接称为"社会主义"，他说民主的目的是"反对一切不平等的阶级特权"，并列举了民主在社会各个领域里的具体表现，即"政治的德莫克拉西（民治主义）""经济的德莫克拉西（社会主义）""社会的德莫克拉西（平等主义）""道德的德莫克拉西（博爱主义）"和"文学的德莫克拉西（白话文）"。⑥

当时中国政治革命与社会变革的一个紧迫主题，是摆脱封建主义的压迫和束缚，建立民主的政治秩序和社会秩序，民主成为一切进步的政治力量和知识分子所追求的共同目标。早期马克思主义者强调社会主义的民主意义，正是适应政治革命和社会变革的客观需要，为在中国实现社会主义的合理性和必要性提供了理论依据。由于从西方搬来的资本主义议会民

---

① 中国李大钊研究会编注：《李大钊全集》第 2 卷，人民出版社 2006 年版，第 291 页。
② 中国李大钊研究会编注：《李大钊全集》第 4 卷，人民出版社 2006 年版，第 84 页。
③ 中国李大钊研究会编注：《李大钊全集》第 4 卷，人民出版社 2006 年版，第 84 页。
④ 中国李大钊研究会编注：《李大钊全集》第 4 卷，人民出版社 2006 年版，第 88 页。
⑤ 《陈独秀文章选编》（上），生活·读书·新知三联书店 1984 年版，第 429 页。
⑥ 《陈独秀文章选编》（上），生活·读书·新知三联书店 1984 年版，第 493 页。

即"共和"政治已经宣告破产，追求这种民主的人们正处于困惑之中，早期马克思主义者强调社会主义和民主的一致性，当然不是要回到"共和"政治的老路上去，而正是为了超越西方民主，寻求一种新的真实的民主，这就是社会主义民主。他们坚信，社会主义能够造就出比资本主义民主更广泛、更彻底的民主。他们认为，没有平民主义的社会，断无平民主义政治，而社会主义正是要建立平民主义的社会。只有走社会主义道路，中国人民才能得到由人民当家作主的真正的民主，说明在他们的心目中，社会主义和民主在根本上是一致的，而绝不是相互对立的，他们之所以从民主主义战士顺利转化为马克思主义者和社会主义者，正是因为他们坚信社会主义就是其梦寐以求的民主形态。尽管这种初始的社会主义认识还是一种模糊的观念，却有着合理的因素和重要的进步意义。这也是早期马克思主义者当时已经开始学习、运用马克思主义的阶级分析方法对民主进行全新思考的结果。正是在这一点上，他们的民主观念又含有新的更为深广的内容，使他们比其他同时代的民主派政治家和知识分子高出一筹，站得更高，看得更远。

当务之急是成立中国的无产阶级政党

当中国早期马克思主义者从坚信社会主义就是民主的最高实现形式，转而在十月革命后接受只有无产阶级革命和无产阶级专政才能实现这种社会主义时，他们开始重视中国无产阶级政党的筹备和建设。因为离开了无产阶级政党及其领导，再美好的革命愿景也无法实现。这种情况首先表现在陈独秀身上。

俄国十月革命后，陈独秀逐渐从一个激进的资产阶级民主革命斗士变成了一个马克思主义者，并成为中国共产党的重要创始人。陈独秀之所以接受马克思主义，与早期其他马克思主义者一样，其根本的原因都是对民族主义的深切关怀。在资产阶级共和国实验彻底失败之后，社会主义理所当然地成为全新的选择。陈独秀接受了马克思主义，便开始试图以历史唯物主义的方法论分析和把握世界历史的发展趋势，并以此认识到社会主义取代资本主义乃历史发展的大势所趋，是合乎逻辑的社会进化法则。他说："社会主义要起来代替共和政治，也和当年共和政治起来代替封建制度一样，按诸新陈代谢底公例，都是不可逃的运命。"①坚定了这样的信念之后，陈独秀就以极大的热情开始关注中国最底层人民群众的悲惨生存状况，并坚定了他自五四运动时就已经发现的人民群众是变革社会的主要力量的信念，拯救民族、国家、人民于水火的热切渴望使陈独秀日益认识到无产阶级革命和无产阶级专政的迫切性和重要性。正是对劳苦大众的深切同情，使陈独秀开始学会用阶级分析的方法去研究"贫富悬隔"问题，并认识到了无产阶级革命的重要性。他说："穷苦的工人时常和开工厂的资本家为难，渐渐造成那无产阶级对于有产阶级的社会革命，这就是现在各国顶紧急顶重大的问题。"②

在1920年陈独秀开始"认定马克思主义是解决中国问题的良方"之后，他就立刻把自己的全部热情和注意力倾注到了如何解决中国革命实际问题的探索方面。"我们应该努力去做的有益事业只有说明现在社会里已有的毛病，建设最近的将来比较善良的社会"，而不要去"单单空想最远的将来及终极的理想"。"建设劳动阶级的国家……为现代社会第一需要。后事如何，就不是我们所应该所能够包办的了。"既然中国的一切问题的病根在于"资本主义和私有财产制"，就应当集中精力加紧发动劳动阶级进行社会主义革命，建立无产阶级专政，以根除私有财产制度，至于以后的民主、自由问题，到时候再说不迟，这就是陈独秀当时思想的出发点。就在1920年7月，陈独秀明确提出："研究马克思主义现在已经不是最主要的工作，现在需要立即组织一个中国共产党。"③中国对革命的需要太急迫了，必须迅速组织起来、行动起来，尽快建立中国无产阶级自己的政治组织。这是当时那一代中国马克思主义先驱的高度共识。

总之，十月革命的成功，促使中国马克思主义先驱迅速完成了从信仰资本主义到信仰社会主义的转变，迅速完成了从资产阶级革命者到无产阶级革命者的转变，迅速完成了从民主主义者到马克思主义者的转变，在思想上实现了追求社会主义民主政治以救中国与尽快建立政党实行无产阶级专政的统一。在五四运动过程中，走上历史舞台的中国工人阶级与马克思主义的相遇和结合，为促进开天辟地的大事变创造了条件。

---

① 《独秀文存》第1卷，安徽人民出版社1987年版，第373页。
② 《独秀文存》第1卷，安徽人民出版社1987年版，第410页。
③ 张国焘：《我的回忆》第1册，东方出版社1980年版，第92页。

第二章 1921年：开天辟地的大事变

新文化运动为马克思主义在中国的传播创造了条件，也为中国共产党的诞生作了思想铺垫。1919年的五四爱国运动是近代中国历史上第一次由学生、工人和其他群众掀起的反对帝国主义、反对军阀卖国的全国规模的革命斗争。这场群众运动遍及20多个省100多个城市。在运动中，各地组织了学生、教职员、工商界、妇女界等群众团体，并共同组成各界联合会。随着运动的发展，又先后成立了全国性的群众组织——全国学生联合会和全国各界联合会。由于各界群众的联合行动，这场运动获得了胜利。在五四爱国运动中，涌现出一批为追求民族独立和国家富强而积极探求救国、救民真理的新的先进分子。数十万学生英勇地走在运动的前头，成为运动的先锋。陈独秀、李大钊和进步青年密切联系，积极指导和推动运动的发展，成为这一运动的著名领袖人物。以陈独秀、李大钊为代表的一批具有初步共产主义思想的知识分子，很快成为中国共产党组织的发起人，为中国无产阶级政党的创建准备了组织条件。

五四运动期间中国工人阶级以巨大的声势参加了反帝爱国斗争，虽然工人的罢工是自发的，但工人阶级以自己特有的组织性和斗争的坚定性，在运动中发挥着主力军的作用，开始作为一支独立的政治力量登上历史舞台。工人运动本身也逐步由经济斗争上升为政治斗争。这对中国先进分子认识工人阶级的历史作用和强大力量，接受马克思主义，并到工人群众中去开展宣传活动，促进马克思主义同中国工人运动的结合，产生了重要影响，发挥了关键作用。五四运动发生在俄国十月革命所开创的世界无产阶级革命的新时代，因此它虽然属于民主主义革命的范畴，但实际上已经成为世界无产阶级革命的一部分。五四运动的发生引起列宁和共产国际对中国革命的重视，并直接促使共产国际派员到中国了解情况，因而加速了中国共产党建立的进程，这为中国共产党的成立创造了良好的外部国际环境。五四运动时期发生在中国马克思主义者同资产阶级改良主义者、无政府主义者之间的论争，是马克思主义在中国传播过程中的第一场交锋，在中国思想领域产生了重大而深远的影响，为中国无产阶级政党的创建准备了思想条件。一大批以救国救民为己任、立志改造中国社会的进步青年，经过这场交锋，认识到了只有科学社会主义才能救中国，并迅速投入创建中国共产党早期组织的行动。

百年大党：走向最强大政党

中国共产党的孕育诞生

五四运动后，马克思主义在中国广泛传播并且日益同中国工人运动相结合的过程，也就是从酝酿、准备到建立中国共产党的过程。最早酝酿在中国建立共产党的是陈独秀和李大钊。通过对马克思主义的学习和传播，通过对俄国十月革命经验的学习，通过中国工人运动的实践，他们逐步认识到，要用马克思主义改造中国，走十月革命的道路，就必须像俄国那样，建立一个无产阶级政党，使其充当革命的组织者和领导者。这时的陈独秀已将关注的焦点从青年学生转向工农大众，从进步思想文化的研究和传播转向建立共产党组织。

深入到工人中去，了解他们的疾苦，并把他们组织起来，是中国先进分子筹备建立无产阶级政党的第一步。陈独秀在发动和组织工人并向他们宣传马克思主义的过程中，积极开展建党工作，还从上海马克思主义研究会成员中发掘建党的骨干。1920年春，正当中国先进知识分子积极筹备建党的时候，经共产国际批准，俄共（布）远东局海参崴（今符拉迪沃斯托克）分局外国处派出全权代表维经斯基等人来华，了解五四运动后中国革命运动发展的情况和能否建立共产党组织的问题。在维经斯基等人的帮助下，陈独秀以上海马克思主义研究会为基础加快了建党工作的步伐。1920年6月，他同李汉俊、俞秀松、施存统、陈公培等人开会商议，决定成立共产党组织。经过酝酿和准备，在陈独秀主持下，上海的共产党早期组织于1920年8月在上海法租界老渔阳里2号《新青年》编辑部正式成立，取名为"中国共产党"。这是中国的第一个共产党组织，其成员主要是上海马克思主义研究会的骨干，陈独秀为书记。

经过一系列筹备工作，北京的共产党早期组织于1920年10月在北京大学图书馆李大钊的办公室正式成立，取名为"共产党小组"，党组织的最初成员有李大钊、张申府、张国焘三人。11月，北京党组织内发生意见分歧，并影响到实际工作的开展。黄凌霜等无政府主义者主张自由的联合，反对党的纪律和职务分工，他们认为政府是一切罪恶的根源，反对建立无产阶级专政的政府，最后无政府主义者退出了党组织。1920年底，北京党组织召开会议，决定成立"共产党北京支部"。由李大钊任书记，张国焘负责组织工作，罗章龙负责宣传工作。随后，又陆续发展一些成员。到

第二章 1921年：开天辟地的大事变

1921年7月，北京党组织的成员有李大钊、张国焘、邓中夏、罗章龙、刘仁静、高君宇、缪伯英、何孟雄、范鸿劼、张太雷、宋介、李梅羹、陈德荣等，大多是北京大学的进步师生。

上海、北京的共产党早期组织成立后，武汉、长沙、广州、济南等地的先进分子以及旅日、旅法华人中的先进分子，也相继建立了共产党早期组织。武汉的共产党早期组织，是在上海的共产党早期组织直接指导下成立的。1920年8月，在武昌抚院街董必武寓所，由刘伯垂主持召开会议，成立武汉的共产党早期组织，取名为"共产党武汉支部"。参加成立会议的除刘伯垂外，还有董必武、张国恩、陈潭秋、郑凯卿、包惠僧、赵子健等人。刘伯垂在会上介绍了上海的共产党早期组织成立的有关情况，与会者传阅了上海党组织起草的党纲草案，研究武汉党组织日后的工作安排。由刘伯垂提议，会议推选包惠僧任书记。到党正式成立前，参加武汉共产党组织的还有黄负生、刘子通、赵子俊等。长沙的共产党早期组织是在毛泽东的筹划下建立的。在毛泽东、何叔衡等人的积极活动下，长沙的共产党早期组织于1920年初冬在新民学会的先进分子中秘密诞生。在反动军阀的残暴统治下，长沙党组织的建立和活动都十分隐秘。到1921年7月，长沙党组织的成员有毛泽东、何叔衡、彭璜等人。

广州的共产党早期组织的建立过程比较曲折。上海党组织建立后，陈独秀曾为在广州建党之事致函谭平山、谭植棠、陈公博，嘱其发起组织。1920年9月，俄共（布）党员斯托扬诺维奇和别斯林到广州，准备建立共产党组织。因这些俄国人是经参加北京党组织的无政府主义者黄凌霜引荐的，所以他们到广州后即与无政府主义者区声白等取得联系，并于同年底开始建党活动，参加这个组织的共9人，除2个俄国人以外，7个中国人都是无政府主义者。由于观点不一致，谭平山、谭植棠、陈公博拒绝加入这个组织。同年12月，陈独秀从上海到达广州。不久，他把自己起草的党纲拿到这个组织进行讨论时，一些无政府主义者反对党纲中关于无产阶级专政的条文。陈独秀等与他们"进行过非常热烈的争论，认为必须摆脱无政府主义者"。这样，无政府主义者退出了党组织。在陈独秀的主持下，于

1921年春"开始成立真正的共产党"①。

王尽美、邓恩铭等先进分子在上海、北京党组织的影响和帮助下，于1921年春成立了济南的共产党早期组织。从1920年8月到1921年春，经过半年多的工作，中国国内先后有6个城市建立起共产党早期组织，其成员也在逐步增加。1921年的一份重要档案文献记载："中国的共产主义组织是从去年年中成立的。起初，在上海该组织一共只有五个人。领导人是享有威望的《新青年》的主编陈同志。这个组织逐渐扩大其活动范围，现在已有六个小组，有五十三个成员。"②在国内一些大城市筹组共产党早期组织的同时，在旅日、旅法的华人中也成立了共产党早期组织。旅日华人中的共产党早期组织，最初是由上海的共产党早期组织成员施存统和周佛海组建的。旅法华人中的共产党早期组织，主要是在留法勤工俭学人员中形成的，于1921年成立。发起人有张申府和赵世炎，成员有张申府、赵世炎、陈公培、刘清扬、周恩来等。

上述中国共产主义者在国内以及国外建立的组织，都是中国共产党的早期组织。由于中国共产党的创建活动是在秘密状况下进行的，所以在党正式成立之前，党的早期组织没有统一的名称，有的称"共产党支部"，有的称"共产党小组"，有的直称"共产党"，从性质和特征方面来看，它们都是后来组成全国统一的中国共产党的地方组织。

各地共产党早期组织成立以后，就开始有组织、有计划地研究和宣传马克思主义，批判各种反马克思主义思潮，开展工人运动，努力促进马克思主义同中国工人运动的结合。各地的共产党早期组织采取出版报刊、成立马克思主义研究会和利用学校讲坛等多种形式，建立并扩大马克思主义的宣传阵地。上海、北京的共产党早期组织在极端困难的条件下，翻译出版了马克思主义著作，包括由陈望道翻译的《共产党宣言》中文全译本。1920年11月21日，上海机器工会成立。这是在上海的共产党早期组织领导下建立的第一个工会组织。1921年五一劳动节，长辛店铁路工人举行庆祝大会，通过组织工会的决议。5月5日，汉口人力车夫为反对车行加租，

---

① 中央档案馆编：《中共中央文件选集》第1册（1921—1925），中共中央党校出版社1989年版，第20—25页。
② 中共中央党史资料征集委员会编：《共产主义小组》上册，中共党史资料出版社1987年版，第52页。

第二章 1921年：开天辟地的大事变

在武汉的共产党早期组织的领导下举行罢工。长沙、济南、广州的一部分产业工人和手工业工人也建立工会，逐步推动工人运动的发展。为了团结、教育革命青年，1920年8月，上海的共产党早期组织领导建立了社会主义青年团。上海的社会主义青年团还向全国各地的共产主义者发出青年团章程，要求各地建团。在北京的共产党早期组织的领导下，北京的社会主义青年团于1920年11月成立。它组织团员、青年学习马克思主义，并到天津、唐山的工矿中开展工作，努力同工人阶级相结合。后来，武汉、长沙、广州、天津等地也建立了社会主义青年团。在旅法的中国学生和劳工中开展革命宣传工作。旅法的共产党组织成为联系旅欧各国（法国、德国、比利时等）革命者和进步学生的中心，并于1922年发展为中国共产党的旅欧支部。

1921年6月初，共产国际代表马林和共产国际远东书记处代表尼克尔斯基先后到达上海，并与上海的共产党早期组织成员李达、李汉俊建立了联系。经过几次交谈，他们一致认为应尽快召开全国代表大会，正式成立中国共产党。李达、李汉俊同当时在广州的陈独秀、在北京的李大钊通过书信商议，决定在上海召开中国共产党第一次全国代表大会。随即，他们写信通知北京、武汉、长沙、济南、广州和旅日的党组织，各选两名代表到上海出席会议。最后，上海的李达、李汉俊，北京的张国焘、刘仁静，长沙的毛泽东、何叔衡，武汉的董必武、陈潭秋，济南的王尽美、邓恩铭，广州的陈公博，旅日的周佛海，以及由陈独秀指定的代表包惠僧，他们代表着全国50多名党员，出席了党的第一次全国代表大会。共产国际代表马林和尼克尔斯基出席大会。这时，陈独秀任广东政府教育委员会委员长，正在筹款办学，而李大钊除任北京大学图书馆主任、教授外，还兼北京国立大专院校教职员代表联席会议主席，两人均因事务繁忙未出席会议。

中国共产党第一次全国代表大会于1921年7月23日晚上开幕。会场设在上海法租界望志路106号（现兴业路76号）李汉俊之兄李书城的住宅内。7月24日，各地代表向大会报告本地区党、团组织的情况。7月25日和26日，休会两天，由张国焘、李达、董必武起草供会议讨论的党纲和今后的实际工作计划。7月27日、28日和29日，连续三天举行三次会议，对党的纲领和决议作了较为详尽的讨论。7月30日晚，当代表们正在开会时，一名陌生的中年男子突然闯入会场，环视一周后又匆忙离去。具有长期秘密工作经验的马林立即断定此人是敌探，建议马上中止会议。大部分代表迅速转移。十几分钟后，法租界巡捕包围和搜查会场，结果一无所获。由于代表们的活动已受到监视，会议无法继续在上海举行，于是，代表们分批转移到浙江嘉兴南湖，在一艘游船上召开了最后一天的会议。

中国共产党第一次全国代表大会宣告中国共产党正式成立。党的一大通过的中国共产党纲领，确定党的名称为"中国共产党"，表明中国共产党从建党开始就旗帜鲜明地把实现社会主义、共产主义作为自己的奋斗目标。党的一大考虑到党员数量少和地方组织尚不健全的情况，决定暂不成立中央执行委员会，只设立中央局作为中央的临时领导机构。大会选举陈独秀、张国焘、李达组成中央局，选举陈独秀担任书记，张国焘负责组织工作，李达负责宣传工作。

100年前，伟大的中国共产党来到中国这块灾难深重的土地之时，是在极其险恶残酷的环境里秘密诞生的，也许当时大多数中国人谁也不会想到，这个党以后会作出如此惊天动地的伟大事业，更想不到中国人民和中华民族的命运从此会与这个党如此紧密地联系在一起。毛泽东在总结这段历史的时候，有一段精辟的概述，他指出："既要革命，就要有一个革命党。没有一个革命的党，没有一个按照马克思列宁主义的革命理论和革命风格建立起来的革命党，就不可能领导工人阶级和广大人民群众战胜帝国主义及其走狗。自从马克思主义产生以来的一百多年的时间内，只是在有了俄国布尔什维克领导十月革命、领导社会主义建设和战胜法西斯侵略的榜样的时候，才在世界范围内建立了和发展了新式的革命党。自从有了这样的革命党，世界革命的面目就起了变化了。这个变化是如此巨大，以至使老一辈的人们完全不能设想的变革，都轰轰烈烈地出现了。中国共产党就是依照苏联共产党的榜样建立起来和发展起来的一个党。自从有了中国共产党，中国革命的面目就焕然一新了。"[①]

---

① 《毛泽东选集》第4卷，人民出版社1991年版，第1357页。

第三章
新民主主义革命的辉煌成功

中国共产党领导的新民主主义革命的辉煌成功，不仅仅是中国革命的彻底胜利，同时也包括中国新民主主义建设的巨大成就。当中国共产党人最终坚定选择暴力革命的主体革命方式以后，也从来没有放弃过一切可以利用的非暴力斗争方式，只要对中国人民和中华民族的整体利益有利的事情，中国共产党人都义无反顾地去努力、去奋斗、去争取过，并在取得中国革命的伟大胜利的同时，也取得了中国新民主主义建设的伟大成就。这与早期中国共产党人大多都曾经是民主主义者的独特经历有关，这是中国共产党与其他国家共产党相比所具有的独特优势，也是中国共产党的无私胸怀和高远境界。中国共产党今天之所以能够成为全世界最大的先进性政党，是因为她始终秉持了为人民和民族肝胆相照、感召日月、感动天地的初心。

一、被逼出来的中国革命

中国革命是被逼出来的。也就是说，无论是以孙中山为代表的国民党人，还是以毛泽东同志为主要代表的中国共产党人，在选择革命道路之前，大多都企图用政治改良的办法救中国，即便在选择了革命的办法以后，也希望通过不流血的革命方式来进行。但是，这一切希望和寄托都在一次次尝试的惨败中化为泡影。这可以从近现代中国革命的代表人物孙中山和毛泽东的思想演变过程中清楚地看到。

和平之法无可复施

孙中山一开始是极力推崇改良救国的。他早在檀香山学习期间就提出："每课暇，辄与同国同学诸人，相谈衷曲，而改良祖国，拯救同群之愿，于

第三章 新民主主义革命的辉煌成功

是乎生。"①1894年,孙中山曾经上书李鸿章,提出通过政治改良使"人能尽其才、地能尽其力、物能尽其用、货能畅其流"的思想,相信"以和平之手段、渐进之方法请愿于朝廷,俾倡行新政"②的改良运动能够救中国。上书碰壁后,孙中山看到了晚清统治者的腐败没落,开始对改良清政府失去信心,也对康有为、梁启超、严复等资产阶级改良派的思想和方案产生怀疑。1894年甲午海战失利的消息传到北京,孙中山耳闻目睹的却是一片歌舞升平,痛感北京"政治之龌龊,百倍于广州",认为"清政府积弊重重,无可救药,非彻底改造决不足以救亡"。③自此,孙中山完全放弃改良主义思想,准备以暴力革命推翻清朝统治。后来,他在追述这段经历时说:"知和平之法无可复施。然望治之心愈坚,要求之念愈切,积渐而知和平之手段不得不稍易以强迫。"④1894年11月,孙中山在檀香山成立了兴中会,次年2月,孙中山在香港再次成立兴中会,以"驱除鞑虏,恢复中华,创立合众政府"为誓词,这标志着孙中山已经成为一个彻底的革命者。

1898年康梁维新运动的失败打破了不少改良派的幻想,也使孙中山更加坚定了暴力革命的信念。1905年8月,孙中山创立同盟会,提出了"驱除鞑虏,恢复中华,创立民国,平均地权"的革命纲领。在这一时期,改良派和革命派围绕着"是革命,还是保皇""是推翻清政府,创立民主共和国,还是实行君主立宪,维护清政府""是否保存封建土地所有制"这3个议题展开论战,最终孙中山的民主革命思想占据上风,不少曾支持改良的人士也纷纷转向支持暴力革命。终于,革命派在1911年发动了辛亥革命,以暴力革命的方式推翻了清王朝的统治。辛亥革命以后,为避免与北洋军阀发生暴力冲突,孙中山决定以和谈的方式实现南北统一,和平建设国家。但北洋军阀与帝国主义势力相互勾结,在经济上继续以残酷的方式剥削压榨中国人民,在政治上利用暴力强行解散议会,并用各种方式迫害进步人士,刚刚建立的中华民国一片乌烟瘴气,更加民不聊生。北洋军阀的倒行逆施让孙中山抛弃了和平统一的幻想,决定再次以暴力革命夺取政权,但此后发起的护国运动和护法运动均以失败告终。1917年俄国十月革命的胜利使孙中山重新看到了

---

① 《孙中山全集》第2卷,中华书局1982年版,第359页。
② 《孙中山全集》第1卷,中华书局1981年版,第50页。
③ 许师慎:《国父革命缘起详注》,第5页;戚其章:《甲午战争与孙中山革命思想的形成》,《社会科学战线》1994年第4期。
④ 《孙中山全集》第1卷,中华书局1981年版,第52页。

希望，于是孙中山开始"联俄"，向俄国学习暴力革命的经验。

革命一途是山穷水尽后的变计

毛泽东最初也是极力主张政治改良、反对暴力革命的。在青少年时期，毛泽东是非常推崇康有为和梁启超所倡导的君主立宪制和议会民主制的，他在借阅梁启超主编的《新民丛报》第四号《新民说》第六节"论国家思想"第三段末尾批写道："正式而成立者，立宪之国家，宪法为人民所制定，君主为人民所拥戴；不以正式而成立者，专制之国家，法令为君主所制定，君主非人民所心悦诚服者。"[①]毛泽东进入湖南第一师范读书后，政治态度上逐渐发生变化，他认识到"今日变法，俱从枝节入手，如议会、宪法、总统、内阁、军事、实业、教育，一切皆枝节也"[②]，虽然"枝节"必不可少，但"本源"最重要，"夫本源者，宇宙之真理"。所以毛泽东又对资产阶级改良派教育救国、思想改造方面产生了浓厚兴趣，他认为应"从哲学、伦理学入手，改造哲学，改造伦理学，根本上变换全国之思想"[③]。1915年后，毛泽东被《青年杂志》（后名《新青年》）的各种新鲜政治观点所吸引，逐渐开始放弃康、梁的改良主义思想。随后，毛泽东曾一度主张乌托邦主义。1918年6月，毛泽东曾与蔡和森等人开展过"新村"理想的生活试验，主张在"新村"里实现小规模的"大同"。在1919年五四运动爆发两个月以后的7月14日，毛泽东在《湘江评论》创刊宣言中提出了"世界什么问题最大？吃饭问题最大。什么力量最强？民众联合的力量最强"[④]的具有唯物史观因素的观点，但此时毛泽东信奉的却是克鲁泡特金的无政府主义。

对于暴力革命，毛泽东极力反对，早在1916年7月湖南爆发驱逐都督汤芗铭事件时，毛泽东就写信给萧子升，批判了暴力革命的救国方式，他认为"法兰西之祸，最为可惧"[⑤]。而他在论述打倒强权的方法时，仍然不主

---

① 金冲及：《毛泽东传（1893—1949）》，中央文献出版社2004年版，第9—11页。
② 金冲及：《毛泽东传（1893—1949）》，中央文献出版社2004年版，第32页。
③ 中共中央文献研究室编：《毛泽东年谱（1893—1949）》（上），中央文献出版社2013年版，第27—28页。
④ 中共中央文献研究室、中共湖南省委《毛泽东早期文稿》编辑组编：《毛泽东早期文稿》，湖南人民出版社2013年版，第270页。
⑤ 中共中央文献研究室、中共湖南省委《毛泽东早期文稿》编辑组编：《毛泽东早期文稿》，湖南人民出版社2013年版，第44页。

张采取"激烈的"方法，而主张采取"温和的"方法。他说："用强权打倒强权，结果仍然得到强权。""所以我们的见解……主张群众联合，向强权者为持续的'忠告运动'。实行'呼声革命'——面包的呼声，自由的呼声，平等的呼声——'无血革命'。"①毛泽东认为克鲁泡特金的无政府主义比马克思主义"意义更广、更深远"。

1919年12月1日，毛泽东在《湖南教育月刊》发表《学生之工作》一文，写道："真欲使家庭社会进步者，不可徒言'改良其旧'，必以'创造其新'为志而后有济也"②，"如此造端宏大之制度改革，岂区区'改良其旧'云云所能奏效乎？"③可以看出，此时毛泽东的思想已经明显发生转变。1919年底，毛泽东参加了李大钊等发起成立的中国学会，阅读了马克思主义著作。1920年6月，随着驱张运动取得成功，毛泽东与陈独秀讨论了组织湖南改造促进会的计划和自己学习马克思主义著作的情况，深化了对马克思主义的认识。此时的毛泽东认为："在理论上，而且在某种程度的行动上，我已成为一个马克思主义者了，而且从此我也认为自己是一个马克思主义者了。"④回到湖南后，毛泽东积极参与湖南自治运动，试图通过传播新思想来启发民众，呼吁召开人民宪法会议，制定新宪法，创建新湖南，致力于湖南省的自治运动，表现出极大的追求宪政民主的热情，直到1920年9月还热情饱满地主张要"造出一个旭日瞳瞳（曈曈）的湖南共和国来"。

但湖南自治运动被军阀利用而失败，这使毛泽东"避免流血革命之惨"的愿望落空，他也因此彻底放弃了无政府主义思想。在11月25日给向警予的信中，毛泽东认为改良没有希望，需要开辟新道路："政治界暮气巳〈已〉深，腐败已甚，政治改良一途，可谓绝无希望。吾人惟有不理一切，另辟道路，另造环境一法。"⑤同日，在给罗章龙的信中，毛泽东再次

---

① 中共中央文献研究室、中共湖南省委《毛泽东早期文稿》编辑组编：《毛泽东早期文稿》，湖南人民出版社2013年版，第271页。
② 中共中央文献研究室、中共湖南省委《毛泽东早期文稿》编辑组编：《毛泽东早期文稿》，湖南人民出版社2013年版，第409页。
③ 中共中央文献研究室、中共湖南省委《毛泽东早期文稿》编辑组编：《毛泽东早期文稿》，湖南人民出版社2013年版，第410页。
④ 中共中央文献研究室编：《毛泽东年谱（1893—1949）》（上），中央文献出版社2013年版，第56页。
⑤ 中共中央文献研究室、中共湖南省委《毛泽东早期文稿》编辑组编：《毛泽东早期文稿》，湖南人民出版社2013年版，第493页。

指出:"中国坏空气太深太厚,吾们诚哉要造成一种有势力的新空气,才可以将他斟换过来。我想这种空气,固然要有一班刻苦励志的'人',尤其要有一种为大家共同信守的'主义',没有主义,是造不成空气的。"①1920年11月,陈独秀把上海成立共产党组织和社会主义青年团的情况告诉了毛泽东,并给他寄来了社会主义青年团章程和新创办的秘密刊物《共产党》,这为毛泽东接受马克思主义奠定了坚实的基础。在同期从事新民学会活动、与新民学会成员的互动中,毛泽东最终完成了向马克思主义者的转变,主张效仿俄国走暴力革命的道路。毛泽东在1920年12月1日给蔡和森等人的回信中说:"我对于绝对的自由主义,无政府的主义,以及德谟克拉西主义,依我现在的看法,都只认为于理论上说得好听,事实上是做不到的。"②1921年1月2日,在新民学会长沙会员大会上,毛泽东明确否定了改良主义,赞同效法俄国走暴力革命和无产阶级专政的道路,他说:"无政府主义否认权力,这种主义恐怕永世都做不到。温和方法的共产主义,如罗素所主张极端的自由,放任资本家,亦是永世做不到的。激烈方法的共产主义,即所谓劳农主义,用阶级专政的方法,是可以预计效果的,故最宜采用。"③

从毛泽东1921年1月21日给蔡和森的回信中可以看出,毛泽东和无政府主义、空想社会主义等思潮已经划清了界限,承认无产阶级暴力革命和无产阶级专政的必然性。毛泽东后来在叙述自己的认识变化时说,那种"主张共产主义,但反对劳农专政",企图用和平改良的方法以免"妨碍自由,兴起战争,革命流血"的看法,在"理论上说得通,事实上做不到",他认为,"理想固要紧,现实尤其要紧","俄国式的革命,是无可如何的山穷水尽诸路皆走不通了的一个变计",中国之必须行"俄国式的革命",也是被现实逼出来的。正是对中国革命危机的紧迫感,使得一向注重实干的蔡和森、毛泽东不但倾心于"俄国式的革命",而且从俄国十月革命中看到了阶级斗争和无产阶级专政在变革社会中的巨大作用和力量。此后,毛泽东在湖南建立了社会主义青年团和共产主义小组,积极参

---

① 中共中央文献研究室、中共湖南省委《毛泽东早期文稿》编辑组编:《毛泽东早期文稿》,湖南人民出版社2013年版,第498页。
② 中共中央文献研究室编:《毛泽东年谱(1893—1949)》(上),中央文献出版社2013年版,第73页。
③ 《毛泽东文集》第1卷,人民出版社1993年版,第2页。

与筹建中国共产党的工作。毛泽东通过学习马克思主义理论、参加湖南自治运动和新民学会活动，实现了思想的飞跃而成为一名主张通过暴力革命救国的坚定的马克思主义者。

中国共产党在成立之初与国民党合作共同北伐，把主要精力放在宣传马克思主义和组织工农运动上，对有人提倡自己搞枪杆子的做法，党曾经一度持批判态度。1927年4月，蒋介石背叛革命，大肆捕杀共产党员。党的五大没有提出应对紧急形势的有效办法，甚至在5月25日召开的中共中央政治局会议上，不少领导人仍然批判武装斗争的思想。6月中旬，毛泽东召集从湖南来武汉请愿的200余名党员和骨干积极分子开会，要他们回到原来的工作岗位，山区的人上山，湖滨的人上船，拿起枪杆子进行斗争，武装保卫革命。6月24日，毛泽东以新湖南省委书记的身份到湖南各地督导工作，他反复强调，要用武力对付反动军队，以枪杆子对付枪杆子，不要再徘徊观望。在1927年的八七会议上，党中央确定以武装斗争反对反革命武装的方针。毛泽东在发言中强调，"秋收暴动非军事不可"，"以后要非常注意军事。须知政权是由枪杆子中取得的"。[1] 8月18日，毛泽东被派往湖南传达八七会议精神并筹划秋收暴动。他强调，发动暴动，单靠农民的力量是不行的，必须有一个军事的帮助。我们党从前的错误，就是忽略了军事。现在应以百分之六十的精力注意军事运动，实行在枪杆子上夺取政权，建设政权。[2] 1938年11月，毛泽东在《战争和战略问题》中写道："每个共产党员都应懂得这个真理：'枪杆子里面出政权'。"[3] 有了枪确实可以创造党，"还可以造干部，造学校，造文化，造民众运动。延安的一切就是枪杆子造出来的。枪杆子里面出一切东西"[4]。此后，"枪杆子里面出政权"逐渐成为全党的共识。在毛泽东的论述中，"枪杆子"实际上是武装斗争的同义语，对于它的重要意义，毛泽东在《〈共产党人〉发刊词》中进一步加以概括："在中国，离开了武装斗争，就没有无产阶级的地位，就没有人民的地位，就没有共产党的地位，就没有革命的胜利……没有武装斗争，就不会有今天的共产党。"[5] 1939年5月，毛泽东在八路军留守兵团军

---

[1] 《毛泽东军事文集》第1卷，军事科学出版社、中央文献出版社1993年版，第2页。
[2] 《毛泽东文集》第1卷，人民出版社1993年版，第48页。
[3] 《毛泽东选集》第2卷，人民出版社1991年版，第547页。
[4] 《毛泽东选集》第2卷，人民出版社1991年版，第547页。
[5] 《毛泽东选集》第2卷，人民出版社1991年版，第610页。

事会议上的讲话中指出:"中国的事,历来是有枪为大。我们要干革命,没有枪是不行的,只有民众运动没有枪,就要垮台。"①鉴于历史的教训,1945年重庆谈判期间,美国驻华大使赫尔利偏袒国民党,要中共交出军队,交出武器,实行所谓军事"统一"。毛泽东针锋相对地说:我们一兵、一枪、一弹也不交出!

至此,我们可以清楚地看到,渐进式的改良主义无法拯救半殖民地半封建社会的中国。毛泽东在《战争和战略问题》中,指出了旧中国的特点以及中国只能走暴力革命道路的原因,"中国的特点是:不是一个独立的民主的国家,而是一个半殖民地的半封建的国家;在内部没有民主制度,而受封建制度压迫;在外部没有民族独立,而受帝国主义压迫。因此,无议会可以利用,无组织工人举行罢工的合法权利。在这里,共产党的任务,基本地不是经过长期合法斗争以进入起义和战争,也不是先占城市后取乡村,而是走相反的道路"②。也就是说,帝国主义、封建主义和官僚资本主义的三重压迫,决定了中国必须要走暴力革命之路,决定了只有革命才能救中国,决定了只有通过暴力革命的方式推翻压在中国人民身上的"三座大山",才能实现民族独立和人民解放,才能为中华民族的复兴开辟康庄大道。

历史证明,完成这一历史使命的是中国共产党。

二、中国特色的民族民主革命理论

新民主主义革命理论的中国气派

著名美国学者莫里斯·迈斯纳评论说:"在中国一个世纪的历史上,第一次建立起一个具有较为合理的政治制度的、安全可靠值得信赖的政府,这本身就是一项重要的历史成就,而且也是一项独一无二的成就。……中

---

① 中共中央文献研究室编:《毛泽东年谱(1893—1949)》(中),中央文献出版社2013年版,第124—125页。
② 《毛泽东选集》第2卷,人民出版社1991年版,第542页。

国共产主义革命的胜利不但没有产生政治混乱,而且还结束了长达一个世纪之久并愈演愈烈的混乱时代。孙中山曾称为'一盘散沙'的中国,迅速地凝聚成一个具有强烈的民族使命感的强大的现代民族国家。"① 中国共产党成立以后,就义无反顾地承担起了拯救中国和复兴民族的重责大任。那么应该如何总结前人的失败教训,通过中国革命的成功实现拯救国家的使命呢?中国共产党领导的中国革命有什么独特的规律呢?究竟和孙中山领导的中国革命相比有什么高明之处呢?中国共产党是如何领导中国革命取得成功的呢?这些问题如果得不到回答和解决,就不可能开天辟地,就不可能赢得中国人民的信赖和拥护,就不可能让党的命运与中国人民和中华民族的命运紧密结合在一起。

中国近现代历史推进到中国共产党领导的新民主主义革命时期以后,既继承并超越了以孙中山为代表的中国国民党人的民主主义革命问题,同时也继承并超越了自戊戌变法以来中华优秀儿女所梦寐以求的民主政治问题。也就是说,中国的新民主主义革命本身就包含"革命"和"民主"两大近代中国最关键的课题,对这两大课题,中国共产党人从对拯救中华民族于水火的道路的无私无畏探索中找到了答案,实现了统一。近现代中国一切学说、思想、理论能否被中国人民所接受的关键,是看它能不能正确解决"什么道路才是解救中华民族的切实可行的道路"这一重大课题。实践证明,只有一套系统科学的能解救近代中国苦难命运的革命理论,才可能正确地回答中国民主政治的实质和内容、地位和作用、方式和途径以及发展方向等至关重要的基本问题,也才可能有成功的中国民主实践。这种系统、科学的中国革命理论就是以毛泽东同志为主要代表的中国共产党人把马克思主义基本原理与中国革命实际相结合,总结历史和现实的经验教训,集中全党智慧而提出的新民主主义革命的光辉理论。正是这一科学理论,令人折服地解答了长期以来困扰着人们的关于中国革命和中国民主政治的一系列最关键的问题,如中国革命与中国民主政治的关系,中国革命的阶段性进程与中国民主政治建设的阶段性目标的关系问题,民族民主革命和人民民主专政、社会主义革命和无产阶级专政与人民民主的关系问题,等等。

---

① 〔美〕莫里斯·迈斯纳:《毛泽东的中国及后毛泽东的中国》(上),杜蒲、李五玲译,四川人民出版社1989年版,第78—79页。

毛泽东根据马克思主义所揭示的社会发展规律,从一种全新的角度重新考察中国社会的基本国情和中国革命的性质,其基本结论是:在1840年鸦片战争以后,"中国已逐渐地变成了一个殖民地、半殖民地、半封建的社会"。因此,"中国革命的历史进程,必须分为两步,其第一步是民主主义的革命,其第二步是社会主义的革命,这是性质不同的两个革命过程"。"而其第一步现在已不是一般的民主主义,而是中国式的、特殊的、新式的民主主义,而是新民主主义。"新民主主义革命要"改变这个殖民地、半殖民地、半封建的社会形态,使之变成一个独立的民主主义的社会"。这种社会的国家形态,"只能是在无产阶级领导下的一切反帝反封建的人们联合专政的民主共和国,这就是新民主主义的共和国,也就是真正革命的三大政策的新三民主义共和国"。它"一方面和旧形式的、欧美式的、资产阶级专政的、资本主义的共和国相区别……另一方面,也和苏联式的、无产阶级专政的、社会主义的共和国相区别"。新民主主义革命的客观要求,是为资本主义的发展扫清道路……但又恰是为社会主义的发展扫清更广阔的道路。新民主主义共和国的政体实行人民代表大会制,并由人民代表大会选举政府。①

以毛泽东同志为主要代表的中国共产党人,把马克思主义与中国革命的具体实际相结合,以自我革命精神不断实现理论创新,形成了具有鲜明中国特色和独特智慧的新民主主义革命理论。它解决了在一个以农民为主要社会构成的、落后的东方大国进行新民主主义革命的一系列重大问题,科学地回答了近代中国革命向何处去的时代之问,揭示了近代中国社会的发展规律,极大地丰富和发展了马克思主义。新民主主义革命理论,为当时全世界处于殖民地、半殖民地、半封建状态的被压迫被奴役民族贡献了一个中国特色的民族民主革命新模式。1939年,毛泽东在《中国革命和中国共产党》一文中第一次提出了"新民主主义革命"的科学概念。1948年,他在晋绥干部会议上的讲话中完整地表述了新民主主义革命总路线的内容,即无产阶级领导的,人民大众的,反对帝国主义、封建主义和官僚资本主义的革命。新民主主义革命总路线揭示了中国革命的基本规律,指明了中国革命的对象、动力、领导力量。

---

① 参见《毛泽东选集》第2卷,人民出版社1991年版,第664—677页。

社会性质决定革命性质

一个国家要进行什么样的民族民主革命以及如何才能把这样的民族民主革命搞成功,不是以任何人、任何阶层、任何政治力量的意志为转移的,它最终只能取决于这个国家的基本国情和社会性质,取决于由这种基本国情所决定的社会革命性质。这是谈论一个国家民族民主革命的现实基础和基本前提,只有首先明确了这一点,才有可能正确地认识一个国家民族民主革命的性质、动力以及实现民族民主革命的途径。

近代中国半殖民地半封建社会的性质和中国革命的历史任务,决定了中国革命的性质不是无产阶级社会主义革命,而是资产阶级民主主义革命。既然近代中国是一个农业经济占主导地位的半殖民地半封建社会,而现阶段的革命是为了终结这个半殖民地半封建社会形态;既然中国革命的对象主要是帝国主义和封建主义势力,革命的任务就是推翻这两个主要敌人;既然这个革命还有资产阶级参加,它还曾领导过这场革命;既然这场革命的经济政策不是一般地废除私有财产,而是一般地保护私有财产,具体地说就是要把封建地主土地私有制变为农民土地所有制,为民族资本主义的发展扫清道路并保护之,那么当时中国革命的性质就不是无产阶级社会主义革命,而是资产阶级民主主义革命。但是,中国革命已不是旧式的、一般的资产阶级民主主义革命,而是新民主主义革命。

新民主主义革命与旧民主主义革命相比有新的内容和特点,集中表现在中国革命处于世界无产阶级社会主义革命的时代,是世界无产阶级社会主义革命的一部分;革命的领导力量是中国无产阶级及其先锋队——中国共产党;革命的指导思想是马克思列宁主义;革命的前途是社会主义而不是资本主义。这样的新民主主义革命与社会主义革命性质不同。新民主主义革命仍然属于资产阶级民主主义革命的范畴。它推翻帝国主义、封建主义和官僚资本主义的反动统治,在政治上争取和联合民族资产阶级去反对共同的敌人,在经济上保护民族工商业,容许有利于国计民生的私人资本主义发展。它要建立的是无产阶级领导的各革命阶级的联合专政,而不是无产阶级专政。社会主义革命是无产阶级性质的革命,它所要实现的目标是消灭资本主义剥削制度和改造小生产的私有制。

但是,新民主主义革命与社会主义革命又是互相联系、紧密衔接的。

毛泽东把新民主主义革命和社会主义革命比喻为文章的上篇和下篇。"两篇文章，上篇与下篇，只有上篇做好，下篇才能做好。坚决地领导民主革命，是争取社会主义胜利的条件。"①"民主主义革命是社会主义革命的必要准备，社会主义革命是民主主义革命的必然趋势。"②只有认清新民主主义革命和社会主义革命的区别，又认清二者的联系，才能正确地领导中国革命。

民族独立、人民解放是中国革命的首要任务

驱逐列强，救亡图存，进行实现民族独立、人民解放的民族革命是实现新民主主义革命胜利的先决条件。在殖民地半殖民地的状态下，在外国列强的侵略、欺辱、掠夺、压榨盘剥之下，在没有民族革命胜利成果的前提下，既不可能完成资产阶级的民主革命，更不可能完成无产阶级领导的新民主主义革命。任何离开民族独立和人民解放的民主革命都只能是自欺欺人的空谈，只能是为帝国主义者所操纵的骗局。因此，只有把争取新民主主义革命胜利的努力和奋斗始终同争取民族独立和人民解放的奋斗牺牲结合起来并为之服务，才谈得上是有益于中国革命事业和人民民主事业的奋斗。

帝国主义是中国革命的首要对象。近代中国所遭受的最大压迫来自帝国主义的民族压迫。帝国主义发动的一系列侵略战争，给中华民族带来了无尽的战乱和灾难，使近代中国沦为半殖民地半封建社会。帝国主义是中国社会进步和发展的最大障碍，是近代中国贫困落后和一切灾难祸害的总根源。推翻帝国主义的压迫是中国走向独立和富强的前提。

封建地主阶级是帝国主义统治中国和封建军阀实行专制统治的社会基础。地主阶级是用封建制度剥削和压迫农民的阶级，是在政治上、经济上、文化上阻碍中国社会前进的主要障碍。反对封建主义，从根本上说，就是要在经济上消灭封建制度，在政治上消灭军阀的专制统治，消灭地主阶级，解放生产力，为中国的经济现代化和政治民主化创造条件。

官僚资本主义是依靠帝国主义、勾结封建势力、利用国家政权力量而发展起来的国家垄断资本主义。它背靠帝国主义，通过国家垄断金融机构，滥发纸币和国债而疯狂侵吞社会财富，通过建立国家专卖制度控制大量商品和

---

① 《毛泽东选集》第1卷，人民出版社1991年版，第276页。
② 《毛泽东选集》第2卷，人民出版社1991年版，第651页。

物资而大肆牟取暴利，通过特权垄断一些行业的经营权而压迫和兼并私人资本主义企业。官僚资本主义对广大劳动人民的残酷剥削和对民族工商业的巧取豪夺，严重束缚了中国社会生产力的发展，因此也是中国革命的对象。

从总体上说，中国革命的对象是帝国主义、封建主义和官僚资本主义，它们是压在中国人民头上的"三座大山"。但是在不同的历史阶段，随着社会主要矛盾的变化，革命的主要对象有所不同：在国共合作的大革命时期，革命的主要对象是帝国主义支持下的北洋军阀；在土地革命战争时期，革命的主要对象是国民党新军阀；在抗日战争时期，革命的主要对象是日本帝国主义；在解放战争时期，革命的主要对象是美帝国主义支持下的国民党反动派。

中国革命的阶级动力理论

新民主主义革命的动力是无产阶级、农民阶级、城市小资产阶级和民族资产阶级。

无产阶级是中国革命最基本的动力。无产阶级是中国沦为半殖民地半封建社会过程中最早出现的一个新的社会阶级。它不但是伴随着中国民族工业的产生、发展而产生的，而且是伴随着外国资本主义在中国直接经营企业而产生的。中国无产阶级是新的社会生产力的代表，是近代中国最进步的阶级，是中国革命的领导力量。

农民是中国革命的主力军，其中的贫雇农是无产阶级最可靠的同盟军，中农是无产阶级可靠的同盟军。在半殖民地半封建的中国社会，农民占全国人口的80%以上，他们深受帝国主义、封建主义和官僚资本主义的压迫和剥削，具有强烈的反帝反封建的革命要求。农民问题是中国革命的基本问题，新民主主义革命实质上就是党领导下的农民革命，中国革命战争实质上就是党领导下的农民战争。工人阶级只有与农民阶级结成巩固的联盟，才能形成强大的力量，才能完成反帝反封建的革命任务。工人阶级对农民的领导，是实现革命领导权的基础。没有工人阶级及其政党的领导，农民的革命动力作用便无法得到充分发挥。

城市小资产阶级是无产阶级的可靠同盟者。城市小资产阶级，包括广大知识分子、小商人、手工业者和自由职业者，同样受帝国主义、封建主义和官僚资本主义的压迫。因此，城市小资产阶级同样是中国革命的动力。

民族资产阶级也是中国革命的动力之一。它是一个带有两面性的阶级：一方面，民族资产阶级既受帝国主义的压迫，又受封建主义的束缚，它同帝国主义和封建主义有矛盾，是革命的力量之一；另一方面，由于它在经济上和政治上与帝国主义和封建主义有着千丝万缕的联系，没有彻底的反帝反封建的勇气，在革命的关键时刻表现出明显的动摇性。民族资产阶级的这种两重性，决定了它在一定时期内和在一定程度上能够参加反帝反封建的革命，而在另一时期，又有跟在官僚资产阶级后面反对革命的可能性。因此，它既不可能充当革命的主要力量，更不可能是革命的领导力量。中国共产党对民族资产阶级在经济上实行保护民族工商业的政策，在政治上争取它，对其动摇性和妥协性进行批评和斗争。又斗争又联合，这是争取新民主主义革命胜利的客观需要。

无产阶级政党的领导是新民主主义革命的关键

要完成好争取民族独立和人民解放的新民主主义革命，必须有一个坚强的、正确的无产阶级政党的领导。"在今日，谁能领导人民驱逐日本帝国主义，并实施民主政治，谁就是人民的救星。历史已经证明：中国资产阶级是不能尽此责任的，这个责任就不得不落在无产阶级的肩上了。"①

无产阶级的领导权是中国革命的中心问题，也是新民主主义革命理论的核心问题。区别新、旧两种不同范畴的民主主义革命的根本标志是，革命的领导权是掌握在无产阶级手中还是掌握在资产阶级手中。帝国主义不允许中国民族资产阶级建立独立的资产阶级共和国，而是要把中国变成它们的殖民地和半殖民地；中国民族资产阶级具有软弱性和妥协性，它们不愿意也不能够彻底推翻帝国主义和封建势力。因此，领导中国革命的重任历史地落到了中国无产阶级及其政党的肩上。

离开了工人阶级的领导，要完成反帝反封建的民主革命是不可能的。中国无产阶级除了具有与先进的生产方式相联系、没有私人占有的生产资料、富于组织纪律性等一般无产阶级的基本优点外，还具有自身的特点和优点：一是它从诞生之日起，就深受外国资本主义、本国封建势力和资产阶级的三

---

① 《毛泽东选集》第 2 卷，人民出版社 1991 年版，第 674 页。

重压迫，而这些压迫的严重性和残酷性，是世界各民族中少见的，因此中国无产阶级在革命斗争中比任何别的阶级都来得坚决和彻底；二是它分布集中，有利于无产阶级队伍的组织和团结，有利于革命思想的传播和强大革命力量的形成；三是它的大部分成员出身于破产农民，和农民有着天然的联系，这使得无产阶级便于和农民结成亲密的联盟，共同团结战斗。中国无产阶级的这些特点和优点，使它能够成为中国革命的领导力量。因此，无产阶级及其政党——中国共产党的领导，是新民主主义革命取得胜利的根本保证。

无产阶级及其政党对中国革命的领导权不是自然而然得来的，而是在与资产阶级争夺领导权的斗争中实现的。无产阶级及其政党实现对各革命阶级的领导，必须建立以工农联盟为基础的广泛的统一战线，这是实现领导权的关键。中国的新民主主义革命实质上就是无产阶级领导下的农民革命。中国革命的一些基本理论和实践问题都和农民问题紧密地联系着。因此，必须建立巩固的工农联盟。无产阶级在同资产阶级建立统一战线时，必须坚持独立自主的原则，保持党在思想上、政治上和组织上的独立性，实行又联合又斗争的方针，这是坚持领导权的基本策略。

无产阶级要保持在民主革命中的领导权，就必须建立和发展人民的革命武装力量。建立一支无产阶级领导的以农民为主体的强大的革命武装，是保证领导权的坚强支柱；加强无产阶级政党的建设，是实现领导权的根本保证。

革命成功的政治保障

在面临民族存亡的历史关头，救亡图存构成了超越阶级矛盾的共同历史使命，由各抗日阶级、阶层共同参与的新民主主义政治成为现实。这是因为"抗战需要全国的和平与团结，没有民主自由，便不能巩固已经取得的和平，不能增强国内的团结"[①]，所以"争取政治上的民主自由，则为保证抗战胜利的中心一环"[②]。为此，必须将"国民党一党派一阶级的反动独裁政体，改变为各党派各阶级合作的民主政体。……必须抛弃过去对于国民大会和制定宪法问题的冷淡，而集中力量于这一具体的带着国防意义的国民

---

① 《毛泽东选集》第1卷，人民出版社1991年版，第256页。
② 《毛泽东选集》第1卷，人民出版社1991年版，第256页。

大会运动和宪法运动"①。"把独立和民主合起来，就是民主的抗日，或叫抗日的民主。没有民主，抗日是要失败的。没有民主，抗日就抗不下去。有了民主，则抗他十年八年，我们也一定会胜利。""现在，我们中国需要的民主政治……是合乎现在中国国情的新民主主义。目前准备实行的宪政，应该是新民主主义的宪政。"这种宪政"就是几个革命阶级联合起来对于汉奸反动派的专政"，也就是"抗日统一战线的宪政"。②"只有民主运动的发展，抗日救亡运动才能成为广大群众的运动，民气乃能发扬，敌人才能战胜。也只有民主运动的发展，中国内部的矛盾才能用民主的方法求得适当的解决"，同时强调，"目前政治制度的民主改革与人民自由权利的取得，是迫切地为了全国抗日救亡运动的发展和抗战的发动与胜利。也只有为了这一目的，中国的民主运动才能顺利的发展起来，以至走到彻底的胜利。把民主与抗日分开或成对立起来的企图，是完全错误的，也是不会成功的"。③

1937年8月22日至25日，中共中央召开洛川会议，通过了《关于目前形势与党的任务的决定》，会议制定了著名的《中国共产党抗日救国十大纲领》，提出了一条不同于国民党片面抗战路线的全面抗战路线。关于国内政治，《中国共产党抗日救国十大纲领》主张："废除一切束缚人民爱国运动的旧法令"，"释放一切爱国的革命的政治犯，开放党禁"；"全国人民除汉奸外，皆有抗日救国的言论，出版，集会，结社，及武装抗敌之自由"；"召集真正人民代表的国民大会，通过真正的民主宪法，决定抗日救国方针，选举国防政府"；"国防政府采取民主集中制"，"必须吸收各党各派及人民团体的革命分子"，"实行地方自治"；等等。④

以上主张基本反映了中国共产党对抗战与民主关系的态度以及推进新民主主义政治的基本内容。在抗日战争时期，党就是遵循这样的原则积极倡导和努力建设新民主主义的。

---

① 《毛泽东选集》第1卷，人民出版社1991年版，第256—257页。
② 《毛泽东选集》第2卷，人民出版社1991年版，第732—733页。
③ 中共中央文献研究室、中央档案馆编：《建党以来重要文献选编（1921—1949）》第14册，中央文献出版社2011年版，第168页。
④ 参见《中国现代史资料选辑》第5册（上），中国人民大学出版社1989年版，第195页。

中国革命的目标方向

社会性质决定了革命斗争的性质和重点，革命斗争的发展又不断地改变着社会性质。因此，新民主主义政治的内涵与外延也将随着社会性质的的演变而不断改变和发展。从苏维埃工农共和国到抗日的各阶级联合专政的民主共和国，再到人民民主专政的人民共和国，展示了中国新民主主义革命发展的基本轨迹和总的方向。而新民主主义的政治纲领是，推翻帝国主义和封建主义的统治，建立一个无产阶级领导的、以工农联盟为基础的、各革命阶级联合专政的新民主主义的共和国。

新民主主义共和国既不同于欧美式的资产阶级专政的共和国，又和苏联式的无产阶级专政的社会主义共和国相区别。新民主主义国家的国体是无产阶级领导的、以工农联盟为基础，包括小资产阶级、民族资产阶级和其他反帝反封建的人们在内的各革命阶级的联合专政。毛泽东指出："全世界多种多样的国家体制中，按其政权的阶级性质来划分，基本地不外乎这三种：（甲）资产阶级专政的共和国；（乙）无产阶级专政的共和国；（丙）几个革命阶级联合专政的共和国。"[1] 资产阶级共和国的道路已被实践证明在中国行不通，而中国社会的性质决定了中国革命的历史进程必须分两步走，第一步是建立新民主主义共和国，无产阶级专政的共和国是将来才能实现的目标。与新民主主义国体相适应的政体，是实行民主集中制的人民代表大会制度。新民主主义国家的国体决定了人民当家作主，由人民行使管理国家的一切权力，这是新民主主义国家制度的核心内容和基本准则，而人民代表大会制度能够最直接、最全面地体现这一核心内容和准则。总之，国体——各革命阶级联合专政，政体——民主集中制的人民代表大会制度，这就是新民主主义政治。与此相应，新民主主义的经济纲领是没收封建地主阶级的土地归农民所有，没收官僚资产阶级的垄断资本归新民主主义的国家所有，保护民族工商业。新民主主义的文化纲领就是要建设和发展无产阶级领导的人民大众的反帝反封建的文化，即民族的科学的大众的文化。

---

[1] 《毛泽东选集》第2卷，人民出版社1991年版，第675页。

人民政权和人民军队

只有建立起人民政权并使之巩固，才说得上建设新民主主义。更确切地说，夺取和巩固政权是进行新民主主义建设的基本条件。而要夺取和巩固政权就必须有一支强大的武装力量。在土地革命战争时期，根据地苏维埃建设失败的主要原因之一就在于工农的武装力量还不足以保卫新生政权；而在抗日战争时期，各解放区的新民主主义建设之所以取得较大的成功，则与人民武装力量的壮大密切相关。如果认为发布一篇宣言、公布几部法律就意味着建立了新民主主义政治，那无疑是幼稚的。新民主主义政治首先属于政治范畴，而在政治斗争中，力量决定一切是政治博弈的铁的法则。

人民军队的形成和发展过程也是一个特殊的建设新民主主义的过程：官兵一致，反映了民主的基本原则，即平等原则；实行政治（设立士兵委员会）、军事（开展战术讨论）、经济（账目公开）民主，体现了军队内部的多方面的民主建设；拥政爱民、军民一家，则说明了军队与社会之间新型的民主关系。毛泽东早在1928年就敏锐地指出："中国不但人民需要民主主义，军队也需要民主主义。军队内的民主主义制度，将是破坏封建雇佣军队的一个重要的武器。"[①] 从世界范围看，如何按照民主的原则建设和管理军队、如何保证军队成为民主的捍卫者而不是威胁，仍然是民主政治存亡和发展的重大课题。时至今日，许多第三世界国家的民主政治建设因军事政变、军人独裁、军人干政而毁于一旦或步履维艰的现象仍然时有发生，这更加体现出以毛泽东同志为主要代表的中国共产党人对人民军队建设与人民民主建设关系处理方式的宏伟远见。

中国革命的道路理论

在一个以农民为主体的半殖民地半封建社会里进行中国革命，应该选择什么样的道路，这是中国共产党在领导中国革命的过程中必须面对和回答的重大问题，也是中国其他政党一直没有也不可能成功解答的历史性难题。

中国共产党在马克思主义指导下，立足于中国国情，走出了一条不同于俄国十月革命也不同于旧民主主义革命的崭新道路，即农村包围城市、

---

① 《毛泽东选集》第1卷，人民出版社1991年版，第65页。

武装夺取政权的革命道路。党成立初期，首先把工作重心放在城市，领导工人阶级开展工人运动，对于发动农民参加革命、建立农村革命根据地的重要性缺乏足够的认识。1927年大革命失败后，党的工作重心开始转向农村。秋收起义失败后，毛泽东率领队伍开赴井冈山，创建了井冈山革命根据地，把武装斗争的主攻方向首先指向农村。在领导农村革命根据地的斗争实践中，毛泽东相继写下了《中国的红色政权为什么能够存在？》《井冈山的斗争》《星星之火，可以燎原》等文章，提出了"工农武装割据"思想，初步形成了农村包围城市的革命道路理论。红军长征到达陕北后，毛泽东深入分析了近代中国所处的时代特点和国情，论述了中国革命的长期性和不平衡性等特点，进一步丰富了农村包围城市的整体战略思想。1938年11月，他在党的六届六中全会上明确指出："共产党的任务，基本地不是经过长期合法斗争以进入起义和战争，也不是先占城市后取乡村，而是走相反的道路。"① 从而确立了经过长期武装斗争，先占乡村，再取城市，最后夺取全国胜利的革命道路。

中国革命之所以能走农村包围城市、武装夺取政权的道路，是由近代中国所处的时代特点和特殊国情决定的：一是近代中国是多个帝国主义间接统治的经济落后的半殖民地国家，社会政治经济发展极端不平衡，四分五裂，军阀割据，存在不少统治薄弱环节，为党在农村开展革命斗争、建设革命根据地提供了缝隙和可能。二是近代中国的广大农村深受反动统治阶级的多重压迫和剥削，人民革命愿望强烈，加之经历过大革命的洗礼，革命的群众基础较好。三是全国革命形势的继续向前发展，为在农村建设革命根据地提供了客观条件。四是相当力量正式红军的存在，为农村革命根据地的创立、巩固和发展提供了坚强后盾。五是党的有力领导及其政策的正确性，为农村革命根据地建设和发展提供了重要的主观条件。中国革命道路的理论，反映了中国半殖民地半封建社会民主革命发展的客观规律。党在探索中国革命道路的过程中，不是照抄照搬俄国十月革命的经验，而是从中国的实际出发，开辟了引导中国革命走向胜利的正确道路，独创性地发展了马克思列宁主义。中国革命道路理论，是党运用马克思主义的立场、观点和方法，分析、研究和解决中国革命具体问题的光辉典范，对于

---

① 《毛泽东选集》第2卷，人民出版社1991年版，第542页。

推进马克思主义中国化具有重要的方法论意义。

总之，新民主主义理论的提出是以毛泽东同志为主要代表的中国共产党人在创造性地把马克思主义基本原理与中国革命的具体实践相结合的过程中，所开创的具有鲜明中国特色的中国革命理论形态。这一理论是在中国共产党人孜孜追求民族独立、人民解放和新民主主义革命实践中逐渐形成的，而在它一旦形成以后，就很快成为进一步指导中国共产党和中国人民进行新民主主义革命的思想武器，从而有效地促进了民主革命时期中国社会的新民主主义事业，并取得了新民主主义建设的初步胜利。

三、新民主主义革命的光辉历程

与国民党精诚合作，投身中国大革命

1921年中国共产党的成立，是中国近代革命史具有划时代的里程碑意义的重大事件。从此，中国人民有了可以信赖的组织者和领导者，中国革命有了坚强的领导力量，中国革命有了主心骨。

1922年，党的二大在上海召开，第一次将党在民主革命中要实现的目标同将来进行社会主义革命要实现的长远目标相结合，不仅明确提出反对帝国主义、反对封建主义的民主革命任务，并指出要通过民主革命进一步创造条件，实现社会主义和共产主义。在二大纲领的指引下，中共中央开展了一系列活动：一是召开西湖会议，积极酝酿第一次国共合作；二是领导工人运动，从1922年1月开始，以香港海员大罢工为起点，到1923年2月，领导上海、武汉、广东、湖南等地的航运、铁路、采矿等行业的工人进行罢工，形成了工人罢工斗争的第一次高潮；此外，党领导农民运动、青年运动和妇女运动也取得了成效。

1923年6月，党的三大决定采取共产党员以个人身份加入国民党的方式实现国共合作。1924年1月，国民党第一次全国代表大会在广州举行，会议通过了《中国国民党章程》，确认了共产党员以个人身份加入国民党的原则，标志着国民党改组的完成和第一次国共合作的正式形成。1925年，

中国共产党领导的五卅运动是中华民族直接反抗帝国主义的伟大运动，显示了各革命阶级、各阶层民众在无产阶级领导下联合斗争的巨大威力，给帝国主义和军阀势力一次前所未有的打击，同时也使党认识到中国资产阶级的两面性。1926年2月，中共中央在北京召开特别会议，一致主张进行北伐，党的各级组织积极发展工农运动，为迎接国民革命军的北伐做准备。北伐出师前，在周恩来的主持下，已经建立起北伐军总政治部和各级政治部。共产党的骨干大多数被分配到各军负责政治工作。北伐开始，北伐军势如破竹，特别是第四军内共产党员最多，叶挺独立团又是其中战斗力最强的一支部队，取得了引人注目的战功。在北伐战争期间，革命群众运动以前所未有的声势蓬勃发展起来。1926年9月17日，中华全国总工会在汉口设立办事处，积极指挥湖北及邻近各省的工人运动。1926年11月，毛泽东担任中共中央农民运动委员会书记后，决定以湖南、湖北、江西、河南为重点地区开展农民运动。1926年6月至9月，上海工人举行多达100余次的罢工斗争，参加人数超过20万。1926年秋至1927年春，中共中央和上海区委发动和组织上海工人，连续举行了三次武装起义。上海工人第三次武装起义，是大革命时期中国工人运动的一次壮举，是北伐战争时期工人运动发展的最高峰，是在中国开展城市武装斗争的一次大胆尝试。

由于帝国主义的不断干涉，国民党新右派的代表人物蒋介石的反革命本质逐渐暴露，悍然发动了四一二反革命政变，大革命从高潮走向失败。随后，汪精卫集团对共产党员和革命群众实行大逮捕、大屠杀。至此，由国共两党合作发动的大革命因国民党的背信弃义宣告失败。

独立开辟中国革命的全新道路

1927年大革命失败后，中国共产党领导的人民革命斗争进入最艰苦的年代。国民党南京政权成立后，对内实行了一整套旨在维护地主阶级、买办资产阶级利益的政策：在经济方面，南京政府采取一系列有利于地主阶级、买办资产阶级的政策和措施，并形成和发展了新的官僚资本。在政治方面，国民党残酷镇压共产党人和革命群众，用法律、行政、特务、军事等手段残酷地镇压任何革命活动，集中一切反革命势力向共产党人和革命群众进攻；同时，还强化为其反动统治服务的国家机器，建立起维护和加强其统治的政治制度，使得革命形势转入低潮。

1927年8月1日，中国共产党组织发动的南昌起义打响了武装反抗国民党反动派的第一枪，标志着中国共产党独立地领导革命战争、创建人民军队和武装夺取政权的开始。1927年8月7日，中共中央在湖北汉口召开紧急会议（即八七会议）。会议总结大革命失败的教训，毛泽东提出了"以后要非常注意军事""须知政权是由枪杆子中取得的"的著名论断。会议讨论党的工作任务，确立了进行土地革命和武装起义的方针。之后，毛泽东领导湘赣边秋收起义，在遭到敌人顽强抵抗后，起义军向南转移，9月29日，部队到达江西省永新县三湾村时，前委决定对保留下来的不足千人的队伍进行改编。三湾改编从组织上确立了党对军队的领导，是把工农革命军建设成为无产阶级领导的新型人民军队的重要开端。1927年10月，毛泽东率领湘赣边秋收起义的工农革命军，开始创建以宁冈为中心的井冈山农村革命根据地。1928年4月，朱德、陈毅率南昌起义保留下来的一小部分部队和湘南起义农军1万余人陆续转移到井冈山地区，与毛泽东领导的部队在宁冈砻市会师。毛泽东和朱德所率部队合编，成立工农革命军第四军（后改称红军第四军），朱德任军长，毛泽东任党代表。毛泽东在代表红军第四军前委于1928年11月25日写给中共中央的报告中，根据中国社会和中国革命的特点，论证了红色政权能够长期存在并发展的主客观条件，提出了工农武装割据的思想。党的六大以后，各地党组织抓住国民党新军阀混战的有利时机，发动农民开展游击战争，进行土地革命，建立革命政权，不断巩固和扩大红军和根据地。其中，较为有影响力的有赣南、闽西根据地，湘赣、湘鄂赣根据地，湘鄂西、鄂豫皖根据地。各根据地广泛开展土地革命，消灭封建地主土地所有制，实现"耕者有其田"，极大调动了农民支援革命战争、保卫和建设根据地的积极性。在此期间，以毛泽东同志为主要代表的中国共产党人提出农村包围城市、武装夺取政权道路的思想，从而为复兴中国革命和争取中国革命的胜利指明了唯一正确的道路。蒋介石先后四次向各革命根据地的红军发动大规模的"围剿"，但均以失败告终。革命根据地得到巩固和发展。

1931年11月，中华苏维埃第一次全国代表大会选举产生了同国民党政权性质根本不同的工农民主专政的新型政权——中华苏维埃共和国临时中央政府。此时，蒋介石不顾日本帝国主义发动九一八事变的侵略行动，奉行不抵抗政策，却加紧对革命根据地的"围剿"。由于"左"倾冒险主义的错误指导，加上国民党反动派的疯狂打击，红军进行第五次反"围剿"失利，被迫开始了战略大转移。1935年1月15日至17日，中央政治局在遵义召开扩大会议（即遵义会议）。会议改组了中央领导层特别是军事领导层，解决了党内所面临的最迫切的组织问题和军事问题，结束了"左"倾教条主义错误在中央的统治，确立了毛泽东在中共中央和红军的重要领导地位。会议结束后，在毛泽东的正确领导下，红军四渡赤水、巧渡金沙江，摆脱了敌人的围追堵截。1936年10月9日，红四方面军指挥部到达会宁，与红一方面军会合。10月22日和23日，红二、红六军团分别在将台堡、兴隆镇同红一方面军会师。至此，红二、红四方面军完成了长征。中国工农红军第一、第二、第四方面军在极端艰险的条件下，先后进行了战略大转移。红军冲破国民党军队的围追堵截，克服雪山草地的险阻，经受饥寒伤病的折磨，战胜党内分裂的危机，终于胜利完成了长征。长征的胜利，成为中国革命转危为安的关键。

趁着国民党极力消灭共产党之际，日本帝国主义在华北地区连续发起了一系列侵略行动，轻而易举地控制了华北大部分地区。从关外到关内，中国人民遭受日本侵略者的残酷蹂躏。在中华民族面临生死存亡的紧要关头，中国共产党顺应时代的要求，适时地提出了建立抗日民族统一战线的主张。1935年12月，北平发生了一二·九运动。这是在中国共产党的领导下，由北平学联组织发动的一次大规模的抗日爱国运动，它使中国人民被压抑的爱国情绪猛烈地爆发出来。1935年12月17日至25日，中共中央在陕西安定县（今子长市）瓦窑堡召开政治局会议（即瓦窑堡会议）。会议决定，发动、团结与组织全中国全民族一切革命力量反对当前主要的敌人——日本帝国主义与蒋介石。局部抗战最为有名的是中国共产党领导的东北抗日联军，他们的英勇斗争有力地打击了日本在中国东北的殖民统治，牵制了大量日军，支援和鼓舞了全国的抗日救亡运动。1936年12月，张学良、杨虎城发动西安事变，逼迫蒋介石停止内战、一致抗日，并电邀中国共产党一同商议抗日事宜。最终在周恩来等人的艰苦努力下，西安事变得以和平解决，粉碎了亲日派和日本帝国主义者的阴谋，促进了中共中央逼蒋抗日方针的实现。

抗日战争的中流砥柱

中国共产党为了民族大义，抛开蒋介石反动政府疯狂屠杀共产党人的阶级仇恨，促成了国共两党第二次合作，并义无反顾地冲在了抗日战争的最前线，再次彰显了中国共产党的无私胸襟和博大情怀。

1937年7月7日，日本侵略军制造卢沟桥事变即七七事变。日本发动了全面侵华战争，也标志着中国人民抗日战争的全面爆发，即全国抗战的开始。中国的全民族抗战在世界东方开辟了第一个大规模反法西斯战场。8月25日，根据国共双方的协议，中国共产党领导的中国工农红军被改编成国民革命军第八路军（简称"八路军"）。9月—10月，南方8省14个地区（不含琼崖）的红军和游击队改编为国民革命军陆军新编第四军（简称"新四军"）。9月22日，国民党中央通讯社发表《中共中央为公布国共合作宣言》，次日，蒋介石发表谈话，事实上承认了中国共产党的合法地位。这标志着国共两党第二次合作正式开始。在全国抗战初期，国民党对抗战是比较努力的，组织了规模较大的会战，共产党在敌后战场广泛开展游击战争，配合国民党的正面战场，建立抗日民主根据地，逐步开辟了广大敌后战场，也对日军进行了有力的打击。1938年10月，广州、武汉失守后，抗日战争进入相持阶段。面对战争转向长期化的形势，日本侵略者在继续坚持"灭亡中国"的总方针下，对其侵华的战略和策略进行了一些调整。在军事上，日军基本上停止对正面战场的战略性进攻，采取以保守占领区为主的方针，逐渐将注意力集中于打击和消灭八路军、新四军。在政治上，把以军事进攻为主、政治诱降为辅的方针，转变为以政治诱降为主、军事打击为辅的方针，企图诱使国民党政府妥协投降。

1939年1月，国民党五届五中全会制定了"溶共""防共""限共"的方针，并在抗日根据地周围制造摩擦事件。中国共产党正确分析相持阶段到来后国际国内的复杂形势，提出了"坚持团结抗战，巩固和扩大抗日民族统一战线"的正确方针。敌后抗日游击战争的广泛开展，巩固了华北抗日根据地，发动百团大战，打出了共产党领导敌后抗日军民的声威。在一边抵抗日本侵略者掉头反扑敌后战场的同时，中国共产党极力制止国民党顽固派的反共行为，提出"发展进步势力，争取中间势力，孤立顽固势力"的策略方针。1941年后，抗日根据地进入最艰难的岁月。在这种形势下，党开展整风运动、大生产运动和经济建设，深入贯彻减租减息政策，尽最大的努力来度过艰难时光。1943 年，世界反法西斯战争形势发生了根本性的变化，对中国的抗日战争产生了深刻影响。中共中央确定 1944 年的斗争方针是继续团结国民党共同抗日，集中力量打击日伪军，巩固和扩大抗日根据地。各抗日根据地在 1944 年的局部反攻中，共作战 2 万多次，歼灭日伪军近 20 万人，攻克县城 20 多座，攻克和逼退敌据点 2 500 多个，收复大片失地，解放人口 1 700 多万。这种情况，与国民党正面战场的大败退局面形成了鲜明的对照。在德国法西斯面临彻底覆灭和中国抗日战争接近最后胜利的前夜，中国共产党于 1945 年 4 月至 6 月，举行了第七次全国代表大会。它总结了中国新民主主义革命 20 多年曲折发展的历史经验，制定了正确的路线、纲领和策略，克服了党内的错误思想，使全党特别是党的高级干部对于中国民主革命的发展规律有了比较明确的认识，从而使全党在马克思列宁主义、毛泽东思想的基础上达到了空前的团结。同时，党的七大确立了毛泽东思想为党的指导思想。

1945 年 9 月 2 日，日本政府在投降书上签字。至此，中国抗日战争胜利结束。抗日战争是近百年来中国人民第一次取得完全胜利的伟大的民族解放战争。中国抗日战争创造了一个落后的半殖民地弱国如何战胜帝国主义强国的经验，为被压迫民族争独立、求解放的斗争提供了一个范例。中国之所以能够进行这场前所未有的全民族抗战并取得胜利，是因为中国有了使自己走向伟大复兴的先进的领导力量——中国共产党。在这场民族解放战争中，中国共产党高举爱国主义大旗，坚决维护民族独立和尊严，同日本侵略者进行了艰苦卓绝的斗争。抗日战争是中国共产党领导的新民主主义革命历程中一个重要的阶段。抗日战争的胜利，极大地推进了中国社会发展的历史进程，为新民主主义革命的彻底胜利奠定了坚实的基础。

赢得中国人民的彻底解放

日本政府宣布无条件投降后，全国人民热烈欢庆抗战胜利，用各种方式表达对于和平建国的强烈愿望。

中国共产党提出的通过民主联合政府的途径，建立一个独立、自由、民主、统一和富强的新中国的主张，在全国得到广泛的响应。而国民党统治集团则企图在中国继续维持国民党一党专政的统治。在这种情况下,蒋介石于1945年8月接连发出三封电报,邀请毛泽东到重庆谈判,共同商讨"国际国内各种重要问题"。8月28日,毛泽东抵达重庆。毛泽东同蒋介石就国共两党关系的重大问题进行多次商谈。10月10日,国共双方代表签订《政府与中共代表会谈纪要》(即《双十协定》)。国民党政府表示接受中共提出的和平建国的基本方针。

1946年6月26日,国民党不顾全国人民的反对,再次背信弃义,大举进攻中原解放区,全面内战爆发。他们依仗军队在数量和武器装备方面的优势,企图速战速决,全面进攻解放区,全面内战爆发。全国各战场的人民解放军遵照中央军委的指示,继续依托解放区,实行内线作战,并逐步扩大战役规模,力求大量歼灭国民党军队的有生力量,以促进革命高潮的到来。1947年2月下旬,蒋介石飞抵西安,亲自督战,由于敌我兵力过于悬殊,中共中央决定暂时放弃延安。陕甘宁边区部队撤出延安后,按照中央军委和毛泽东确定的"蘑菇战术",与胡宗南部在陕北高原盘旋打转,并连续进行青化砭、羊马河、蟠龙三次歼灭战,共歼灭胡宗南部共1.4万余人,基本稳定了陕北战局。在山东解放区,华东野战军全歼国民党军队"五大主力"之一的整编第74师,给国民党军队以沉重打击。与此同时,党通过组织人民兴修水利、发放农业贷款和组织变工互助等多种办法,恢复和发展农业生产,极大提高了人民群众的积极性。1947年7月至9月,人民解放军相继由内线转向外线,由战略防御转入战略进攻,刘邓大军千里挺进大别山,国民党军队被迫由战略进攻转变为战略防御。在这种形势下,解放区更加深入开展土地制度的改革运动。1947年10月10日,中共中央正式颁布《中国土地法大纲》,明确废除封建性及半封建性剥削的土地制度,实行"耕者有其田"的土地制度,极大调动了农民的革命性和生产积极性,为解放战争提供了源源不断的人力物力支持。人民解放军经过雨季的休整后,从1948年9月开始,先后在东北、华东、中原、华北和西北战场上,发起规模空前的秋季攻势,并且取得了辽沈、淮海、平津三大战略性战役的胜利,之后粉碎了国民党统治集团"划江而治"的图谋。人民解放军横渡长江,解放上海和南京,到1949年9月底,人民解放军各部解放了除西南滇、黔、川、康、藏及中南的两广以外的全国大陆大部分地区。

1949 年 10 月 1 日，中华人民共和国在北京宣告成立，中国新民主主义革命取得彻底胜利。中国共产党领导中国革命所走过的道路是极其曲折和艰难的，中国人民为赢得新民主主义革命胜利付出了巨大的代价和牺牲。尽管中国革命是被残酷的现实逼出来的选择，但所有义无反顾投身中国革命的革命者都是值得后人永远敬畏的先贤大德，都是中华民族的中流砥柱，都是永远的民族英雄。在 28 年新民主主义革命的伟大历程中，中国共产党领导中国人民积累了极其丰富的经验。毛泽东在总结历史经验时指出："一个有纪律的，有马克思列宁主义的理论武装的，采取自我批评方法的，联系人民群众的党。一个由这样的党领导的军队。一个由这样的党领导的各革命阶级各革命派别的统一战线。这三件是我们战胜敌人的主要武器。""依靠这三件，使我们取得了基本的胜利。"① 后来，我们党把这些历史经验概括为党的领导、武装斗争和统一战线三大法宝。当然，新民主主义革命成功的关键和核心是党的领导和党的建设的成功，从此中国人民坚信了一个道理，那就是只有共产党才能救中国，办好这件事情的关键在中国共产党。关于这一点，将重点在下一章展开。

四、新民主主义建设的伟大成就

领导了 28 年新民主主义革命的中国共产党，绝不仅仅是一个革命党，也是曾经三次局部执政的党；不仅领导中国人民取得了中国革命的伟大胜利，同时也取得了中国新民主主义建设的重大成就，甚或可以说，新民主主义建设本身就是新民主主义革命事业的重要内容，新民主主义建设的伟大成就本身就是中国新民主主义革命的伟大成就。历史实践证明：中国共产党人绝不仅是会闹革命、会打仗的党，绝不仅是会领导中国人民通过武装斗争夺取革命胜利的党，绝不仅是善于破坏一个旧世界的党，同时也是善于建设一个新世界的党，一个善于领导中国人民进行民主政治建设、法治建设和局部执政的党；中国共产党不仅是中国革命的伟大旗手，同时也是近代仁人志士矢志追求的中国民主事业的伟大旗手。这是过去中国共产

---

① 《毛泽东选集》第 4 卷，人民出版社 1991 年版，第 1480 页。

党革命历史上很少讲到的，是不应该的。

中国共产党人走出中国民主新路

1945年7月，曾参与孙中山创立同盟会、为在中国建立民主政治苦苦奋斗了数十年、时任国民参政员的黄炎培先生，应毛泽东之邀访问了延安。在访问结束时，毛泽东问黄炎培有什么感想，这位时年已68岁，深谙中国历代王朝兴衰、目睹国民党内部腐败和延安中共新风的老人，感慨万端地说："我生60多年……所亲眼看到的，真所谓'其兴也浡焉'，'其亡也忽焉'……大凡初时聚精会神，没有一事不用心，没有一人不卖力，也许那时艰难困苦，只有从万死中觅取一生。既而环境渐渐好转了，精神也就渐渐放下了。有的因为历时长久，自然地惰性发作，由少数演为多数，到风气养成，虽有大力，无法扭转，并且无法补救。……一部历史，'政怠宦成'的也有，'人亡政息'的也有，'求荣取辱'的也有。总之没有能跳出这周期率。中共诸君从过去到现在，我略略了解的了。就是希望找出一条新路，来跳出这周期率的支配。"① 毛泽东听罢这一席掷地有声的耿耿诤言，充满自信地说："我们已经找到新路，我们能跳出这周期率。这条新路，就是民主。只有让人民来监督政府，政府才不敢松懈。只有人人起来负责，才不会人亡政息。"黄炎培非常赞成用民主来打破这个周期率。他认为："只有大政方针决之于公众，个人功业欲才不会发生。只有把每一地方的事，公之于每一地方的人，才能使地地得人，人人得事。"② 联合政府以全国人民的利益为首要，自然可以使民主得到施行和保证。1944年，中共领导人邓发说道："没有必要担心我们的政府将会再一次落入旧的统治集团的魔掌之中，因为政府是属于人民自己的。"③

毛泽东的回答既是对中国共产党人所探索到的中国式民主新路的集中概括和精确表达，也是对中国共产党领导的新民主主义建设事业基本经验的归纳和总结。这条民主新路就是人民民主之路，就是以劳动阶级为主体

---

① 陈明钦等：《中外人士访延纪实——封锁线内的真相（1944—1945）》，云南人民出版社1990年版，第347—348页。
② 陈明钦等：《中外人士访延纪实——封锁线内的真相（1944—1945）》，云南人民出版社1990年版，第348页。
③〔瑞典〕达格芬·嘉图：《走向革命——华北的战争、社会变革和中国共产党1937—1945》，杨建立等译，中共党史资料出版社1987年版，第11—12页。

的多数人当家做主人的民主之路。之所以称之为"中国民主主义的新路",是因为它不同于多年来中国人一直忍辱含垢学习的屡试屡败的西方资产阶级国家的民主,中国人由过去的师从西方转变为师从苏俄,并由此获得了救国救民的全新的思想理论武器——马克思主义。

毛泽东的这一回答是对马克思列宁主义关于人民民主思想的继承和发展,也是对早期马克思主义者关于民主与社会主义和无产阶级专政关系探索的积极成果的集成和升华。它明确提出了无产阶级通过革命夺取政权,建立无产阶级专政和社会主义制度,就是要实现高于资本主义的民主,逐渐实现劳动人民当家作主、成为社会主人的目标。《共产党宣言》中就说得很清楚,"工人革命的第一步就是使无产阶级上升为统治阶级,争得民主"①。在总结巴黎公社经验时,马克思说它表明了"通过人民自己实现的人民管理制的发展方向"。恩格斯对此也谈到,胜利了的无产阶级也将同公社一样,"为了防止国家和国家机关由社会公仆变为社会主人",应实现选举制、撤换制和对公职人员只付给跟其他工人同样工资的办法。十月革命以前,列宁也曾设想过建立巴黎公社式的直接民主的制度,他说:"人民需要共和国,为的是教育群众实行民主。不仅仅需要民主形式的代表机构,而且需要建立由群众自己从下面来全面管理国家的制度,让群众有效地参加各方面的生活,让群众在管理国家中起积极的作用。"② 也就是说,"人民来监督政府""人人起来负责"的民主是新民主主义和社会主义的题中之义和本质要求。正是始终秉持这样的新民主主义信念,中国共产党自成立之日起就不仅成了中国革命的旗帜,也成了中国新民主主义事业无私无畏的倡导者、捍卫者和奋斗者。

成立伊始的民主初心

中国共产党自成立不久,就鲜明地提出了对于中国人权问题的基本主张。第一,为了争取中华民族的生存权利,必须驱逐帝国主义势力,废除一切不平等条约,为民族独立和人民解放而斗争。1925年五卅运动遭受帝国主义镇压后,中共中央发表的《为反抗帝国主义野蛮残暴的大屠杀告全

---

① 《马克思恩格斯选集》第1卷,人民出版社2012年版,第421页。
② 《列宁全集》第29卷,人民出版社1985年版,第287页。

国民众》指出,帝国主义者"只准中国人做奴隶,不准中国人谋解放"。因此,"不平等条约一日不废除,帝国主义在中国的一切特权一日不推翻,中国民族的生命便一日没有担保,随时随地都有被横暴残酷野蛮无耻的帝国主义蹂躏屠杀之危险"①。

第二,要通过社会革命彻底推翻反动政权,根本改革政治、经济、文化和社会制度,是中国人民争取人权的基本保障。首先要打倒军阀官僚地主买办阶级,建立和平、统一的"真正民主共和国"。1922年,党的二大决议提出:消除内战,打倒军阀,建设国内和平,统一中国为真正的民主共和国。

第三,实行民主政治,保障人民自由权利。党第一次对于时局的主张提出:采用无限制的普通选举制,保障人民结社、集会、言论、出版自由权,废止治安警察条例及压迫罢工的刑律。1922年9月13日,《本报宣言——〈向导〉发刊词》指出:"所谓近代政治,即民主政治立宪政治","简单说来,只是市民对于国家所要的言论,集会,结社,出版,宗教信仰,这几项自由权利,所以有人说,宪法就是国家给予人民权利的证书,所谓权利,最重要的就是这几项自由。所以世界各种民族,一到了产业发达人口集中都市,立刻便需要这几项自由,也就立刻发生民主立宪的运动,这是政治进化的自然律,任何民族任何国家可以说没有一个例外"。②

第四,实行男女平等的原则。党第一次对于时局的主张提出:承认妇女在法律上与男子有同等的权利。

第五,改革财政经济制度,改善人民生活。党的三大党纲草案规定了保护农民利益的特别条款(如减田赋、限田租等)和保护工人的特别条款(如废除包工制、实行八小时工作制、救济失业工人等)。

第六,改革教育制度。党第一次对于时局的主张提出,实行强迫义务教育。

第七,改革司法制度。党第一次对于时局的主张和党的三大党纲草案都规定:改良司法制度,废止肉刑及死刑。后者还规定免除一切诉讼手续费。

第八,改革军事制度。党的三大党纲草案提出:废止雇佣军队制度,改行民兵制,军饷公开。

---

① 李光一:《段祺瑞"执政府"在五卅运动中的卖国外交》,《史学月刊》1957年第4期。
② 《本报宣言——〈向导〉发刊词》,《向导》1922年第1期。

中国共产党早期还进行了不懈的宪政探索实践。第一，党的二大专门通过决议，要求中国共产党应当参加这种被封建军阀所胁迫的议会，揭发由国际帝国主义所收买、扶植的武人政治的罪恶，推动民主革命高潮的到来。同时，在各级议会中，为争取无产阶级和贫苦农人经济的利益，以反抗本国资产阶级对于劳动者的压迫而进行合法斗争。这种方式在一定的历史条件下，也是一种必要的斗争策略。1922年7月，中国劳动组合书记部总部邓中夏等曾向北京众议院送交请愿书，提出《劳动法案大纲》，要求予以通过，取得部分议员的积极支持。

第二，中国共产党发起组织国民会议促成会全国代表大会。中国共产党第二次对于时局的主张正式发起了召开"国民会议"的号召，这一号召得到全国各地和各社会团体的响应，孙中山也深表赞同。1924年12月，《中共中央、团中央通告》指示各地普遍组成新兴产业"国民会议促成会"，同时决定在国民会议促成会中要组织中共"党团"，以加强对这一会议的领导。

第三，中国共产党帮助国民党改组，建立"国共合作"的"联合政府"。

第四，发布上海临时市政府的施政纲领。北伐战争后期，上海工人阶级在周恩来等人的具体领导下，解放了大上海，成立了上海特别市临时市政府，公布了《上海特别市临时市政府政纲草案》，主要内容有：关于反帝反封建的总任务，关于保障人民政治权利，关于市政建设和社会改革，关于教育、财政、商业、保护工人农民妇女儿童的规定，关于司法制度方面的改革与规定等。上述政纲将共产党的纲领依照上海的特点加以具体化，虽然还未来得及成立上海特别市临时市政府即宣布夭折，但是它却为以后革命根据地制定施政纲领提供了重要经验。

第五，组织领导成立省港罢工委员会。

第六，动员组织农民成立农民协会、农民代表大会和乡村自治委员会。毛泽东在1927年2月6日视察湖南农民运动后写给中央的报告中，强调乡村自治的重要性，他说："湘中湘南各县多数经过了一个烈风暴雨的农村革命时期"，"应立即实现民主的乡村自治制度……建立农村联合战线，以免去农民孤立的危险，农村中武装、民食、教育、建设，仲裁等问题也才有最后的着落；目前的湖南政治问题，莫急于完成乡村自治这一点，省民会议，县民会议非在完成村自治之后决无可言"。①党在组织领导农民运动的过程中对农村民主政权的探索和建设，对于动员和解放占人口最大多数的农民阶级这一中国革命的基本力量，甚至对于整个中国新民主主义建设都有重要意义。

大革命失败后，中国共产党人总结和吸取了早期宪政探索和实践的历史经验教训，更加坚定地开辟和领导了新民主主义宪政运动，分别在土地革命、抗日战争和解放战争时期，进行了三种民主宪政模式的伟大实践，并取得了宝贵的经验和成就。

中华苏维埃政权与第一部人民宪法

鉴于大革命失败的教训，毛泽东提出了"枪杆子里面出政权"的论断，主张采取工农武装割据的形式，走农村包围城市、武装夺取政权的道路，建立农村根据地。毛泽东从苏维埃政权建立之日起就十分重视苏维埃政权的自身建设问题，并在总结井冈山根据地政权建设的经验教训的基础上，初步提出了一系列苏维埃政权建设的基本原则：第一，必须坚持民主集中制的原则，并在革命斗争中显示出它的效力，普遍地、真实地应用于群众组织；第二，必须健全工农兵代表会制度，并制定详细的各级代表会组织法；第三，必须正确处理党和政府的关系，党要执行领导政府的任务，党的主张办法，除宣传外，执行的时候必须通过政府的组织。②这几项原则，为以后红色根据地苏维埃政权奠定了理论基础。

1931年11月，中华工农兵苏维埃第一次全国代表大会在江西瑞金召开，宣告中华苏维埃共和国临时中央政府的成立，并通过了《中华苏维埃共和国宪法大纲》。当时，全国苏维埃区域已扩大到十五六万平方千米，拥有1 000多万人口，并建立了红军第一、第四方面军和第二、第六军团。中华苏维埃共和国中央政府的建立，标志着工农民主专政的新型国家政权和宪政模式的确立。宪法大纲规定：中华苏维埃共和国国家性质是"工人和农民的民主专政的国家"；中华苏维埃共和国政权组织形式是工农兵苏

---

① 中国人民解放军政治学院党史教研室编：《中共党史参考资料》第4册，中国人民解放军政治学院党史教研室1979年版，第207页。
② 参见《毛泽东选集》第1卷，人民出版社1991年版，第57—84页。

维埃代表大会；中华苏维埃共和国的基本任务"在于保证苏维埃区域工农民主专政的政权和达到他在全中国的胜利"。《中华苏维埃共和国宪法大纲》是中国历史上第一部人民民主的宪法，在中国民主宪政史上具有划时代的意义：它给予广大工农民众一切民主的权利，引导广大工农民众管理自己的国家；把革命已经取得的成果用根本法的形式确认下来，同时指出今后的奋斗目标和各项施政方针。它的颁布和实施，极大地鼓舞了苏区人民为巩固工农民主政权和争取革命战争的胜利而英勇斗争的积极性，同时也给全国人民带来了民主的希望，并为后来的人民民主宪法的制定和实施提供了宝贵的经验。

党还致力于苏维埃基层政权工作的民主化、社会化和群众化，使其直接来源于民众、依靠于民众，同广大民众结合起来，发挥它的政权职能。这也成为苏区地方苏维埃民主宪政模式的特色和优势，不仅极大地调动了广大民众翻身当家做主人的积极性，有效促进和保证了苏维埃政权基础的巩固，而且促进了人民群众民主意识和革命意识的觉醒和提高，培育和提高了广大民众尤其是占多数的农民群众依法参政议政、自治管理社会的能力等。这对于在长期封建专制传统基础上培育和生长的中国民主事业具有伟大的开拓性意义，也为中国社会的基层民主事业建设作出了开拓性的贡献。另外，党还领导苏区人民制定、实施了工农民主政权的选举法规，规定工农兵民主政权以工农兵代表大会为其组织形式。具有代表性的有《中国工农兵会议（苏维埃）第一次全国代表大会选举条例》《中国工农兵会议（苏维埃）第一次全国代表大会苏维埃区域选举暂行条例》《中华苏维埃共和国的选举细则》《苏维埃暂行选举法》等10多部选举法规。在第二次国内革命战争期间，工农革命政权的选举立法及其实施开辟了中国民主政治建设、民主法制建设的新天地，并创造、积累了丰富的经验。

延安边区和抗日根据地的民主政治成就

抗战时期，中国共产党在积极倡导民主政治、反对国民党一党独裁政治的同时，一直也在努力探索新的中国民主政治发展道路，建构新的适合中国国情的民主政治模式，并在延安边区和敌后抗日根据地取得了民主政权建设的巨大成就。中国共产党在民族危亡的历史关头，把抗战救国与实行政治民主结合起来，提出抗战需要民主的主张。抗战14年，中国民主力量和民主运动在中国共产党的领导下，经过曲折的斗争，获得了前所未有的大发展。在这个时期，中国共产党积极倡导民主，在实践中探索建构新的适合抗战国情的民主政治模式，初步提出新式民主共和国的构想。

党倡导民主政治的一个重要方面，不仅是积极参与当时风起云涌的民主运动，宣传自己的民主主张，呼吁对现有政治进行民主改革，更为重要的一个方面在于其积极实践民主政治原则，并努力探索适合中国国情的新的民主政治发展道路。早在全面抗战爆发前，中国共产党就将扩大民主运动、推进民主政治的实现作为自己工作的中心一环。其中，推进民主政治实践主要表现在边区及各抗日敌后根据地的民主选举与建立"三三制"政权方面。各抗日根据地政权组织由参议会和政府两部分组成。一般说来，根据地先成立临时性质的政府，再通过民选产生参议会，最后由参议会选举产生政府领导人，组织政府机构。这一过程，集中地体现了抗日根据地的民主政治，是真正通过民主选举建立的民主政权。

在抗日战争时期，各根据地先后都建立了参议会或临时参议会组织。边区（或省）参议会为抗日战争时期各根据地最高一级的权力机关。一般以边区或省为单位，在边区内、省内建立三级或四级参议会组织。如陕甘宁边区为边区、县、乡（市）三级；山东为省、行政区、县、村四级；晋察冀边区先为边区、县、区、村四级，1943年以后，取消区代表会改为三级。边区及县参议会从议员中通过选举产生议长、副议长各1人，主持全会工作。乡市参议会采用立法行政合一制，不设议长、副议长，开会时推举主席团3人主持会务，乡市长为当然主席团之一，休会时不设常驻委员。陕甘宁边区以外的其他根据地，多以村为基层单位。如晋察冀边区以村民大会为最高权力机关。村民大会闭会期间，由村民代表会代行其职权。由村民代表会议选出主席、副主席各1人。根据各根据地参议会组织条例，各级参议会之议员产生的方式有两种：一是选举，二是聘请。前者为主要方式，后者为补充。如《陕甘宁边区各级参议会组织条例》规定，各级参议会之议员，由人民直接选举，但同级政府认为必要时，得聘请勤劳国事及在社会、经济、文化各方面有名望者为议员。这样就保证了参议员成为真正的民意代表，而不是一种民主的装饰。关于参议员的任期，各地规定不同，边区参议员两三年不等，县议员一般为两年，乡市议员为一年，连选得连任。

与各级参议会组织相适应，抗日战争时期各根据地政府组织机构的设置也有三级、四级不等。如陕甘宁边区为边区政府、县政府、乡（市）政府三级；山东解放区则为省战时行政委员会（原战时工作推行委员会）、行政区公署、县政府、村公所四级。此外，各根据地均设行政督察专员公署和区公署（所）分别作为边区政府和县政府的派出辅助机构。其中，边区政府或边区行政委员会，是抗日战争时各根据地综理各边区政务的最高行政机关。从1937年下半年开始，陕甘宁边区及晋察冀、晋冀鲁豫、晋冀豫、晋绥、山东、华中、华南等各敌后抗日根据地相继进行了相当普遍的民主选举，并由此产生了边区及各敌后抗日根据地的各级人民政府和参议会。

对于选举工作，中国共产党各级党政部门均非常重视。早在1937年5月，根据同年2月中共中央给国民党三中全会电中有关"实施普选的彻底的民主制度"的精神，陕甘宁边区即制定了《陕甘宁边区选举条例》。该选举条例共13章29条，规定选举采取普遍的直接的无记名制：凡居住在陕甘宁边区区域的人民，在选举之日，年满16岁，无男女、宗教、民族、财产、文化的区别，都有选举权和被选举权。但有卖国行为经法庭判决者、经法庭判决有罪被剥夺公民权期限未满者、犯神经病者等没有选举权和被选举权。此外，条例对选举的比例、程序等均作了规定。在1939年和1941年召开的边区第一届及第二届参议会对该条例作了某些修改，将选举年龄由16岁改为18岁，并增加无阶级区别和改选办法等条款，对选举比例等也作了新的规定。各敌后抗日根据地也先后制定并颁布了选举条例，除根据自身的情况作了一些具体的规定外，基本精神与陕甘宁边区选举条例一致。限于战争环境和民众文化政治素质不高等情况，陕甘宁边区及各敌后抗日根据地的选举采取了多种多样的形式。大致说来基本的方式是召开选民大会，集中进行投票，同时设立流动票箱，采取流动投票、认人投豆、烧香点洞等方式。

1941年陕甘宁边区参议会改选之前，陕甘宁边区政府就专门发出了《为改选及选举各级参议会的指示信》，强调"民主政治选举第一"，"选举自由不得妨害"，"如果有人轻视选举，或者说不要选举：那就是等于不要民主。不要民主，就等于不要革命"。①选举成为当时边区及各敌后抗日根据地民众政治生活中的一件大事。据统计，在陕甘宁边区1937年第一次选举中，参加选举的选民一般占选民总数的80%，差一点的地区其比例也在半数以上。在1941年的第二次选举中，仅据曲子县的统计，全县选民共25 175人，参加选举的为20 233人，占80.4%；另据吴堡第六区统计，全区选民3 505人，参加选举的共2 961人，占84.5%；总计全边区选举的选民占选民总数的80%以上。各敌后抗日根据地的民主选举亦相当成功，参选比例达到了很高的水平。在晋察冀根据地1940年的选举中，北岳区和冀中区的参选比例都达到了85%以上，个别县如平山、阜平等甚至达到了98%以上，游击区也达到了70%以上。这样的参选率无论在什么国家，即便在今天看来也都是非常高的。这样规模的选举对于动员民众、提高民众的政治参与意识无疑起着重要作用。

而民众的普遍动员与政治意识的提高，正是建立民主政治不可缺少的基础。1939年9月，重庆的一位民间学者发表文章介绍说：在晋察冀边区，在冀南区，在晋东南，在鲁西北……政权机关已经走上或开始走上民主化的道路。各级政府的负责人，多由民众中选举出来，每月至少开行政会议一次，由民众和驻军派代表参加，由县长报告一月来施行情形，经大家讨论后，如有新的决定，再交县长执行。村长、区长也是从老百姓中选举出来的（区长有一部分系由县政府委任），在河北省竟有好多女同志当了村长，据估计，大约有1/3的样子，这表示妇女也和男子一样参政了。在晋察冀边区，更给予民众罢免与监察权，准许民众检举贪官污吏，对办事不力阻碍救亡运动者，准许民众提出意见罢免。唯其政治民主化，所以伟大的农民运动像火山爆发似地展开了。农民运动的斗争目标，主要是谋求自身生活改善、增加抗战力量、切实地执行减租减息政策。结果，农民的生活的确得到相当大的改善……地主和农民的关系，也协调起来了。正是由于实行民主选举，边区及各抗日敌后根据地的政治面貌为之一新，抗日力量大为增强。

"三三制"原则是在由毛泽东起草的1940年3月6日对党内的指示《抗日根据地的政权问题》中首先提出的。文中指出："在抗日时期，我们所建立的政权的性质，是民族统一战线的。这种政权，是一切赞成抗日又赞成民

---

① 《陕甘宁革命根据地史料选辑》第1辑，甘肃人民出版社1981年版，第72—77页。

主的人们的政权,是几个革命阶级联合起来对于汉奸和反动派的民主专政。……对于这种政权性质的明确了解和认真执行,将大有助于全国民主化的推动。"这种政权"在人员分配上,应规定为共产党员占三分之一,非党的左派进步分子占三分之一,不左不右的中间派占三分之一"。①3月11日,毛泽东在《目前抗日统一战线中的策略问题》的报告中又强调说:"这种人员分配的政策是我们党的真实政策,必须认真实行,不能敷衍塞责。"②同年12月,毛泽东在《论政策》一文中再次强调:"必须坚决地执行'三三制',共产党员在政权机关中只占三分之一,吸引广大的非党人员参加政权。在苏北等处开始建立抗日民主政权的地方,还可以少于三分之一。不论政府机关和民意机关,均要吸引那些不积极反共的小资产阶级、民族资产阶级和开明绅士的代表参加;必须容许不反共的国民党员参加。在民意机关中也可以容许少数右派分子参加。切忌我党包办一切。"③

从1940年到1941年,"三三制"在边区及各敌后抗日根据地普遍开始推行,并且得到了切实的贯彻。"三三制"是政府和民意机关人员在政治派别构成上的一种比例原则,是一种有利于民主政治发展的人员分配形式。对于这种政策的贯彻执行,中国共产党是坚决而彻底的,甚至出现当被选举出来的共产党员超过1/3时,共产党员主动退出政府或参议会,以保证"三三制"原则得到贯彻。因此,就这点而言,"三三制"原则对于保证各政治势力参与政治事务、扩大政治基础,无疑是有着重要的积极作用的。但实行"三三制"政权,并不是要放弃共产党对政权的领导,事实上抗日民主政权也始终是在共产党的领导之下,关键是如何更好地实现党的领导。对此,中共中央在1940年3月6日的党内指示中开始提出"三三制"时就指出:"必须保证共产党员在政权中占领导地位。"1942年9月1日,中共中央在《关于统一抗日根据地党的领导及调整各组织间关系的决定》中又明确肯定:"党是无产阶级的先锋队和无产阶级组织的最高形式,他应该领导一切其他组织,如军队、政府与民众团体。"④

那么党在人数只占1/3的情况下又是如何实现自己对政府的领导的

---

① 《毛泽东选集》第2卷,人民出版社1991年版,第741、742页。
② 《毛泽东选集》第2卷,人民出版社1991年版,第751页。
③ 《毛泽东选集》第2卷,人民出版社1991年版,第766页。
④ 中共中央文献研究室、中央档案馆编:《建党以来重要文献选编(1921—1949)》第19册,中央文献出版社2011年版,第423页。

呢？主要是靠"使占三分之一的共产党员在质量上具有优越条件"，靠这些共产党员"以党的正确政策和自己的模范工作"说服党外人士接受党的建议。对此，毛泽东有一段精辟的论述，他说："必须保证共产党员在政权中占领导地位，因此，必须使占三分之一的共产党员在质量上具有优越的条件。只要有了这个条件，就可以保证党的领导权，不必有更多的人数。所谓领导权，不是要一天到晚当作口号去高喊，也不是盛气凌人地要人家服从我们，而是以党的正确政策和自己的模范工作，说服和教育党外人士，使他们愿意接受我们的建议。"①"为着执行这个政策，必须教育担任政权工作的党员，克服他们不愿和不惯同党外人士合作的狭隘性，提倡民主作风，遇事先和党外人士商量，取得多数同意，然后去做。同时，尽量地鼓励党外人士对各种问题提出意见，并倾听他们的意见。绝不能以为我们有军队和政权在手，一切都要无条件地照我们的决定去做，因而不注意去努力说服非党人士同意我们的意见，并心悦诚服地执行。"②1940年12月，毛泽东在论及党对"三三制"政权的领导时又指出："切忌我党包办一切。我们只破坏买办大资产阶级和大地主阶级的专政，并不代之以共产党的一党专政。"③邓小平也在1941年4月论及党与抗日民主政权时，谈到党对"三三制"抗日民主政权的领导责任是放在政治原则上，而不是包办，不是遇事干涉，不是党权高于一切，并鲜明提出反对"以党治国"的观念，指出："'以党治国'的国民党遗毒，是麻痹党、腐化党、破坏党、使党脱离群众的最有效的办法。我们反对国民党以党治国的一党专政，我们尤要反对国民党的遗毒传播到我们党内来。"④1942年9月1日，中共中央政治局作出的《中共中央关于统一抗日根据地党的领导及调整各组织间关系的决定》讲得更为具体、明确："党对参议会及政府工作的领导，只能经过自己的党员和党团，党委及党的机关无权直接命令参议会及政府机关。""党团必须服从同级党委；但党团的工作作风必须刷新，不是强制党外人士服从"，而是说服他们接受。如果说服无效，"党团意见未被参议会及政府通过时，

---

① 《毛泽东选集》第2卷，人民出版社1991年版，第742页。
② 《毛泽东选集》第2卷，人民出版社1991年版，第742—743页。
③ 《毛泽东选集》第2卷，人民出版社1991年版，第766页。
④ 《邓小平文选》第1卷，人民出版社1994年版，第12页。

必须少数服从多数,不得违反民主集中制的原则"。①

由此可见,中国共产党对"三三制"政权的领导是间接的,不是直接的、强制性的。党只能向政府和参议会提出建议,而要使建议变成对方的决定,只有依靠建议本身的正确、适当,并通过政府、参议会内部共产党员的宣传、说服取得多数的赞成才能实现。所以"三三制"是一种政治基础大大扩展了的政权形式,它在政治上由一党领导,在组织和制度上实行党政分开、民主选举和少数服从多数,而不是由一党控制,更不是由一党包办、党政不分。这种政权形式无疑具有相当大的民主性,在中国政治民主化进程中具有重大的创造性意义,引起了国内外人士的关注和高度评价。如李公朴在晋察冀敌后访问过程中就对抗日根据地的民主政权留下深刻印象,并引发他对民主政治问题的进一步思考。美国记者白修德还专门研究了这种制度,他认为共产党之所以要实行"三三制",是因为"他们知道,没有反对派是不民主的",而当时共产党最大的反对派是国民党,所以毛泽东特别强调国民党员在这种政权中一定要占1/3,并且不能少于1/3。当然,在质量上毛泽东也是有考虑的,就是"必须容许不反共的国民党员参加"。白修德说:"实行的时候,这个制度并不完全这样死板,不过中共总是把他们自己的比例做到不超过三分之一。""事实上,中共之多于或少于三分之一的比例是没有多大关系的。在每个地区的政府里,他们都是唯一与整个政策相联系的团体。他们是军队的领导人,他们又是农民的保护人。他们制定策略,无论从哪方面说,农民都把共产党人看做是他们自己的领导人,看做是他们自己意志的代言人。"②

另外,中国共产党还在敌后抗日根据地制定并实施了保障人权条例。制定专门法律保障人权,是抗日时期中国共产党的重大决策,是各抗日民主根据地法制建设的一条重要历史经验,也是抗日根据地民主政治建设的光辉成绩。在各施政纲领确立的人权原则的指导下,几乎所有根据地都制定了保障人权法律,如1940年11月的《山东省人权保障条例》、1941年11月的《冀鲁豫边区保障人民权利暂行条例》、1942年2月的《陕甘宁边区保障人权财权条例》、1942年11月的《晋西北保障人权条例》、1943年的

---

① 中共中央文献研究室、中央档案馆编:《建党以来重要文献选编(1921—1949)》第19册,中央文献出版社2011年版,第426页。
② 武原主编:《外国人眼中的毛泽东》,华岳文艺出版社1989年版,第120页。

《渤海区人权保障条例执行细则》，等等。这些人权条例的公布和执行，在我国人民民主法制史上开启了用法律保障人权的新纪元。

解放战争时期的人民民主建设

抗日战争胜利后，中国共产党人在与蒋介石的一党独裁进行针锋相对斗争的同时，在极其复杂和险恶的战争环境下，依然领导解放区人民取得了人民民主建设事业的巨大成就。解放区的人民民主建设是随着全国和解放区政治斗争、阶级斗争和军事斗争形势的重大变化而发展变化的，它大致可以分为以下三个阶段。

第一阶段是从抗日战争胜利至1946年6月全面内战爆发。为了实现和平建国方针，这一时期中国共产党和解放区人民政权继续实行抗日战争时期抗日民主政权的政治法律制度，贯彻政协决议的精神。例如，解放区人民政权仍采取参议会组织形式，实行"三三制"政权政策；土地政策仍实行减租减息政策；其他法律法规仍继续有效。

第二阶段是从1946年6月全面内战爆发至1947年7月人民解放军转入战略进攻之前。在这个阶段，解放区民主建设出现了一些新的特点：一是解放区人民政权虽然仍遵守政协决议的精神，但因全面内战的爆发，制宪工作停止了；二是内蒙古解放区建立了民族区域自治政府，开了民族区域自治法制建设的先河；三是解放区人民政权根据中共中央1946年5月4日《五四指示》精神，将减租减息的土地政策改变为没收地主土地分配给农民的土地政策，标志着解放区土地政策的重大变化。

第三阶段是指从1947年7月至1949年10月1日中华人民共和国成立。这是人民解放军由战略防御转入战略进攻、解放战争取得伟大胜利的阶段。与这个伟大变化形势相对应，这个阶段人民政权的法制建设也有显著的变化和发展，在基本法方面，各解放区制定了施政纲领或施政方针；在政权法制方面，逐步实行各界人民代表会议制度，在新解放的城市，则实行军事管制委员会制度。其中，解放区民主建设的突出成就之一就是制定了《陕甘宁边区宪法原则》。《陕甘宁边区宪法原则》规定了陕甘宁边区政权的组织和活动的基本原则、人民的各项权利和经济、文化的基本政策，规定了解放区人民政权准备由抗日战争时期的"三三制"的参议会制度发展到民主集中制和议行合一的人民代表会议制度。规定了民族区域自治的原则。规定了司法制度的原则：各级司法机关独立行使职权，除服从法律外，不受任何干涉。这是人民民主法制建设史上第一次提出司法机关独立行使职权的原则。规定了人民享有有保证的各项权利。规定了经济的基本政策原则，贯彻了新民主主义革命的经济纲领精神，其中"耕者有其田"原则的规定，表明陕甘宁边区人民政权决定将抗日战争时期的减租减息政策改变为没收地主土地分配给农民的土地政策，标志着解放区土地政策的重大变化。规定了文化的基本政策原则，保障学术自由，致力于科学发展。

解放战争初期，在选举制度方面除了实行普选制度外，还有一个重要的制度，这就是继续实行抗战以来一直实行的"三三制"宪政模式。这项制度以陕甘宁边区于1946年4月2日至27日在延安隆重举行的第三届边区参议会第一次大会选出的各方面人士最具有代表性。这次大会选出19名政府委员，其中共产党占6名，在12名参议会常驻议员中，共产党员占4名，其他各界人数在政府及参议会中的比例却占总人数的2/3之上。当时，出席大会的非共产党人士一致赞扬共产党忠实执行"三三制"政策，并说：陕甘宁边区真正实现了民选的各民族、各党派、各阶级代表人物合作的联合政府。

人民军队的民主建设

特别值得提出的是，中国共产党领导的人民军队也取得了民主主义建设的成就，并积累了宝贵经验。如何把军队真正建设成为一支革命的军队、人民的军队，是中国革命面临的一个极其艰巨的问题，也是近代所有殖民地半殖民地国家民族民主革命斗争中所面临的困难问题。对于这个问题，孙中山领导的国民党没有解决好，这是孙中山承认的，甚至蒋介石在败逃后也在日记中深刻反省了这一点；而多数殖民地半殖民地国家也没有在革命中很好地解决这一问题，有些国家在民族独立后仍然深受这一问题的困扰。但中国共产党人成功地把军队建设成了一支为中国革命、人民民主甘于奋斗牺牲的人民军队，人民要争取民主和解放，必须有一支强大的人民军队。

从1927年发动秋收起义开始，以毛泽东同志为主要代表的中国共产党人就开始了用民主的伟大武器创建和领导新型人民军队的实践。1927年9月

29日，经过连续作战和长途跋涉的秋收起义队伍，在毛泽东的率领下来到江西省永新县三湾村，对部队进行改编：一是整编队伍。二是在部队中建立党的各级组织，决定将支部建在连上。三是在部队中建立民主制度。具体规定有：军官不许打骂士兵，官兵待遇平等；废除烦琐的礼节，开会时士兵有说话的自由；经济公开，并在连以上各级建立士兵委员会，由全体士兵民主选举产生；士兵委员会在党代表的指导下工作，参加部队管理，做思想工作和群众工作；军官要受士兵委员会的监督，做错了事，要受士兵委员会的批评甚至制裁。部队内部民主制度的建立以及党在部队中领导地位的确立，使部队面貌一新，为新型人民军队的建设奠定了初步基础。

  1928年11月，毛泽东在《井冈山的斗争》一文中谈到军队民主制度时指出："红军的物质生活如此菲薄，战斗如此频繁，仍能维持不敝，除党的作用外，就是靠实行军队内的民主主义。官长不打士兵，官兵待遇平等，士兵有开会说话的自由，废除烦琐的礼节，经济公开。士兵管理伙食，仍能从每日五分的油盐柴菜钱中节余一点作零用，名曰'伙食尾子'，每人每日约得六七十文。这些办法，士兵很满意。尤其是新来的俘虏兵，他们感觉国民党军队和我们军队是两个世界。他们虽然感觉红军的物质生活不如白军，但是精神得到了解放。同样一个兵，昨天在敌军不勇敢，今天在红军很勇敢，就是民主主义的影响。红军像一个火炉，俘虏兵过来马上就熔化了。中国不但人民需要民主主义，军队也需要民主主义。军队内的民主主义制度，将是破坏封建雇佣军队的一个重要的武器。"[①]正因为中国共产党在军队内部实行了民主，红军在初创时期最艰难的岁月里才得以鼓舞新入伍的农民和提高俘虏过来的国民党士兵的革命积极性，得以肃清干部中由反动军队传来或带来的军阀主义习气，从而建立和巩固了革命根据地，不断壮大了人民民主的力量。

  在井冈山革命根据地建立起来以后，毛泽东又对部队中的民主制度进行了不断完善，如在红军中建立各级士兵代表会议，弥补了从前只有士兵委员会而无士兵代表会的不足。毛泽东在建设军队民主制度的过程中，不仅强调部队民主生活的重要性，同时也高度重视部队的纪律，坚决反对违反纪律的现象，并把民主与纪律有机地结合在了一起。在率领部队向井冈山

---

① 《毛泽东选集》第1卷，人民出版社1991年版，第65页。

挺进的途中，毛泽东根据部队存在的问题宣布了三条纪律：第一，行动听指挥；第二，不拿群众一个红薯；第三，打土豪要归公。1928年1月，毛泽东针对部队与群众关系方面暴露的问题又提出了六项注意：第一，上门板；第二，捆铺草；第三，说话和气；第四，买卖公平；第五，借东西要还；第六，损坏东西要赔。3月，毛泽东向所属部队正式颁布了以上三大纪律六项注意，并逐条作了解释，要求部队作为行动的准则。随后，将六项注意增加到八项注意。在古田会议决议中，毛泽东批评了政治上的极端民主化和物质生活上的绝对平均主义，首先是从理论上铲除极端民主化的根苗，其次是在组织上"厉行集中指导下的民主生活"①。毛泽东还批评了非组织观点，强调："党的纪律之一是少数服从多数。少数人在自己的意见被否决之后，必须拥护多数人所通过的决议。除必要时得在下一次会议再提出讨论外，不得在行动上有任何反对的表示。"②这些严格的纪律要求进一步完善了部队的民主制度，进一步加强了军队的纪律性，使中国共产党领导的军队不仅成为公平民主的军队，同时也是一支有着高度组织性和纪律性的军队。

解放战争时期，在毛泽东思想的指导下，人民军队的民主制度建设达到了相当成熟的程度，这对提高人民军队的战斗力、保证革命战争的胜利、彻底摧毁国民党反动统治，发挥了重要作用。根据解放战争形势发展的需要，毛泽东及时提出了开展军队内部民主运动的意见，即采用政治民主、经济民主、军事民主的方法，使部队"达到政治上高度团结、生活上获得改善、军事上提高技术和战术的三大目的"③。通过军队内部民主运动的开展，人民解放军出现了生气蓬勃的局面：广大指战员思想统一、团结加强，政治觉悟大大提高，为人民服务的精神得到充分的光大发扬；加上生活的改善，部队指战员的参战积极性大为提高，部队战斗力明显增强。军队内部民主运动的开展，为人民解放战争的胜利，提供了最有力、最可靠的条件。1947年5月，转战陕北的人民解放军西北野战部队在延安西北的蟠龙全歼国民党军胡宗南部守军6 700余人，解放了石家庄，开创了人民解放军夺取大城市的先例。蟠龙战役和石家庄战役取得胜利的一条成功经验，就是充分发扬民主。在这两次战役中，参战部队都召开火线"诸葛亮会"，

---

① 《毛泽东选集》第1卷，人民出版社1991年版，第89页。
② 《毛泽东选集》第1卷，人民出版社1991年版，第90页。
③ 《毛泽东选集》第4卷，人民出版社1991年版，第1275页。

就如何攻克敌阵问题，发动战士、干部一起想办法、出主意。这种民主措施受到毛泽东的高度重视，他及时总结和推广了这一经验，并以"军队内部的民主运动"为题，为中共中央军事委员会起草了对党内的指示，要求在部队中将这种行之有效的民主运动普遍开展起来。毛泽东把这种军事民主概括为两项主要内容：一是在练兵时实行官兵互教；二是作战时在火线上由连队召开各种大小会议，在连队首长的指导下，发动士兵群众讨论如何攻克敌阵、如何完成战斗任务。这样一来，军事活动就不仅仅是少数指挥员的事情，所有参战人员都可以充分贡献自己的聪明才智。这就极大地调动了广大指战员的积极性和创造性，收到集思广益的效果。毛泽东要求："这些军队中的民主生活，有益无害，一切部队均应实行。"①

在军队内部的民主运动中，除了军事民主外，政治民主也是不可缺少的部分。军队离不开军事活动，离不开打仗、练兵。但中国共产党领导的人民部队是完成政治任务的武装集团，广大指战员必须懂得为谁打仗的道理，必须在政治上保持高度的团结和统一，才能提高战斗力。1947年冬，彭德怀所在的西北野战军首先发起用"诉苦""查阶级、查工作、查斗志"（"三查"）为方法的新式整军运动，这种新式的整军运动，实际上是军队内部民主运动在政治上的反映。不管干部战士，同诉剥削阶级给劳动人民之苦，沟通了相互的阶级感情，共同认识到只有打倒国民党反动政府、消灭其反动军队、建立起人民政府，才能分得田地、解放自己。这就极大地调动了广大指战员的政治积极性。同时，对干部的任命也采取民主推选、组织批准的办法。士兵群众对于干部中的坏分子有揭示其错误和罪恶的权利。毛泽东对此给予了高度的评价。他在《军队内部的民主运动》《评西北大捷兼论解放军的新式整军运动》《在晋绥干部会议上的讲话》《中共中央关于九月会议的通知》等文章中充分论述了用"诉苦"和"三查"方法进行新式整军的伟大意义。这些民主措施的采取和民主权利的行使，构成了军队内部民主运动的重要内容。这场新式整军运动是人民解放军政治工作和民主运动的一次重要发展，大大提高了全军官兵的政治觉悟和纪律性、战斗力，同时极有效地加速了把大批被俘国民党军队士兵改造为解放军战士的过程，对于人民解放军的巩固扩大以及作战的胜利起了重要作用。

---

① 《毛泽东文集》第5卷，人民出版社1996年版，第46页。

第四章
中国共产党自身建设取得重大发展

中国新民主主义革命的性质是资产阶级革命,按照习惯的理解,资产阶级性质的革命应该由资产阶级政党来领导,也就是说由国民党来领导才名正言顺。历史给了国民党领导中国革命的机会,但历史实践反复证明,国民党无法完成这样的历史使命。那么,为什么中国共产党作为无产阶级政党能够领导资产阶级性质的新民主主义革命取得胜利,而国民党却完成不了领导中国革命的任务呢?关键不是看名字叫什么,不是看名义上代表什么,而是看实际上要做什么和做到了什么。问题的答案是国民党自身建设的失败和中国共产党自身建设的成功。中国共产党做到了政治过硬、本领高强,做到了对人民、对民族、对中国革命态度好、能力强,做到了毛泽东所说的中国共产党在中国人民心里像柳树一样可亲、像松树一样可靠,做到了始终忠实于人民的利益、代表人民的利益和实现了人民的利益。

一、国民党失去了领导中国革命的道义和能力

沉疴旧疾难堪大任

领导如此复杂艰巨的中国新民主主义革命需要一个什么样的党?或者说,一个党必须具备什么样的资格和能力才能领导中国革命取得成功?这是在解决中国特色的民族民主革命课题以后,必须同时解决的中国革命的领导主体问题。有资格和能力领导新民主主义革命的党,不仅要有理论的先进性,要有阶级基础的先进性,而且要具有广泛的民族代表性,特别是要能够通过党的自身建设实现阶级的先进性与最广泛的代表性的有机统一,

必须做到既能够代表本阶级的利益，同时又能够代表其他阶层最广大中国人民的利益。实践证明，国民党不具备这样的资格和能力，也无法达到这样的能力要求。除了它自身的先天不足之外，最关键的是国民党因自身建设的惨败而失去了领导中国革命的所有道义支撑和能力品质。

在清末民初的中国政坛上，中国出现的政党最多时有300多个，大部分都是昙花一现的匆匆过客。但是国民党在中国近现代历史上画下浓墨重彩的一笔，它在中国革命的洪流中曾经走向众望所归的顶峰，包括中国共产党在内的几乎所有政治力量也曾经对国民党寄予厚望，中国共产党还全心全意想帮助国民党完成中国革命大业。但是它还没有来得及辉煌，就开始走向独裁、腐败的不归之路，最后在统治中国22年之后，众叛亲离，败退中国台湾。

蒋介石在国民党失去大陆以后痛定思痛，认识到国民党的失败完全是领导国民革命的本党组织瓦解、纪纲废弛、精神衰落、藩篱尽撤所致。他还反思过，国民党军队为什么吃败仗，一个重要原因是军队取消了建军初期的政治委员制度，丢失了政治工作。尽管总结这些话对国民党而言为时已晚，但蒋介石还是看到了一些本质层面的教训。历史的风谲云诡，以今天的视角看国民党的兴衰生灭，最致命的是其自身建设存在硬伤，在于国民党没有也不可能通过自身建设排除自己的毒瘤，更无法在领导中国革命的进程中完成自我革命。历史曾经选择了国民党，但历史也局限了国民党，国民党最终没有跳出历史的局限性，没有能够实现对自身历史局限性的超越。

意识形态构建失败

国民党不能完成拯救近代中国命运之使命的首要原因。是"三民主义"不能作为一个政党的远大理想持续凝聚全党，这既是"三民主义"自身缺陷带来的弊病，又是"三民主义"被曲解导致的必然结果。

"三民主义"更像是一个政党近期实现的政治纲领。虽然"三民主义"也对未来大同社会作出了构想，但它的主要关注点还在于现实政治秩序和社会秩序的设立，很难作为一种长期吸引党员的意识形态。因此，"三民主义"设定的目标中一旦有内容被实现，就很容易浅尝辄止，骄傲自满，其组织动员功能就迅速衰退，政党意识形态应有的感召力和号召力就大打折扣。辛亥革命时期，孙中山曾凭借"三民主义"旗帜号召一批革命志士推翻了清王朝的统治，建立起资产阶级民主共和国。辛亥革命胜利后，全党上下自认为已实现了"三民主义"，沉浸在胜利的喜悦之中，革命精神和奋斗意志随之衰退，结果在北洋军阀窃取革命胜利果实之时显得毫无还手之力。虽然此后孙中山又赋予了"三民主义"新的内涵，将其阐释为"新三民主义"，但不久之后孙中山逝世，党内缺乏有权威的领袖，各派系围绕"三民主义"和"新三民主义"展开激烈争论，这种"主义"之争最终沦为国民党内部派系斗争的挡箭牌。此外，国民党内也有不少人认为，"三民主义"很少有中国化的原创内容，大都是根据西方国家既有思想和中国当时关切的现实问题东拼西凑而成，未能形成一个严密的思想理论体系，其内容也不乏自相矛盾之处。

孙中山逝世后，国民党声称要继承先总理遗志，继续高举"三民主义"旗帜，但在国民党内部，其主要成员纷纷对"三民主义"作出有利于自己利益和权力的解读，更加剧了国民党意识形态的混乱和分裂。最早是戴季陶的《孙文主义之哲学的基础》《国民革命和中国国民党》及其一系列演讲，主要代表国民党右派对"三民主义"的解读。甘乃光的《孙文主义之理论与实际》及《孙文主义大纲》等，主要代表了国民党左派对"三民主义"的诠释；其后，有再造派胡汉民的《三民主义的连环性》、改组派周佛海的《三民主义之理论的体系》、蒋介石的《国父遗教概要》等陆续出版。党内各派别各取所需，使"三民主义"时而"儒学化"，声称"先生的基本思想完全渊源于中国正统思想的中庸之道"[①]；时而将其"法西斯化"，给蒋介石法西斯主义专制独裁披上"三民主义"的外衣。经过各派系五花八门的解读，"三民主义"逐渐被割裂分解为一个缺乏基本内涵和思想体系的应景之物，而在宣传和实际政策上，"三民主义"更成了庸俗化的口号，不再有统一全党思想意志的核心价值。这种各取所需的诠释方法彻底破坏了"三民主义"作为一种意识形态的内聚功能。

一个政党如果在精神价值层面走向庸俗化、功利化，甚至沦为政党内部争权夺利的遮羞布，这个政党就会变得日益虚伪、伪善，而这恰恰是一个政

---

① 戴季陶：《孙文主义之哲学的基础》，民智书局1927年版，第65页。转引自庞虎、刘珍：《从严治党必须防止"儒化"倾向——基于国、共两党意识形态建设的路径比较及启示》，《浙江学刊》2016年第1期。

党走向堕落、衰落的催命符。果不其然，蒋介石独揽大权以后，公然把"三民主义"视为其专制独裁统治的御用工具，下令大力宣传他需要的"三民主义"，命令全国政府机关、学校、团体和军队，都必须进行"总理纪念周"活动，即每星期一组织集会，由党政要员、专家学者宣讲孙中山先生的思想和当局的政策，并一起恭读孙中山先生的遗嘱，背诵国民党守则，高唱孙中山先生确定的国民党党歌。而国民党在召开全国代表大会或中央全会时，在开幕式和闭幕式上，不仅要唱党歌、背遗嘱，而且还要三呼"万岁"（"三民主义万岁""中国国民党万岁""中华民国万岁"）。但事实上，轰轰烈烈的宣传运动并没有使"三民主义"真正在国民党党员心中扎根，大部分国民党党员理想信念丧失，国民党所宣传的"忠孝""仁爱""信义""和平"也成为停留在纸面上的空谈。时人评价国民党意识形态宣传时曾批评道："不要说没有把主义深入于民众及负政治责任的公务人员，就是负党务责任的干部同志，还恐未能把主义完全研透明了。"[1]陈立夫也曾批评一些国民党党员丧失理想信念，他强调党员必须是"三民主义"的信仰者、实践者，"党员的生活，不能离党而独立，亦不能离主义而独立"[2]。连蒋介石也不得不承认："现在，党员既不为原则也不为民众奋斗，许多官员对党和党的主义首鼠两端，有不少冒牌军官和投机政客只关心自己的自由和利益，只追求他们自己升官发财的贪欲得到满足。这样的人为数甚多。"[3]

组织软弱松散衰败

国民党党员队伍的鱼龙混杂是导致国民党组织松散衰败的一个重要因素。

兴中会、同盟会成立之时，会员成分就复杂多样，而国民党成立后，其党员成分之复杂与其初相比有过之而无不及。国民党自称是"全民利益"的代表，因此为了扩大组织影响力，国民党特别积极吸纳社会各界的精英和权势人物，同时，在吸收党员的程序上也无严格要求，如预备党员程序

---

[1] 蒋子英：《国民党当前的两个问题》，《中山月刊》1939年第3卷第1期。转引自刘芳：《国民党大陆失败原因及历史启示》，《人民论坛》2016年第8期。
[2] 转引自梁丽萍：《国民党主流意识形态的构建与失败（1928—1949）》，《中共中央党校学报》2004年第3期。
[3] 〔美〕易劳逸：《1927—1937年国民党统治下的中国流产的革命》，陈谦平、陈红民等译，中国青年出版社1992年版，第15页。

曾经反复废立。1936年6月国民党中央组织部通告各省党部，规定以下六类人员均可免除预备党员程序直接吸纳为正式党员，即各级学校校长职员，县以下基层行政人员（包括区长、乡镇长及保甲长），公民训练中的各级干部，各类党政训练班的学员，各社会公益团体的负责人，各职业团体的各级负责人。①毫无底线突击吸收党员的做法导致党员成分更加复杂，包括一些为维护自身利益和封建统治而投机入党的地主、土豪劣绅，也被吸收到了国民党内，加上混乱的意识形态早已经失去了教化凝聚统一全党思想的功能，而且国民党没有也不可能做到思想立党建党，因此使原有的以中小知识分子、革命军人、民族资产阶级为主导的阶级构成出现异化，国民党俨然成了一个"大杂烩"，根本无法形成全党的统一意志和行动，逐步失去了作为现代政党应该具备的组织力量。

于是党内不可避免地出现山头林立现象，派系斗争愈演愈烈。"党的派系化"和"派系的党化"构成了国民党组织的鲜明特征。国民党内部斗争从最初的左派、右派之争，到孙中山去世后汪精卫、胡汉民和廖仲恺三方争夺接班人的地位和党统之争，到西山会议派与广州中央分庭抗礼，再到宁（蒋）、汉（汪）、沪（西山会议派）三足鼎立……即便蒋介石最后取得独裁地位，国民党党内各派的权力和利益纷争也从来没有停息过。蒋介石清除党内竞争对手后，国民党内部非但没有停息纷争，反而改换了一些门庭而愈演愈烈。这时的党内派系争斗分为两类：一类是政治性派系之间的斗争，如CC系、黄埔系、政学系、复兴社、蓝衣社、力行社、三青团；另一类是地方实力派之间的斗争，如冯玉祥、阎锡山、桂系与蒋介石的纷争。而在以蒋介石为代表的国民党的内部，军事长官之间也多有嫌隙。总之，在1925—1949年这20余年间，国民党内部始终派系林立，派系之间既尖锐对立，又相互联系、相互渗透。很多派系之下还有子派系，以军统为例，戴笠虽为其头目，但下面还有郑介民的广东派、毛人凤的浙江派、唐纵的湖南派等派系。派系纷争严重损害了政党的组织机能，日久天长，必然恶性循环，最终使组织发生霉变。由于蒋介石和国民党中央只剩下权力淫威而丧失了政治权威和道义力量，所以国民党中央也越来越失去了凝聚全党的权威作用。在孙中山逝世前，国民党组织的运作几乎全部建立在

---

① 参见《中央组织部函各省市铁路党部》，《中央党务月刊》第95期，1936年6月。

孙中山个人威望的基础之上；孙中山去世后，国民党没有任何人的威望能与之相及，党内的实力派纷纷争夺领袖之位，擅自召开党代会另立中央，在宣传本派为"正统"的同时，对其他派别进行攻讦、打压，争夺领袖和党统的斗争十分火热。在经历一系列斗争后，蒋介石凭军权坐大，成为国民党党首。蒋介石虽名为最高领袖，但因为没有政治领袖应有的政治威望和道义力量，不可能取得全党的信任，更不可能取得地方实力派和地方军阀的信任与支持。因此，地方不听从中央号令之事时有发生，为争夺利益，不惜与中央兵戎相见，甚至以武力逼迫蒋介石下野，这反过来进一步削弱了国民党中央的权威。党中央权威的日益衰落，使得全党不可能围绕其形成强大组织合力，只会走向分崩离析。

另外，国民党基层党组织建设的缺失，导致其组织体系呈现出"上层有党，下层无党"的明显特征，使得国民党的基层社会组织力极其脆弱。在1924年改组前，国民党号称党员20余万，组织机构400余处，但活动基地和党员基础主要散落海外，实乃"一盘散沙"。1924年，国民党试图借鉴俄国列宁主义政党的组织模式，逐渐建立起从中央党部、省党部、县党部至区党部、区分部的组织体系，以提高国民党的组织实力和战斗力。但从实际运作来看，国民党只是借用了列宁主义政党之躯壳，而未能吸收列宁主义政党之灵魂。因此，在改组以后国民党组织松懈之态并未得到改善。基层组织不健全，表现在区分部、区党部甚至是县党部有名无实，只是空悬招牌，却无任何实际的活动。在广东的一些县，区分部党员会议很少举行，或举行而党员不愿到会。而游离于基层党组织之外自由脱党者亦不在少数。此外，国民党基层党组织经费有限，县党部委员和各部部长皆为义务之职，并无薪水可取，只能让有钱的大地主和土豪劣绅包办党务，这就使得基层党组织的功能变质。1945年，国民党中央秘书长吴铁城曾以"上层臃肿，中层隔阂，下层虚弱"[①]概括了国民党各级组织的特征，突出表现为"空""穷""弱"。所谓"空"，是指基层组织空虚，县以下组织大多徒具形式，空无内容，有的仅有机构而无活动，有的连机构亦不存在，纯属下级虚报数字，敷衍上级。这种情况必然造成基层组织人才匮乏，基

---

① 中国国民党中央秘书处编：《中国国民党第六次全国代表大会纪录》，1945年编者刊，第297页。转引自王奇生：《党员、党权与党争——1924~1949年中国国民党的组织形态》，上海书店出版社2003年版，第308页。

层党部留不住人才。所谓"穷",是指基层党部经费太少,一些县市党部每月的办公费仅够支付邮费一项开支,而一般区分部每月的经费仅相当于两个烧饼的价钱。经费缺乏使一些县以下基层党组织长期处于休克和瘫痪状态。所谓"弱",是指基层党部软弱无力,既不能指导政府,也不能控制党员,更不能领导群众。①

政治功能丧失

国民党的政党军事化使其丧失了政治组织必需的政治领导功能。自国民党"清党"反共后,其政治功能逐渐衰退,政治能力日趋衰微。

在法理上,国民党实行"以党领政""以党治军",但在实际操作中,除国民党中央外,其他层级的组织完全沦为政府和军队的附庸。即便是国民党中央也不是靠政治影响力,而主要是靠军事实力强弱,实质上是以军治党、以军代政、以政代党。国民党党权与军权的较量,可分为三个时期:一是1926—1927年北伐战争时期,此时的国民党还能够指挥军队;二是1927—1931年,凭借军事实力获得军权的蒋介石开始与国民党中央对抗,军权与党权开始较量;三是1931年以后,军权逐步控制党政权力,宁汉分裂到宁汉合流体现了这一发展趋势。针对枪指挥党的局面,胡汉民曾感叹说:"顾今日中国政治之现象,一绝对的军权统治之现象也。枪之所在,即权之所寄。"②国民党重军轻党有两个原因:第一,蒋介石倚重军人,对军权和军治过分迷恋。他认为军人应当成为任何时代、任何国家的主导群体,"盖无论古今中外,国家之兴替,全视军人为转移"③。因此,蒋介石极力推行党的军事化和社会军事化(保甲制度和新生活运动),在这种思想的主导下,军权膨胀、党权衰落便成为必然趋势。第二,国民党从中央到地方的政治体制决定了其"重军轻党"。大多数地方一把手是军人,地方统治以党治为表、军治为里,党权难以控制军权,反被军权所挟持,军权凌驾于党权之上,党成了军队的一块招牌。

---

① 参见王奇生:《党员、党权与党争——1924~1949年中国国民党的组织形态》,上海书店出版社2003年版,第308—310页。
② 胡汉民:《对时局宣言》,《三民主义月刊》第7卷第6期,1936年6月。转引自王奇生:《"武主文从"背景下的多重变奏:战时国民党军队的政工与党务》,《抗日战争研究》2007年第4期。
③ 《蒋主席昨日在平陆大纪念周演说》,《中央日报》1929年7月2日。转引自王奇生:《"武主文从"背景下的多重变奏:战时国民党军队的政工与党务》,《抗日战争研究》2007年第4期。

另外，国民党虽然自上而下建立起一套与行政层级相并列的党务组织系统，但在实际运作中，除国民党中央外，国民党各级党部发挥的作用微乎其微。在省一级的机关，国民政府曾于 1926 年 11 月规定"省政府于中国国民党中央执行委员会及省执行委员会指导、监督之下"①，但 1928 年又实行党政分开，提出中央政治委员会是"党与政府间惟一之连锁"。这就表明党对政府的监督指导只能通过中央政治委员会向国民政府传达，再由国民政府监督指导地方政府。随着省党部地位的不断下降，省政府殴打、逮捕省党部委员的现象时有发生。以安徽省为例，曾多次出现省政府轻侮省党部事件，省党部委员被殴打，并被捆绑游街。②县级党部境遇比省级党部更糟。由于国民政府未明确规定县级及以下的党政关系，各地情形有所差别，但政强党弱的情况占了大多数。在国民党中央看来："本党对于国民政府，系以整个的党指导监督整个的政府，非横断的以各级党部指导监督各该同级政府"，"党权高于一切，乃指中央党权而言"。③因此，在大多数地方，党部丧失了独立的政治地位，不仅不能监督指导同级政府，反而要替地方政府唱赞歌，为地方政府宣扬"政绩"，掩饰地方政府的劣迹，党部最终沦为地方政府的附庸。

纲纪松弛一盘散沙

国民党组织极为松散，整体上犹如一盘散沙，无论是取得政权之前还是取得政权之后，国民党都不是一个组织严密和纪律严明的党。

胡汉民针对党的纪律松弛现象曾感叹："党与党员，不能收以身使臂，以臂使指之效，即亦不能深入群众而领导之……知识阶级以为自由平等为一般伦理要求，惟同盟会之疏阔简易，能与适合，然犹不免于'机械'之疑，'专制'之谤，则今人所谓'铁的纪律'，更何言之。"1924 年国民党改组之际，效法苏俄党章，制定了《中国国民党总章程》，其中将"纪律"单列一章，要求党员严格遵守。然而对违反纪律党员处分的程度远远不及

---

① 《国民党政府政治制度档案史料选编》（下），安徽教育出版社 1994 年版，第 547 页。
② 参见《安徽反动势力摧残党务的真相》，《中央日报》1928 年 6 月 6 日。转引自马陵合、徐希军：《抗战前十年国民党安徽地方政权中党政矛盾和派系斗争》，《安庆师范学院学报（社会科学版）》2009 年第 4 期。
③ 《指令浙江省执行委员会》，《中央党务月刊》第 16 期，1929 年 10 月。转引自王奇生：《党政关系：国民党党治在地方层级的运作（1927—1937）》，《中国社会科学》2001 年第 3 期。

百年大党：走向最强大政党

《中国共产党章程》严厉，在日后的实践中，国民党的纪律执行更是不及中国共产党。在国民党，判断一个党员是非、决定如何惩处完全取决于上级，即使违反纪律、触犯国法，只要上级不追究，就不会受到惩罚，而在重大问题上掌握裁判权的，正是蒋介石本人。

蒋介石也看到了国民党纲纪松弛的积弊，但他始终无能为力，四一二反革命政变后不久，蒋介石对国民党组织的"涣散松懈之弊"曾作过一番痛切的检讨。他说："共产党徒寄生本党，以数量言，当不逮本党同志二十分之一，然彼常能以少胜多，操纵如意者，其组织之严密胜于我，其党员之尊重纪律亦过于我也。共产党之阴谋固可诛，共产党之组织则有可采者。本党在民国十三年改组之时，本已采用苏俄共产党之组织，第一次全国代表大会通过之总章，自区分部而上，系统井然，其于党员义务，亦有明白之规定，无如本党同志多不耐严格之训练，往往视党章为具文，甚或不知党章之所制定者究为何事，而各级党部乃徒为跨党分子垄断党务之工具，此最可痛心者也。"[①]

在蒋介石反思检讨的同时，胡汉民也发表文章指出："我常常想，中国共产党不过是五六岁的乳臭小儿，中国国民党却正当壮年，经验丰富有作为之年；论份子，中国国民党多他百倍；论势力，中国国民党也大他百倍。为什么倒被这个小鬼捣乱得乱纷纷呢？虽说是人家挑拨离间的手段非常毒辣，然而上当不上当到底也全在乎自己；虽说很多都是敌不过人家的威胁利诱而上当，然而归根结底还是因为对于主义没有彻底的了解，故没有坚决的信仰，所以也生不出一种力量来抵抗引诱和威迫……这样的党如何能不坍台？"[②]他们对中国共产党的仇恨和偏见之言不足为信，但对国民党自己的组织流弊看得还是比较准确的。

国民党纪律松弛的另一个体现是软弱涣散，多数党员长期游离于党组织之外，丝毫不受组织束缚，今日脱党，明日又可入党，后天还可再脱党。国民党曾组织多次党员登记，但在其中进进出出、浑水摸鱼者比比皆是。"党员找不到组织，组织找不到党员"的现象司空见惯。这就导致国民党的

---

① 蒋介石：《对于第二期清党之意见》，中国国民党中央执行委员会秘书处档案，中国第二历史档案馆藏。转引自王奇生：《党员、党权与党争：1924~1949年中国国民党的组织形态》，上海书店出版社2003年版，第40—41页。
② 胡汉民：《清党之意义》，《中央半月刊》1927年7月1日第2期。转引自王奇生：《党员、党权与党争：1924~1949年中国国民党的组织形态》，上海书店出版社2003年版，第41页。

组织功能名存实亡。当时，国民党内盛传着这样一首顺口溜：党离党员，党员离党；党离民众，民众离党；上层有党，下层无党；都市有党，乡村无党；做官有党，做事无党；为私有党，为公无党；空谈有党，实行无党；党外有党，党内有党；党的头大，党的脚小；党的名存，党的实亡。①

在国民党的诸多病象中，组织涣散几乎是一个与生俱来的痼疾，抗战以后更入膏肓。对此，吴之卓写道："由于党成了全身麻痹，所以他所表现出来的象征，在纵的方面，是总裁和中常会脱节，中常会和中全会脱节，中全会和中央各部会脱节，中央各部会和各下级党部脱节，下级党部和党员脱节，党员和民众脱节，节节分离，安能行动？在横的方面，是党与团的互相摩擦，特别党部和普通党部各不相谋，党和政不相配合，总之是层层脱节，各各分离。"吴之卓悲叹道，像这样涣散的党，其不趋崩溃，那只有靠总理在天之灵了。②"由于党与党员脱节，党与民众疏离，国民党不仅缺乏社会基础，甚至缺乏党员基础。大多数党员只是挂名党员，与党组织不发生关系，只见党部活动，不见党员活动。党成了少数办党吃党饭的人的党，而不是党员的党。"③

腐败蔓延积重难返

1950年3月，蒋介石自己在反思国民党失败的原因时也曾经沉痛地说，过去北洋军阀被打败是他们本身腐朽，但在北伐后，"所有北洋军阀的毛病，我们的军队都已习染，不论在精神上、在行动上，都渐次趋于腐化堕落"，"几乎与北洋的军队如出一辙"。④但是蒋介石自己也许永远不会承认，他政治上的法西斯独裁专制、组织上的任人唯亲、经济上的官商勾结，必然会导致党和国家权力职能变质，导致社会腐败滋生蔓延。这是国民党腐败的制度根源，可以说，国民党的腐败是蒋介石自导自演了制度悖论。

---

① 参见叶青：《实行党内民主》；吴曼君：《整饬党的纪律》，《革新周刊》第1卷第7、22期。转引自王奇生：《党员、党权与党争——1924~1949年中国国民党的组织形态》，上海书店出版社2003年版，第347页。
② 吴之卓：《本党生死的最后关头》，《革新周刊》第2卷第5期，1947年2月。转引自王奇生：《党员、党权与党争——1924~1949年中国国民党的组织形态》，上海书店出版社2003年版，第347—348页。
③ 贺岳僧：《再论革新与除腐》，《革新周刊》第1卷第22期，1946年12月。转引自王奇生：《党员、党权与党争——1924~1949年中国国民党的组织形态》，上海书店出版社2003年版，第348页。
④ 李松林：《蒋介石全面反思在大陆的失败》，《决策与信息》2009年第11期。

百年大党：走向最强大政党

国民党政府的腐败是全方位的。1927年南京政权一建立，其各级政府官员即开始以权谋私。1928年11月，一位观察力敏锐的外国人乔治·索凯尔斯基就发现，"奢侈和豪华"已成为国民党官员特有的生活方式。"那些在革命前连一个小钱都没有的穷官吏，很快就成了富翁。他们在首都市区建起了漂亮的住宅，用轿车接送子女上学是司空见惯的事情。不少生活优裕的官僚嫌南京的娱乐生活死气沉沉，而定期到上海去享受舒适生活。他们在上海的租界里盖了房子，在那儿呆的时间很长——'周末'常常从星期五持续到下星期二。"①

如果说1927年至1928年南京政府官员贪污还属局部现象的话，那么到1930年，国民政府各级官员的贪污已相当普遍。深有感触的邓演达谈道："官吏的贪污比以前北洋军阀时代更加利害"，以致农民生活水平一天比一天低，工人的工资一天比一天减少，工商业的破产到处可见。②蒋介石自己也已注意到："大多数人民把我们当成一个特殊的阶级，群众到处都不欢迎我们。"③1931年国民政府建立的监察院，在宪法上是对官吏实施监督的最高机关，但在清除贪污方面，它并无实权。自建院起至1937年，监察院处理的案件中涉及贪官污吏69 500人，其中仅1 800人有起诉书。1 800人中仅268人被法院或其他审理机构判定有罪。而268人中，只有13人被罢官，41人受到轻微处罚（如减少1/10的工资等），214人根本未受任何处罚。政府反对贪污的努力是"纸老虎"，没人惧怕。④偶有被揭发的高级官员的贪污案，更是不了了之。

抗战时期，国难当头，国民党政府的腐败丝毫没有收敛，国民党高层、中层、基层各级的贪污更是形成风气。国民党的上层人物，几乎都有贪污行为。孔祥熙、宋子文等挟政治上之势力，利用所掌握的中央银行、中国银行等金融机构，办公司，做买卖，发大财，已是公开的秘密。与四大家族关系深密的大买办也乘机发国难财。国民党官员滥用公款吃喝之风，日

---

① 〔美〕易劳逸：《1927—1937年国民党统治下的中国流产的革命》，陈谦平、陈红民等译，中国青年出版社1992年版，第27—28页。
② 《怎样去推翻现时的反动统治？》，《革命行动》第1期。转引自彭付芝：《论邓演达反帝反封建的政治主张》，《南都学坛》1997年第2期。
③ 〔美〕易劳逸：《1927—1937年国民党统治下的中国流产的革命》，陈谦平、陈红民等译，中国青年出版社1992年版，第29页。
④ 参见〔美〕易劳逸：《1927—1937年国民党统治下的中国流产的革命》，陈谦平、陈红民等译，中国青年出版社1992年版，第30页。

甚一日。爱泼斯坦写道:"只要在重庆的酒楼饭馆转一圈,就可以看到每个客人都衣着华丽,饮食讲究,挥金如土。如果把这些人都逮捕起来,政府将难以重新补充许多行政及军事机构中的大批官员,更不论内阁中的一些职务了。"①

爱国华侨领袖陈嘉庚先生在 1940 年回国考察抗战形势时,也对重庆的官场腐化风气痛心疾首,让他对中国抗战的形势和前途心灰意冷。1937 年抗日战争全面爆发后,身为南洋华侨领袖的陈嘉庚,寄希望于"蒋委员长乃是中国国内外四万万七千万同胞共同拥戴之唯一领袖"的抗战。他奔走呼号,积极募款汇回国内。据 1940 年国民党军政部部长何应钦在国民参政会上报告,1939 年军费为 18 亿元,同年华侨汇回祖国之款达 11 亿元,其中捐款约占 10%,而南洋华侨捐款占华侨捐款总数的 70%。1940 年 3 月,陈嘉庚以南侨总会主席的身份回国考察和慰问。蒋介石对接待这位"财神"十分重视,在重庆一地即准备 8 万元经费,拟举行一系列大小宴会,让陈嘉庚极为震惊和失望。陈嘉庚虽然对当时国统区的"前方吃紧,后方紧吃"说法早有耳闻,但还是对国难当头重庆达官贵人花天酒地、挥金如土的情形极为震惊,难以置信。陈嘉庚开始对蒋介石政府深感失望,私下曾不胜感慨地说:"那些国民党中央委员,都是身居要职,但都假公行私,贪污舞弊,生活奢华。那些人都是四五十岁,既不能做好事,又不会早死,他们至少还要尸位二三十年,中国的救星不知在哪里?"②

蒋介石是最大的贪污者。他常常签发数万元、数十万元、数百万元的大支票送给他的宠臣。每逢节日或生日,他就以"特别开支"私授宠臣,以事贿赂和收买。这样,他就以国库资金为成本,赚取了国民党上层官员对他个人的忠诚。上行下效,国民党中下层腐败也有过之而无不及。省级官员贪污方式繁多,难以胜数。他们手中握有较大特权,并且受到国民党中央的庇护,对下可以为所欲为,不受制约,而中央的批准又使其名正言顺。中央与省,由于直接的上下级关系,相互依赖,相互支持,内部与外部都没有制衡机制,贪污舞弊几乎没人能够制止。

仅以湖南为例,1938 年 4 月,长沙士绅宁坤等联名具呈行政院院长孔

---

① 伊斯雷尔·爱泼斯坦:《中国未完成的革命》,陈瑶华等译,新华出版社 1987 年版,第 241 页。
② 参见胡新民:《陈嘉庚的失望与希望》,察网 2019 年 6 月 10 日。

祥熙，要求清算湖南省何键主湘9年额外捐派各款。"法治国家，理财之道以公开为主，取之于民用之于民，政府不侵吞不中饱，予人民以共见，故上下融洽，不相隔阂。何在任八九年，对于中央貌为恭顺，实则常取半独立态度，惧中央于湖南设立审计分处以稽核财政，则巧立审计委员会名义，以资搪塞，而于人民则极尽剥削之能事，且以威力压制，不许人民有丝毫言论之自由"①。"一·二八"抗战后，何键在湖南举办"救国公债"，随后更名"湖南省公债"，谓将抗日救国，但毫无抗日救国行为；又标名建设，发行公债，除在长沙建设供极少数人享乐的又一村俱乐部、容园国货陈列馆、银宫戏院、民众戏院、三和酒家及摩登沐浴池、理发店外，没有其他建设。这种状况，不止湖南一省，各省军阀政客对于人民无不巧取豪夺。对于上述军阀政客的巧取豪夺行为，偶有开明人士冒险上告，国民党中央亦不能严予查处，甚至拒不接受。国民党基层官员虽然特权较少，掌握的钱财也比中上层少，但基层官员人数多，天高皇帝远，一有机会，他们的贪污更甚。黄炎培在三届三次国民参政会上说："从前还有县长叹穷的，现在没有了，只要规规矩矩做就可以发财。"贪污已不仅在暗中进行，光天化日之下已公开贪污。甚至国民党复兴分子赵和亭也认为，县级干部贪污可怕。他在三届三次国民参政会上说："山西十几个县里从一月检举，就查出了一千多件贪污案子。山西一隅如此，全国各地合计起来还了得！"县长贪污如此，乡长以至保甲长贪污就更可想而知了。

抗战后期，国民党各级官吏利用接收之机，对老百姓展开疯狂掠夺。对于国民党官员的种种劣迹，沦陷区人民愤愤称接收为"劫收"，称接收大员为"五子登科"人物，将国民党称为"刮民党"。"劫收"加剧了国民党腐化的速度，也使光复区老百姓原先对国民党政权存在的幻想变成了彻底的绝望。正如歌谣所唱的："盼中央，望中央，中央来了更遭殃。"

彻底走向人民的对立面

正是因为国民党自身建设的彻底失败，完全背离人民群众，它丧失了一个现代政党的基本政治属性和政治功能，既无法代表中国资产阶级的利

---

① 《中国现代政治史资料汇编》第3辑，中国人民大学出版社1993年版，第25页。

益，更无法代表中国工人阶级、农民阶级和其他社会阶层的利益。也就是说，国民党政权已经失去了所有阶层的代表性功能，哪个阶层都不承认国民党对他们有代表性，最后落得个众叛亲离的下场。这是所有法西斯专制政治的必然宿命。

国民党自称是代表"全民"利益的党，但"全民"中没有哪一个阶级认为国民党代表了自己阶级的利益，也没有哪一个阶级能在国民党的统治下感受到这个党与自己有什么联系或关系，其结论是国民党政权没有一个真正属于它的社会阶级基础，国民党代表不了任何阶层的利益，只代表自身的利益。即便是在蒋家王朝日薄西山企图最后通过强力反腐试图挽救国民党覆灭命运的时候，依然不得不在四大家族内部矛盾和利益纠结中偃旗息鼓，中国人民还能指望国民党代表谁呢？一句话，国民党代表的就是他们四大家族的利益。蒋介石专制和独裁的思想根深蒂固，始终在搞权谋，始终在为成为独裁领袖和实行领袖独裁而殚精竭虑；而国民党的各级官员，由于成分复杂，且北洋军阀的旧势力较多，他们想的也是如何在自己的地盘上做大，成为一方诸侯。最后，从党的领袖到各级官员，都在打着为"党"为"国"的旗号，谋求个体私利。这样一个从头到尾、从上到下都在为一党之私、个人之私而存在的党，如何能指望它带领人民完成拯救国家和民族的使命？

二、党的建设的成功是中国共产党革命成功的最大法宝

中国共产党在新民主主义革命时期的成功，很重要的一个原因就是中国共产党领导的成功；而中国共产党领导的成功，关键在于中国共产党自身建设的成功。也就是说，中国共产党不仅领导中国人民把中国革命这件事情从理论到实践搞明白了，做成功了；同时，也把领导中国革命需要一个什么样的中国共产党，怎么才能把自己建设成为这样一个党这个大事搞明白了、做成功了。

形成党的建设科学布局：新民主主义革命时期

中国共产党通过自身建设实现了很大发展，是一个极其艰巨曲折的过程。一个没有坚定初心使命的党，一个没有坚韧不拔毅力的党，一个没有自我革命精神的党，一个不具备无私无畏品格的党，是不可能修得正果的。中国共产党的自身建设也围绕着一系列独特、复杂和艰难的课题，这些课题如果得不到正确的回答和解决，中国革命的胜利同样是不可能实现的。

比如，办好中国革命这件事情为什么需要中国共产党领导？即便国民党无法完成这一任务，逻辑上并不必然得出中国革命一定需要中国共产党领导的结论。因为中国共产党是无产阶级政党，领导的应该是无产阶级革命和社会主义革命，而中国新民主主义革命是资产阶级性质的革命。我们也不能采取实用主义的解读方法，把中国共产党领导中国革命的必然性诠释成：当时中国政治舞台上有实力的党就是国共两党，国民党办不好中国革命的事情，只能由共产党来办。这显然不能成为中国共产党领导中国革命的法理支撑。

这是一个非常棘手但又极其重要的重大理论和实践课题，这个课题回答解决不了，就会出现非常尴尬的悖论，即中国共产党费千辛万苦找到了中国革命的规律，但同时在理论上却失去了领导中国革命的合法性。面对这样的理论困局，中国共产党有两条路可走：第一是为了得到党对中国革命的领导权而否定自己对中国革命探索的正确结论，即坚持对中国革命性质属于无产阶级革命的判断，否定中国革命的新民主主义革命性质。第二就是历史的实际进程所展示的，中国共产党人在马克思主义指导下，运用中华民族的大智慧，不仅把中国共产党建设成为中国无产阶级的先锋队，而且同时建设成了中华民族的先锋队，根本办法就是通过"重视从思想上建党"，使中国共产党成为既具有无产阶级的阶级纯洁性特质，同时又具备了中国社会和中华民族最广泛代表性的品格。只要通过党的建设实现了无产阶级先锋队和中华民族先锋队的统一，只要具备了这样的先进性品格，党就有资格领导中国革命。也就是说，领导中国革命的资格不是看一个政党的名字是什么，也不是看一个政党理论上名义上的阶级基础性质是什么，更不是看一个政党字面上口号里写什么喊什么，而是看一个政党在革命实践中能否真正代表各阶层人民的利益，是要看一个政党能否通过自己的领导行为和奋斗实践得到中国人民的拥护和支持,是看一个政党领导中国革命的实际水平和能力。破除名相,注重实践,这是中华民族独有的文明智慧,这是马克思主义与中国文化结合后赋予中国共产党人的大智慧,这一智慧被运用到中国革命中,孕育出了中国共产党伟大的实事求是党魂。中国新民主主义革命的辉煌胜利,验证了中国共产党人卓越的理论能力和领导能力,印证了中国共产党自身建设理论和实践的巨大成功,也验证了必须紧紧围绕中国革命进行党的建设、必须在中国革命与中国共产党建设良性互动中把握党的建设的内在遵循的宝贵经验和规律性特征。

经过新民主主义革命时期党的建设的艰辛探索,以毛泽东同志为主要代表的中国共产党人形成了中国共产党建设的科学布局,这是党的建设能够取得成功的内修功底。

这个科学布局由三个部分组成,第一个方面,就是中国共产党自身建设的目标。这个目标就是1939年10月毛泽东在其发表的《〈共产党人〉发刊词》中所指出的:"建设一个全国范围的、广大群众性的、思想上政治上组织上完全巩固的布尔什维克化的中国共产党",并把党的建设称为一项"伟大的工程"。[①] 这个任务是非常艰巨的,甚至是很多人看来不可能完成的任务。因为中国社会结构中农民占了绝大多数,工人阶级人数很少,在这样的国情下有两大难题制约着党的建设:一方面,要建设一个具有阶级纯洁性先进性的布尔什维克党,就一定要由中国工人阶级作为主要阶级基础,而当时中国工人阶级的数量根本无法保证党能够发展壮大为有能力领导中国革命的党。也就是说,保持党的阶级纯洁性,就会失去党的广泛的代表性,就无法适应党尽快发展壮大的革命需要。另一方面,要大量吸收工人阶级之外的其他阶级分子入党,有了足够大的人数规模以后,如何保证党的阶级纯洁性,特别是如果党内绝大多数都是农民阶级出身的成员,那么中国共产党还是无产阶级政党吗?

第二个方面,就是党的建设的主线要解决的课题,这条主线就是"重视从思想上建党",即把中国共产党建成一个共产主义大学校,建成一个共产主义大熔炉,无论是工人阶级出身,还是农民阶级和其他阶级出身,只要自愿为共产主义理想和党的革命事业而奋斗牺牲,都可以申请加入中

---

① 《毛泽东选集》第2卷,人民出版社1991年版,第602页。

国共产党。但入党以后，必须经过这个共产主义大熔炉的锻造，在自己的思想上真正成为无产阶级的先锋队战士和中华民族的先锋队战士。如果我们这样做了，做成功了，我们党就能实现无产阶级和中华民族两个先锋队的有机统一，就能够做到既保持党的阶级的纯洁性和先进性，同时又能够实现中国人民和中华民族最广泛的代表性，能够迅速地使自己发展壮大。

第三个方面，就是形成了中国共产党自身建设的总体布局。这个布局就是加强党的思想建设、组织建设和作风建设，切实保障党始终成为政治上、思想上、组织上、作风上完全巩固的布尔什维克化的中国共产党，成为政治过硬、本领高强的党，成为中国人民心中信赖拥护的党。

这三个方面，由点到面，由面到体，生动展示了中国共产党人自身建设的伟大工程实践，是中国共产党人由小到大、由弱变强、克敌制胜的成功秘籍。从新民主主义革命时期党的建设的奋斗历程中，可以清楚地看到中国共产党在自我革命中实现自我超越的伟大建设工程。中国共产党在新民主主义革命时期党的建设实践，生动地诠释了这一伟大工程的构建历程。

党的建设：从建党到大革命时期

1921年7月，中国共产党一经成立就庄严宣示了党的最高理想是实现共产主义，并制定了党的纲领和奋斗目标，确立了领导工人运动的中心任务。

在1922年7月召开的中国共产党第二次全国代表大会上，中国共产党提出了中国民主革命的最高纲领和最低纲领，并阐述了最高纲领和最低纲领之间的关系，决定采取民主主义革命和社会主义革命两步走的方式。同时，会议制定了党的第一个章程，对党员条件、党的组织建设、党的纪律、党的会议制度、党的经费使用作了明确的规定。

1923年6月，中国共产党第三次全国代表大会确立了共产党人以个人身份加入国民党的方式，实现与国民党的第一次合作。大革命时期，党在对中国革命进行艰辛探索的同时，也对自身建设展开了探索。这一时期，党的建设主要体现在加强思想宣传和完善党的组织上。党的三大通过的《中国共产党中央执行委员会组织法》，是中国共产党历史上第一个关于党的中央组织结构、职权分工、工作制度的法规性文件。它规定，党的全国代表大会为党的最高机关；在全国代表大会闭会期间，中央执行委员会是党的最高指导机关。中央执行委员会由代表大会产生，由9人组成，并设立5人中央局，主持中央日常工作。在第一次国共合作期间，陈独秀提出"一切运动归国民运动""一切工作归国民党"的口号，使得一些地方的党员与组织只注重于国民党的工作而忽视了共产党自身的建设，致使党的组织发展陷入停滞状态，或者只注意与资产阶级联合，忽视甚至放弃了无产阶级的领导权。为了纠正党内存在的右的倾向，1924年5月中共中央在上海召开第一次中央执行委员会扩大会议，作出了如下决议：第一，加强对国民党的认识，巩固共产党的建设基础，主张巩固左派、批评右派。第二，加强党对工会的领导，并"在大产业的工人里扩大我们的党"。第三，加强党对青年运动和社会主义青年团的领导。这次会议一定程度上纠正了过去党内存在的右倾倾向。

1924年，中国共产党第四次全国代表大会召开，明确提出了无产阶级在民主革命中的领导权和农民同盟军问题。在思想建设上，大会指出要整顿和加强党的宣传工作，专门作出《对于宣传工作之议决案》，规定了整顿宣传工作的12个具体办法。其中，决定在中央和地方党组织专门设立一个"强固的宣传部"以有力开展宣传工作；中宣部之下设立编译委员会，集中力量办好《向导》《新青年》《中国工人》和《党报》，加强党的思想理论与政策宣传，使之成为党的一个思想理论阵地。决议还强调党支部在教育党员中的重要地位，提出设立党校、工人补习学校、马克思列宁主义研究会，加强对党员与干部的宣传和教育。在组织建设方面，强调共产党员在以个人身份加入国民党时，要保持自身的独立性。党的四大强调了加强和改善党的组织建设的意义和重要性。大会通过的《对于组织问题之议决案》要求加强党的组织建设和党的组织工作，"扩大党的数量，实行民主的集权主义，巩固党的纪律"。

1926年7月，中共中央在上海召开第二次中央执行委员会扩大会议，会议讨论了北伐战争中党的组织路线问题，作出了《组织问题议决案》，总结了党的发展的经验和缺点，指出自从上次扩大会议以后党组织在数量上发展了3倍，从全国革命运动的实质看来，共产党确实成了一个政治核心，在群众运动中占据领导地位，但党的组织建设还存在着许多缺点，主要表现在"各级党部尚不认识组织工作的意义","支部工作尚未真正建立","党团的工作太不好","党的机关不健全"。为了加强党的组织建设,这次会议提出了下列措施:一是提出扩大党的口号,征集更多的革命工人、农民与知识分子入党;二是把党的基础放在支部上,实行"一切工作归支部";三是改进党团工作,党团的组织在党的各级机关之下成立,并受其管理;四是健全党的机关,增设中央秘书处,总揽中央各种技术工作。从中央至各支部、各级机关,建立十分密切的关系。

1927年4月27日至5月9日召开的中国共产党第五次全国代表大会,加强了党的组织建设,特别是加强了党的中央机关的建设。大会决定将党组织依次划为五级,即中央、省委、县(市)委、区委、支部。党的五大在党建方面最重要的成就是决定建立党的中央和省委两级监察委员会,并且选举产生了中央监察委员会委员、候补委员。这是中国共产党历史上第一次建立党的监察机关,具有重要的意义。大会结束以后,中央政治局于6月1日召开会议,讨论通过了《中国共产党第三次修正章程决案》。党的五大对《中国共产党章程》增设了"党的建设"和"监察委员会"两章,其中第十二条明确规定"党部的指导原则为民主集中制"。依据这一原则,又对党的各级机构设立及相互关系等作了具体规定。这是我们党第一次把民主集中制的原则写入党章。但是由于蒋介石和汪精卫的"分共""反共"政策很快导致了大革命失败,加上党的建设实践经验不足,党章的好多规定并未得到落实。

党的建设：土地革命时期

大革命失败后,毛泽东提出了"枪杆子里面出政权"的思想,中国共产党开始独立领导武装斗争,反抗国民党反动派。这一时期,党的建设主要集中在"着重从思想上建党",加强党的组织建设、纪律建设和局部执政区域的党风廉政建设方面。

一是着重从思想上建党。1928年中国共产党第六次全国代表大会提出了党的思想建设的任务和方针,要求加紧党内思想政治教育,提高党员的理论水平,认为这是从积极的方面"消灭小资产阶级意识的正确的出路",也是创造党的无产阶级基础的主要路线之一。大会指出了党内存在的非无产阶级意识，主要包括：极端民主化倾向，不遵守党的纪律；在党内进行无原则的斗争或专门攻击个人；在党内搞小组织、小派别活动；把反机会主义变成反知识分子，制造党内矛盾；雇佣革命的观念；消极怠工等。党的六大决议要求"加紧党员群众的教育，增加他们的政治程度"，并且把学习理论同"研究中国过去几时期的经验"结合起来。周恩来明确要求把"宣传马克思主义列宁主义的理论并使通俗化"。1929年12月，毛泽东、朱德、陈毅共同主持召开了古田会议。古田会议全面指出了党内各种非无产阶级思想的表现、来源及纠正办法，确定了"着重从思想上建设党"的新思路，明确提出把思想建设放在首位，以党内教育为主要形式，通过思想斗争，用无产阶级思想克服非无产阶级思想，这是民主革命时期符合中国国情的建设无产阶级政党的正确途径，也是中国共产党人的伟大智慧和伟大创新。1937年，毛泽东写了《实践论》和《矛盾论》，全面系统地阐明了党的思想路线和科学的无产阶级世界观，从思想方法论的高度分析了发生"左"倾和右倾错误的原因，深刻地批判了主观和客观相分离、理论和实践相脱离的教条主义和形式主义现象，论证了马克思主义普遍原理与中国革命实际相结合的必要性和极端重要性，提出了实践是检验真理的标准、实践第一、具体问题具体分析等一系列重要的理论观点，对党的思想建设具有重要的指导意义，对全党起到了重要的教育作用。

二是在党的组织建设方面，八七会议对党的组织建设作了重大调整。针对大革命后党组织严重受损的实际，《党的组织问题议决案》规定，第一，党的组织从中央到地方，都须转入秘密状态，严格执行秘密工作的纪律。第二，党的支部要逐级召开秘密会议，"彻底讨论"党所犯的右倾机会主义错误，以清除右倾机会主义。第三，各级党委立即组织审查委员会，提拔更多的工人同志承担领导工作；审查各级党组织的不可靠分子，保证党的组织的纯洁性。此外，毛泽东还特别批评了时任中央领导的家长制作风和专断作风。1927年9月底，毛泽东率领秋收起义部队在三湾村进行改编。三湾改编决定在红军中普遍建立党组织，做到班排有党小组，连有党支部，营团有党委，连以上各级均设党代表，确立了党对军队的绝对领导制度。1928年党的六大提出了党的组织建设的任务和方针。周恩来在组织问题报告中指出，党的组织建设的任务主要是"创造党的无产阶级的基础",使党成为真正无产阶级化的党。同时,他提出要加强中心城市党的发展和巩固,吸收广大积极的产业工人入党,建立坚强的工厂支部并健全支部的组织和生活;要改造党的组织,尤其要坚决反对小资产阶级意识;要改进党支部生活,健全地方党部特别是省一级党的组织和工作,以党支部为战斗堡垒开展宣传和斗争,使之成为广大群众斗争的核心;要贯彻干部工人化的方针,从工人中培养发展工人党员;要强调民主集中制在党内的地位和作用。但党的六大也存在着过分强调城市中心和片面追求党的领导机关成员工人化的缺陷。1929年12月的古田会议全面阐述了党的组织建设原则。会议指出,必须用无产阶级思想"改造党的组织",以使党的组织切实肩负起党的政治任务。会议强调了"厉行集中指导下的民主生活"的重要性,要求必须坚持民主集中制,反对极端民主化和非组织观点等错误倾向。会议还指出要正确开展党内批评,认为党内批评是提高党的战斗力的武器,进行党内批评主要是指出政治上和组织上的错误,不能主观武断和庸俗化,不能攻击个人。在不断探索土地革命时期党的建设的同时,党内"左"倾错误路线的发展和不断升级也给党带来了重大灾难。红军第五次反"围剿"失败后,被迫北上进行长征。在途经遵义时,召开了遵义会议,结束了"左"倾教条主义在中央的统治,开始确立毛泽东在党内的实际领导地位,为党的建设提供了组织保障。

三是强调指导伟大的革命,要有伟大的党,要有许多顶尖的干部。1935年,中共中央率红一方面军主力结束长征到达陕北;12月,中共中央召开瓦窑堡会议,会议提出了党的组织建设新思路,毛泽东提出了中国共产党要成为中国无产阶级先锋队和中华民族先锋队的建设任务,克服了唯成分论的错误,实现了党的组织发展突破,社会成分不再作为入党的主要标准,工农以外的成员只要愿为党提出的主张坚决奋斗,也可入党。同时,提出要着力培养新干部,要注重在实践中锻炼成长。1937年5月,中共中央在延安召开了中国共产党全国代表会议,会议提出一系列加强党的建设的重要思想。首先,强调了学习的重要性,要求全党重视马克思列宁主义理论的学习,提高全党理论水平。其次,强调了干部的重要性。毛泽东在会议上指出:"指导伟大的革命,要有伟大的党,要有许多最好的干部。"①

---

① 《毛泽东选集》第1卷,人民出版社1991年版,第277页。

再次，强调了党内民主和党的团结的重要性，强调"依靠实行党的民主集中制去发动全党的积极性"①。

四是土地革命时期党的纪律建设也取得了重大进展和成效。1927年9月29日，毛泽东率领秋收起义部队在江西永新县三湾村进行改编，针对部分官兵破坏群众利益的行为，毛泽东宣布行军纪律："说话要和气，买卖要公平，不拿群众一个红薯。"10月23日，在向井冈山前进途中，毛泽东又强调了三项纪律："第一、行动听指挥；第二、打土豪款子要归公；第三、不拿群众一个红薯。"这是人民军队发展史上最早的三项纪律。1928年1月4日，工农革命军攻占遂川县城，在部队发动群众的过程中违反群众利益的事情时有发生，毛泽东又宣布了六项注意："第一、上门板；第二、捆铺草；第三、说话要和气；第四、买卖公平；第五、不拉夫；第六、不打人，不骂人。"1928年3月，在工农红军南下湘南的过程中，毛泽东将此前的三项纪律和六项注意合并，正式定为"三条纪律六项注意"予以颁布。三条纪律是："第一、行动听指挥；第二、不拿工人农民一点东西；第三、打土豪要归公。"六项注意是："一、上门板；二、捆铺草；三、说话和气；四、买卖公平；五、借东西要还；六、损坏东西要赔。"此后，毛泽东、朱德在赣南、闽西开辟根据地期间，对六项注意作了修改，"三大纪律八项注意"从条款上被完整提出来了。1929年12月，古田会议在纪律建设上提出了新要求，要求党员切实遵守党的纪律，强调党的纪律之一是少数服从多数。少数人在自己的意见被否决之后，必须拥护多数人通过的决议。

五是党风廉政建设也得到了高度重视并取得了好的效果。1931年11月，中华苏维埃共和国宣告成立，党开始局部执政。局部执政后，尽管当时的条件非常艰苦，但我们党从一开始就对腐败问题零容忍。当时，一些腐败现象滋生，主要表现为"贪污公款、侵吞公物""铺张浪费，随意开支""挪用公款、经商盈利""大吃大喝、生活腐化"和"官僚主义、强迫命令"等。党及时发现并认识到了这些问题的严重性，马上通过加强思想教育、建立健全党内监督、实行广泛的党外监督、严厉惩处贪污腐化分子等措施来进行整顿。经过长达两年八个月的廉政建设，及时刹住了不好的风气，为苏区的革命战争和经济建设营造了政治清明的环境。

---

① 《毛泽东选集》第1卷，人民出版社1991年版，第278页。

党的建设：抗战时期

抗日战争时期，中国共产党在制定全面抗战路线和战略战术时，也特别注重加强自身建设。

一是加强了党的组织建设。早在1937年5月，毛泽东强调"党的组织要向全国发展"[①]。1938年3月，中共中央作出《关于大量发展党员的决议》，决议要求各地党组织："大胆向着积极的工人，雇农，城市中与乡村中革命的青年学生，知识分子，坚决勇敢的下级官兵开门，把发展党的注意力放在吸收抗战中新的积极分子与扩大党的无产阶级基础之上。"[②]"特别注意在战区在前线上大量的吸收新党员，建立强大的党的组织。在后方无党的组织的地区，当地党应有计划的与迅速的去重新建立与发展党的组织。"[③] 1938年9月至11月，中国共产党召开扩大的六届六中全会，毛泽东作《论新阶段》的报告。会议在党的建设方面提出了许多重要举措，强调了加强党的团结统一、扩大党内民主、认真执行民主集中制原则的重要意义。鉴于党处在抗日战争的新环境、党内犯有右倾错误的人违反组织纪律，以及张国焘由分裂党和红军的活动发展到叛党投降国民党等情况，毛泽东在《论新阶段》的报告中重申了党的纪律，即个人服从组织、少数服从多数、下级服从上级、全党服从中央，经过讨论写入全会决议。这集中而精练的概括构成了民主集中制的主要内容。毛泽东还全面论述了党的干部政策，提出了"政治路线确定之后，干部就是决定的因素"的著名论断，提出了要善于识别、使用和爱护干部的要求，并在选拔使用干部问题上提出了"任人唯贤"的干部路线。在这一时期，党的组织得到了迅速发展，党员人数从全国抗战开始时的4万名发展到了50余万名。1945年，中国共产党第七次全国代表大会选举了以毛泽东同志为核心的中央领导集体，使全党在组织上达到空前的团结和统一。党的七大通过的新党章规定，党内生活必须坚持民主集中制原则。民主集中制是在民主基础上的集中和集中指导下的民主，强调党内的专制主义和极端民主化两种极端现象都是错误的。

[①]《毛泽东选集》第1卷，人民出版社1991年版，第277页。
[②] 中共中央文献研究室、中央档案馆编：《建党以来重要文献选编（1921—1949）》第15册，中央文献出版社2011年版，第186页。
[③] 中共中央文献研究室、中央档案馆编：《建党以来重要文献选编（1921—1949）》第15册，中央文献出版社2011年版，第187页。

二是加强了党的思想建设。为加强党的思想建设，毛泽东于1941年5月到1945年4月领导发动了全党性的整风运动，意义深远。延安整风通过回顾和总结党的历史，通过正反两方面的对比，打破了党内"唯书""唯上"的教条主义倾向，端正了党的思想路线。毛泽东强调要坚持实事求是，反对主观主义以整顿学风，在全党弘扬了理论联系实际、马克思主义与中国实际相结合的思想和风气。实事求是成为毛泽东思想的精髓和活的灵魂。整风运动提高了全党的马克思列宁主义水平，在毛泽东思想的基础上达到了思想上的高度统一。特别是用整风的形式来解决党内的矛盾，成为马克思主义政党建设史上的一个创举。1945年党的七大确立了毛泽东思想在全党的指导地位，大会通过的党章明确规定中国共产党以毛泽东思想为一切工作的指针。

三是加强了党的作风建设。党的七大把党在长期奋斗中形成的作风概括为三大作风，即"理论和实践相结合的作风""和人民群众密切地联系在一起的作风"与"批评和自我批评的作风"，强调三大作风是共产党区别于其他任何政党的显著标志。这三大优良作风及其建设的成功，塑造了中国共产党人独特的先进性品质，成为中国共产党赢得中国人民拥护支持的先决条件。

党的建设：解放战争时期

解放战争时期，中国共产党制定了正确的政治、经济和军事策略，通过大规模土地改革运动密切与群众的联系，同时开展整党运动，加强了党的纪律建设。

1947年冬，各解放区在开展土地改革的同时，开展了大规模的整党运动。这时中国共产党党员数量已由抗战胜利时的120万名迅速发展到了270多万名。在战争和土地改革同时进行的条件下，一些党组织特别是一些农村党组织中的思想、作风和组织不纯问题明显暴露出来。中共中央及时发现问题并作出了结合土地改革进行整党的决定。这次整党的重点是农村基层党组织，主要内容是"三查"（查阶级、查思想、查作风）、"三整"（整顿组织、整顿思想、整顿作风）。查阶级、整顿组织，主要是将混入党内的地主分子、富农分子、流氓分子、特务分子、异己分子及蜕化变质分子清查出来，进行组织处理，以纯洁党的组织，提高战斗力；查思想、整顿思想，主要是批评和肃清党员中的地主、富农思想，以及背离党的路线的错误思想；查作风、整顿作风，主要是反对官僚主义、命令主义、宗派主义、自由主义、形式主义等不良习气，树立实事求是、密切联系群众、艰苦奋斗的作风。

解放战争时期党的纪律建设也得到了加强。由于长期游击战争而形成的习惯，解放战争时期党内存在地方主义和经验主义、事前不请示事后不报告、报喜不报忧、对于原则问题粗枝大叶缺乏反复考虑和慎重处置态度、不愿精心研究中央文件以致往往直接违反这些文件中的某些规定等恶劣作风和不良现象。毛泽东对有些地方擅自修改中央或上级党委的政策和策略、事前不请示、事后不报告的现象及时提出了严肃的批评。他指出："必须坚决地克服许多地方存在着的某些无纪律状态或无政府状态。"[①]毛泽东认为，要坚持已经取得的胜利并继续胜利，乃至达到全国规模的胜利，集中的革命纪律便具有头等的决定性意义。如果领导中国革命的中国共产党没有极严格的真正铁的纪律，不仅不能取得全国革命的胜利，而且不能保持已经取得的胜利。1948年8月5日、14日、15日、22日、23日，中共中央连续五次电示各地，系统说明克服无纪律、无政府状态和建立请示报告制度的重要性，并对军队方面仍然存在的事前不请示、事后不报告的现象提出严肃的批评。在9月中央政治局会议上，毛泽东又一次强调了克服无纪律无政府状态，加强纪律性的问题。为此，全党进行了反对党内无纪律无政府状态的纪律教育和纪律整顿。中共中央接连发出《关于严格执行报告制度的指示》和《关于在全党全军展开对执行报告制度之检讨的指示》，严厉地批评了党内一些同志所表现出的严重的地方主义、自由主义倾向，要求他们作出认真的检讨，并立即采取措施加以纠正。根据中央的指示，各大区都先后召开了党委会或前委扩大会议，从上而下地进行了逐级整顿，从大区、纵队司令、政委和各部门做起，检查了个人和党委执行纪律的情况，开展了批评和自我批评。

经过中共中央的大力倡导和坚决纠正，反对无政府、无纪律状态的斗争取得了显著成效，各种错误现象消失了，全党增强了组织纪律性，实现了空前的集中统一，各级党组织也变得更加坚强有力。

[①] 《毛泽东选集》第4卷，人民出版社1991年版，第1332页。

三、新民主主义革命时期党的建设的宝贵经验

新民主主义革命时期党的建设的成功留下了丰富和宝贵的经验,这是中国共产党和中华民族的财富。

形成了全党坚强领导核心和党中央领导集体

在领导中国革命的历史进程中形成了全党坚强的领导核心和中央领导集体,维护好这样的领导核心和领导集体,这是最为宝贵的历史经验。

遵义会议之后,毛泽东进入中央领导决策层,中央红军在毛泽东、周恩来、朱德等领导下,取得长征胜利。西安事变发生后,作为中共中央代表的周恩来等努力贯彻党的方针,促成事变和平解决,国共两党实现了第二次合作,呈现出全民族抗战的新局面。全面抗战爆发后,1937年8月党中央召开了洛川会议,毛泽东、周恩来、张闻天、朱德、任弼时参加了会议。会议通过了毛泽东起草的《中国共产党抗日救国十大纲领》和中央《关于目前形势与党的任务的决定》,阐明了党在抗日战争时期的基本政治主张,制定了按照独立自主原则实行全面抗战的正确路线。此时,党的领袖人物毛泽东、周恩来、张闻天、朱德、刘少奇、任弼时等开始集体出现,特别是毛泽东处在主要领导岗位上,作为成熟的领导者开始发挥实际领导核心作用。1936年12月7日,改组后的中革军委重新组成,毛泽东、周恩来、朱德、任弼时、张国焘、彭德怀、贺龙七人组成主席团,毛泽东任主席,朱德为中国工农红军总司令。这表明,毛泽东已经成为党的最高军事领导人,从遵义会议开始确立的以毛泽东同志为核心的中国共产党第一代中央领导集体,首先在军事领导方面基本形成。在国内形势处于由国内革命战争向民族解放战争重大转折的关键时期,毛泽东、周恩来、张闻天、朱德、刘少奇、任弼时和其他中央领导同志一道,正确地认识和判断形势,制定了抗日民族统一战线的正确路线,成功地领导全党完成这一历史性转变。这表明,以毛泽东同志为核心的中国共产党第一代中央领导集体在政治上已走向成熟并发挥实际领导作用。

1937年11月,任共产国际执委会委员、主席团委员和候补书记的中共驻共产国际代表王明,被共产国际派回延安。他以共产国际代表自居,

凌驾于中共中央之上。他否认党在抗日民族统一战线中的独立自主原则，主张"一切服从统一战线""一切经过统一战线"。在1937年12月中共中央政治局会议上，王明被增补为中央书记处书记，并在会上提出一系列右倾错误主张。其言行在党内造成一定影响，并在一些领导同志思想中引起了混乱。以毛泽东同志为核心的中央领导集体对王明的右倾错误进行了抵制和斗争。1938年3月政治局会议后，中共中央派任弼时为代表前往莫斯科向共产国际阐述中国抗日民族统一战线的具体情况。经过任弼时卓有成效的工作，共产国际充分肯定了中国共产党政治路线的正确性，也对毛泽东有了更多的了解、信任和支持。季米特洛夫在接见王稼祥和任弼时时表示，在中共中央内部应支持毛泽东的领导地位，他是在实际斗争中锻炼出来的领袖，王明由于缺乏实际工作经验就不要再争当领袖了。这为确立毛泽东同志为党的第一代中央领导集体的核心扫除了障碍，并创造了有利的外部条件。1938年9月至11月在中共中央举行的扩大的六届六中全会上，党中央进一步纠正了王明的右倾错误，充分肯定了以毛泽东同志为核心的中央政治局的正确路线。这表明，以毛泽东同志为核心的党的第一代中央领导集体已在党内得到充分认可，担当起了领导抗日战争的艰巨任务。六届六中全会前后，毛泽东投入极大的精力钻研马克思主义理论，系统地总结了中国革命的经验教训，撰写了一大批理论著作，如《论持久战》《中国共产党在民族战争中的地位》《战争和战略问题》等。这一时期，周恩来、朱德、刘少奇、任弼时等同志也都在革命理论研究方面颇有建树，如周恩来的《论目前抗战形势》、刘少奇的《白区工作报告》、朱德的《论抗日游击战争》、任弼时的《中国抗日战争的形势与中国共产党的工作和任务》等著作。这些著作创造性地解决了中国革命的一系列基本理论问题，为毛泽东思想的形成和成熟贡献了集体智慧。

从法理上明确了领袖的核心地位，其关键标志是1943年毛泽东成为中共中央政治局主席和中央书记处主席。抗战初期，王明的错误虽然得以抵制和纠正，但党的领导层未作组织调整，犯有严重错误的领导人仍然在领导岗位上。同时，一直是政治局候补委员的刘少奇的贡献与领导才能得到毛泽东和党内不少同志的认可和赞赏，毛泽东在1941年9月会议上评价刘少奇是白区正确路线的代表。陈云等认为，刘少奇与毛泽东"一起是苏维埃运动后期正确路线的代表,应当给予重要的领导责任"。在这种形势下,1943年3月,中共中央政治局举行会议,作出了《中共中央关于中央机构调整及精简的决定》。会议决定:毛泽东为中央政治局主席和中央书记处主席;毛泽东、刘少奇、任弼时组成中央书记处,根据中央政治局决定的方针处理日常工作;中央书记处讨论问题,主席有最后决定权。毛泽东和刘少奇分别担任宣传和组织委员会书记。这样便从组织上明确了毛泽东党内最高领袖的地位。同时,刘少奇和任弼时第一次进入中国共产党第一代中央领导集体,走上了中央主要领导岗位,成为中共中央领导核心的主要成员。

自1942年春,中国共产党以延安为中心,开展了一次全党范围的整风运动,这对中国共产党第一代中央领导集体的正式确立和稳固发展起到了重要作用。延安整风期间,全党上下进行了系统的马克思主义理论学习,理论联系实际,深入系统地总结党成立以来尤其是土地革命时期的经验教训,使全党的马克思列宁主义理论水平得到明显提高,这对在全党确立和贯彻一切从实际出发、理论联系实际、实事求是的辩证唯物主义的思想战线具有重大的意义,从而推进了党全面走向成熟的历史进程。经过整风学习,毛泽东的领导地位不仅在组织上而且在思想上进一步得到了巩固。经过王稼祥于1943年7月5日在《解放日报》上首次提出"毛泽东思想"这个科学概念,以及刘少奇对毛泽东思想的科学全面阐述,全党已经一致认识到毛泽东思想是中国化的马克思主义理论。整风运动使经过了各种风雨的中国共产党,在思想上、政治上、组织上、军事上,第一次达到了现在这样高度的巩固和统一。以毛泽东同志为主要代表的中国共产党人在领导中国革命中的卓越建树,不仅为中国革命走向胜利树起了伟大的旗帜,也使全党推举出了自己公认的领袖。

刘少奇指出:"就是我们的党,已经是一个有了自己伟大领袖的党。这个领袖,就是我们党和现代中国革命的组织者与领导者——毛泽东同志。"[①] "他已为我们全党和全国广大人民所熟悉,他之成为我们党和中国民族与中国人民的领袖,正是我们全党和全国广大人民所审慎选择的结果"。[②] 周恩来也在演说中指出:"我们党在这三年做了比过去二十年还要伟

---

① 《刘少奇选集》上卷,人民出版社1981年版,第319页。
② 《刘少奇选集》上卷,人民出版社1981年版,第320页。

大、还有更多成就的工作。……这一切成绩，是怎样得到的呢？是全党依靠人民的力量得到的！是全党团结在中央领导之下得到的！尤其有决定意义的，是全党团结在毛泽东同志领导之下得到的！"①1943年，在延安整风期间的一次政治局会议的发言中，周恩来还说过："经过这几年的实践，对毛泽东的领导确实心悦诚服地信服。"朱德在1943年10月的政治局会议上发言，讲到自己在党领导下革命二十年的经历时说："实践证明，有毛主席领导，各方面都有发展；照毛主席的方法办事，中国革命一定有把握胜利。"张闻天在《关于若干历史问题的决议》修改过程中，曾在末尾专门加了这样一段话："党经过了自己的一切成功与失败，终于在毛泽东同志领导下，在思想上、在政治上、在组织上第一次达到了这样的一致与团结！这是要胜利的党，是任何力量不能战胜的党！"②党的领导人对领导核心毛泽东的评价，代表了全党对毛泽东这位党的领袖的信赖和拥护。

在整风运动进行到总结阶段以后，1944年5月21日，扩大的六届七中全会召开，为党的七大作进一步准备。全会决定由毛泽东、朱德、刘少奇、任弼时、周恩来五人组成七中全会主席团。决定全会期间由主席团处理中央日常工作，书记处和政治局停止行使职权。这是一次继一年前中央机构调整后更为重大而深刻的组织变动，把书记处的职位（有3人）和政治局的职位（有12人）合变为5人，实质上是新旧中央机构的更替。它一方面是主持筹备党的七大的临时机构，另一方面也是党的全面工作的最高决策机构。由于党的六届七中全会一直延续到党的七大前夕，长达11个月，这种工作方式自然地构成了一种崭新的领导格局。其间，作为中央新的领导集体的五人主席团，团结协作，完成了党的七大的各项筹备工作。全会通过的《关于若干历史问题的决议》明确指出："党在奋斗的过程中产生了自己的领袖毛泽东同志。毛泽东同志代表中国无产阶级和中国人民，将人类最高智慧——马克思列宁主义的科学理论，创造地应用于中国这样的以农民为主要群众、以反帝反封建为直接任务而又地广人众、情况极复杂、斗争极困难的半封建半殖民地的大国。"③同时强调："我党终于在土地革命战争

---

① 《周恩来选集》上卷，人民出版社1980年版，第137—138页。
② 参见王均伟：《重温〈关于若干历史问题的决议〉坚定"两个维护"的自觉》，《求是》2019年第1期。
③ 中共中央文献研究室、中央档案馆编：《建党以来重要文献选编（1921—1949）》第22册，中央文献出版社2011年版，第73页。

的最后时期，确立了毛泽东同志在中央和全党的领导。这是中国共产党在这一时期的最大成就，是中国人民获得解放的最大保证。"①

1945年4月23日至6月11日，党的七大胜利召开，选出了毛泽东、朱德、刘少奇、周恩来、任弼时为领导集体的新的书记处，宣告了以毛泽东同志为核心的中国共产党第一代中央领导集体正式形成及其领导地位得到全党的确认。

从遵义会议开始，中国共产党第一代中央领导集体逐步发展成熟并被全党所确认的过程表明，党的第一代中央领导集体是在中国革命处于伟大历史性转折的实践中经受了严峻考验而形成的，是在同党内"左"倾、右倾错误倾向进行激烈斗争并取得胜利的基础上形成的，是以其远见卓识和对中国革命正确领导的伟大成就而赢得全党公认的。历史经验充分说明，坚强的党的领导核心、成熟的党中央领导，是党的事业成功的关键所在。

围绕党正确的政治路线进行党的建设

这是民主革命时期党的领导理论和实践取得的重大成果，也是党的建设取得成功的关键条件。

中国共产党的自身建设从来都不是为了党建而党建，都不是无的放矢、自说自话，更不是搞喊口号似的空洞党建，而是紧密围绕党领导中国人民从事的中心工作加强党的建设，而能够把这个中心工作做好、做实、做成功的正确路线就是党的政治路线。只有形成并坚持正确的政治路线，只有把党的纲领、路线、政策和策略作为党的建设的重要内容制定好、贯彻好、执行好，才能引导革命取得胜利。

毛泽东在《〈共产党人〉发刊词》中指出："党的建设过程，党的布尔什维克化的过程，是这样同党的政治路线密切地联系着。"②强调只有坚持理论联系实际，才能制定正确的政治路线。因此，全党必须在坚持马克思主义理论的指导下，大兴调查研究之风，"没有调查，没有发言权"③。强调要贯彻执行好党的政治路线，必须正确处理党的建设同统一战线和武装斗争的关系，

---

① 中共中央文献研究室、中央档案馆编：《建党以来重要文献选编（1921—1949）》第22册，中央文献出版社2011年版，第75页。
② 《毛泽东选集》第2卷，人民出版社1991年版，第605页。
③ 《毛泽东选集》第1卷，人民出版社1991年版，第109页。

指出:"统一战线,武装斗争,党的建设,是中国共产党在中国革命中战胜敌人的三个法宝,三个主要的法宝。"[①] "统一战线和武装斗争,是战胜敌人的两个基本武器。……而党的组织,则是掌握统一战线和武装斗争这两个武器以实行对敌冲锋陷阵的英勇战士。"[②] 强调要坚持好党的政治路线,必须要对党员进行正确的政治路线教育,使党员认识到党的正确路线符合中国革命实际和历史发展要求,代表人民群众的根本利益,并要求党员掌握党的总路线和总政策同党的具体的个别的工作路线的关系,从思想上和行动上自觉地积极地贯彻执行党的正确路线,做到知行合一,使党的政治路线变为全党的内心信念和自觉行动。只有这样,党的革命事业才能取得成功。

党的政治路线是指一个政党在一定历史时期为实现其政治目标而制定的基本纲领、路线和方针政策。党的政治路线作为政党建设的重要产物,总是围绕着一定时期以来党的重大发展问题而展开,为解决问题而产生,也因解决具体问题而作出调整和改变。无产阶级政党在进行革命斗争的过程中,除了有明确的革命纲领,还应当依据不同历史阶段的具体革命问题,相应地制定每一个阶段的特定政治任务即革命的奋斗目标,以及实现这一目标需依靠什么力量、团结什么对象等根本原则,这也就是我们通常所说的政治路线。

中国共产党在 28 年的民主革命中,根据不同时期的不同情况,制定了与时俱进的具体政治路线,从而保障了党的纲领的完成和党的政治建设的顺利推进。1921 年中国共产党一经成立,就积极投身到中国革命的滚滚洪流中去。组织工农运动、进行北伐战争是这一时期党的中心工作。因此,这一时期党的建设是围绕党的这一中心工作开展的。大革命失败以后,中国革命转入了以农村包围城市、开展武装斗争的土地革命时期,这一时期是党在民主革命时期面临的第一次重大转折。在这次转折过程中,我们党深刻认识到中国革命不仅必须由中国共产党来领导,而且党必须建立一支新式的人民武装等问题。在此过程中,党一方面通过加强包括普通士兵在内的党员干部的共产主义理想信念教育,通过"三大纪律八项注意"的方式立明规矩,从政治纪律上约束党员干部的言行,打造了一支在党的坚强领导下政治合格、纪律

---

① 《毛泽东选集》第 2 卷,人民出版社 1991 年版,第 606 页。
② 《毛泽东选集》第 2 卷,人民出版社 1991 年版,第 613 页。

严明的新式人民军队；另一方面，通过批判党内和军队中各种错误思想，揭露其思想根源并提出解决办法，着重强调支部建在连上和党对军队的绝对领导，逐步"提高党内的政治水平"[①]，破除政治与军事对立的二元化观点，明确"红军是一个执行革命的政治任务的武装集团"[②]。这一时期，中国共产党的政治建设是在明确党的总路线是争取和发动革命群众的基础上，逐步探索出一条农村包围城市、武装夺取政权的新式革命道路。

抗日战争时期，明确党的政治路线就是发动全民族抗日，党围绕这一政治路线，切实加强了党的建设。卢沟桥事变后，中国共产党科学判断抗战形势，提出党的政治任务是"打败日本侵略者，建立新中国"。为了实现这一政治任务，我们党号召动员一切抗日力量，推行全面抗战路线，呼吁国共第二次合作。在此过程中，中国共产党强调"革命的政治工作是民族革命的生命线"[③]，并就此阐明了党开展政治工作的目的在于"提高革命军队的战斗力，保证战争的胜利"[④]。同时指出，党开展政治工作必须建立严格的政治工作制度和组织。随着抗战的深入，中国共产党适时地总结了抗战以来的基本经验，提出新民主主义革命的政治路线，即"无产阶级领导的，人民大众的，反对帝国主义、封建主义和官僚资本主义的革命"[⑤]，说明了中国共产党领导下的革命前途必然是社会主义，阐述了党的政治纲领、经济纲领和文化纲领。除此之外，中国共产党在抗战期间，逐步总结出在理论上要着重从思想上、政治上来建设党，提出群众路线是党的根本政治路线和工作路线；在实践上通过进行一场由上而下的整风运动，主张通过批评与自我批评、加强党性修养和党性锻炼等方式来严格党内政治生活，从而保证党员干部队伍的先进性和纯洁性，巩固党的团结统一。

解放战争期间，党的建设围绕新民主主义革命的最终胜利而开展，在继续强化党在革命中的政治领导作用、维护党内团结和统一、明确党的政策和策略、保持党同人民群众的密切联系等方面作出一系列积极举措，为赢得革命胜利提供了强大的政治支撑。面对国民党的"真内战、假和平"的政治阴谋，以及在军事上咄咄逼人的气焰，中国共产党强调要坚定不移

[①] 《毛泽东选集》第1卷，人民出版社1991年版，第87页。
[②] 《毛泽东选集》第1卷，人民出版社1991年版，第86页。
[③] 《周恩来选集》上卷，人民出版社1980年版，第92页。
[④] 《周恩来选集》上卷，人民出版社1980年版，第95页。
[⑤] 《毛泽东选集》第4卷，人民出版社1991年版，第1313页。

地贯彻党的政治方针，即"在党的领导下，放手发动群众，团结一切可能团结的力量，建立最广泛的人民民主统一战线"①。随着人民解放战争进入战略进攻阶段，战争的形势发生了大的转折，党的建设也必须作出相应的调整，以适应革命的需要。1947年10月，中国共产党结合解放区百姓的需要和战争的需求，在解放区颁布了《中国土地法大纲》，明确了土地改革的政治路线，即从过去实行的减租减息到实行"耕者有其田"；废除封建土地所有制；平均分配土地，推行抽肥补瘦、抽多补少的原则。这条土地改革的政治路线的实行，极大地调动了解放区广大农民的生产和参军的积极性，赢得了党心和民心，有力地保障了解放战争的胜利。不久，中国共产党为了"打倒蒋介石，解放全中国"，制定了党的最基本的政治纲领，即"联合工农兵学商被压迫阶级、各人民团体、各民主党派、各少数民族、各地华侨和其他爱国分子，组成民族统一战线，打倒蒋介石独裁政府，成立民主联合政府"②。

除此之外，中国共产党在处理党与群众的关系方面，坚决反对那种取消党的领导作用，"群众要怎样办就怎样办"的尾巴主义，高度强调党的政治领导作用；要求在实施具体政策上必须明确"政策和策略是党的生命，各级领导同志务必充分注意，万万不可粗心大意"③；在贯彻中央政策方面，强调维护党的集中统一领导和加强党的各项纪律建设，建立定期向中央请示报告的制度；在发展党内民主生活方面，要求加强党的民主生活，健全党委制，弘扬和落实三大优良作风等。

总之，党在民主革命时期始终强调党的建设必须围绕党的政治路线展开，对于保障党的自身建设成功意义重大。

着重从思想上建设党

注重思想建党是新民主主义革命时期党的建设的一个突出特点和基本经验。中国共产党诞生在工人阶级人数不多而农民阶级和小资产阶级却极其广大的国家，又长期在农村环境中革命，大批农民中的革命分子进入党内，从

---

① 胡绳：《中国共产党的七十年》，中共党史出版社1991年版，第197页。
② 胡绳：《中国共产党的七十年》，中共党史出版社1991年版，第211页。
③ 《毛泽东选集》第4卷，人民出版社1991年版，第1298页。

而也就不可避免地会把各种非无产阶级思想带进党内来,这就使得如何"保持以农村为主要阵地、农民为主要成分的无产阶级政党的先进性"成为党面临的重要问题。对此,党把思想建设放在了党的建设的首要位置。

一是加强党的理论建设,着力提高全党的马克思主义理论水平。中共中央十分重视党的宣传教育工作,1939年中共中央就要求各级党委应该用各种方法建立自己的印刷所,翻印中央党报和马克思主义书籍。遵义会议实际确立了毛泽东在全党的领导地位后,毛泽东提出了一系列关于思想建设的方针政策、原则和方法,为统一全党思想、动员全国各族人民团结起来、取得抗日战争的最后胜利奠定了思想理论基础。毛泽东在1937年写成的《实践论》《矛盾论》为新民主主义理论奠定了哲学基础,也为党的思想理论教育丰富了哲学内涵。毛泽东的《改造我们的学习》《整顿党的作风》《为人民服务》《论持久战》《论联合政府》等论著,更是中国化马克思主义最新理论成果的集中体现。1941年至1942年,为适应广大党员干部学习和研究马克思列宁主义和党的历史的需要,在毛泽东的主持下由中共中央书记处编辑出版了《六大以前》和《六大以来》两部文献集。在1942年中共中央指定的整风运动必读书目的二十二种文件中,列宁、斯大林和季米特洛夫的著作总计四本,其他均为毛泽东和中共中央其他领导人的著作。1943年中共中央又编辑出版了《两条路线》文献集,对党的干部和理论工作者学习和了解毛泽东关于列宁主义理论的观点起了重大作用。《六大以来》和《两条路线》两部文献集共收录毛泽东的文章、讲话和签发的文告上百件,成为后来编辑《毛泽东选集》的重要文献来源。1944年1月10日,中共中央在给晋察冀分局干部扩大会议应讨论的几个问题的指示中,提出要在干部特别是高级干部中"建设正确的思想——毛泽东同志的思想,以达到统一党的思想"[①]。晋察冀分局遵照这一指示,责成晋察冀日报社编辑出版了中国第一部《毛泽东选集》。特别是1942年的延安整风运动,既是一次全党范围内的马克思主义的思想教育运动,也是破除党内把马克思主义教条化、把共产主义决议和苏联经验迷信神化错误的伟大思想解放运动。1945年党的七大确立毛泽东思想为党的指导思想并写入党章,指出:"毛泽东思想,就

---

① 中央档案馆编:《中共中央文件选集》第14册(1943—1944),中共中央党校出版社1992年版,第154页。

是马克思列宁主义的理论与中国革命的实践之统一的思想，就是中国的共产主义，中国的马克思主义。"这是党的思想建设最重要的成果。

二是坚持实事求是的思想路线。一切从实际出发，实事求是，一直都是我们党的优良传统和作风。毛泽东反复强调，决不能把马克思主义的理论当作死的教条。那些只知记诵马克思主义书本上的个别结论和个别原理，而不能根据马克思主义理论来研究中国的历史实际和革命实际，不能从理论上来思考中国的革命实践的人，是不能妄称为马克思主义理论家的。1941年5月，毛泽东在延安干部会议上发表了《改造我们的学习》的讲话中，第一次将理论联系实际提到了马克思主义"基本原则"的高度。他指出："马克思、恩格斯、列宁、斯大林所谆谆告诫人们的一条基本原则：理论和实际统一。"①1942年2月，毛泽东在《整顿党的作风》的报告中指出："中国共产党人只有在他们善于应用马克思列宁主义的立场、观点和方法……进一步地从中国的历史实际和革命实际的认真研究中，在各方面作出合乎中国需要的理论性的创造，才叫做理论和实际相联系。"②1942年的延安整风运动正式确立了坚持一切从实际出发、理论联系实际、实事求是的辩证唯物主义的思想路线，确立了坚持马克思主义基本原理同中国革命具体实际相结合的原则。1945年4月，毛泽东在《论联合政府》中进一步指出："必须使各级党的领导骨干都懂得，理论和实践这样密切地相结合，是我们共产党人区别于其他任何政党的显著标志之一。"③

三是解决好党员的思想入党问题。这是党的思想建设的一项重要内容。为了加强对党员特别是新党员的政治思想教育，毛泽东等中央领导人发表了一系列有关党的建设的论著。1939年10月，毛泽东发表了《〈共产党人〉发刊词》，强调党的建设是一项"伟大的工程"，提出"建设一个全国范围的、广大群众性的、思想上政治上组织上完全巩固的布尔什维克化的中国共产党"④的任务。1939年，陈云发表《怎样做一个共产党员》《党的支部》等文章，系统地阐明党员的标准等问题，要求党员要做到终身为共产主义奋斗，把革命利益放在首位，遵守党的纪律，严守党的秘密，百

---

① 《毛泽东选集》第3卷，人民出版社1991年版，第798页。
② 《毛泽东选集》第3卷，人民出版社1991年版，第820页。
③ 《毛泽东选集》第3卷，人民出版社1991年版，第1094页。
④ 《毛泽东选集》第2卷，人民出版社1991年版，第602页。

折不挠地执行党的决议，努力学习，做群众的模范。

以组织建设保证党的强大组织动员能力

注重加强党的组织建设，形成了中国共产党强大的组织动员能力，是民主革命党的建设的重要经验。民主集中制是马克思主义政党的根本组织原则的组织制度。中国共产党是严格按照民主集中制原则和制度组织起来的党，这是保证党坚强有力的组织法宝。实行民主集中制是由马克思主义政党的性质决定的，是历史唯物主义和辩证唯物主义在组织原则上的具体体现，是正确处理党内关系、调动全党积极性、维护党的团结统一的重要保证。健全民主集中制能够加强党的组织建设，党的组织建设的完善又能够促进民主集中制的发展。党的七大对民主集中制作了精辟的理论概括，即"我们的党，不是许多党员简单的数目字的总和，而是由全体党员按照一定规律组织起来的统一的有机体"[1]。这个规则就是党的民主集中制。毛泽东运用辩证统一的观点深刻阐述了民主与集中的辩证关系，将民主集中制的实质概括为："在民主基础上的集中，在集中指导下的民主"以及"高度民主基础上的高度集中"。

第一，毛泽东强调了党内民主的必要性，并把实行民主集中制同发挥党的积极性结合起来。他认为："必须在党内施行有关民主生活的教育，使党员懂得什么是民主生活，什么是民主制和集中制的关系，并如何实行民主集中制。这样才能做到：一方面，确实扩大党内的民主生活；又一方面，不至于走到极端民主化，走到破坏纪律的自由放任主义。"[2]同时他还指出，党内的民主是必要的。要党有力量，依靠实行党的民主集中制去发动全党的积极性。在内战时期，集中制表现得多一些。在新的抗战形势下，集中制应该密切联系于民主制。通过民主制的实行，发挥全党的积极性；通过发挥全党的积极性，锻炼出大批干部，肃清宗派观念的残余，团结全党像钢铁一样。

第二，毛泽东同时强调了要严明党的组织纪律，保证党的集中统一领导。早在1929年古田会议上，毛泽东就对党内存在的无组织无纪律现象提出了严厉批评。为了保证党的集中统一领导，克服和防止党员违背党的意

---

[1] 《刘少奇选集》上卷，人民出版社1981年版，第358页。
[2] 《毛泽东选集》第2卷，人民出版社1991年版，第529页。

志而各行其是的自由主义,反对党内搞宗派主义,毛泽东在党的六届六中全会上重申了党的组织纪律,即"少数服从多数,个人服从组织,下级服从上级,全党服从中央",并指出"谁破坏了这些纪律,谁就破坏了党的统一","因此,必须对党员进行有关党的纪律的教育,既使一般党员能遵守纪律,又使一般党员能监督党的领袖人物也一起遵守纪律,避免再发生张国焘事件。为使党内关系走上正轨,除了上述四项最重要的纪律外,还须制定一种较详细的党内法规,以统一各级领导机关的行动"。①这"四个服从"既肯定了党员对党内事务当家作主的权利,又严格要求党员必须履行实现多数人意志的义务,从而使党的民主集中制不但具有理论指导性,而且具有实际操作性。

第三,强调干部队伍建设的特殊重要性。毛泽东指出,政治路线确定之后,干部就是决定的因素,有计划地培养大批的新干部,就是我们党的战斗任务。首先,强调要善于识别干部。不但要看干部的一时一事,而且要看干部的全部历史和全部工作,这是识别干部的主要方法。其次,强调要善于使用干部。毛泽东指出,领导者的责任,归结起来,主要是出主意、用干部两件事。一切计划、决议、命令、指示等,都属于"出主意"一类。使这一切主意能更好地实行,必须团结干部,推动他们去做,属于"用干部"一类。在使用干部的问题上,我们民族历史中一直就有两条对立的路线:一条是"任人唯贤"的路线,另一条是"任人唯亲"的路线。前者是正派的路线,后者是不正派的路线。共产党的干部政策,应是以能否坚决地执行党的路线、服从党的纪律、和群众有密切的联系、有独立的工作能力、积极肯干、不谋私利为标准,这就是"任人唯贤"的路线。过去张国焘的干部政策与此相反,实行"任人唯亲",拉拢私党,组织小派别,结果叛党而去,这是一个大教训。在干部政策问题上坚持正派公道的作风,反对不正派不公道的作风,借以巩固党的统一团结,是中央和各级领导者的重要责任。最后,提出要善于爱护干部。爱护的办法,一是指导他们。就是让他们放手工作,使他们敢于负责;同时,又适时地给予指示,使他们能在党的政治路线下发挥其创造性。二是提高他们。这就是给予学习的机会,教育他们,使他们在理论和工作能力上提高一步。三是检查他们的

---

① 《毛泽东选集》第2卷,人民出版社1991年版,第528页。

工作，帮助他们总结经验，发扬成绩，纠正错误。有委托而无检查，及至犯了严重的错误方才加以注意，不是爱护干部的办法。四是对于犯错误的干部，一般应采取说服的方法，帮助他们改正错误。只有对犯了严重错误而又不接受指导的干部，才应当采取斗争的方法。在这里，耐心是必要的；轻易地给戴上"机会主义"的大帽子，轻易地采用"开展斗争"的方法，是不对的。五是照顾他们的困难。干部有疾病、生活、家庭等困难者，必须在可能限度内用心给予照顾。这些就是爱护干部的方法。

第四，注意党员发展的质量。关于共产党员的发展，毛泽东在《古田会议决议》中提出了明确而严明的要求：（1）政治观念没有错误的（包括阶级觉悟）；（2）忠实；（3）有牺牲精神，能积极工作；（4）没有发洋财的观念；（5）不吃鸦片、不赌博。新党员入党后，"要详细告诉新党员以支部生活（包括秘密工作）及党员应遵守的要点"[①]。此外，还要求党员不仅要在组织上入党，还要在思想上入党，要多对党员加强马克思主义教育，提高他们的思想觉悟。要充分发挥共产党员的模范作用。毛泽东在党的六届六中全会上讲得很具体：在八路军和新四军中，共产党员应成为英勇作战的模范、执行命令的模范、遵守纪律的模范、政治工作的模范和内部团结统一的模范。在根据地政府工作中，应是十分廉洁、不用私人、多做工作、少取报酬的模范。在民众运动中，应是民众的朋友而不是民众的上司，是诲人不倦的老师而不是官僚主义的政客。无论何时都不应把个人利益放在第一位，个人利益应该服从于民族的和人民的利益。总之，共产党员应该是实事求是的模范，具有远见卓识的模范。

以作风建设保证与中国人民想在一起干在一起

加强作风建设，密切联系群众，与中国人民构成具有血肉联系的命运共同体，是中国共产党高超的政治能力和优势。

党的作风是指一个政党和它的党员在政治、思想、组织、工作、生活等方面一贯表现出来的态度和行为，体现着一个政党的性质和宗旨。在长期的革命斗争实践中，中国共产党通过党的作风建设培育和涵养了三大优

[①] 《毛泽东文集》第1卷，人民出版社1993年版，第90页。

良作风，即理论与实际相结合的作风、同人民群众紧密地联系在一起的作风、批评与自我批评的作风。

第一，理论和实践相结合的作风，就是一切从实践出发、理论联系实际、实事求是、在实践中检验真理和发展真理的作风，也是逐步形成的正确的思想路线，是中国共产党的党魂，也是中国共产党的大智慧。这是共产党人在认识和改造客观世界问题上、在对待马克思主义理论问题上一直倡导的科学态度和践行的优良学风。理论与实践相结合的作风是中国共产党在经历土地革命和抗日战争的过程中，逐步把马克思列宁主义同中国具体实际相结合而产生的重要经验总结。以毛泽东同志为主要代表的中国共产党人坚持理论联系实际，"使马克思主义在中国具体化"取得了巨大胜利。"马克思主义中国化"这一命题是在1938年党的六届六中全会上由毛泽东提出的。他在会议的政治报告《论新阶段》中指出："共产党员是国际主义的马克思主义者，但是马克思主义必须和我国的具体特点相结合并通过一定的民族形式才能实现。马克思列宁主义的伟大力量，就在于它是和各个国家具体的革命实践相联系的。对于中国共产党说来，就是要学会把马克思列宁主义的理论应用于中国的具体环境。成为伟大中华民族的一部分而和这个民族血肉相联的共产党员，离开中国特点来谈马克思主义，只是抽象的空洞的马克思主义。因此，使马克思主义在中国具体化，使马克思主义在其每一表现中带着必须有的中国的特性，即是说，按照中国的特点去应用它，成为全党亟待了解并亟须解决的问题。洋八股必须废止，空洞抽象的调头必须少唱，教条主义必须休息，而代之以新鲜活泼的、为中国老百姓所喜闻乐见的中国作风和中国气派。"①"马克思主义中国化"这一命题的提出，对中国革命和中国共产党都具有极为重要的意义，表明党对中国国情和马克思列宁主义的认识都有了一个巨大的飞跃，是中国共产党走向民主革命时期理论成熟的标志。在党的六届六中全会以后，党内开展并兴起了学习马克思列宁主义理论的热潮，开始从实际情况出发研究中国的问题。在延安整风运动过程中，对毛泽东同志的革命理论及路线方针进行了高度评价，使这一马克思主义中国化的伟大理论成就逐步被全党接受和认同。1943年，王稼祥首次使用"毛泽东思想"并沿承了下来。党的七大通过的党章正式把中国化的马克思主义——毛泽东思想

---

① 《毛泽东选集》第2卷，人民出版社1991年版，第534页。

写入党章，成为全党的行动指南。

第二，同人民群众紧密地联系在一起的作风，是党的群众路线的集中反映，也是中国共产党的大修行。要求共产党人必须始终做到，以正确的态度对待群众，用正确的方法领导群众，全心全意为人民服务，一刻也不脱离群众，一切从人民的利益出发，而不是从个人或小集团的利益出发，懂得向人民负责和向党的领导机关负责的一致性，要求实行"从群众中来，到群众中去"的工作方法，时刻关心群众生活、尊重群众的首创精神。作为无产阶级政党，其性质和宗旨决定了其必须密切联系群众，必须从人民群众的实际出发。中国共产党是中国最广大人民利益的代表，群众路线是党的根本政治路线。密切联系群众的优良作风是在党领导中国革命的过程中逐步形成的。在遵义会议之前，党的优良作风还处于初步阶段，并没有系统地总结和深化。遵义会议之后，尤其是在抗日战争以后，面对日益加深的民族矛盾，中国共产党主张建立全民族的抗日民族统一战线，发动最广大的中国人民参加到反对日本侵略的民族战争之中，这就使党对人民群众的理解更为全面而深刻。换言之，"人民"的属性和范围随着国内民族矛盾的加深而发生了深刻变化，不仅工农大众和小资产阶级要抗日，民族资产阶级的政治态度也发生了变化，连国民党内部也发生了分化。一切抗日的力量都应该属于人民的范畴。因此，在这一时期，中共中央重新定义了中国共产党的性质，即"中国共产党是中国无产阶级的先锋队"，同时也是"全民族的先锋队"。在党的六届六中全会召开后，毛泽东明确提出了共产党应该向人民群众学习，做人民群众的朋友，"决不可脱离群众的多数，置多数人的情况于不顾，而率领少数先进队伍单独冒进；必须注意组织先进分子和广大群众之间的密切联系"[①]。刘少奇也指出，群众观点就是"一切为了人民群众的观点，一切向人民群众负责的观点，相信群众自己解放自己的观点，向人民群众学习的观点"[②]。

群众观点是马克思主义哲学历史唯物主义的基本观点，把群众观点应用到实践中去就形成了党的群众路线。1943年6月，毛泽东在《关于领导方法的若干问题》一文中强调："在我党的一切实际工作中，凡属正确的领导，

---

① 《毛泽东选集》第2卷，人民出版社1991年版，第525—526页。
② 《刘少奇选集》上卷，人民出版社1981年版，第354页。

必须是从群众中来,到群众中去。"①而对于工作方法,他主张要搜集人民群众中的各种意见,并加以系统化、理论化之后再到群众中宣传解释,运用马克思主义认识论的方法到群众中去化解问题;并认为,党的基本的领导方法就是从群众中来,到群众中去,以形成正确的符合人民群众利益的领导意见。1944年9月,毛泽东作《为人民服务》一文,更是诠释了中国共产党坚持密切联系群众、全心全意为人民服务的宗旨。中国共产党对群众观点和群众路线的提炼,标志着密切联系群众的优良作风已经形成。

在民主革命时期,中国共产党通过作风建设始终保持了同人民群众的血肉联系,始终成为中国最广大人民根本利益的忠实代表,始终坚持践行了全心全意为人民服务的根本宗旨。这是中国共产党战胜各种困难和艰险、取得新民主主义革命胜利的根本条件,是中国共产党区别于其他政党的最鲜明的先进性特征,也是中国共产党赢得中国人民发自内心拥戴支持的独特品质。在争取民族独立和人民解放的斗争中,党始终紧紧依靠人民群众,诚心诚意为人民谋利益。党在自己的全部活动中,始终与人民群众同呼吸、共命运,始终把体现人民群众的意志和利益作为一切工作的出发点和归宿,始终从人民群众的智慧和力量中汲取推动革命事业前进的不竭力量,并逐步形成了相信群众、依靠群众、"从群众中来,到群众中去"的群众路线。党运用这种群众路线的领导方法和工作方法,使党的纲领、路线、方针、政策的制定和执行,能够最大限度地符合群众的要求,得到群众的支持,与中国人民想在一起、干在一起,使人民群众在民主革命时期翻身做主人的获得感得到了极大的增强,大大激发了中国人民参加革命投身革命的积极性、主动性和创造性。

第三,批评与自我批评的作风。中国共产党除了代表并努力实现中国人民和中华民族的根本利益之外,没有任何自己的私心杂念,因此能够始终坚持自我革命的精神,敢于自己对自己"动手术",敢于正视并善于克服党自身的缺点和解决党自身存在的问题,敢于坚持真理,修正错误,使自己有足够的免疫力及时抵制各种非无产阶级思想的侵蚀,祛除各种病菌毒素对党的肌体的侵害。对于中国共产党而言,实现党内批评和党员的自我批评是进行党的作风建设的重要手段。马克思在《哥达纲领批判》中对"无情的自

---

① 《毛泽东选集》第3卷,人民出版社1991年版,第899页。

我批判"进行了表述，指出自我批评"引起了敌人极大的惊愕，并使他们产生这样一种感觉：一个能够这样做的党该具有多么大的内在力量啊"[①]，而列宁也曾指出批评与自我批评的重要性，把政党能否进行有效的自我批评看作衡量一个政党是否成熟、郑重的标志。毛泽东说："党内批评是坚强党的组织、增加党的战斗力的武器。"[②] 批评与自我批评的优良作风是中国共产党在抗日战争时期逐步形成的。1937年8月，毛泽东为了克服党内当时严重的教条主义思想写了《矛盾论》一文，文中明确指出："不同质的矛盾，只有用不同质的方法才能解决"；"共产党内的矛盾，用批评和自我批评的方法去解决。"[③] 对于不同的党内矛盾，毛泽东提出要培养正确合理的方法进行批评和自我批评，"对于犯错误的干部，一般地应采取说服的方法，帮助他们改正错误。只有对犯了严重错误而又不接受指导的人们，才应当采取斗争的方法。在这里，耐心是必要的；轻易地给人们戴上'机会主义'的大帽子，轻易地采用'开展斗争'的方法，是不对的"[④]。

在延安整风期间，党形成了一整套提升批评与自我批评的质量的原则，提出了"惩前毖后、治病救人"的总方针。所谓惩前毖后，就是对以前的错误进行认真的揭发和严肃的分析批判，从而使以后的工作不重犯这些错误；所谓治病救人，就是开展批评和自我批评的目的是从团结的愿望出发，帮助同志改正缺点和错误，而不是为了整人。延安整风运动大大促进了批评与自我批评优良作风的形成，不仅加强了党的内部团结和统一，而且提升了中国共产党通过自我革命实现自我超越的能力和水平，成为领导中国人民取得革命胜利的强大内生力量，赢得了党外人士和国际舆论的高度赞誉。

党的建设成效展现中国共产党的先进性

记者爱泼斯坦描写道："随着战争的进展，向地方的征粮逐渐减少。人民看到，政府要求他们多生产，并不是为了养活越来越多的寄生虫。在过去的封建时期，在农民的思想上，政府的含义只不过是养活寄生虫。现在

---

① 《马克思恩格斯选集》第4卷，人民出版社2012年版，第614页。
② 《毛泽东选集》第1卷，人民出版社1991年版，第90页。
③ 《毛泽东选集》第1卷，人民出版社1991年版，第311页。
④ 《毛泽东选集》第2卷，人民出版社1991年版，第527—528页。

这个观念变了。"①接着他称赞了共产党干部艰苦朴素、一心为民服务的作风:"我永远不会忘记我们在边区一个县看到的一位老农,这位老农捶拍着原来是他村里一个苦孩子的年轻县长的背说,'你看这家伙背了多少筐粪到我们地里?有谁以前看见过这样的官?从前,当官的闻的是他们姨太太的香水味,怎能闻这鲜大粪呢?'年轻县长希望不要用这样赤裸裸的语言同一位外国'贵宾'谈话,但老人对于什么是值得称道的有他自己的想法,因此不听劝告继续讲下去。在中国几千年的历史中,以前从来没有过这样的官员,也没有人见到过这样的情景。"②1944年,美国派出观察小组使团到延安考察军事情况。"美国人对自己所看到的产生了深刻印象。那里军民动员的程度,充满信心的气氛,毫无厌战情绪的景象,使他们象那些无意中降落在游击区的飞行员一样振奋。那里同正规战线形成鲜明的对照,简直不象是同一个国家。一位年轻的军官在看到延安的接待厅里挂着一幅蒋介石的画像后说:'我的上帝,在这里我们还得想着那个家伙吗?要是他不插手,我们同这些人能做多少事情啊。'使团团长包瑞德上校在一次谈话中宣称:'我们愿向那些在敌后成功地进行了七年战斗的人学习。'这些话表明,人们逐步形成了这样一种清晰而一致的信念:要使预计会是旷日持久的中国战线的战争缩短,关键在解放区。"③爱泼斯坦谈道:"在严峻的困难面前,如何保证军队的给养,使他保持良好的行动能力,这也给卡斯堡留下了极其深刻的印象。他完全可能留下这样的印象,因为陪同我们(我们骑马而行)的二百五十个人以每天三十英里的速度行军,而且是全副装备,所经之处又是崎岖不平的山地。我们在晋绥解放区访问了三个星期,以这种速度行进了十八天加两夜,有时一连翻越两座五千英尺的山岭。这段时间内,总共只有三个人因疾病或疲劳掉队。这在任何军队中都是突击队的训练水平。卡斯堡少校说,他们见过的比较精锐的国民党军队若经受这样一次考验,会有一半人掉队;若一般的部队,顶多只能坚持两三天。""观察小组里的美国人军衔都很低,由一位上校牵头。制定政策不是他们的事。

---

① 伊斯雷尔·爱泼斯坦:《中国未完成的革命》,陈瑶华等译,新华出版社1987年版,第275—276页。
② 伊斯雷尔·爱泼斯坦:《中国未完成的革命》,陈瑶华等译,新华出版社1987年版,第276页。
③ 伊斯雷尔·爱泼斯坦:《中国未完成的革命》,陈瑶华等译,新华出版社1987年版,第368—369页。

但是,他们全都冒着风险汇报自己所看到的情况,这在军队中是少有的事。他们要求立即向解放区提供作战物资,同解放区实行军事合作,这就有可能受到训斥,失去晋升的机会。"①

裴宜理(Elizabeth Perry)研究了中国共产党群众工作的"感情动员模式",在《感动群众:中国革命中的情感工作》一文中,裴宜理从感情纽带视角分析中国共产党与群众的关系,认为中国共产党的群众路线是"对群众的感情动员";中国共产党"系统地发展了情感联络工作","情感工作是中国取得革命胜利的重要因素,也是和国民党的一大区别",而且"在战争时期形成的情感工作模式在人民共和国建立后仍然发挥重要作用"。她认为,毛泽东在共产主义革命中注入情感活力,"毛泽东深知人性心理的重要作用——包括知识分子精英的心理——他在著作中深入考察了心理在革命中的作用。在理解马克思主义一个重要词汇'阶级'时,认为情感身份认同比对客观经济地位更为重要"。

费正清认为:"延安的群众崇拜,激励了党的干部和军队官兵。党的工作者和农民同吃同住,一同劳动,想群众所想。"他非常欣赏延安时期的党内民主制度建设:"对于到过延安采访的几个人来说,延安是一个阳光明媚的、温馨和谐的理想圣地……这里有朴素的民主,与重庆形成鲜明的对比……甚至吸引了国外的自由主义者。"

陈嘉庚在《南侨回忆录》中谈道:"余到重庆所见,则男长衣马褂,满清服制仍存,女则唇红口丹,旗袍高跟染红指甲,提倡新生活者尚如是。行政官可私设营业,监察院不负责任。政府办事机关,除独立五院及行政院所辖各部外,尚有组织部、海外部、侨务会及其他许多机关。各处办事员多者百余人,少者数十人,月费各以万计,不知所干何事。酒楼菜馆林立,一席百余元,交际应酬,互相征逐,汽车如流水,需油免计核,路灯日不禁止,管理乏精神。公共汽客车人力车污秽不堪入目,影响民众卫生。报纸为舆论喉舌,责在开化民智,则箝制严密,致每日仅出一小张,何能模范各省。其他政治内容非余所知。第就外表数事,认为虚浮乏实,绝无一项稍感满意,与抗战艰难时际不甚适合耳。迨至延安则长衣马褂,唇红

---

① 伊斯雷尔·爱泼斯坦:《中国未完成的革命》,陈瑶华等译,新华出版社1987年版,第369—370页。

旗袍，官吏营业，滥设机关，及酒楼应酬，诸有损无益各项，都绝迹不见。如云陕北地瘠民贫，政府局部甚小，故不宜如首都应有尽有者，亦属有理。然余所不解者，重庆诸人之奢费，金钱从何而来？是否民脂民膏？余以不官不党居第三者地位，故不能已于言耳。"①

黄炎培到延安访问5天后，在极短的时间内写成《延安归来》一书，用日记方式详细记载了目睹的中国共产党施政政策和解放区的成就。他谈道："我们来到这里，还只有一天半，当然不够资格说什么话，不过就我所看到的，没有一寸土是荒着的，也没有一个人好象在闲荡。有一位朋友告诉我，政府对于每个老百姓的生命和生活好象都负责的，这句话做到，在政治上更没有其他问题了。"②他接着客观翔实地描写了延安地区的真实情况："中共军队每到一地方，必首先争取民众。现时他们所用的方法，是使民众站起来，聚拢来，让他们自由投票选出他们所认为满意的人，做这一地方的乡长或其他公职。军队绝对不参加意见，地方政治，就让这地方民众去监督。他们认为只有这样，才能使老百姓兴奋地出心出力。""凡兵士和地方老百姓发生纠纷，必须责备兵士，因为老百姓没有枪，决不敢也决不能欺侮有枪的兵士。中共高级军官告诉我，中共对这一类问题的处理方法，是一律这样的。"③"中共今天的局面，是从艰苦中得来的。他们是从被压迫里奋斗出来的。他们是进步的。他们在转变。他们现在望着'不扰民'的目标上尽力做去。"④

在人民解放军展开战略大决战的前夕，中共中央于1949年3月5日至13日，在河北省平山县西柏坡村召开党在民主革命时期的最后一次中央全会——党的七届二中全会。在党的七届二中全会上，毛泽东提出党和军队的工作重心必须从农村转移到城市，这是继大革命失败后党和军队工作重心的又一大转变，这是因为中国革命出现了重大的转折，党即将面临执政全国的新的考验，必须调整工作重心和工作方向，必须将工作重心和方向转向城市。毛泽东还阐明了党在全国解放战争胜利以后的政治、经济、外交等方面应当采取的基本政策，提出了把中国由农业国转为工业国、由新民主主义社会转变为社会主义社会的总任务。

---

① 陈嘉庚：《南侨回忆录》，岳麓书社1998年版，第187页。
② 黄炎培：《八十年来》，文史资料出版社1982年版，第134页。
③ 黄炎培：《八十年来》，文史资料出版社1982年版，第138页。
④ 黄炎培：《八十年来》，文史资料出版社1982年版，第139页。

正是在这一时期,以毛泽东同志为主要代表的中国共产党人敏锐地察觉到了在全国执政条件下能否跳出历史周期率的新挑战。为此,毛泽东语重心长地告诫全党:"因为胜利,党内的骄傲情绪,以功臣自居的情绪,停顿起来不求进步的情绪,贪图享乐不愿再过艰苦生活的情绪,可能生长。因为胜利,人民感谢我们,资产阶级也会出来捧场。敌人的武力是不能征服我们的,这点已经得到证明了。资产阶级的捧场则可能征服我们队伍中的意志薄弱者。可能有这样一些共产党人,他们是不曾被拿枪的敌人征服过的,他们在这些敌人面前不愧英雄的称号;但是经不起人们用糖衣裹着的炮弹的攻击,他们在糖弹面前要打败仗。我们必须预防这种情况。夺取全国胜利,这只是万里长征走完了第一步。如果这一步也值得骄傲,那是比较渺小的,更值得骄傲的还在后头。在过了几十年之后来看中国人民民主革命的胜利,就会使人们感觉那好像只是一出长剧的一个短小的序幕。剧是必须从序幕开始的,但序幕还不是高潮。中国的革命是伟大的,但革命以后的路程更长,工作更伟大,更艰苦。这一点现在就必须向党内讲明白,务必使同志们继续地保持谦虚、谨慎、不骄、不躁的作风,务必使同志们继续地保持艰苦奋斗的作风。我们有批评和自我批评这个马克思列宁主义的武器。我们能够去掉不良作风,保持优良作风。我们能够学会我们原来不懂的东西。我们不但善于破坏一个旧世界,我们还将善于建设一个新世界。"①

这一大段诗一样豪情万丈的箴言,充分展示了经过中国革命洗礼的中国共产党究竟是一个多么伟大的党:中国共产党领导中国人民浴血奋斗,用了28年时间就完成了拯救中华民族的使命,这是多么值得自豪和骄傲的丰功伟绩啊!但党的领袖却告诫全党,这只是万里长征走完了第一步,如果这一步也值得骄傲,那是比较渺小的。也就是说,要成为伟大的党,而不是被历史和人民淘汰的渺小的党,就一定是永远不被任何曲折磨难所屈服的党,一定是不为一时成就所陶醉的党,一定是心无旁骛一心一意为人民为国家无私奋斗的党,一定是永远把全心全意为人民服务作为本分的党,一定是永远志存高远、始终怀抱初心使命的党,一定是永远向着让中国人民过上更美好幸福生活的目标而奋斗不息的党,一定是永远向着让中华民族走向更加辉煌灿烂的明天而奋斗不息的党,一定是永远坚持真理修正错

---

① 《毛泽东选集》第4卷,人民出版社1991年版,第1438—1439页。

误的党，一定是永远以自我革命精神实现自我超越的党。所以伟大的中国人民和中华民族与伟大的中国共产党在民主革命时期的风云际会，诞生了一个伟大的新中国，而中国共产党和中国人民继续同呼吸共命运，将迎来一个伟大民族的全面复兴，这一实现民族复兴的伟业正是毛泽东所寄望的革命后更伟大的工作、更艰苦的工作、更值得骄傲的工作。

第五章

从新民主主义走向社会主义

中国共产党领导中国人民开辟了独特的中国革命道路，并取得了中国革命的辉煌成功。与此同时，从党成立的第一天起，中国共产党也在引领着中国人民义无反顾地为中国走向人类美好的社会主义制度而奋斗。但在经济文化极其落后的中国，如何在革命成功以后走向社会主义，中国共产党是经过极其理性缜密的思考和探索的，也有一个随着中国革命的发展变化而不断调整和完善的过程。这个历程也同伟大的中国革命一样波澜壮阔。实践证明，中国共产党人不仅创造性地成功实践了马克思主义的革命理论，而且也成功地探索和实践了马克思主义关于东方落后的农业国跨越"卡夫丁峡谷"的发展道路理论。而中国共产党成为全国执政党以后的自身建设，也随着国家从新民主主义向社会主义的历史性转变，开始了全面的思考和探索。

一、经过民主主义才能到达社会主义

科学社会主义的创始人在深刻揭示资本主义基本矛盾的基础上，提出了社会主义必然代替资本主义的科学预见，并把资本主义的充分发展作为建立社会主义制度的历史前提。所以马克思在当时曾把无产阶级革命爆发的希望寄托在资本主义比较发达的西欧国家。但到了晚年，他开始把目光从西欧转向俄国和东方社会，并注重对农民问题的研究。他曾以俄国"农村公社"为例，设想过东方类似的农业国由于各种历史条件的"特殊凑合"[①]，"可以不通过资本主义制度的卡夫丁峡谷，而吸取资本主义制度所取得的一切肯定成果"[②]，从而直接跨入社会主义。马克思在这里提出了一个历

---

① 《马克思恩格斯全集》第19卷，人民出版社1963年版，第431页。
② 《马克思恩格斯全集》第19卷，人民出版社1963年版，第451页。

史性的课题,这个课题有两个难点:一是没有经历资本主义充分发展的经济文化落后大国,通过什么具体道路和方式才能跨越资本主义的"卡夫丁峡谷";二是跨越以后如何吸取资本主义制度取得的一切肯定成果来填补"卡夫丁峡谷",从而建设成真正意义上的合格的社会主义。实践证明,这是需要几代人经过长时期的探索奋斗才能够突破的重大难题。

跨入社会主义的伟大构想

由于马克思主义创始人无法亲身经历无产阶级革命后的实际进程,无法对无产阶级夺取政权之后的理论和策略作出更为具体的论述,因此马克思主义需要随着各国社会主义革命和建设实践的发展而不断充实和发展。

在俄国,马克思主义理论被融进了具体的社会实践中。革命导师列宁创造性地将马克思主义的普遍原理与俄国落后的东方式国家的现实相结合,解决了在资本主义发展到帝国主义时期后,无产阶级如何在帝国主义统治的薄弱环节夺取政权,以及胜利后如何保卫和巩固政权的问题,并成功地实现了马克思关于在东方落后的农业国可以不通过资本主义的"卡夫丁峡谷",而直接跨入社会主义的预想,却没有能解决如何充分吸取资本主义的一切文明成果,从而建成真正意义上的社会主义的问题。列宁在俄国十月革命胜利后,曾经按马克思关于资本主义充分发展意义上的社会主义原则进行实践并取消商品经济,但很快发现行不通,于是只好推行了"新经济政策"。后来列宁也注意到了吸取资本主义的一切积极文明成果来建设社会主义的问题,并提出了"苏维埃政权+普鲁士的铁路管理制度+美国的技术和托拉斯组织+美国的国民教育=总和=社会主义"[①]的著名公式。这是对经济文化比较落后的东方国家在取得社会主义革命胜利后如何建设社会主义问题进行积极探索的良好开始。

但这种探索在列宁逝世后发生了变化。斯大林在苏联社会主义建设实践中建立起了高度集中的计划经济体制和高度集中的政治、文化体制。这种体制在一开始显示出了强大的生命力,尤其是西方资本主义国家经历20世纪20年代至30年代经济危机的风声鹤唳,苏联的社会主义建设却取得

---

① 《列宁文稿》第3卷,人民出版社1977年版,第94页。

了举世震惊的成就，社会主义在世界范围内的声誉越来越高，影响也越来越大。这更进一步强化了人们"社会主义与计划经济天然一体"的信念，也就是说，计划经济就是社会主义的结论越来越显得天经地义。第二次世界大战结束后，苏联在全世界人民心目中的地位和社会主义制度在全世界的威望大大提高，国际共产主义运动的力量和影响也得到了迅速扩大，社会主义国家从苏联扩展到东欧，后来又发展到亚洲的中国、越南、朝鲜，美洲的古巴等，从处于资本主义世界重重围困中的弱小力量很快变为与资本主义世界分庭抗礼的强大阵营。这种盛极一时的辉煌更使共产党国家的领导人确信，社会主义不仅可以完全超越资本主义社会的充分发展阶段，而且完全可以超越商品经济和市场经济的充分发展，依靠高度集中的计划经济就可以建立起人类最美好的社会制度。这种过于膨胀的自信和东西方"冷战"等客观因素，也使这些国家的领导人既无法再虚心学习和吸取资本主义的一切肯定成果，也无法把握第二次世界大战后西方资本主义社会的阶级结构和社会结构的巨大变化，而在一种封闭或半封闭的情况下从事社会主义建设，它不仅严重束缚了人们对社会主义认识的视野和眼界，而且掩盖了苏联社会主义体制本身存在的弊端和问题。

在中国，一代伟人毛泽东把马克思列宁主义同半殖民地半封建的古老东方大国的革命实际相结合，在新的时代和独特的国情背景下创造了在形式和内容上既不同于19世纪的经典理论又不同于20世纪初期的列宁主义，而是中国化的马克思主义——毛泽东思想。毛泽东思想在创造性地解决了中国革命的道路问题的同时，也对革命胜利后中国建设和发展道路进行了创造性的探索和实践，这些探索和实践中的宝贵思想遗产，依然是我们党今天道路自信的历史支撑。以毛泽东同志为主要代表的中国共产党人，对半殖民地半封建的中国能否吸取资本主义制度的一切肯定成果而跨越资本主义的"卡夫丁峡谷"进入社会主义，作出了创造性的探索。

早在1935年12月27日，毛泽东就在瓦窑堡党的活动分子会议上的报告中，对中国革命胜利后的前途愿景作了高瞻远瞩的前瞻。他说："革命的转变，那是将来的事。在将来，民主主义的革命必然要转变为社会主义的革命。何时转变，应以是否具备了转变的条件为标准，时间会要相当地长。不到具备了政治上经济上一切应有的条件之时，不到转变对于全国最大多数人民有利而不是不利之时,不应当轻易谈转变。怀疑这一点而希望在很短的时间内去转变……是不对的。这是因为他们看不见中国是一个何等样的政治经济情况的国家,他们不知道中国在政治上经济上完成民主革命,较之俄国要困难得多,需要更多的时间和努力。"①我们可以从中强烈感受到党的领袖对中国革命前途的高度自信和对革命胜利后中国特色发展道路选择的高度清醒和冷静。

1945年4月,毛泽东在《论联合政府》中更明确地指出:"只有经过民主主义,才能到达社会主义,这是马克思主义的天经地义。而在中国,为民主主义奋斗的时间还是长期的。没有一个新民主主义的联合统一的国家,没有新民主主义的国家经济的发展,没有私人资本主义经济和合作社经济的发展,没有民族的科学的大众的文化即新民主主义文化的发展,没有几万万人民的个性的解放和个性的发展,一句话,没有一个由共产党领导的新式的资产阶级性质的彻底的民主革命,要想在殖民地半殖民地半封建的废墟上建立起社会主义社会来,那只是完全的空想。"②他强调:"中国一切政党的政策及其实践在中国人民中所表现的作用的好坏、大小,归根到底,看它对于中国人民的生产力的发展是否有帮助及其帮助之大小,看它是束缚生产力的,还是解放生产力的。"③

也就是说,中国由半殖民地半封建社会可以跨越资本主义的"卡夫丁峡谷"而进入社会主义社会,但这种跨越的具体方式不能操之过急,必须分两步走,即先通过新民主主义革命和建设吸取资本主义创造的一切肯定成果,再由新民主主义走向社会主义。社会主义革命不能是低水平生产力基础上的劫富济贫,而是高水平生产力基础上的文明超越,而新民主主义建设的核心功能,就是在中国共产党领导下,首先为中国资本主义的发展先扫清道路,这样做好了,就能够为将来中国社会主义的发展扫清更广阔的道路。这是对马克思"跨越论"思想的丰富和发展,是以毛泽东同志为主要代表的中国共产党人探索适合中国国情社会主义道路的重大理论构想。

---

① 《毛泽东选集》第1卷,人民出版社1991年版,第160—161页。
② 《毛泽东选集》第3卷,人民出版社1991年版,第1060页。
③ 《毛泽东选集》第3卷,人民出版社1991年版,第1079页。

中国共产党早期对民主主义的探索

中国共产党的新民主主义社会理论是中国共产党在长期探索实践中形成的结果,毛泽东是该理论的主要贡献者。

中国共产党成立后,便开始探索中国在革命胜利后该应建立何种社会制度。1921年党的一大提出,无产阶级要"推翻资本家阶级的政权",建立无产阶级专政,并指出"本党承认苏维埃管理制度,把工农劳动者和士兵组织起来,并承认党的根本政治目的是实行社会革命"。[①]由此看来,党在成立之时的奋斗目标就是建立共产主义社会。党的二大提出了党的最高纲领和最低纲领,表明此时党已经意识到中国革命还是资产阶级民主性质的,党应该首先努力完成最低纲领,才能逐步实现最高纲领。1925年11月,毛泽东提出,要"实现无产阶级、小资产阶级及中产阶级左翼的联合统治,即革命民众的统治"[②],对于未来政权的设想开始具有新民主主义的特点。同年12月,毛泽东发表《中国社会各阶级的分析》指出,无产阶级是中国革命的领导力量,半无产阶级和小资产阶级是无产阶级的同盟军,民族资产阶级在一定条件下也可以作为同盟军,在这些分析的基础上,否定了建立民族资产阶级统治的国家的可行性。毛泽东在随后发表的《国民党右派分离的原因及其对于革命前途的影响》中进一步提出,要"建设一个革命民众合作统治的国家",这种制度既不是由资产阶级完全统治,也不是完全没有资产阶级、小资产阶级和半资产阶级,这种制度在中国共产党这个革命领导力量及强大的苏俄和第三国际的推动下,必然会向社会主义社会过渡。由此看来,这种制度是半殖民地半封建社会向社会主义社会过渡的一种暂时的形式,而这种国家和社会,就是后来的新民主主义国家和新民主主义社会。这标志着中国共产党新民主主义社会理论开始萌芽。

在土地革命前期,中国共产党建立了革命根据地,并于1931年在江西的中央苏区成立了中华苏维埃共和国。这一时期共产党人对苏维埃共和国的政治、经济、文化展开积极探索和实践,使根据地初步具备了新民主主义社会的性质。其中,毛泽东关于苏维埃共和国政治、经济、文化的论述,

---

① 中央档案馆编:《中共中央文件选集》第1册(1921—1925),中共中央党校出版社1989年版,第3页。
② 《毛泽东文集》第1卷,人民出版社1993年版,第19页。

就是对当时新民主主义社会政治、经济、文化构想的雏形。

苏维埃政权的政治纲领体现在工人阶级领导的工农苏维埃专政、苏维埃共和国的代表大会制度、实行工人居优的民主选举和政权的集中统一领导原则等。

第一，关于工人阶级领导的工农苏维埃专政。1931年，毛泽东指出，中华苏维埃共和国"是广大被剥削被压迫的工农兵士劳苦群众的国家。……他的基础，是建筑在苏区和非苏区几万万被压迫被剥削的工农兵士贫民群众的愿望和拥护之上的"[1]。1934年，毛泽东更为清晰地阐述了工农民主专政的政权性质和阶级构成，指出苏维埃共和国"依靠着广大的民众，依靠着民众的武装力量——红军。这个政府是工农的政府，他实行了工人与农民的革命民主专政……他是一个专政，是一个已经具有极大权力的专政，这个专政已经向着全国范围扩大他的影响，他在广大民众中间有了很大的信仰"[2]。

第二，苏维埃共和国实行代表大会制度。毛泽东指出："工农民主专政的苏维埃，他是民众自己的政权，他直接依靠于民众……不能够一刻离开民众。苏维埃政权需要使用强力去对付一切阶级敌人，但对于自己的阶级——工农劳苦群众，则不能使用任何的强力，而他表现出来的只是最宽泛的民主主义。"[3]早在井冈山革命斗争时期，为决定重大问题，毛泽东就在县区乡组织了工农兵代表大会，在军队中组织了士兵代表会议和士兵委员会。1931年中华苏维埃共和国成立时，中华苏维埃全国代表大会作为工农民主专政国家政权的组织形式得到了确认。

第三，实行工人居优的民主选举方法。毛泽东认为："苏维埃最宽泛的民主，首先表现于自己的选举。"为防止任何剥削分子参加选举，毛泽东"用红榜、白榜的办法将有选举权的居民与无选举权的居民实行严格的划分"[4]，同时规定工人在选举中"要享有优越的权力"，提高工人代表的

---

[1] 中共中央文献研究室、中央档案馆编：《建党以来重要文献选编（1921—1949）》第8册，中央文献出版社2011年版，第728页。
[2] 中共中央文献研究室、中央档案馆编：《建党以来重要文献选编（1921—1949）》第11册，中央文献出版社2011年版，第97页。
[3] 中共中央文献研究室、中央档案馆编：《建党以来重要文献选编（1921—1949）》第11册，中央文献出版社2011年版，第102页。
[4] 中共中央文献研究室、中央档案馆编：《建党以来重要文献选编（1921—1949）》第11册，中央文献出版社2011年版，第103页。

比例。

第四，实行集中统一的领导原则。毛泽东论述了苏维埃政权的集中统一领导，他指出："苏维埃中央政府的建立，使全国苏维埃运动得着总的领导机关"，必须"使中央政府在革命形势更加开展面前，能够充分地发挥他总的发动机作用"。"省苏维埃是地方政权的最高领导机关，是中央政府与各县区苏维埃之间的连锁。必须极大的加强中央政府对于各个省苏的领导"，中央政府要"严密检查各个省苏的工作"，省苏维埃要"加紧对于各县苏区工作的检查"，"纠正过去有些省苏工作上松懈与不集中的现象"。[①] 他指出，"乡苏、市苏是苏维埃的基本组织……是动员群众执行苏维埃工作的直接负责机关"[②]，因此"必须把极大的注意力，放到各村、各街道的实际工作上去。必须对于各村与各街道的工作，实行定期检查制度"[③]。他还指出："应该把苏维埃法令政策的彻底与忠实的执行，移在全部苏维埃人员的肩上去，应该把违反苏维埃法令政策的行为，首先是苏维埃人员自己的违反，放在严厉责罚的地位。"[④] 毛泽东关于根据地苏维埃政权所实行的最广泛的民主和集中统一领导的论述，实际上是对民主集中制的早期构想。

关于苏维埃政权的经济纲领。早在中华苏维埃共和国成立前的1928年底，毛泽东就在井冈山革命根据地主持制定了《井冈山土地法》，规定没收一切土地，土地所有权归政府，农民只有使用权，严禁土地买卖。1929年4月，毛泽东在《井冈山土地法》的基础上制定了《兴国土地法》，除将"没收一切土地"改为"没收公共土地及地主阶级土地"外，其他内容未作改变。后来根据实际情况又提出了"抽多补少""抽肥补瘦"的政策。中华苏维埃共和国成立后，毛泽东论述了苏维埃共和国的各种经济成分及相互关系。他指出："现在我们的国民经济，是由国营事业、合作社事业和私人事业这三方面组成的。"其中，"国家经营的经济事业，在目前，只限于可能的和必要的一部分。国营的工业或商业，都已经开始发展，它们的前途

---

① 中共中央文献研究室、中央档案馆编：《建党以来重要文献选编（1921—1949）》第11册，中央文献出版社2011年版，第138页。
② 中共中央文献研究室、中央档案馆编：《建党以来重要文献选编（1921—1949）》第11册，中央文献出版社2011年版，第138—139页。
③ 中共中央文献研究室、中央档案馆编：《建党以来重要文献选编（1921—1949）》第11册，中央文献出版社2011年版，第139页。
④ 中共中央文献研究室、中央档案馆编：《建党以来重要文献选编（1921—1949）》第11册，中央文献出版社2011年版，第140—141页。

是不可限量的"。"我们对于私人经济，只要不出于政府法律范围之外，不但不加阻止，而且加以提倡和奖励。因为目前私人经济的发展，是国家的利益和人民的利益所需要的。私人经济，不待说，现时是占着绝对的优势，并且在相当长的期间内也必然还是优势。"①"合作社事业，是在极迅速的发展中。……发展得最盛的是消费合作社和粮食合作社，其次是生产合作社。信用合作社的活动刚才开始。合作社经济和国营经济配合起来，经过长期的发展，将成为经济方面的巨大力量，将对私人经济逐渐占优势并取得领导的地位。所以，尽可能地发展国营经济和大规模地发展合作社经济，应该是与奖励私人经济发展，同时并进的。"②毛泽东还指出："我们的经济政策的原则，是进行一切可能的和必须的经济方面的建设，集中经济力量供给战争，同时极力改良民众的生活，巩固工农在经济方面的联合，保证无产阶级对于农民的领导，争取国营经济对私人经济的领导，造成将来发展到社会主义的前提。"③毛泽东论述的国营经济、私人经济和合作社经济相结合的经济结构，实际上就是后来所说的新民主主义经济思想的萌芽。

关于苏维埃政权的文化纲领。毛泽东阐明了中华苏维埃共和国文化的基本理念："为着革命战争的胜利，为着苏维埃政权的巩固与发展，为着动员民众一切力量，加入于伟大的革命斗争，为着创造革命的新后代，苏维埃必须实行文化教育的改革，解除反动统治阶级加于工农群众精神上的桎梏，而创造新的工农的苏维埃文化。"④而中华苏维埃文化建设的总任务是："厉行全部的义务教育，是发展广泛的社会教育，是努力扫除文盲，是创造大批领导斗争的高级干部。"中华苏维埃文化教育的总方针是："在于以共产主义的精神来教育广大的劳苦民众，在于使文化教育为革命战争与阶级斗争服务，在于使教育与劳动联系起来。"⑤因此，"执行苏维埃的文化教育政策，开展苏维埃领土上的文化革命，用共产主义武装工农群众的头脑，提高群众的文化水平，实施义务教育制度，增加革命战争中动员民众的力量，同样是苏维埃的

---

① 《毛泽东选集》第1卷，人民出版社1991年版，第133页。
② 《毛泽东选集》第1卷，人民出版社1991年版，第133—134页。
③ 《毛泽东选集》第1卷，人民出版社1991年版，第130页。
④ 中共中央文献研究室、中央档案馆编：《建党以来重要文献选编（1921—1949）》第11册，中央文献出版社2011年版，第124页。
⑤ 中共中央文献研究室、中央档案馆编：《建党以来重要文献选编（1921—1949）》第11册，中央文献出版社2011年版，第127页。

重要任务"①。这些文化思想为后来新民主主义文化思想作了理论准备。

抗日战争时期新民主主义社会理论的形成

1935年12月，瓦窑堡会议分析了九一八事变以来的形势，提出要把"工农共和国改变为人民共和国"。毛泽东指出："我们的政府不但是代表工农的，而且是代表民族的。……不但代表了工农的利益，同时也代表了民族的利益。"②他接着强调："我们过去的政府是工人、农民和城市小资产阶级联盟的政府，那末，从现在起，应当改变为除了工人、农民和城市小资产阶级以外，还要加上一切其他阶级中愿意参加民族革命的分子。"③1936年，为争取国民党一同进行抗日，毛泽东提出了与国民党一同建立"民主共和国"的主张，"在全中国统一的民主共和国建立之时，苏维埃区域即可成为全中国统一的民主共和国的一个组成部分，苏区人民的代表将参加全中国的国会，并在苏区实行与全中国一样的民主制度"④。此后，中国共产党把"民主共和国"的口号具体化为以孙中山的三民主义为基础、改造国民党政府、建立"三民主义共和国"。10月，毛泽东在同英国记者贝特兰的谈话中指出，"须将现政府改造成为一个有人民代表参加的统一战线的政府"⑤；并指出："我们同意以孙中山先生的革命的三民主义、三大政策及其遗嘱，作为各党派各阶层统一战线的共同纲领。"⑥1938年10月，毛泽东在党的六届六中全会上所作的《论新阶段》的政治报告中又指出，"我们所谓民主共和国就是三民主义共和国，它的性质是三民主义的"⑦，这个共和国应该实现民族独立、民权自由和民生幸福，"这样一种国家，就是真正三民主义的中华民国。不是苏维埃，也不是社会主义"⑧。

抗日战争进入战略相持阶段以后，毛泽东在1939年5月提出，中国的

---

① 中共中央文献研究室、中央档案馆编：《建党以来重要文献选编（1921—1949）》第11册，中央文献出版社2011年版，第141页。
② 《毛泽东选集》第1卷，人民出版社1991年版，第158页。
③ 《毛泽东选集》第1卷，人民出版社1991年版，第156页。
④ 《毛泽东文集》第1卷，人民出版社1993年版，第429页。
⑤ 《毛泽东选集》第2卷，人民出版社1991年版，第376页。
⑥ 《毛泽东选集》第2卷，人民出版社1991年版，第377页。
⑦ 中共中央文献研究室、中央档案馆编：《建党以来重要文献选编（1921—1949）》第15册，中央文献出版社2011年版，第632页。
⑧ 中共中央文献研究室、中央档案馆编：《建党以来重要文献选编（1921—1949）》第15册，中央文献出版社2011年版，第633页。

民主革命，是为了建立一个"民主主义的社会制度"，这个革命的完成，要有所依靠，"工人阶级、农民阶级、知识分子和进步的资产阶级，就是革命的工、农、兵、学、商，而其根本的革命力量是工农，革命的领导阶级是工人阶级"[1]。12月，毛泽东在《中国革命和中国共产党》中明确提出了"新民主主义"这一概念，指出"在政治上是几个革命阶级联合起来对于帝国主义者和汉奸反动派的专政，反对把中国社会造成资产阶级专政的社会"[2]，强调中国革命的目的是要"造成各革命阶级在无产阶级领导之下的统一战线的专政"[3]，中国现阶段的革命所要造成的民主共和国"是一个工人、农民、城市小资产阶级和其他一切反帝反封建分子的革命联盟的民主共和国。这种共和国的彻底完成，只有在无产阶级领导之下才有可能"[4]。

1940年1月，毛泽东在《新民主主义论》一文中论述了新民主主义社会的政治、经济和文化。在政治上，毛泽东主张要建立无产阶级领导下的一切反帝反封建的人们联合专政的民主共和国，即"新民主主义的共和国"。毛泽东区分了新民主主义共和国与欧美资产阶级共和国及苏联无产阶级专政的共和国的不同，指出新民主主义共和国"是一定历史时期的形式，因而是过渡的形式，但是不可移易的必要的形式"[5]。毛泽东从国体和政体两个方面对新民主主义共和国作了进一步解释。在国体上，毛泽东批判了国民党隐瞒其阶级地位、以"国民"之名实现专政的手段，指出新民主主义共和国的国体就是"各革命阶级联合专政"。在政体上，毛泽东指出要实行民主集中制，"中国现在可以采取全国人民代表大会、省人民代表大会、县人民代表大会、区人民代表大会直到乡人民代表大会的系统并由各级代表大会选举政府。但必须实行无男女、信仰、财产、教育等差别的真正普遍平等的选举制，才能适合于各革命阶级在国家中的地位，适合于表现民意和指挥革命斗争，适合于新民主主义的精神。这种制度即是民主集中制。只有民主集中制的政府，才能充分地发挥一切革命人民的意志，也才能最有力量地去反对革命的敌人"[6]。

---

[1] 《毛泽东选集》第2卷，人民出版社1991年版，第559页。
[2] 《毛泽东选集》第2卷，人民出版社1991年版，第647页。
[3] 《毛泽东选集》第2卷，人民出版社1991年版，第648页。
[4] 《毛泽东选集》第2卷，人民出版社1991年版，第649页。
[5] 《毛泽东选集》第2卷，人民出版社1991年版，第675页。
[6] 《毛泽东选集》第2卷，人民出版社1991年版，第677页。

抗日战争前期，中国共产党对新民主主义经济的构想主要体现在制订实施的土地政策和针对各种经济成分制订的政策上。随着日本帝国主义对中国的侵略加剧，中国各阶级之间的关系发生变化，为团结各阶级进行抗日，中国共产党对土地政策进行了调整。1937年8月下旬，中共中央政治局扩大会议正式确定把减租减息作为抗日战争时期解决农民问题和土地问题的基本政策，并写进了这次会议通过的《抗日救国十大纲领》之中。毛泽东在《中国革命和中国共产党》中进一步阐述了新民主主义社会的经济。他指出，新民主主义"在经济上是把帝国主义者和汉奸反动派的大资本大企业收归国家经营，把地主阶级的土地分配给农民所有，同时保存一般的私人资本主义的企业，并不废除富农经济"[1]。

对于国营经济，毛泽东在《新民主主义论》中指出，"大银行、大工业、大商业，归这个共和国的国家所有"，而新民主主义共和国经济的正确构成方针，就是孙中山先生在国民党一大上提到的"凡本国人及外国人之企业，或有独占的性质，或规模过大为私人之力所不能办者，如银行、铁道、航路之属，由国家经营管理之，使私有资本制度不能操纵国民之生计，此则节制资本之要旨也"[2]。"在无产阶级领导下的新民主主义共和国的国营经济是社会主义的性质，是整个国民经济的领导力量。"[3]

对于民族资本主义经济，毛泽东早在1935年12月就指出："人民共和国在资产阶级民主革命的时代并不废除非帝国主义的、非封建主义的私有财产，并不没收民族资产阶级的工商业，而且还鼓励这些工商业的发展。"他说："任何民族资本家，只要他不赞助帝国主义和中国卖国贼，我们就要保护他。在民主革命阶段，劳资间的斗争是有限度的。人民共和国的劳动法保护工人的利益，却并不反对民族资本家发财，并不反对民族工商业的发展，因为这种发展不利于帝国主义，而有利于中国人民。"[4]在《新民主主义论》中，毛泽东又指出，新民主主义共和国"并不没收其他资本主义的私有财产，并不禁止'不能操纵国民生计'的资本主义生产的发展，这是因为中国经济还十分落后的缘故"。毛泽东还指出："这个共和国将采

---

[1] 《毛泽东选集》第2卷，人民出版社1991年版，第647页。
[2] 《毛泽东选集》第2卷，人民出版社1991年版，第678页。
[3] 《毛泽东选集》第2卷，人民出版社1991年版，第678页。
[4] 《毛泽东选集》第1卷，人民出版社1991年版，第159页。

取某种必要的方法，没收地主的土地，分配给无地和少地的农民，实行中山先生'耕者有其田'的口号，扫除农村中的封建关系，把土地变为农民的私产。农村的富农经济，也是容许其存在的。这就是'平均地权'的方针。……在这个阶段上，一般地还不是建立社会主义的农业，但在'耕者有其田'的基础上所发展起来的各种合作经济，也具有社会主义的因素"。① 毛泽东还主张，"中国的经济，一定要走'节制资本'和'平均地权'的路"，"决不能让少数资本家少数地主'操纵国民生计'，决不能建立欧美式的资本主义社会，也决不能还是旧的半封建社会"。② 他说："这就是革命的中国、抗日的中国应该建立和必然要建立的内部经济关系。这样的经济，就是新民主主义的经济。而新民主主义的政治，就是这种新民主主义经济的集中的表现。"③

对于新民主主义社会的文化，毛泽东在《新民主主义论》中作了集中的论述。毛泽东指出："新文化，则是在观念形态上反映新政治和新经济的东西，是替新政治新经济服务的。"④ 他论述了五四运动前后中国新文化的不同性质，"在'五四'以前，中国文化战线上的斗争，是资产阶级的新文化和封建阶级的旧文化的斗争"⑤。但资产阶级的新文化"被外国帝国主义的奴化思想和中国封建主义的复古思想的反动同盟所打退了。……旧的资产阶级民主主义文化，在帝国主义时代，已经腐化，已经无力了，它的失败是必然的"⑥。而五四运动之后，"中国产生了完全崭新的文化生力军，这就是中国共产党人所领导的共产主义的文化思想，即共产主义的宇宙观和社会革命论。……由于中国政治生力军即中国无产阶级和中国共产党登上了中国的政治舞台，这个文化生力军，就以新的装束和新的武器，联合一切可能的同盟军，摆开了自己的阵势，向着帝国主义文化和封建文化展开了英勇的进攻"⑦。毛泽东认为："二十年来，这个文化新军的锋芒所向，从思想到形式（文字等），无不起了极大的革命。其声势之浩大，威力之猛烈，

---

① 《毛泽东选集》第2卷，人民出版社1991年版，第678页。
② 《毛泽东选集》第2卷，人民出版社1991年版，第678—679页。
③ 《毛泽东选集》第2卷，人民出版社1991年版，第679页。
④ 《毛泽东选集》第2卷，人民出版社1991年版，第695页。
⑤ 《毛泽东选集》第2卷，人民出版社1991年版，第696页。
⑥ 《毛泽东选集》第2卷，人民出版社1991年版，第697页。
⑦ 《毛泽东选集》第2卷，人民出版社1991年版，第697页。

简直是所向无敌的。"① 在上述分析的基础上,毛泽东定义了新民主主义文化:"所谓新民主主义的文化,一句话,就是无产阶级领导的人民大众的反帝反封建的文化"②,并对新民主主义文化的民族性、科学性和大众性进行了具体的阐释。毛泽东在《新民主主义论》的文末再次阐明了要建立的国家和社会:"新民主主义的政治、新民主主义的经济和新民主主义的文化相结合,这就是新民主主义共和国,这就是名副其实的中华民国,这就是我们要造成的新中国。"③

毛泽东不但明确论述了新民主主义社会的政治、经济和文化,而且明确论述了新民主主义社会的发展前途问题。早在1936年8月中共中央发出《致中国国民党书》,提出同国民党一起建立民主共和国的主张之后,随即在《中共中央关于抗日救亡运动的新形势与民主共和国的决议》中就说明了民主共和国与社会主义前途的关系问题。该决议指出:"民主共和国不但能够使全中国最广大的人民群众参加到政治生活中来,提高他们的觉悟程度与组织力量,而且也给中国无产阶级及其首领共产党为着将来的社会主义的胜利而斗争以自由活动的舞台。"④ "在民主共和国建立之后,共产党也决不放弃对于苏区人民与原有武装力量的绝对的领导。相反的,党在坚决领导全中国人民群众的抗日斗争与日常经济政治斗争中要坚持着扩大与巩固自己的政治的与军事的力量,保障抗日战争与民主共和国之彻底的胜利,争取社会主义前途的实现。"⑤1937年5月,毛泽东在党的全国代表会议上的报告中指出:"共产党人决不抛弃其社会主义和共产主义的理想,他们将经过资产阶级民主革命的阶段而达到社会主义和共产主义的阶段。"⑥我们现在所要建立的民主共和国,"其阶级性是各革命阶级的联盟,其前途可能是走向社会主义"。"我们的民主共和国……按照社会经济条件,它虽仍是资产阶级民主主义性质的国家,但是按照具体的政治条件,它应该是一个工农小资产阶级和资产阶级联盟的国家,而不同于一般的资产阶级共和国。

---

① 《毛泽东选集》第2卷,人民出版社1991年版,第697—698页。
② 《毛泽东选集》第2卷,人民出版社1991年版,第698页。
③ 《毛泽东选集》第2卷,人民出版社1991年版,第709页。
④ 中共中央文献研究室、中央档案馆编:《建党以来重要文献选编(1921—1949)》第13册,中央文献出版社2011年版,第284页。
⑤ 中共中央文献研究室、中央档案馆编:《建党以来重要文献选编(1921—1949)》第13册,中央文献出版社2011年版,第287页。
⑥ 《毛泽东选集》第1卷,人民出版社1991年版,第259页。

因此，它的前途虽仍然有走上资本主义方向的可能，但是同时又有转变到社会主义方向的可能，中国无产阶级政党应该力争这后一个前途。"①

《新民主主义论》发表之后，毛泽东在《抗日根据地的政权问题》等著作中，进一步比较具体地阐述了新民主主义社会的问题，从而丰富了关于新民主主义社会的理论。毛泽东首先论述了抗日根据地政权的性质。他指出："在抗日时期，我们所建立的政权的性质，是民族统一战线的。这种政权，是一切赞成抗日又赞成民主的人们的政权，是几个革命阶级联合起来对于汉奸和反动派的民主专政。"②这种政权组成严格遵守"三三制"原则。为了保证抗日根据地政权的抗日民族统一战线性质，毛泽东说明了抗日根据地政权的选举政策、组织形式和施政方针。他说："抗日统一战线政权的选举政策，应是凡满十八岁的赞成抗日和民主的中国人，不分阶级、民族、男女、信仰、党派、文化程度，均有选举权和被选举权。抗日统一战线政权的产生，应经过人民选举。其组织形式，应是民主集中制。""抗日统一战线政权的施政方针，应以反对日本帝国主义，保护抗日的人民，调节各抗日阶层的利益，改良工农的生活和镇压汉奸、反动派为基本出发点。"③

1940年12月，毛泽东在《论政策》一文中又对抗日根据地所实行的基本政策作了论述。关于根据地的劳动政策，毛泽东指出："必须改良工人的生活，才能发动工人的抗日积极性。但是切忌过左，加薪减时，均不应过多。……劳资间在订立契约后，工人必须遵守劳动纪律，必须使资本家有利可图。否则，工厂关门，对于抗日不利，也害了工人自己。"④关于根据地的土地政策，毛泽东指出："目前不是实行彻底的土地革命的时期，过去土地革命时期的一套办法不能适用于现在。现在的政策，一方面，应该规定地主实行减租减息……另一方面，要规定农民交租交息，土地所有权和财产所有权仍属于地主。"⑤而经济政策"应该积极发展工业农业和商品的流通。应该吸引愿来的外地资本家到我抗日根据地开办实业"⑥。

毛泽东认为，抗日根据地的建设实践就是新民主主义社会的模型。"判

---

① 《毛泽东选集》第1卷，人民出版社1991年版，第263—264页。
② 《毛泽东选集》第2卷，人民出版社1991年版，第741页。
③ 《毛泽东选集》第2卷，人民出版社1991年版，第743页。
④ 《毛泽东选集》第2卷，人民出版社1991年版，第766页。
⑤ 《毛泽东选集》第2卷，人民出版社1991年版，第766—767页。
⑥ 《毛泽东选集》第2卷，人民出版社1991年版，第768页。

断一个地方的社会性质是不是新民主主义的,主要地是以那里的政权是否有人民大众的代表参加以及是否有共产党的领导为原则。因此,共产党领导的统一战线政权,便是新民主主义社会的主要标志。有些人以为只有实行十年内战时期那样的土地革命才算实现了新民主主义,这是不对的。现在各根据地的政治,是一切赞成抗日和民主的人民的统一战线的政治,其经济是基本上排除了半殖民地因素和半封建因素的经济,其文化是人民大众反帝反封建的文化。因此,无论就政治、经济或文化来看,只实行减租减息的各抗日根据地,和实行了彻底的土地革命的陕甘宁边区,同样是新民主主义的社会。"[1] 他指出:"这种抗日统一战线政权的建立,将给全国以很大的影响,给全国抗日统一战线政权树立一个模型。"[2] "各根据地的模型推广到全国,那时全国就成了新民主主义的共和国。"[3]

二、联合政府主张与重庆谈判

随着世界反法西斯的节节胜利,日本在中国败局已定,部分欧洲国家建立了联合政府,而国民党则希望抗战胜利后继续维持其独裁统治。中国共产党坚决反对国民党一党专政,在1945年党的七大开幕词《两个中国之命运》中,毛泽东提出要反对建立一个"半殖民地半封建的、分裂的、贫弱的中国",而要建立起一个"独立、自由、民主、统一、富强的中国"[4],要"团结全国人民建设新民主主义的国家"[5],这反映了中国人民的基本需求。而毛泽东在党的七大上作《论联合政府》的报告,则提出了中国人民和一切抗日民主党派迫切需要的联合政府主张和共同纲领。

联合政府主张的提出

中国共产党联合政府主张的提出,有着具体的国内国际背景。就国内

---

[1] 《毛泽东选集》第 2 卷,人民出版社 1991 年版,第 785 页。
[2] 《毛泽东选集》第 2 卷,人民出版社 1991 年版,第 751 页。
[3] 《毛泽东选集》第 2 卷,人民出版社 1991 年版,第 785 页。
[4] 《毛泽东选集》第 3 卷,人民出版社 1991 年版,第 1026 页。
[5] 《毛泽东选集》第 3 卷,人民出版社 1991 年版,第 1027 页。

来说，一是宪政运动的再次兴起。早在 1939 年 9 月至 1940 年秋，中国共产党和其他民主党派曾发起过一次宪政运动。尽管国民党一再压制民意，但要求宪政的舆论一直未停息。1943 年 9 月，迫于国内国际形势和舆论压力，国民党五届十一中全会宣布抗战结束 1 年内实行宪政，并声明以政治方式解决共产党问题。1944 年起，各民主党派发起新一轮宪政运动。同年 3 月 1 日，中共中央向各中央局、分局及区党委下发毛泽东起草的关于宪政问题的指示，决定参加这次宪政运动，以期吸引民主分子，达到战胜日寇与建立民主国家的目的。[①] 此前，中共代表已参加国民党在重庆召集的宪政实施协进会，延安也已举行宪政座谈会。此后，各根据地也举行类似的座谈会。二是国民党正面战场的溃败和共产党领导的陕甘宁边区及敌后抗日根据地力量的日益壮大。三是中外记者团和美军观察组先后到达延安，延安的地位大为提高。由于国民党的封锁，外界原来对中国共产党的情况知之甚少。

  1944 年以来，国民党的溃败和共产党的胜利形成了鲜明的对比，引起了盟国对中国共产党的关注。美国、英国为了解真实情况，有意派记者来延安采访。6 月，中外记者团来到延安，受到了热情接待。6 月 12 日，毛泽东在会见中外记者西北参观团时强调了民主对中国抗战时甚至抗战后的重要性。他说："中国人民非常需要民主，因为只有民主，抗战才有力量，中国内部关系与对外关系，才能走上轨道，才能取得抗战的胜利，才能建设一个好的国家，亦只有民主才能使中国在战后继续团结。"[②] 除了派记者来采访之外，美国还派遣美军观察组到延安长驻，以更深入地了解中国共产党及其抗日根据地，加强和中国共产党的接触和联系。1944 年 7 月 22 日和 8 月 7 日，两批各九名观察组成员先后到达延安。8 月 23 日，经过慎重考虑，毛泽东会见了精通中文的谢伟思，并与他进行了长谈。毛泽东说，美国在战后支持一个民主的联合政府才符合美国的利益。就国际局势而言，随着欧洲反法西斯战争取得胜利，欧洲部分国家相继成立具有联合性质的政府。波兰于 1944 年元旦由工人党和流亡政府合作成立了全国人民代表会议，由工人党领袖贝鲁特任主席；同年 7 月 21 日，成立了工人党执政的波

---

① 参见《毛泽东文集》第 3 卷，人民出版社 1996 年版，第 90 页。
② 《毛泽东文集》第 3 卷，人民出版社 1996 年版，第 168 页。

兰共和国。希腊流亡政府于1944年10月在英军的支持下回到雅典,并排挤领导希腊反法西斯战争的希腊共产党,希腊共产党最终向政府妥协,甚至军队也被解散。法国于1944年6月成立以戴高乐为首的临时政府,形成了有法国共产党参加的反法西斯统一战线。在同盟国和共产党的支持下,不久全国光复,但政权最终落入资产阶级手中。毛泽东对国际局势非常关注,所以他在提联合政府主张时多次提到"希腊式""波兰式""法国式"。在这些背景下,中国共产党改组国民政府、成立民主联合政府的主张开始酝酿并逐步提出。

1944年8月17日,毛泽东在董必武致周恩来的一份电文上批示:"应与张、左商各党派联合政府。"[①]这是目前所见的最早的关于联合政府主张的出处。同年9月15日,林伯渠在三届三次国民参政会上,首次公开提出了"组织各抗日党派联合政府"[②]的主张。9月27日,毛泽东在为林伯渠起草的复王世杰、张治中的信中,以书面方式再次强调联合政府主张:"由现在的国民政府立即召集全国各抗日党派、各抗日部队、各地方政府、各民众团体的代表,开紧急国是会议,成立各党派联合政府,并由这个政府宣布并实行关于彻底改革军事、政治、经济、文化各方面的新政策。"[③]至此,联合政府主张已成为中国共产党明确的建国方针。

赫尔利"调处"国共关系

1944年9月,美国总统罗斯福派赫尔利来华"调处"国共关系。同年11月7日,赫尔利带着自己草拟并经蒋介石改定的《协议的基础》到延安与中共谈判。《协议的基础》的主旨是以承认中共的合法地位为条件,换取中共交出军队,服从国民政府的领导。[④]这实际上是一个招安的文件,与联合政府主张相去甚远,中共当然不会答应。面对这个完全不平等的协议,毛泽东等中共领导人耐心地与赫尔利谈判。经过三天四次会谈,双方签署

---

① "张、左"指当时民盟的领导人张澜和左舜生。中共中央文献研究室编:《毛泽东年谱(1893—1949)》(中),中央文献出版社2013年版,第536页。
② 中央档案馆编:《中共中央文件选集》第14册(1943—1944),中共中央党校出版社1992年版,第334页。
③ 《毛泽东文集》第3卷,人民出版社1996年版,第214页。
④ 参见《毛泽东文集》第3卷,人民出版社1996年版,第225—226页。

《中国国民政府、中国国民党与中国共产党协定》。①该协定的核心内容是把国民政府改组为各党派联合政府，承认抗日军队和抗日党派的合法地位。这是一个以国共合作为基础的民主联合政府的成立方案。毛泽东对这个协议是满意的。他说："我们承认一个联合的国民政府，并不妨碍我们自己组织解放区的政府。在国民党方面，如果蒋介石签字承认，即是最大的让步，因为我们得到了合法地位，这是前所未有的。"②11月10日，赫尔利带着签好的协议回到重庆。蒋介石非常生气，拒绝签字。赫尔利随即倒向国民党一边。11月19日，又向共产党提出三条反建议③，仍然坚持要中共交出军队换取合法地位。这样，又回到赫尔利带去延安的五点内容的观点上，赫尔利的延安之行成为无用功。由于双方分歧太大，谈判无以为继。于是12月1日，毛泽东电召中共赴重庆谈判代表周恩来、董必武回延安。在赫尔利的斡旋下，1945年1月24日，周恩来受命再赴重庆。毛泽东定的谈判方针是：和民主人士合作，召开国民党、共产党、民盟三方会议，作为国事会议的预备会，以便正式商讨国事会议和联合政府。在谈判中，赫尔利和国民党方面提出由国民党、共产党、美国三方各派一人组成军队整编委员会，由美军派人担任中共军队总司令。此无理要求立即被周恩来拒绝。毛泽东高度认同周恩来的做法，认为这是把中国军队变为殖民地军队的恶毒政策。考虑到蒋介石正在大打"国大牌"，欲以"国民大会"抵制联合政府，毛泽东指示说不同意抗战胜利前召开"国大"，没有真民主，中共不参加政府。蒋介石依然不肯让步，于2月13日当着赫尔利的面对周恩来回复说，他不接受联合政府主张，并说党派会议等于分赃会议，组织联合政府无异于推翻政府。④赫尔利默认了蒋介石的主张。他曾在给美国国务卿的报告中这样写道："我不同意，或不支持任何在我看来会削弱国民政府和蒋介石的地位的原则和方法。"⑤这样，国共在抗战期间关于联合政府的最后一次谈判失败。但中共和中间党派已经结成主张联合政府的统一战线，在广大人民中间扩大了影响。

---

① 参见胡乔木：《胡乔木回忆毛泽东》，人民出版社2014年版，第354—355页。
② 胡乔木：《胡乔木回忆毛泽东》，人民出版社2014年版，第355—356页。
③ 参见中国第二历史档案馆：《1944年5月—1945年1月国共谈判史料（续）》，《民国档案》1993年第5期，第29页。
④ 参见胡乔木：《胡乔木回忆毛泽东》，人民出版社2014年版，第361页。
⑤ 金冲及：《毛泽东传（1893—1949）》，中央文献出版社2004年版，第720页。

百年大党：走向最强大政党

1945年2月18日，中共中央全会讨论周恩来关于联合政府问题的国共谈判报告时，毛泽东根据西欧国家反法西斯胜利后的建国模式，结合国内实际，提出了三种联合政府的可能性：第一种是以蒋介石为主，希腊式；第二种以中共为主，波兰式；第三种是国共合作的政府，若政府设在重庆，则本质上仍是蒋介石的，即独裁加若干民主。①

1945年3月31日，毛泽东在党的七大预备会上对《论联合政府》作说明时，进一步分析了联合政府的三种可能性：第一种是中共交出军队去做官。毛泽东认为交出军队是不可能的，做官是有可能的，坏处是在独裁政府做官（可能不得民心），好处是可以做宣传工作。第二种是独裁加若干民主，以蒋介石为首，承认中共和解放区。第三种是以中共为中心。毛泽东主张在中共拥有150万军队、1.5亿人民时，而蒋介石力量更加削弱，没有联合的可能时，就要这样做。②第一种可能性弊大于利，是共产党最不愿意看到的。第二种可能性基本上是维持现状，也非共产党真正想要的。第三种可能性才是中共真正想要的，虽然暂时还有困难，不过在不久的将来可望达到，因为当时中共已有91万军队、接近1亿人口，国民党有150万军队、2亿人口。毛泽东指出，建立以中共为主的联合政府，"这是中国政治发展的基本趋势和规律，我们要建设的国家就是这样一个国家"③。

在赫尔利的支持下，1945年3月1日蒋介石公然宣称，不同意联合政府，并不顾中共和民主党派的反对，单方面宣布当年11月12日将召开国民党一党包办的"国民大会"。对此，毛泽东进行了严厉的批评和揭露。3月13日和4月1日，毛泽东两次会见谢伟思，警告说蒋介石正在走向内战和自杀的道路，并请他转告美国政府，一旦内战爆发，请美国不要插手。但美国的扶蒋反共政策已定，听不进任何劝告。4月2日，赫尔利公开宣称，美国政府只同国民党合作，不同共产党合作。尽管美国给蒋介石撑腰，但毛泽东丝毫不为所惧。他说："你们爱撑蒋介石的腰就撑，愿撑多久就撑多久。不过要记住一条，中国是什么人的中国？……中国是中国人民的。总有一天你们会撑不下去！"④为了与国民党的伪国大作斗争，毛泽东一面继

---

① 参见胡乔木：《胡乔木回忆毛泽东》，人民出版社2014年版，第372页。
② 参见《毛泽东文集》第3卷，人民出版社1996年版，第277页。
③ 《毛泽东文集》第3卷，人民出版社1996年版，第277页。
④ 《毛泽东选集》第4卷，人民出版社1991年版，第1133页。

续揭露国民党的阴谋,一面寻找新的应对办法。1945年4月24日,在党的七大上的报告《论联合政府》中,毛泽东指出:"国民党主要统治集团现在正在所谓'召开国民大会'和'政治解决'的烟幕之下,偷偷摸摸地进行其内战的准备工作。如果国人不加注意,不去揭露它的阴谋,阻止它的准备,那末,会有一个早上,要听到内战的炮声的。"①在党的七大上,毛泽东同时还宣布了成立"中国人民解放联合会"的决定。他说,要召开解放区人民代表会议,建立名称为"中国人民解放联合会"的领导机关,并打电报请蒋介石组织联合政府。②此举意在通过成立"解联"逼迫蒋介石接受联合政府主张。毛泽东明确指出,解放联合会是"带有政权机关性质的",是"为了联合各解放区而奋斗的过渡时期的组织形式"。③并且时间也定在11月12日,准备跟国民党的"国民大会"唱对台戏。1945年6月,中共准备召开解放区人民代表会议,党的七届一中全会还通过了有关决议。毛泽东在会上说,召开解放区人代会可能向两个方向发展:一是向联合政府发展,选举一个解放区联合会;另一个也是向联合政府发展,但要经过一个曲折,即可能先成立国民党为主的联合政府,即独裁加若干民主的形式,然后再转变为真正的民主联合政府。④

毛泽东系统阐述联合政府纲领

在党的七大《论联合政府》的报告中,毛泽东明确提出联合政府的一般纲领与具体纲领。在一般纲领中,毛泽东指出,要"建立一个以全国绝对大多数人民为基础而在工人阶级领导之下的统一战线的民主联盟的国家制度,我们把这样的国家制度称之为新民主主义的国家制度"⑤。但毛泽东同时强调,《论联合政府》中的一般纲领是党的最低纲领,而党的最高纲领,"是要将中国推进到社会主义社会和共产主义社会去的,这是确定的和毫无疑义的"⑥。

关于新民主主义的政治,毛泽东指出:"我们主张的新民主主义的政

---

① 《毛泽东选集》第3卷,人民出版社1991年版,第1051页。
② 参见《毛泽东文集》第3卷,人民出版社1996年版,第334—335页。
③ 《毛泽东文集》第3卷,人民出版社1996年版,第414页。
④ 参见胡乔木:《胡乔木回忆毛泽东》,人民出版社2014年版,第389页。
⑤ 《毛泽东选集》第3卷,人民出版社1991年版,第1056页。
⑥ 《毛泽东选集》第3卷,人民出版社1991年版,第1059页。

治,就是推翻外来的民族压迫,废止国内的封建主义的和法西斯主义的压迫,并且主张在推翻和废止这些之后不是建立一个旧民主主义的政治制度,而是建立一个联合一切民主阶级的统一战线的政治制度。"①毛泽东强调了这种主张与孙中山先生"近世各国所谓民权制度,往往为资产阶级所专有,适成为压迫平民之工具。若国民党之民权主义,则为一般平民所共有,非少数人所得而私也"的政治指示是完全一致的。他强调:"新民主主义的政权组织,应该采取民主集中制,由各级人民代表大会决定大政方针,选举政府。它是民主的,又是集中的,就是说,在民主基础上的集中,在集中指导下的民主。"同时,强调了民主集中制的优越性,即"只有这个制度,才既能表现广泛的民主,使各级人民代表大会有高度的权力;又能集中处理国事,使各级政府能集中地处理被各级人民代表大会所委托的一切事务,并保障人民的一切必要的民主活动"②。

关于新民主主义的经济,毛泽东同意孙中山先生"耕者有其田"和"国家经营独占性或大规模企业"的主张,提出:"自由发展那些不是'操纵国民生计'而是有益国民生计的私人资本主义经济,保障一切正当的私有财产",认为"在现阶段上,中国的经济,必须是由国家经营、私人经营和合作社经营三者组成的。而这个国家经营的所谓国家,一定要不是'少数人所得而私'的国家,一定要是在无产阶级领导下而'为一般平民所共有'的新民主主义的国家"。

关于新民主主义的文化,毛泽东再次强调新民主主义文化"同样应该是'为一般平民所共有'的,即是说,民族的、科学的、大众的文化,决不应该是'少数人所得而私'的文化"③。

在具体纲领中,毛泽东首先明确提出了要发展工业,要使中国由农业国变为工业国。他指出:"没有一个独立、自由、民主和统一的中国,不可能发展工业。……没有独立、自由、民主和统一,不可能建设真正大规模的工业。没有工业,便没有巩固的国防,便没有人民的福利,便没有国家的富强。"④"在新民主主义的政治条件获得之后,中国人民及其政府必须采

---

① 《毛泽东选集》第3卷,人民出版社1991年版,第1056页。
② 《毛泽东选集》第3卷,人民出版社1991年版,第1057页。
③ 《毛泽东选集》第3卷,人民出版社1991年版,第1058页。
④ 《毛泽东选集》第3卷,人民出版社1991年版,第1080页。

取切实的步骤,在若干年内逐步地建立重工业和轻工业,使中国由农业国变为工业国。"①对于劳资关系,毛泽东指出:"在新民主主义的国家制度下,将采取调节劳资间利害关系的政策。一方面,保护工人利益,根据情况的不同,实行八小时到十小时的工作制以及适当的失业救济和社会保险,保障工会的权利;另一方面,保证国家企业、私人企业和合作社企业在合理经营下的正当的赢利;使公私、劳资双方共同为发展工业生产而努力。"②对于知识分子和国民教育政策,毛泽东指出:"为着扫除民族压迫和封建压迫,为着建立新民主主义的国家,需要大批的人民的教育家和教师,人民的科学家、工程师、技师、医生、新闻工作者、著作家、文学家、艺术家和普通文化工作者。""一切知识分子,只要是在为人民服务的工作中著有成绩的,应受到尊重,把他们看作国家和社会的宝贵的财富。"③"从百分之八十的人口中扫除文盲,是新中国的一项重要工作。……对于旧文化工作者、旧教育工作者和旧医生们的态度,是采取适当的方法教育他们,使他们获得新观点、新方法,为人民服务。"④

党的七大以后,随着形势的急剧变化,国共双方围绕联合政府进行了激烈的斗争,联合政府主张受多方因素的影响,既有挫折又有发展。抗战胜利前夕,国共双方围绕"国民大会"与联合政府进行了激烈的斗争。《论联合政府》的报告出来后,在重庆发行了3万份,产生了广泛的影响,得到了社会各界甚至部分国民党员的拥护。但蒋介石说,这是国民党有史以来最大的耻辱。毛泽东判断:"他们要打内战,要消灭我们。"⑤毛泽东一方面准备应付可能到来的内战,另一方面与国民党展开争取建立联合政府的斗争。毛泽东对可能的困难作了充分的估计,他一口气列举了17条,包括准备被国民党占去几大块根据地、被消灭若干万军队、伪军欢迎蒋介石、爆发内战、国际无产阶级长期不援助中共,等等。⑥1945年6月15日,中共公开提出不出席国民政府召开的四届一次参政会,并说明不出席的三点理由:一是国民党拒绝联合政府等主张;二是召开此次会议国民党未与中

---

① 《毛泽东选集》第3卷,人民出版社1991年版,第1081页。
② 《毛泽东选集》第3卷,人民出版社1991年版,第1082页。
③ 《毛泽东选集》第3卷,人民出版社1991年版,第1082页。
④ 《毛泽东选集》第3卷,人民出版社1991年版,第1083页。
⑤ 《毛泽东文集》第3卷,人民出版社1996年版,第386页。
⑥ 参见《毛泽东文集》第3卷,人民出版社1996年版,第388—391页。

共和其他民主党派商量;三是国民党一党决定包办国民大会。①7月10日、12日和22日,毛泽东连续发表《赫尔利和蒋介石的双簧已经破产》《评赫尔利政策的危险》《评国民参政会关于国民大会的决议》三篇文章,对赫尔利扶蒋反共政策和蒋介石的反共独裁政策进行了揭露和批评。当时,国民党正与苏联谈判,毛泽东对其联苏反共的阴谋有所洞察,认为:"蒋介石一切准备都是反共的,内战危险空前严重。"②但同时估计到抗战胜利可能还要一年多时间,可以利用这段时间进一步壮大自己的力量,以便战后制止内战,迫使美蒋改变其政策。8月8日,苏联宣布对日本作战,苏联红军进入东北向日本关东军发起进攻。翌日,毛泽东发出"对日寇的最后一战"的号召,一面号召全国人民对日反攻,一面提醒国人注意制止内战,努力促成民主联合政府的建立。③

在对日本大反攻过程中,国共矛盾进一步加剧。8月10日,朱德命令各解放区的敌伪向我军投降,国民党中央宣传部"发言人"说这是"非法之行动"。11日,蒋介石下了三道"命令":一是命令国民党军队"积极推进,勿稍懈怠";二是命令解放区的人民军队"原地驻防待命";三是命令伪军"反正"后"负责维持地方治安"。④毛泽东采取针锋相对的政策。一方面坚决拒绝蒋介石的命令,另一方面命令中共军队"坚决向敌人进攻,直至敌人在实际上停止敌对行为、缴出武器,一切祖国的国土完全收复之时为止"⑤。在向敌伪进攻的同时,毛泽东作了两手准备。一方面考虑恢复国共谈判,另一方面准备应对蒋介石可能发动的内战。1945年8月11日,毛泽东在题为"关于日本投降后党的任务"的党内指示中提出:"国共谈判将以国际国内新动向为基础考虑其恢复","但各地对蒋介石绝对不应存在任何幻想,必须在人民中揭破其欺骗,对蒋介石发动内战的危险应有必要的精神准备。"⑥8月13日,毛泽东在延安干部会上讲演,对形势作出新的判断:"从整个形势看来,抗日战争的阶段过去了,新的情况和任务是国内斗

---

① 参见《毛泽东文集》第3卷,人民出版社1996年版,第430页。
② 《毛泽东文集》第3卷,人民出版社1996年版,第444页。
③ 参见《毛泽东选集》第3卷,人民出版社1991年版,第1119—1120页。
④ 胡乔木:《胡乔木回忆毛泽东》,人民出版社2014年版,第395页。
⑤ 《毛泽东选集》第4卷,人民出版社1991年版,第1146页。
⑥ 《毛泽东文集》第3卷,人民出版社1996年版,第456页。

争。蒋介石说要'建国',今后就是建什么国的斗争。"①8月15日,蒋介石的发言人说"委员长之命令,必须服从","违反者即为人民之公敌"。当时新华社记者说:"这是蒋介石公开发出的全面内战的信号。"②

重庆谈判中联合政府主张的挫折

日本于1945年8月15日宣布投降,这宣告了世界反法西斯战争的胜利结束。国共双方很快都作出政策的重大调整。首先作出调整的是蒋介石。他作出和平姿态,于8月14日、20日、23日连发三封电报邀毛泽东赴重庆谈判,意图很明显,假如毛泽东不敢应邀,就可以借机兴师讨伐,并把内战的责任推到共产党身上。假如毛泽东敢来重庆,就通过和平谈判迫使中共就范。假如和平谈判不成功,他就可以利用这段谈判的时间作好内战的准备。毛泽东于16日、20日、24日回复三封电报,并最终决定亲自去重庆谈判。重庆谈判仍然是围绕抗战胜利后如何重新建国的斗争,这注定是一场艰难而复杂的斗争。

日本宣布投降后,中国共产党也迅速对形势作出新的判断。毛泽东认为,世界进入了和平建设时期,内战暂时打不起来,因此及时提出了"和平、民主、团结"的口号。8月25日,中共中央发表《对目前时局的宣言》,对国民政府提了六点要求,实际上也是重庆谈判要达到的基本目标。其内容是:第一,承认中国解放区的民选政府和抗日军队,撤退包围与进攻解放区的军队,以便立即实现和平,避免内战;第二,划定八路军、新四军及华南抗日纵队接受日军投降的地区,并给予他们以参加处置日本的一切工作的权利,以昭公允;第三,严惩汉奸,解散伪军;第四,公平合理地整编军队,办理复员,救济难胞,减轻赋税,以解民困;第五,承认各党派合法地位,取消一切妨碍人民集会结社言论出版自由的法令,取消特务机关,释放爱国政治犯;第六,立即召开各党派和无党派代表人物的会议,商讨抗战结束后的各项重大问题,制定民主的施政纲领,结束训政,成立举国一致的民主的联合政府,并筹备自由无拘束的普选的国民大会。③

---

① 《毛泽东选集》第4卷,人民出版社1991年版,第1130页。
② 《毛泽东选集》第4卷,人民出版社1991年版,第1148页。
③ 参见中央档案馆编:《中共中央文件选集》第15册(1945),中共中央党校出版社1991年版,第248—249页。

百年大党：走向最强大政党

在新的形势下，为了给中国人民争取和平、民主、团结的前途，中国共产党顾全大局，准备在一些问题上作出让步，特别是关于解放区和军队这一核心问题，中共估计蒋介石不会完全承认，因此毛泽东准备以数量上和局部的让步换取共产党在全国的合法地位。[1]

对于联合政府的形式，毛泽东甚至估计到可能是以蒋为主的独裁加若干民主的形式。毛泽东形象地把这种改造国民党、建立联合政府的政策称为"洗脸"政策。毛泽东说："七大时讲的长期迂回曲折，准备出现最大困难，现在要实行了。现在我国在全国范围内可能成立资产阶级领导的而有无产阶级参加的政府。中国如果成立联合政府，可能有几种形式。其中一种就是现在的独裁加若干民主，并将存在相当长的时期。对于这种形式的联合政府，我们还是要参加进去，进去是给蒋介石'洗脸'，而不是'砍头'。走这个弯路将使我们党在各方面达到更成熟，中国人民更觉悟，然后建立新民主主义的中国。"[2]

1945年9月3日，周恩来向国民党代表提交经毛泽东审定的《同国民党谈判的十一条意见》，大意有：彻底实现三民主义，承认蒋在全国的领导地位，承认国共及民主党派的合法地位，承认解放区部队和地方政权，参加受降，召开党派会议，要求解放区部队编为16军48个师。[3] 很显然，中国共产党对重庆谈判是非常真诚的，并作出了巨大的让步，特别是承认三民主义为共同理想，承认蒋介石的领导地位，军队数目原定53个师缩为48个师。这里没有提"联合政府"，因为考虑到国民党反对，改为"参加政府"。这是中国共产党再次作出的重大让步。与此同时，中国共产党提出了以下要求："国民政府召集各党派及无党派代表人物的政治会议，协商国事，讨论团结建国大计，民主的施政纲领，各党派参加政府，重选国民大会，由中共推荐陕甘宁边区以及热河、察哈尔、河北、山东、山西五省省政府主席，绥远、河南、江苏、安徽、湖北、浙江、广东及东北十省副主席，北平、天津、开封、上海四特别市副市长；推行地方自治，实行普选。"[4] 但在实际谈判中，国民党的要求非常苛刻，为了促进和谈的成功，在

---

[1] 参见《毛泽东文集》第4卷，人民出版社1996年版，第8—9页。
[2] 《毛泽东文集》第4卷，人民出版社1996年版，第7页。
[3] 参见《毛泽东文集》第4卷，人民出版社1996年版，第20—21页。
[4] 胡乔木：《胡乔木回忆毛泽东》，人民出版社2014年版，第406页。

不影响根本利益的前提下,毛泽东又作出了较大让步,如军队缩减至 20 个师,承认旧"国大"代表有效,但各区域代表再增加 1/3(此议国民党未接受),中国共产党的政协代表名额由 9 名减为 7 名等。

经过 43 天的艰难谈判,毛泽东顶住压力在作出巨大让步的同时又坚守底线,促成了《双十协定》的签订,这是重庆谈判的书面结果。10 月 11 日毛泽东回延安,周恩来等留在重庆继续谈判,商谈余下的问题。双方达成的共识主要有五个方面:一是致力于和平建国;二是同意政治民主化、军队国家化及党派平等合法为达到和平建国的途径;三是迅速结束训政,召开政治协商会议;四是保证人民的基本自由;五是推行地方自治,实行普选等。

首先,这些共识最大的成果是国民党同意了和平团结的方针,给了国际国内一个和平的承诺,再要发动内战,就会在道义上处于劣势,失去民心。其次,这种形式上的国共双方对等谈判,意味着国民政府承认了中国共产党的合法地位。最后,决定召开政治协商会议,实际上成为成立联合政府的重要步骤。当然,正如毛泽东所言:"已经达成的协议,还只是纸上的东西。纸上的东西并不等于现实的东西。事实证明,要把它变成现实的东西,还要经过很大的努力。"①双方的分歧主要是军队问题和解放区问题,这两个最关键问题没有解决好,就为后来的内战埋下了伏笔。在关于重庆谈判的总结中,毛泽东从两个方面进行了说明:一方面是内战的可能性很大,他说"国共两党一定谈判不好,一定要打仗,一定要破裂";另一方面是和平的可能性也不是完全没有,"解放区的强大,大后方人民的反对内战和国际形势"等因素,"使得蒋介石还不能不有很多顾忌"。②事实上,重庆谈判期间,国民党就挑起了上党战役。重庆谈判结束后,紧接着又相继发生了绥远战役和邯郸战役。内战事实上已经存在,但还是局部的、小范围的,国民党的目的是在谈判中增加筹码。

重庆谈判后,蒋介石的办法是边谈边打,共产党也采取相同的应对策略。打的方面,到 1945 年底,大的冲突除了上党战役、绥远战役和邯郸战役外,还发生了津浦和山海关战役;谈的方面,双方围绕受降、解放区、军

---

① 《毛泽东选集》第 4 卷,人民出版社 1991 年版,第 1156 页。
② 《毛泽东选集》第 4 卷,人民出版社 1991 年版,第 1157—1158 页。

队等问题磋商。由于国民党缺乏诚意，基本上没有任何实质性进展，直到1946年政协召开。在马歇尔调停下，1946年1月5日和10日国共先后签订《关于停止国内军事冲突的协议》和《关于停止冲突恢复交通的命令和声明》。1月10日至31日，经过国民党、共产党和各民主党派代表21天的努力，政治协商会议通过了《关于宪草问题的协议》《关于军事问题的协议》《和平建国纲领》《关于政府组织问题的协议》《关于国民大会问题的协议》。这五项协议规定：成立联合政府，国府委员半数由国民党人充任，其余半数由其他党派及社会贤达充任；国共军队在6个月内按5∶1的比例整编，然后全国军队再统一整编为五六十个师；实行地方自治，省为地方自治最高单位，自治地方可以保存人民的武装等。①

宪草问题基本上以共产党的意见为主，包括人民直接行使选举、创制、复决、罢免四权，实行类内阁制，限制总统权力，实行地方分权，实行省自治等。军事问题字面上达成了一致，并于1946年2月份签署了《整军方案》。建国纲领问题也以中国共产党意见为主，包括暂时维持解放区政权现状，实际上暂时承认了解放区的合法地位。关于政府组织问题，共产党作出了让步，由同意国民党在国府委员中占1/3让步到半数，但剩余半数的名额分配问题没有解决。关于国民大会问题，共产党也作出了让步，由重选国大代表到承认部分旧代表有效，并新增700名代表。总之，政协通过的五个协议使重庆谈判没有解决的军队和解放区问题得到了一定程度的解决，事情朝着有利于共产党的方向发展，基本保证了即将成立的政府的联合性质，毛泽东的联合政府主张得到认可。毛泽东本人对政协的成果是满意的，他曾乐观地估计中国和平民主新阶段，即将从此开始。

联合政府主张的中断与重提

政治协商会议的结果虽然当时得到各方一致认可，但蒋介石很快撕毁政协协议，国共关系再趋紧张，内战越打越大，从东北大打到全面内战，以打促谈演变成战争解决一切，以国共合作为基础的联合政府主张被迫放弃，联合政府主张因此而中断将近一年，直到1947年10月10日"中国人

---

① 参见胡乔木：《胡乔木回忆毛泽东》，人民出版社2014年版，第428—429页。

民解放军宣言"（以下简称"双十宣言"）中再度提出。

毛泽东所期望的和平民主新阶段并没有维持多久，政协决议签订之后不久，蒋介石就撕毁了协议。1946年2月，相继发生国民党特务殴打民主人士的较场口事件、大闹军调部中共办公室、反苏反共大游行等事件。3月召开的国民党六届二中全会推翻了政协系列协议案。鉴于上述事件，中共拒绝参加3月20日召开的四届二次国民参政会以示抗议。4月1日，蒋介石在参政会上发表演说，宣称在东北问题解决以前不谈内政问题，意味着谈判中断，东北战争越打越大。在马歇尔的调停下，6月7日国共再次达成半个月的停战协议。

东北停战不久，关内又打起来了。1946年5月1日，毛泽东已经估计到国民党即将发动全面内战，要求各地做好相应的准备工作。6月19日毛泽东进一步指出："观察近日形势，蒋介石准备大打，恐难挽回。"①关于谈判，毛泽东寄希望于以战求和。他说："大打后，估计六个月内外时间，如我军大胜，必可议和；如胜负相当，亦可能议和；如蒋军大胜，则不能议和。"②25日他又说："半年至一年内如我打胜，和平有望。""我党在南京谈判中，当尽最后努力，付出最大让步，以求妥协，但你们不要幻想。"③和平的希望实已十分渺茫。6月26日，蒋介石发动对中原解放军的围攻，内战正式爆发。以中原围攻为起点，其他战场也开始大打。面对蒋介石的全面进攻，中共只能选择打的方针。7月20日，毛泽东在一份党内指示中说："全党同志和全解放区军民，必须团结一致，彻底粉碎蒋介石的进攻，建立独立、和平、民主的新中国。"④

虽然建立包括国民党在内的联合政府的可能性已经很小，但中国共产党并未放弃最后一丝希望，即中共谈判代表仍然留在南京与国民党谈判。10月，国府委员名额分配问题和东北问题仍然无法达成一致，国民党决定单方面召集国民大会，中共和民盟拒绝参加。11月15日，国民大会在中共和民盟缺席的情况下仍然于南京召开。至此原定的联合政府设想已经完全无望。11月19日，周恩来等返回延安。这样，关于成立联合政府的谈判

---

① 《毛泽东文集》第4卷，人民出版社1996年版，第121页。
② 《毛泽东文集》第4卷，人民出版社1996年版，第121页。
③ 《毛泽东文集》第4卷，人民出版社1996年版，第134页。
④ 《毛泽东选集》第4卷，人民出版社1991年版，第1188页。

最终破裂。谈判的破裂，意味着以国共合作为基础的联合政府主张的放弃。11月21日，毛泽东在中央会议上的讲话中指出："蒋介石对我们的方针是一不给自由，二要消灭你，不允许我们在保存一块地方的条件下订城下之盟。因此我们的方针只能是打的方针，这是确定了的。"[①] "谈判主要是为了教育人民，这个目的是达到了。代表团不能早回来，一定要在开'国大'以后，这样战争与分裂的责任才清楚，才不致失去人心。打起仗来，人心如不属我，我就输了。"[②] 虽然1946年11月周恩来返回延安以后，国共关系事实上已经破裂，但并没有公开宣布，形式上还有恢复谈判的可能。直到1947年2月27日、28日，国民党政府强迫中共驻南京、上海、重庆等地担任谈判联络工作的全部代表和工作人员于3月5日前撤退，等于宣布国共彻底破裂。1947年3月15日，国民党召开六届三中全会，蒋介石在会上正式宣称国共关系破裂，决心作战到底。[③]

1947年6月，国民党改全面进攻为重点进攻陕甘宁边区和山东解放区。共产党开始发起战略反攻。7月，解放战争由战略防御阶段转为战略进攻阶段。为动员全党、全军和全国人民夺取解放战争的胜利，毛泽东于10月10日发表《中国人民解放军宣言》重提"联合政府"口号："打倒内战祸首蒋介石，组织民主联合政府。"[④] 宣言还首次公开提出"打倒蒋介石，建立新中国"的口号，这标志着建立新中国的任务已提上了现实议事日程。[⑤]

重提的"联合政府"口号与之前的联合政府明显不同。第一，这个"联合政府"不包括蒋介石集团及其所代表的大地主大资产阶级；第二，明确规定了没收蒋宋孔陈四大家族的财产和官僚资本；第三，"联合政府"中，共产党由第二大党上升为第一大党，并成为唯一拥有军队的政党；第四，这个"联合政府"将由共产党来召集成立，并在其中发挥领导核心作用；第五，共产党将由长期被国民党打压迫害的党上升为全国的执政党。12月，毛泽东在陕北米脂县杨家沟召集的会议上宣布："中国人民的革命

[①] 《毛泽东文集》第4卷，人民出版社1996年版，第197页。
[②] 参见《毛泽东文集》第4卷，人民出版社1996年版，第199页。
[③] 《毛泽东选集》第4卷，人民出版社1991年版，第1221页。
[④] 《毛泽东选集》第4卷，人民出版社1991年版，第1235页。
[⑤] 参见胡乔木：《胡乔木回忆毛泽东》，人民出版社2014年版，第538页。

战争,现在已经达到了一个转折点。"① "二十年来没有解决的力量对比的优势问题,今天解决了。"② 也就是说,国共力量对比此时发生了逆转,由国民党占优势发展到共产党占优势。毛泽东指出:"建立联合政府的口号还是要提,但'三三制'就不必提了。"③ 他特别指出:"共产党的领导权问题现在要公开讲,不公开讲容易模糊党员干部和群众的思想,坏处多于好处。"④ 以前只是内部讲,现在公开讲,说明联合政府中各党派的地位将发生变化,共产党要正式公开领导其他党派。

重提"联合政府"口号以后,毛泽东一直在思考建立一个什么样的国家的问题。1948年1月18日,毛泽东在《关于目前党的政策中的几个重要问题》中首次提出了"中华人民共和国"口号并专门讨论了新政权问题。他说:"新民主主义的政权是工人阶级领导的人民大众的反帝反封建的政权。""这个人民大众组成自己的国家(中华人民共和国)并建立代表国家的政府(中华人民共和国的中央政府),工人阶级经过自己的先锋队中国共产党实现对于人民大众的国家及其政府的领导。""中华人民共和国的权力机关是各级人民代表大会及其选出的各级政府。"毛泽东还说,从当时起如果人民有要求就可以召集地方各级人民代表大会选举各级地方政府。⑤ 1948年2月15日,毛泽东在《关于土地改革中各社会阶级的划分及其待遇的规定》中再次使用了"中华人民共和国"概念,并对新中国的阶级关系进行了深入分析。他说:"无产阶级、农民及其他劳动人民的任务,是联合自由资产阶级,以人民民主革命的方法推翻帝国主义、封建主义和官僚资本主义的剥削和压迫,建立中华人民共和国。"⑥ 1948年9月,毛泽东在一次会议上谈到,要完成新民主主义到社会主义过渡的准备,在苏联的帮助下还要一二十年时间,"我们要努力发展经济,由发展新民主主义经济过渡到社会主义"⑦。

1948年4月30日,中共中央发布经毛泽东改定的"五一口号",正

---

① 《毛泽东选集》第4卷,人民出版社1991年版,第1243页。
② 《毛泽东文集》第4卷,人民出版社1996年版,第333页。
③ 《毛泽东文集》第4卷,人民出版社1996年版,第332页。
④ 《毛泽东文集》第4卷,人民出版社1996年版,第332—333页。
⑤ 参见《毛泽东选集》第4卷,人民出版社1991年版,第1272—1273页。
⑥ 《毛泽东文集》第5卷,人民出版社1996年版,第60页。
⑦ 《毛泽东文集》第5卷,人民出版社1996年版,第146页。

式向全国各民主党派等发出"迅速召开政治协商会议,讨论并实现召集人民代表大会,成立民主联合政府"的号召,由此揭开了筹建新中国的序幕。在1949年元旦献词中,毛泽东发出"将革命进行到底"的号召,主张彻底打倒国民党,建立人民民主专政的共和国,并敦促民主党派全心全意同中共合作,放弃"中间路线"[1],同时公开宣布1949年将成立中共领导下的有各民主党派参加的民主联合政府。[2]1949年1月22日,到达解放区的55位民主人士发表《我们对时局的意见》,表示完全赞同中共的革命立场。[3]到3月5日,毛泽东认为:"召集政治协商会议和成立民主联合政府的一切条件,均已成熟。一切民主党派、人民团体和无党派民主人士都站在我们方面。"[4]他又说:"我们希望四月或五月占领南京,然后在北平召集政治协商会议,成立联合政府,并定都北平。"[5]

1949年初,中华人民共和国构想的基本框架已定,各项筹备工作也紧锣密鼓地进行。在此过程中发生了一个北平和谈的插曲。1949年元旦,毛泽东发出"将革命进行到底"的号召时,蒋介石发出求和文告,但提出保留国民党军队和国民政府法统等条件,实际上并无多少诚意。1月4日,毛泽东发表《评战犯求和》对此进行专门揭露。14日,毛泽东又发表《关于时局的声明》,提出惩办战犯、改编反动军队、成立民主联合政府等八项和谈条件。[6]这实际上是让国民党缴械投降。国民政府经过一番挣扎之后,最终同意以八项条件为基础进行和平谈判。4月1日,国民政府派出以张治中为首的和平谈判代表团到达北平。经过半月谈判,拟定了《国内和平协定》。该协定完全吸收了毛泽东所提的八项条件。4月15日,中共将《国内和平协定(最后修正案)》提交南京政府代表团,4月20日,被南京政府拒绝,和谈失败。翌日,毛泽东、朱德发布"向全国进军"的命令,南京国民政府迅速土崩瓦解。

1949年6月15日,新政治协商会议筹备会在北平开幕。6月30日,毛泽东发表《论人民民主专政》一文,公开阐释新中国的国体。9月17日,新

---

[1] 《毛泽东选集》第4卷,人民出版社1991年版,第1375页。
[2] 《毛泽东选集》第4卷,人民出版社1991年版,第1379页。
[3] 参见胡乔木:《胡乔木回忆毛泽东》,人民出版社2014年版,第557页。
[4] 《毛泽东选集》第4卷,人民出版社1991年版,第1435页。
[5] 《毛泽东选集》第4卷,人民出版社1991年版,第1436页。
[6] 参见《毛泽东选集》第4卷,人民出版社1991年版,第1389页。

政协筹备会二次全会将新政协定名为"中国人民政治协商会议",接受了经各方反复讨论和毛泽东多次修改的《中国人民政治协商会议共同纲领草案》,标志着中华人民共和国构想的定型。9月29日第一届政协通过了《中国人民政治协商会议共同纲领》(以下简称《共同纲领》)、《中国人民政治协商会议组织法》(以下简称《政协组织法》)、《中华人民共和国中央人民政府组织法》。在《共同纲领》中,确立了中华人民共和国的国体、政体、基本政治制度、基本经济制度和民族区域自治制度,完成了伟大的新中国创制。毛泽东说:"总结我们的经验,集中到一点,就是工人阶级(经过共产党)领导的以工农联盟为基础的人民民主专政。"[①]人民民主专政既是中共28年革命经验的最高总结,又是建国最核心的纲领。人民民主专政作为最重要的原则写入经毛泽东反复修改的《共同纲领》总纲第一条。[②]《共同纲领》初步确立了人民代表大会制度的政体,但把人大和政府同时列为最高权力机关,且人大职能暂时由政协代替,这是《共同纲领》有待完善之处。1954年宪法进一步明确规定:"人民行使权力的机关是全国人民代表大会和地方各级人民代表大会","全国人民代表大会是最高国家权力机关";同时去掉"全国人大闭会期间政府为最高政权机关"。从共同纲领到五四宪法,意味着中华人民共和国政体的正式确立。

中国人民政治协商会议的成功召开,在事实上和制度上初步确立了中国共产党领导的多党合作和政治协商的基本政治制度。多党合作始于抗战时期,解放战争时期得以发展和延续。毛泽东在党的七届二中全会上指出:"我党同党外民主人士长期合作的政策,必须在全党思想上和工作上确定下来。"[③]由于共产党在政协召开前曾明确表示建立中共领导的有民主党派参加的政府,来参加政协即表示服从共产党的领导。1949年9月21日,在中国人民政治协商会议开幕式上,毛泽东说:"我们的会议包括六百多位代表,代表着全中国所有的民主党派,人民团体,人民解放军,各地区,各民族和国外华侨。"[④]就是说,政协是包含民主党派的。就政协本身来讲,离开了民主党派,政协就不成其为政协,只能叫容纳几个民主人士的参政会。

---

① 《毛泽东选集》第4卷,人民出版社1991年版,第1480页。
② 参见中央档案馆编:《中共中央文件选集》第18册(1949.1—9),中共中央党校出版社1992年版,第585页。
③ 《毛泽东选集》第4卷,人民出版社1991年版,第1437页。
④ 《毛泽东文集》第5卷,人民出版社1996年版,第342页。

政协一定是多党合作和政治协商的机构和平台。

《共同纲领》还有一个重大贡献和创造是确立民族区域自治制度。之前中共中央包括毛泽东大部分时候一直提"民族自决",包括《中华苏维埃共和国宪法大纲》《论联合政府》等文件。从民族自决到民族区域自治的转变是一个漫长的过程,始于党的六届六中全会,发展于《陕甘宁边区施政纲领》,成于《共同纲领》。《共同纲领》规定:"各少数民族聚居的地区,应实行民族的区域自治,按照民族聚居的人口多少和区域大小,分别建立各种民族自治机关。"[①]最终确立了民族区域自治制度。关于新中国的经济建设方针,之前毛泽东所提的国营经济领导的五种经济成分并存的设想和公私兼顾、劳资两利的方针在《共同纲领》中得到确认。《共同纲领》规定:"中华人民共和国经济建设的根本方针,是以公私兼顾、劳资两利、城乡互助、内外交流的政策,达到发展生产、繁荣经济之目的。"[②]

10月1日下午,新当选的国家主席毛泽东发布公告,宣布中华人民共和国中央人民政府成立,中央人民政府接受《共同纲领》为施政方针。新中国的成立标志着中华人民共和国构想的实现,也标志着1939年底1940年初提出的新民主主义共和国蓝图的基本实现。

三、从"别了,司徒雷登"到"一边倒"

到新中国成立时,中国共产党人还一直秉持着新民主主义国家建设的构想,而促成后来从新民主主义社会向社会主义社会迅速转变的动因,从某种意义上说,与当初中国共产党选择革命道路是被逼出来的一样,迅速转向社会主义道路也是被国际国内严酷的环境逼出来的选择。

首先是第二次世界大战结束以后国际局势的巨大变化。1946年3月,英国首相丘吉尔在美国富尔顿发表"铁幕演说",拉开了美苏"冷战"的序幕。1947年3月,美国提出"杜鲁门主义",主张美国支持他国的资产

[①] 中央档案馆编:《中共中央文件选集》第18册(1949.1—9),中共中央党校出版社1992年版,第595页。

[②] 中央档案馆编:《中共中央文件选集》第18册(1949.1—9),中共中央党校出版社1992年版,第589—590页。

阶级反对共产革命，标志着"冷战"开始。针对美国的政策，苏联也确立了积极防御方针。根据苏联要求，苏联、波兰、南斯拉夫、捷克斯洛伐克、罗马尼亚、匈牙利、保加利亚、法国和意大利九国共产党和工人党代表在波兰举行会议，决定成立情报局，并发表反帝檄文。美苏由合作走向了全面对抗。这样的国际局势对中国局势的发展影响甚大，特别是美国的对华政策变化，对于中国共产党的制度设计和发展道路选择影响深远。

在国民党政府走向崩溃的过程中，美国驻中华民国大使司徒雷登发现美国的对华政策"进退维谷"。因为美国在华援助的是"一个不得人心的政府"[1]，"倘若目前能够组织有识之士举行投票选举，结果也许是100%的反对现政府"[2]。而如果"支持一个不代表人民意愿的独裁统治，违反了自决权利这项民主原则"[3]，不符合美国对华政策的初衷。在此情况下，司徒雷登与其他美国在华同人发生了分歧。他的一部分同人认为，随着国民政府的崩溃不可避免，而在联合政府中将有利于中共获得全国政权，因此建议"美国应谋阻止联合政府之组成"[4]。但司徒雷登仍然希望国共双方的矛盾能通过和谈来解决，并产生"某种形式的联合政府"。美国政府在考虑了这两种观点后，于1948年8月12日指示美国大使馆："不可做出任何直接或间接的表示，以支持、鼓励或接受有共产党参加的中国联合政府。"[5]这说明，美国政府改变了之前希望建立包括国民党和中共在内的联合政府的政策，而改为全力支持以蒋介石为首的国民政府。

美国改变对华政策，除美苏对抗的全球背景外，美国国内政治态势的变化是另一个重要因素。在1946年美国国会中期选举中，共和党取得胜利，其取胜的手段之一，就是攻击共产党人渗入了此前民主党占多数的美国政府。因此，杜鲁门为表明反共立场，于1947年春颁布《联邦雇员忠诚法》。根据该法案，任何与共产党有瓜葛或涉嫌的人员被认为是联邦政府

---

[1] 〔美〕肯尼斯·雷、约翰·布鲁尔编：《被遗忘的大使：司徒雷登驻华报告，1946—1949》，尤存、牛军译，江苏人民出版社1990年版，第248页。
[2] 〔美〕肯尼斯·雷、约翰·布鲁尔编：《被遗忘的大使：司徒雷登驻华报告，1946—1949》，尤存、牛军译，江苏人民出版社1990年版，第249页。
[3] 〔美〕肯尼斯·雷、约翰·布鲁尔编：《被遗忘的大使：司徒雷登驻华报告，1946—1949》，尤存、牛军译，江苏人民出版社1990年版，第249页。
[4] 〔美〕肯尼斯·雷、约翰·布鲁尔编：《被遗忘的大使：司徒雷登驻华报告，1946—1949》，尤存、牛军译，江苏人民出版社1990年版，第243页。
[5] 《美国与中国的关系——特别着重1944—1949年时期（白皮书）》，《中美关系资料汇编》第1辑，世界知识出版社1957年版，第322页。

的"不忠诚分子",从而被清除。于是,反共立场已成为担任政府公职的必要条件。在此背景下,美国政府自然难以在中国支持一个有共产党人参加的联合政府。

随着国民党军队在内战中不断溃败,到1948年下半年时,司徒雷登越来越清楚地认识到,国民党"已再也不能充当美国努力阻止中国共产主义扩展的有效工具了"①,而且国民党只有得到中共的支持,才能维护自己的统治。在此情况下,虽然美国政府已经明确反对有共产党参加的联合政府,但为有效维护美国的利益,司徒雷登认为,美国"应准备对付任何形式的联合"。在他看来,毕竟"国民党中存在大量令人痛惜和谴责的弊端,而在中国共产主义运动中毕竟具有很多值得称赞的造福于民的优点"②。鉴于共产党建立全国性政权的极大可能性,他还指出,美国政府不应过早地宣布对共产主义的否定性观点,以免不利于美国在华现存利益,或者是在将来处于"难堪的境地"。因此,他建议美国政府对中共即将建立的新政权采取"模棱两可的灵活方针"③,以最大限度地维护美国利益。虽然司徒雷登支持国民党与中共建立联合政权,但司徒雷登强调:"一旦出现联合政府,我们即应全力以赴地支持尚存的非共产党势力,以毫不含糊地表明美国——无论是现在还是将来——都绝不向共产党控制下的政府中的共产党势力提供任何援助。"④正是由于主张对中共新政权采取"模棱两可的灵活方针",司徒雷登在中共部队攻占南京之前,就向美国政府请求授权与中共高级领导会谈,以至少探明对中共"应该采取的措施的程度"⑤。在共产党部队攻占南京、国民政府南迁广州后,司徒雷登并没有带领美国大使馆工作人员南迁,而是向美国政府提出大使馆继续逗留南京的意见。两天后,司徒雷登即接到了美国政府的同意意见。

司徒雷登之所以提出继续逗留南京,显然是为了与中共政权近距离接

---

① 〔美〕肯尼斯·雷、约翰·布鲁尔编:《被遗忘的大使:司徒雷登驻华报告,1946—1949》,尤存、牛军译,江苏人民出版社1990年版,第252页。
② 〔美〕肯尼斯·雷、约翰·布鲁尔编:《被遗忘的大使:司徒雷登驻华报告,1946—1949》,尤存、牛军译,江苏人民出版社1990年版,第253页。
③ 〔美〕肯尼斯·雷、约翰·布鲁尔编:《被遗忘的大使:司徒雷登驻华报告,1946—1949》,尤存、牛军译,江苏人民出版社1990年版,第253页。
④ 〔美〕肯尼斯·雷、约翰·布鲁尔编:《被遗忘的大使:司徒雷登驻华报告,1946—1949》,尤存、牛军译,江苏人民出版社1990年版,第256页。
⑤ 〔美〕肯尼斯·雷、约翰·布鲁尔编:《被遗忘的大使:司徒雷登驻华报告,1946—1949》,尤存、牛军译,江苏人民出版社1990年版,第287页。

触,"以观察共产党的意图,并和他们讨论与美国之间的关系问题"①。为便于与司徒雷登接触,中共方面派曾在燕京大学求学、与司徒雷登相识的黄华负责南京外事处的工作。关于与司徒雷登的接触,毛泽东明确指示黄华,美国政府如果要和中共方面建立外交关系,就应"不得干涉中国内政","停止一切援助国民党的行动,并断绝和国民党反动残余力量的联系"。②司徒雷登对与中国共产党的接触持积极态度。他把美国大使馆留在南京看作美国政府朝着承认中共政权方向跨出的"第一步"。他于1949年4月27日起草了美国政府承认中共政权的备忘录,其主要包含两点内容:一是与非苏维埃国家联合行动;二是联合国方面须坚持人权保证。5月13日,司徒雷登与黄华首次见面,表示"愿同新中国建立新关系"③,但除平等互利的条件外,还需符合"国际惯例",即"任何得到本国人民明确支持,并有能力和愿意履行国际义务的政府可以得到承认"④。6月8日,司徒雷登提出了访问北平及与周恩来会见的意愿。黄华汇报此事后,中共方面通过燕京大学校长陆志韦邀请司徒雷登访问北平。司徒雷登认为,与中共高层的会见至关重要,在某种意义上,这是美国"朝着承认共产党政权跨出的第二步"⑤,关系美国的全球战略。因此,第二日,司徒雷登即就北平之行请示美国国务院。但7月2日,美国国务院拒绝了司徒雷登的请求,并要求其尽快离华。在此情况下,司徒雷登于8月2日乘飞机离开中国。大约与此同时,《美国与中国的关系》白皮书正式发表。毛泽东在著名的《别了,司徒雷登》一文中指出,白皮书的发表是美国对华政策"彻底失败的象征"⑥。

从此,中国共产党与美国政府的关系由积极接触转为消极对抗,这种态势直到后来基辛格秘密访华才得以改变。司徒雷登的离华标志着第二次世界大战后美国对华政策的失败。作为美国对华政策的执行者,司徒雷登访华悲剧,在于随着战后美苏走向对立,美国朝野普遍把中国共产党看作苏联阵营的一方刻意排斥,而把国民党看作自由主义的象征进行扶持。但

---

① 〔美〕司徒雷登:《在华五十年》,李晶译,译林出版社2015年版,第192页。
② 《毛泽东文集》第5卷,人民出版社1996年版,第293页。
③ 黄华:《司徒雷登离华真相》,《燕大校友通讯》1994年第18期。
④ 〔美〕肯尼斯·雷、约翰·布鲁尔编:《被遗忘的大使:司徒雷登驻华报告,1946—1949》,尤存、牛军译,江苏人民出版社1990年版,第299页。
⑤ 〔美〕肯尼斯·雷、约翰·布鲁尔编:《被遗忘的大使:司徒雷登驻华报告,1946—1949》,尤存、牛军译,江苏人民出版社1990年版,第307页。
⑥ 《毛泽东选集》第4卷,人民出版社1991年版,第1491页。

国民党贪污腐败问题丛生，统治衰朽不堪，美国投入了很大人力、物力和财力也没能够将其扶植起来。最终，美国的对华政策随着国民党在大陆统治的终结而失败。

美国政府对中国共产党的敌视政策，成为中国共产党制定"一边倒"外交政策的重要动因。"一边倒"外交政策是以毛泽东同志为主要代表的中国共产党人对美国日益顽固的扶蒋反共立场作出的必然回应。美国的对华政策，是服务于其向全世界扩张的总体战略的。伴随着蒋介石集团的全面溃败，美国的对华政策也全部失算，想与蒋介石腐败政府拉开距离以便从中国内战中脱身的企图落空，对中国共产党的试探也没有转化为行之有效的措施。在观望、幻想和徘徊之后，美国还是作出了全面敌视新中国的错误决定。

以毛泽东同志为主要代表的中国共产党人深知美国在中国的巨大影响，在处理同美国的关系上是清醒而又谨慎的。一方面，毛泽东对美国作为帝国主义的反共本质的认识非常深刻。1945年8月13日，毛泽东在延安干部会议上的讲演中明确指出："美国帝国主义要帮助蒋介石打内战，要把中国变成美国的附庸，它的这个方针也是老早定了的。"[①]"我们过去对于美国的扶蒋反共政策作了公开的批评和揭露，这是必要的，今后还要继续揭穿它。"[②] 另一方面，中国共产党并没有以意识形态划线，试图与美国建立友好关系的愿望是真诚的，对美国是真心友好和尊重的，对争取美国对新中国的承认是期待的。

1944年，毛泽东对前来延安访问的美军观察组表现出了高度重视和热烈欢迎充分说明了这一点，他与观察组成员谢伟思的谈话更是反映了中国共产党希望与美国建立友好关系的长远打算。在中国共产党夺取全国政权前夕，还曾多次向美国透露和解善意诚意。但是美国主动挑起意识形态"冷战"，而且反华政策不断升级，使毛泽东彻底认识到美国的全球战略对中国共产党的排斥，迫使中国共产党人"放弃幻想，准备斗争"，在新中国对外政策的选择上，彻底打消了在美苏之间保持平衡、"中立美国"等想法。这正如1946年9月12日《解放日报》社论《蒋军必败》在谈到美国

---

① 《毛泽东选集》第4卷，人民出版社1991年版，第1132页。
② 《毛泽东选集》第4卷，人民出版社1991年版，第1133页。

对华政策时指出的那样，中国人民抱着美国政府执行一个中间政策的希望，"一年之久，试验了两次，第一次是赫尔利魏特迈时期，第二次是马歇尔时期。经过了这两次试验，现在对于美国政府政策的帝国主义性质，是没有怀疑的了"①。"一边倒"外交政策正是在对美国对华政策痛切失望的背景下酝酿产生并最终确立的。

1947年9月，苏联正式提出"两大阵营"的理论，把事实上已经存在并处于对立状态下的东西方两个集团对抗上升到理论形态。1949年4月，在反对苏联和共产主义威胁的喧嚣声中，美国策划十二个国家在华盛顿签署了《北大西洋公约》，这使帝国主义阵营同社会主义阵营对立的"冷战"局势达到高潮。严酷的国际形势迫使毛泽东必须在两大阵营对抗中作出自己的判断和选择。这种判断和选择，既是毛泽东权衡利弊的结果，也清晰地折射出美苏对中国革命的态度。当"冷战"的阴霾由欧洲逐渐扩展到亚洲的时候，反对共产主义不仅成为美国外交政策的指导思想，而且上升为美国的一种国家意识形态。反苏必反共的"冷战"思维使美国不能不对中国共产党采取极端仇视的政策。对斯大林而言，"冷战"的不断升级已使雅尔塔格局难以维系，为了应对美国咄咄逼人的进攻态势，苏联需要将中国拉进社会主义阵营，以取得对抗美国的相对优势。所以斯大林一改冷漠、暧昧的弹性政策，转而公开支援和帮助中国共产党。

美国的态度逼着中国共产党一步步地向苏联靠拢，而斯大林的转变、两党两国的历史渊源和相近的地缘关系又无形中增加了中国共产党靠近苏联的考量。经过反复权衡和比较，毛泽东越来越深刻地认识到，脱胎于半殖民地半封建社会的中国不具备超脱于两大阵营之外的实力基础。在两大阵营对立的情况下，走中间道路的可能性不仅是不存在的，也是不可取的。因为这既无法消除美国对中国的敌视态度，也会进一步增加斯大林对中国共产党的猜忌，从而失去苏联对新中国政权的支持和援助，这对急需获得国际承认、巩固新中国政权和恢复国民经济的中国共产党来说是极为不利的。所以向苏联"一边倒"尽管是在特定的国际格局中的无奈之举，却也是别无选择的选择。正如保罗·肯尼迪所言："一个国家不站在美国领导的

---

① 中央档案馆编：《中共中央文件选集》第16册（1946—1947），中共中央党校出版社1992年版，第688页。

阵营内，便站在苏联领导的阵营内，不存在中间道路。在斯大林和乔·麦卡锡时代，那种走中间道路的想法是很不明智的。"①

新中国成立前后，我国面临的安全形势十分复杂和险恶。国内有潜伏下来的大量美蒋特务和敌对分子，东南沿海有国民党海、空军的不断侵扰，尤其令毛泽东感到忧虑的是来自美国的潜在威胁。在反共的大前提下，美国不断调整在亚洲的战略部署。

首先，重新武装日本并和日本结成军事战略同盟。早在1947年2月，美国国务院日本朝鲜处即提出了复兴日本经济的方案，批准向日本提供购买进口原料的资金以协助其扩大出口生产。1948年底到1949年初，驻日盟军司令部宣布日本"改革"时期结束，停止了对财团的限制政策，指使日本最大的工会"总评"把日共排挤出去，并怂恿日本建立了7.5万人的"后备警卫部队"。1949年底，美国正式把日本列入在远东遏制共产主义的"防御"体系。②1950年1月12日，艾奇逊在美国新闻俱乐部发表题为"亚洲的危机"的演讲，把日本作为美国在亚洲"防御"战略的重要一环。

其次，扶植东南亚国家的反共力量。从1948年底开始，美国"国家安全委员会"先后通过两项关于亚洲的政策文件，其基本精神是与苏联和各国共产党争夺对这一地区民族独立运动的领导权，并提出应尽一切力量加强美国在菲律宾、琉球群岛和日本的安全地位，同时利用一切政治、经济、宣传等手段扩大美国在亚洲的影响，以阻止共产主义在该地区的"蔓延"。这实际上是在中国边缘设置了一条"阿留申群岛——日本——琉球群岛——菲律宾"的弧形防御线，企图将新中国孤立、封锁、包围起来，把中国阻挡在国际社会之外。

美国的这些反共反华连锁行动，不能不引起中国共产党的严重关切和高度警觉，警醒中国共产党人，尽管新中国成立了，但依然存在着被帝国主义侵略和颠覆的危险，而美国无疑是威胁新中国命运的最危险的外部敌人。而处于弱势地位的新中国难以依靠自身的力量对抗来自美国的威胁，所以与苏联结盟就成为巩固新生政权的必要条件。苏联这个强大的后盾，既是制约美国直接干涉中国的重大因素，也使中国共产党获得了空前的精神力量，在外

---

① 〔美〕保罗·肯尼迪：《大国的兴衰——1500—2000年的经济变迁与军事冲突》，王保存等译，求实出版社1988年版，第455—456页。
② 参见宋成有等：《战后日本外交史（1945—1994）》，世界知识出版社1995年版，第71—72页。

交上能平衡美国对国民党的支持，在战略上能对美蒋起到威慑作用。

与安全利益相比，确保经济利益的实现也具有相当重要的意义。尽快恢复和发展国民经济不仅关系国家的繁荣和富强，也关系着新生政权的维系和巩固。在经历了14年抗战和3年解放战争之后，中国的社会经济已处于全面崩溃的境地。1949年的全国生产，同历史上最高生产水平相比，工业总产值下降了一半，其中重工业下降70%，轻工业下降30%，农业大约下降25%，粮食总产量仅为2 250多亿斤。人均国民收入只有27美元，相当于亚洲国家平均值的2/3。[①] 在党的七届二中全会上，毛泽东就敏锐地意识到了来自经济方面的巨大压力。他指出："如果我们在生产工作上无知，不能很快地学会生产工作，不能使生产事业尽可能迅速地恢复和发展，获得确实的成绩，首先使工人生活有所改善，并使一般人民的生活有所改善，那我们就不能维持政权，我们就会站不住脚，我们就会要失败。"[②]

恢复和发展国民经济的巨大压力使中国共产党急需来自外部的援助。而敌视新生政权的美国企图以封锁、禁运造成经济上的压力来颠覆新中国。新中国成立后，杜鲁门指示艾奇逊停止了对华贸易，1949年11月，美国纠集15个北约成员国，组成"输出管制统筹委员会"制定对中国禁运的货单。11月17日，美国又宣布终止与中国的商务性往来，正式对中国进行全面禁运。在美国的鼓动、胁迫下，至1953年，共有45个国家参加了对中国的禁运。门户封锁的政策隔绝了中国与西方进行经济交流的渠道，从而促使毛泽东以更加积极的姿态寻求与苏联建立同盟关系。他认为，在巩固中国革命胜利成果和维护新中国的国家利益方面，只有实行向苏联"一边倒"的政策，才能有效地抵制和反对以美国为首的帝国主义国家的侵略威胁，打破它们对新中国的封锁，争取一个有利于新中国的国际环境及获得新中国进行经济文化建设所必需的国际援助。在米高扬访华和刘少奇访苏期间，中国得到了苏联将向中国提供经济援助的明确保证，让毛泽东备受鼓舞，更清醒地认识到，新中国在国际上是属于以苏联为首的反帝国主义战略一方的，真正的友谊的援助只能向这一方去找，而不能向帝国主义战线一方去找。

意识形态在毛泽东制定"一边倒"外交政策中也起了重大作用。主动

---

① 参见中共中央文献研究室编，逄先知、金冲及主编：《毛泽东传（1949—1976）》上卷，中央文献出版社2003年版，第60页。
② 《毛泽东选集》第4卷，人民出版社1991年版，第1428页。

地接受随俄国十月革命炮声而来的革命意识形态决定了中国共产党对苏联社会主义的基本价值认同。社会主义革命理想是以毛泽东同志为主要代表的中国共产党人矢志不移追求的目标。俄国十月革命后，苏联在世界上树起了第一面社会主义的旗帜，将社会主义由理想变为现实，建立了无产阶级专政，成为当时共产党国家走社会主义道路的唯一榜样。从1928年起，苏联开始实行有计划的社会主义建设，工农业生产持续发展，在短短的12年里，创造了资本主义国家用50~100年才能完成的工业化任务的奇迹，取得了社会主义建设的巨大成就，这使毛泽东对苏联社会主义更加信赖。尽管对斯大林干涉中国革命的做法深感不满，但毛泽东始终认为，中国革命是世界无产阶级革命的一部分，苏联及其共产党代表了以无产阶级国际主义为基础的世界共产主义运动的核心和领导力量。共同的意识形态是中苏关系的纽带，中国共产党28年的奋斗目标就是为了实现建立社会主义新中国的社会理想，在新中国即将诞生时，毛泽东不但决心继续坚持自己一贯奉行的马克思主义和科学社会主义，而且也是以这种意识形态分析国际形势，并决定新中国的外交政策。可以说，在新中国外交上实行对苏联"一边倒"的政策，正是这种社会理想的继续、表现和自然结果，是以毛泽东同志为主要代表的中国共产党人把中国引向社会主义的重要步骤。

另外，第二次世界大战后共产主义运动的蓬勃发展和殖民地国家的民族独立运动高涨，坚定了中国共产党人"一边倒"的决心。第二次世界大战的胜利打破了战前的力量平衡，改变了国际政治力量对比，国际阶级力量发生了有利于世界人民的根本变化。第一个社会主义国家苏联在经历了战争的洗礼后焕发出勃勃生机。在经济方面，苏联人民在党和政府的领导下，以忘我的劳动，用四年零三个月的时间完成了恢复和发展国民经济的第四个五年计划，而在1948年，苏联的工业总产值超过了战前水平；在政治方面，苏联参与了联合国的建立，成为常任理事国并获得一票否决权；在军事方面，苏联保持了庞大的军事力量，并打破了美国的核垄断。

这一切极大地提高了苏联在国际政治舞台上的地位与作用，使苏联成为社会主义阵营和民族解放运动的旗手。欧亚一系列人民民主国家的诞生，是第二次世界大战后国际共产主义运动大发展的一个重要标志。波兰、南斯拉夫、蒙古国、朝鲜民主主义人民共和国等由共产党领导的社会主义国家相继出现。共产主义运动的蓬勃发展，使社会主义成为世界体系。第二次世界大战后，马克思列宁主义受到青睐，苏联的模式和榜样受到欢迎，社会主义国家的威信大为提高。与共产主义运动遥相呼应，民族解放运动在第二次世界大战后方兴未艾。第二次世界大战使老牌帝国主义国家影响力被严重削弱，大大动摇了殖民体系的根基。殖民地人民在反法西斯战争中经受了锻炼，思想逐渐觉醒，力量不断发展壮大，反对殖民统治、争取民族独立的斗争在战后雨后春笋般涌现。民族独立运动要求政治上的独立和摆脱外国的经济控制，根除殖民统治的社会影响，带有反帝国主义的性质，这无疑打击了帝国主义势力，客观上成了共产主义运动的同盟军。

综上所述，"一边倒"外交政策的确立，是中国共产党客观分析第二次世界大战后复杂的国际形势，从新中国生存和发展的急切现实需要出发，反复认真考量利弊得失以后作出的理性选择。然而"一边倒"政策也必然对新中国的对内政策产生重大影响，特别是促使中国共产党大大缩短了从新民主主义走向社会主义的历史进程。这种影响对于中国社会主义的命运，是深刻而巨大的。

四、从新民主主义向社会主义转变

新中国成立以后，中国人民在中国共产党领导下取得了一系列伟大成就，迅速扫除了旧中国积留下来的污泥浊水，带来了新中国的一代新风，中国人民的精神面貌焕然一新，各项事业发展呈现欣欣向荣的良好态势。抗美援朝战争逼迫以美国为首的侵朝联军进行停战谈判，让全世界对新中国刮目相看，特别是赢得了斯大林和苏联党和国家的敬重。以毛泽东同志为主要代表的中国共产党人在新的历史条件下，特别是在苏联社会主义建设的巨大成就鼓舞下，在外国敌对势力对新中国的围堵威胁下，尽快通过社会主义建设使国家强大起来的急迫感越来越强烈，从而对从新民主主义到社会主义转变有了很多新的认识和思考，特别是毛泽东依据列宁关于过渡时期的学说，在借鉴苏联经验的基础上，逐步提出了党在过渡时期的总路线，这为很快完成从新民主主义到社会主义的转变奠定了基调。

过渡时期总路线的背景

党在过渡时期总路线的提出是有具体的时代背景的。

从国际环境来看,一方面,抗美援朝战争取得了伟大胜利,但战争的威胁并未消失。特别是国际上社会主义与帝国主义两大阵营的尖锐对立,不能排除再次爆发世界大战的可能。而第二次世界大战后,各参战国都有恢复元气、发展经济的问题,资本主义国家之间争夺世界范围的工业原料和产品销售市场的矛盾日益加剧,短期内难以再次发动大规模战争,为我国开展大规模经济建设提供了有利条件。另一方面,中国的经济建设和发展,在坚持独立自主、自力更生的原则下,必须争取尽可能多的国际援助。由于受到西方国家的经济封锁,苏联对我国提供的经济援助具有特殊的意义。特别是苏联是世界上第一个社会主义国家,它所实行的社会主义的原则,同马克思、恩格斯等人当年的设想是基本一致的,中国搞社会主义,自然要学习和效法苏联的实践。苏联优先发展重工业快速实现工业化的成功经验,它所实行的社会主义公有制和计划经济,能够快速集中有限的资源实现高速发展,对新中国更具有现实的榜样作用。参照苏联的情况,党中央估计基本完成社会主义工业化和社会主义改造,大约需要完成三个五年计划的时间,加上3年经济恢复,共18年。到那时,就可以基本上将我国建设成为一个社会主义国家。

就国内情况而言,在中国实现社会主义,是中国共产党自创立时就确定的奋斗目标。而在半殖民地半封建的历史条件下,实现社会主义必须分两步走:先取得反帝反封建的新民主主义革命胜利,然后才能转入社会主义革命。由于中国经济十分落后,党在新中国成立前设想,可能要到15年之后甚至更长的历史阶段才能考虑向社会主义转变的问题。新中国成立后,在短短3年内就根本扭转了国民党反动统治留下的混乱局面,实现了政治、经济、社会的稳定,各方面都取得了超出预期的成绩。

一是实行了土地改革、镇压反革命、"三反"、"五反"等一系列民主改革和社会运动,巩固了人民民主专政,为进行社会主义改造奠定了政治基础。通过"五反"运动,揭露了资产阶级唯利是图、损人利己、损公肥私的本性,尤其部分不法资本家破坏经济秩序、危害国家利益的"五毒"行为,更引起了党、政府和全国人民的警觉,使党的领导人认识到对私营工商业进行社会主义改造的急迫性。

二是迅速发展的社会主义国营经济,已经成为对整个国民经济进行社会主义改造的重要开端和重要依靠力量。国家已掌握了重要的工矿企业、铁路、银行等国民经济的命脉,并医治了长期战争的创伤,使国民经济得到了恢复,工农业生产有了新的发展,特别是国营经济已占主导地位。据1952年底统计,全国工农业生产达到或超过了新中国成立前的最高水平,特别是国营工业产值在工业总产值(不包括手工业)中的比重已经达到一半以上,国营批发商业在全国批发商业中占据优势,国营经济已成为我国社会经济生活中的相对强大的因素。此外,当时由国营经济和国家行政力量支持的财政经济工作的高度统一,很自然地逐步引向计划经济的轨道。以后的发展表明,建立在这种高度集中统一基础上的计划经济体制在若干方面确有其弊端,需要适应情况的变化进行调整和改革,但它是当时在物资短缺而需求紧迫的严峻形势下党和政府唯一的选择。一定程度的统一和计划性,对于当时国民经济的稳定和发展始终是必要的。这就为有计划地展开以实现工业化为中心的大规模的经济建设和对生产资料私有制进行社会主义改造奠定了必要的物质基础。

三是我国已经积累了利用和限制私营工商业的许多经验,这实际上成为对资本主义经济进行社会主义改造的最初试验。新中国成立后,在恢复国民经济和统一财经、稳定市场的过程中,国家对资本主义工商业的生产经营活动,通过国家创造的加工订货、经销代销、统购包销等办法,加强了管理与监督,并对部分私营工商业实行了公私合营,使其纳入主要是初级形式的国家资本主义轨道。通过整顿金融秩序,私营金融业全部实行了公私合营。在各种经济成分中,社会主义经济已成为相对强大的因素,成为中国逐步向社会主义过渡的重要物质基础。实践结果表明,这一系列的国家资本主义形式,不但是对资本主义工商业的利用和限制,也必然加深它们同社会主义国营经济之间的联系,引起它们在生产关系上发生程度不同的变化,从而也就程度不同地开始了对它们的初步的社会主义改造。尽管在最初并没有充分意识到这一点。党从总结经验中肯定各种形式的国家资本主义的继续扩大和提高,就是对资本主义工商业逐步进行社会主义改造的具体途径,改变了过去只把将来某一天宣布实行国有化,一举消灭资本主义私有制,当作社会主义改造措施的原有观念。

四是已经积累了在土地改革完成后的农村开展农业互助合作和手工业互助合作的经验,这实际上也成为对个体农业进行社会主义改造的最初步骤。没收封建阶级的土地归农民所有,是新民主主义革命的三大经济纲领的主要一项。农民分得土地以后,在当时分散、脆弱的个体农业经济的基础上,要解决适应工业发展和避免两极分化的问题,是不可能的。农村在完成土地改革以后,为了进一步发展生产,提高农作物的产量,部分地区发展了各种形式的生产互助合作组织,有的还建立了土地入股的初级农业生产合作社,基本生产资料集体所有的高级合作社也有了若干典型试验。土地改革后在农村普遍开展的互助合作,初步显示了将个体农民组织起来提高农业生产的优越性。党总结这些实践经验,认为这些互助合作形式,不仅是帮助贫苦农民克服困难、增加生产的有效形式,同时也是防止农村资本主义自发趋势、引导农业向社会主义方向发展的适当形式。党还形成一个新的观点,即中国工业化和农业机械化将是一个漫长的过程,农业合作化不能坐等工业化和机械化。

新中国成立3年以来,在取得巨大成绩的同时,我国社会生活中出现和积累了一些新的矛盾。在农村,主要是土地改革以后农民分散落后的个体经济难以满足城市和工业发展对粮食和农产品原料不断增长的需要,而土地改革后农村中出现某种程度的贫富差距又引起党对两极分化的关注。在城市,工人阶级同资产阶级之间限制和反限制的斗争,给经济生活带来很大影响。国家开始有计划的经济建设,需要把有限的资源、资金和技术力量集中使用到重点建设上来。而私人资本主义经济则要求扩大自由生产和自由贸易来发展自己。这就不可避免地引起国营经济同私人资本主义经济之间的矛盾和冲突。现实的发展需要党采取新的方针来解决社会经济中的矛盾问题,这样,就把对国民经济实行系统的社会主义改造的任务提到日程上来了。

过渡时期总路线的形成历程

在民主革命时期的大部分时间内,党一直以新民主主义作为自己的第一步纲领,至于革命何时转变到社会主义阶段,党并没有作出具体的判断和分析。我们党最初比较集中地思考这个问题,大约是1948年9月政治局扩大会议到1949年3月党的七届二中全会这段时间。

在1948年9月的中共中央政治局会议上,党的领导人对何时转入社会主义进行了讨论。刘少奇在发言时提出,不能过早地采取社会主义。毛泽东插话说:"到底何时开始全线进攻?也许全国胜利后还要十五年。"①当天为会议作结论时,毛泽东又说:"关于完成新民主主义到社会主义的过渡的准备,苏联是会帮助我们的,首先帮助我们发展经济。我国在经济上完成民族独立,还要一二十年时间。我们要努力发展经济,由发展新民主主义经济过渡到社会主义。"②在1949年1月的政治局会议上,毛泽东表示,不要急于追求社会主义化,合作社不可能很快发展,大概要准备十几年工夫。这是党的领导人对新民主主义社会转入社会主义社会最早提出的具体时间表。

新民主主义革命胜利后,中国怎样才能从一个落后的半殖民地半封建的农业国转变为工业国,并使全国各族人民走向社会主义道路呢?对于这个问题,1949年党的七届二中全会已经作了初步规划:"在革命胜利以后,迅速地恢复和发展生产,对付国外的帝国主义,使中国稳步地由农业国转变为工业国,把中国建设成一个伟大的社会主义国家。"③这就是说,新中国成立后继续搞一段时间的新民主主义,使工业和整个国民经济在迅速恢复的基础上得以发展,使新民主主义内部的社会主义因素逐步增加,等到条件基本成熟,即向社会主义转变。

在新中国成立之初,党中央也没有马上提出向社会主义过渡的问题。1949年9月,中国人民政治协商会议制定的起临时宪法作用的《共同纲领》没有把中国的社会主义前途写进去。刘少奇代表中国共产党对此作了说明,认为要在中国采取社会主义的步骤,还是相当长久的将来的事情。会议期间,毛泽东在回答党外人士提出的要多少时间过渡到社会主义的问题时说,大概二三十年吧。新中国成立前后几年,在党的多次会议上,毛泽东、刘少奇、周恩来都说过,估计最少要10年,多则15年或20年。1950年6月,毛泽东又强调:"我们的国家就是这样地稳步前进,经过战争,经过新民主主义的改革,而在将来,在国家经济事业和文化事业大为兴盛了以后,在各

---

① 《刘少奇论新中国经济建设》,中央文献出版社1993年版,第7页。
② 《毛泽东文集》第5卷,人民出版社1996年版,第146页。
③ 《毛泽东选集》第4卷,人民出版社1991年版,第1437页。

种条件具备了以后,在全国人民考虑成熟并在大家同意了以后,就可以从容地和妥善地走进社会主义的新时期。"① 直到 1951 年,党的领导层仍然认为需要 20 年的新民主主义建设阶段,然后才能转入社会主义。

到 1952 年,经过了 3 年的实践,由于形势的发展、新的经验的积累,以及对社会主义改造步骤有了新的认识,原来那种设想发生了部分变化。党中央认为,制定党在过渡时期的总路线,明确地向全党和全国人民提出向社会主义逐步过渡的任务,预计用 15 年或者更长一点的时间来完成,现在是适时的和必要的了。毛泽东从 1952 年开始提出向社会主义转变。1952 年 9 月 24 日,在中央书记处会议上,毛泽东第一次提出"中国怎样从现在逐步过渡到社会主义去"的指导思想和大致设想,"我们现在就要开始用 10 年到 15 年的时间基本上完成到社会主义的过渡,而不是 10 年或者以后才开始过渡"②。1952 年 10 月,刘少奇率中共代表团参加苏共十九大。受毛泽东的委托,他于 10 月 20 日在莫斯科给斯大林写了一封长信。信中对我国过渡到社会主义所需的时间和能够实现的条件,进行了估算和分析。中共中央的这个想法,得到了斯大林的赞同。10 月 24 日,斯大林接见中共代表团,并且说:"我觉得你们的想法是对的。当我们掌握政权以后,过渡到社会主义去应该采取逐步的办法。你们对中国资产阶级所采取的态度是正确的。"③

斯大林对中共中央关于过渡到社会主义的设想表示赞同,坚定了中国共产党领导人加快由新民主主义向社会主义过渡的信心。1953 年 2 月,毛泽东进一步指出,新民主主义到社会主义是一个过渡时期。"什么叫过渡时期?过渡时期的步骤是走向社会主义。""在 10 年到 15 年或更多一点时间内,基本上完成国家工业化及对农业、手工业、资本主义工商业的社会主义改造。"④ 这段时间,刘少奇、周恩来也对"从现在逐步过渡到社会主义去"的设想进行了论述。

经过慎重考虑和反复酝酿,1953 年 6 月,中央政治局会议对过渡到社会主义的方法、途径和步骤等问题正式进行了讨论。6 月 15 日,中共中央

---

① 《毛泽东文集》第 6 卷,人民出版社 1999 年版,第 80 页。
② 薄一波:《若干重大决策与事件的回顾》上卷,中共中央党校出版社 1991 年版,第 213 页。
③ 中共中央文献研究室编,逄先知、金冲及主编:《毛泽东传(1949—1976)》上卷,中央文献出版社 2003 年版,第 244 页。
④ 薄一波:《若干重大决策与事件的回顾》上卷,中共中央党校出版社 1991 年版,第 215 页。

政治局扩大会议期间,毛泽东在一个讲话提纲中写道:"总路线是照耀一切工作的灯塔。""党的任务是在十年至十五年或者更多些时间内,基本上完成国家工业化和社会主义的改造。""所谓社会主义改造的部分:(一)农业;(二)手工业;(三)资本主义企业。"[1]1953年6月至8月,中央召开全国财经工作会议,传达和讨论了如何贯彻执行总路线的问题,提出了作为具体实施总路线部分的第一个五年建设计划。8月,毛泽东在审阅周恩来在全国财经会议上的结论时,第一次对过渡时期总路线作了比较完整的文字表述,即"从中华人民共和国成立,到社会主义改造基本完成,这是一个过渡时期。党在这个过渡时期的总路线和总任务,是要在一个相当长的时期内,逐步实现国家的社会主义工业化,并逐步实现国家对农业、手工业和对资本主义工商业的社会主义改造。这条总路线是照耀我们各项工作的灯塔,各项工作离开它,就要犯右倾或'左'倾的错误"[2]。8月11日,周恩来在全国财经会议上做结论,传达了毛泽东对总路线的这个表述。中央又于1953年9月16日至10月27日在北京召开了第二次全国组织工作会议。在会议通过的《整顿党的基层组织的决议》中,把"中国革命在过去是城市工人阶级和乡村半工人阶级领导的"原有提法改为"中国革命是中国工人阶级领导的",把"现在为巩固新民主主义制度而斗争,将来再转变到为社会主义制度而奋斗"的原有提法改为"从中华人民共和国成立后,我们国家就开始进入一个新的历史时期,即为逐步过渡到社会主义社会而斗争的时期"。这两种提法的改变,反映了党根据客观形势变化而作出的判断。

为了更好地向全党和全国人民进行关于总路线的宣传,中央于1953年12月批准并转发了经毛泽东两次修改过的中央宣传部编写的《为动员一切力量把我国建设成为一个伟大的社会主义国家而斗争——关于党在过渡时期总路线的学习和宣传提纲》。这个提纲对我国由新民主主义革命转变到社会主义革命的必然性及其历史条件作了分析,论证了过渡时期总路线的必然性,形成了过渡时期总路线的准确表述。提纲还详细论述了党的建设与过渡时期总路线的关系,提出了过渡时期党的建设的一系列重大问题和

---

[1] 中共中央文献研究室编,逄先知、金冲及主编:《毛泽东传(1949—1976)》上卷,中央文献出版社2003年版,第253页。
[2] 中共中央文献研究室编:《建国以来重要文献选编》第4册,中央文献出版社1993年版,第700—701页。

任务，提出加强党的领导作用是使我国过渡时期总路线取得彻底胜利的保证。毛泽东在审定和修改这个提纲时，将过渡时期总路线的完整表述最后确定下来，即"从中华人民共和国成立，到社会主义改造基本完成，这是一个过渡时期。党在这个过渡时期的总路线和总任务，是要在一个相当长的时期内，逐步实现国家的社会主义工业化，并逐步实现国家对农业、对手工业和对资本主义工商业的社会主义改造。这条总路线是照耀我们各项工作的灯塔，各项工作离开它，就要犯右倾或'左'倾的错误"①。

1954年2月10日，党的七届四中全会通过决议，正式批准中央政治局确认的这条过渡时期的总路线。

五、开辟党的建设新的伟大工程

新中国的成立标志着中国共产党领导的新民主主义革命取得了伟大胜利，中国历史进入了人民当家作主的新时代。从1949年到1956年，是我国从新民主主义到社会主义的过渡时期，是中国共产党走向全国执政党的开始，也是中国共产党作为领导全国政权的执政党的自身建设的开始。在这一时期，党的地位和中心任务发生了变化，党的自身建设也进入了新阶段。如何紧紧围绕党在这一时期领导人民需要完成的中心任务，继续加强马克思主义执政党的建设，完成好让人民满意的进京赶考答卷，继续保持谦虚谨慎、不骄不躁和艰苦奋斗的作风，继续保持同人民群众的血肉联系，有办法和能力跳出历史周期率，这些问题就成为党全面执政以后在过渡时期需要探索、思考和解决的党的建设重大课题。在过渡时期，以毛泽东同志为主要代表的中国共产党人审时度势，制定了党在过渡时期的总路线，在迅速恢复国民经济的基础上基本实现了工业化，完成了对农业、手工业和资本主义工商业的社会主义改造，提升了党的纯洁性和战斗力，养成了新中国成立初期优良的一代党风、一代政风、一代军风和一代民风，打开了党领导国家建设和自身建设的良好局面。

---

① 中共中央文献研究室编：《建国以来重要文献选编》第4册，中央文献出版社1993年版，第700—701页。

新中国成立初期党的主要任务和自身建设

新中国成立初期，党和国家面临着来自经济、军事、外交和党的自身建设这四个领域的诸多严峻考验。毛泽东等老一辈革命家从实际出发，根据党的七届二中全会制定的方针政策采取了积极的应对措施，巩固了新生的政权。

早在1949年3月党的七届二中全会上，毛泽东从实际出发提出了新中国成立以后党的工作任务，强调党的工作重心必须从农村转移到城市，指出："党和军队的工作重心必须放在城市，必须用极大的努力去学会管理城市和建设城市。必须学会在城市中向帝国主义者、国民党、资产阶级作政治斗争、经济斗争和文化斗争，并向帝国主义者作外交斗争。"[①]1950年6月，中共中央在北京召开了党的七届三中全会。这次会议分析了国际国内形势，总结了党的七届二中全会以来的工作。毛泽东做《为争取国家财政经济状况的基本好转而斗争》和《不要四面出击》的报告，提出了党面临的中心任务，即"为争取国家财政经济状况的基本好转而斗争"，毛泽东号召大家在3年左右时间完成这一任务。会议为3年经济恢复时期党的工作规定了明确的方针路线和行动纲领。

新中国面临的第一个挑战，就是如何尽快医治战争创伤，恢复国民经济。蒋介石反动力量和国际反华势力纷纷扬言，中国共产党打仗可以，搞经济建设不行。由于帝国主义的长期掠夺和多年战争的破坏，新中国成立初期的形势的确非常严峻，"生产萎缩，交通梗阻，民生困苦，失业众多。旧社会遗留的投机资本在新解放区扰乱秩序，不少投机商人操纵金融市场、囤积居奇，导致金融市场的混乱和物价飞涨。特别是由于国民党政府长期滥发纸币，造成物价飞涨、投机猖獗、市场混乱的既成局面"[②]，党和政府紧紧依靠老区人民和国营经济的力量，先后取得了"银元之战"和"米棉之战"的胜利，并逐步稳定了金融市场和物价。1950年3月，政务院颁布《关于统一国家财政经济工作的决定》，统一了全国财政收入、物资调度和现金管理，强化了中央人民政府财政权力。同时，政府还采取紧缩编制、清理仓库、加强税收、发行公债、节约开支等措施，都收到明显的效果。

第二个挑战就是在军事上面临着尽快扫清国民党残余的急迫任务。在

---

① 《毛泽东选集》第4卷，人民出版社1991年版，第1427页。
② 胡绳：《中国共产党的七十年》，中共党史出版社1991年版，第235页。

当时尚未解放的西南、华南和沿海地区，国民党仍有上百万军队负隅顽抗。在新解放区，国民党在溃逃时遗留下一批残余力量，一部分勾结当地地主恶霸成为土匪，以游击的方式冲击政权机关、残害群众；另一部分则从事特务活动，混进政权机关和群众中实施破坏和暗杀。国民党反动派希望帝国主义干涉中国内政，希望在"第三次世界大战"发生时反攻大陆。在党的领导下，中国人民解放军继续乘胜向华南、西南进军，肃清了国民党残余军队。1950 年 5 月，人民解放军解放海南岛全岛。随后又以和平的方式解放了云南、四川、西康等广大地区。1951 年 5 月，中央人民政府同西藏地方政府达成关于和平解放西藏办法的协议。10 月，人民解放军进驻拉萨，西藏获得和平解放。至此，大陆完全实现了解放统一。在新解放区，人民解放军还进行了大规模的剿匪作战，到 1950 年 6 月，共歼灭国民党土匪武装近百万人。

新中国还有一项急迫的任务，是如何打破帝国主义的封锁，与更多国家建立外交关系。1949 年夏，毛泽东提出"另起炉灶""打扫干净屋子再请客"和"一边倒"的三大外交政策。新中国成立后，迅速得到苏联和欧亚各人民民主国家的承认。印度、缅甸、瑞典、瑞士等国也经过谈判，确认同国民党政府断绝外交关系而同新中国建交。在新中国成立的第一年里，中国与 17 个国家建立了外交关系。

在中国共产党的坚强领导下，中国人民志愿军还进行了震惊世界的抗美援朝保家卫国战争。抗美援朝的胜利不仅打破了美帝国主义不可战胜的神话，极大地增强了中国人民的民族自信心和自豪感，新中国的国际威望得到空前提高，更为新中国经济建设和社会改革赢得了一个相对稳定的和平环境。

在进行抗美援朝战争的同时，党根据党的七届三中全会的部署，从 1950 年冬到 1953 年春，在新解放区占全国人口一多半的农村领导农民完成了土地制度的改革，彻底消灭了地主阶级土地所有制这个封建制度的根基，大大提高了农业生产的积极性，促进了经济的恢复和发展。开展了全国规模的镇压反革命运动，基本上扫除了国民党反动派遗留在大陆的反革命残余势力。曾经猖獗一时的匪祸基本上被肃清。

紧密结合党的上述主要任务，中国共产党围绕密切党群关系加强了自身建设。尽管毛泽东早在党的七届二中全会上就告诫全党："务必使同志们继续地保持谦虚、谨慎、不骄、不躁的作风,务必使同志们继续地保持艰苦奋斗的作风。"①但党的地位和环境的变化依然使少数党员干部没有能够经受住考验,开始脱离群众。为了及时克服这种危险,使党能够顺利完成新中国成立初期的艰巨任务,中共中央强调要加强对党员干部的思想政治教育,整顿党的作风,加强纪律检查工作,巩固和完善党的组织。

1950年3月25日,在中共中央发出的《关于学习斯大林、毛泽东论共产党员要善于和非党群众团结合作的指示》中,毛泽东指出了共产党与党外人士合作的原则,倾听群众意见,要联系群众而不要脱离群众的原则;要求共产党应该受人民的监督,而决不应该违背人民的意旨;共产党员应该站在民众之中,而决不应该站在民众之上。②4月19日,中共中央作出《关于在报纸刊物上展开批评和自我批评的决定》,指出:"我们的党已经领导着全国的政权,我们工作中的缺点和错误,很容易危害广大人民的利益,而由于政权领导者的地位,领导者威信的提高,就容易产生骄傲情绪,在党内党外拒绝批评,压制批评。由于这些新的情况的产生,如果我们对于我们党的人民政府的及所有经济机关和群众团体的缺点和错误,不能公开地及时地在全党和广大人民中展开批评与自我批评,我们就要被严重的官僚主义所毒害,不能完成新中国的建设任务。"③为了巩固党与人民群众的联系,保障党完成建设任务,中共中央决定"在一切公开的场合,在人民群众中,特别在报纸刊物上展开对于我们工作中一切错误和缺点的批评与自我批评"④。

新中国成立之初,党员数量从1949年的310万名发展到1950年6月的450万名,一些党员干部"发展了严重的命令主义作风,任意违反党与人民政府的政策,采取蛮横态度去完成工作任务,破坏党与人民政府的威信,引起人民不满,甚且有贪污腐化、政治上堕落颓废、犯法乱纪等极端严重现象发生"⑤。此外,有的地方党组织违反政策,使一些投机分子进入

---

① 《毛泽东选集》第4卷,人民出版社1991年版,第1438—1439页。
② 参见李君如:《中国共产党建设史》上册,福建人民出版社2011年版,第192页。
③ 中共中央文献研究室编:《建国以来重要文献选编》第1册,中央文献出版社1992年版,第190页。
④ 中共中央文献研究室编:《建国以来重要文献选编》第1册,中央文献出版社1992年版,第190页。
⑤ 中共中央文献研究室编:《建国以来重要文献选编》第1册,中央文献出版社1992年版,第217页。

党内。1949年11月，中央颁布《关于成立中央及各级党的纪律检查委员会》。1950年5月，朱德在中央直属系统党、政、军、群各级党的纪律检查委员联席会上发表《加强党的纪律检查工作》的讲话，强调必须克服党员干部中的那些强迫命令、脱离群众的作风以及享乐腐化的思想和行为，并要求采取三个主要方法："第一，领导上自上而下逐级地、经常地抓紧纪律检查工作，同发扬党内外的民主、开展批评与自我批评相结合。""第二，党内的教育工作同执行纪律相结合。""第三，发现问题及时处理，随时总结经验，在党刊或报纸上公布，以教育全党和人民。"[①]1950年5月21日，中共中央发出《关于发展和巩固党的组织的指示》，规定了"今后发展党的重点，应放在城市中，首先是工人阶级上，在三年到五年内要从产业工人中接收三分之一的人入党"，"为了保证无产阶级成分在党内有一定的比例，今后对农民党员的发展，应加以限制"。毛泽东指出，在老解放区，"今后的任务不是继续发展，而是如何加强党的教育和调整党的组织问题"。[②] 对于问题重大又屡教不改的党员，应通过合适的方法将其清除出党；对于群众中真正的优秀分子，在经过长期考验后可慎重吸收入党。在新区农村，要集中力量在各种斗争中组织和教育广大农民，在土地改革完成以前，一般地不应在农村中发展党的组织。"为了更密切党与群众的联系，把党放在群众的切实帮助与监督之下，建设一个有战斗力的纯洁的布尔什维克式的党"[③]。毛泽东还指出应坚持"公开建党"的原则。中共中央发布的这一系列指示，开启了中国马克思主义执政党建设的探索和实践。

整风、整党运动

1950年5月1日中央发出《中共中央关于在全党全军开展整风运动的指示》，决定开展一场整风运动，以整顿一些干部的不良作风。1950年6月，毛泽东在党的七届三中全会上论述实现国家财政状况好转时，同时部署了党的建设和整风整党工作，指出要"坚决地执行中央关于巩固和发展党的组

---

① 中共中央文献研究室编：《建国以来重要文献选编》第1册，中央文献出版社1992年版，第239页。
② 中共中央文献研究室编：《建国以来重要文献选编》第1册，中央文献出版社1992年版，第243页。
③ 中共中央文献研究室编：《建国以来重要文献选编》第1册，中央文献出版社1992年版，第244页。

织的指示，关于加强党和人民群众联系的指示，关于开展批评和自我批评的指示，关于全党整风的指示"①。毛泽东称这次整风运动已成当前一切工作向前推进的中心环节。按照中央部署，1950年下半年全党范围的整风运动开始展开。

新中国成立后，党的工作重心转移到恢复生产发展上，但党内存在的思想不纯、组织不纯问题，影响了党的工作顺利转变。党内思想不纯主要体现在部分党员命令主义和官僚主义严重，贪污浪费，腐化堕落，严重脱离了群众；党的组织不纯体现在入党程序不严，组织吸收了一些不符合党员标准的成员，也有不少投机分子趁机混入党内；党内"左"的情绪体现在部分党员对于民族资产阶级只讲斗争不讲团结，要求提早消灭私人资本主义，对于安排民主党派人士担任政府领导职务心存不满。这些状况如果不及时解决，必然导致党脱离群众，严重影响国民经济的恢复这个中心任务。为解决这些问题，党中央先后开展了整风运动和整党运动，在进行整党运动中，还穿插进行了"反贪污、反浪费、反官僚主义"的"三反"运动。这些运动纯洁了党的组织，巩固了党群关系，有力地推动了党的中心任务的完成。

整风运动的主要任务是"提高干部和一般党员的思想水平和政治水平，克服工作中所犯的错误，克服以功臣自居的骄傲自满情绪，克服官僚主义和命令主义，改善党和人民的关系"②。整风的重点是整顿各级负责的党员领导干部的思想作风和工作作风。这次整风运动的指导方针是，"自上而下地召开不同形式的整风会议，学习毛泽东在中共七届三中全会上的报告和其他有关文件，密切结合当时的任务，分析情况，有系统地检查总结工作，找出问题，订出改进办法"③。这次整风的步骤，"一般是首先由领导同志根据该部门具体情况作启发性的报告，然后组织党员学习文件"。"在学习文件的基础上，广大党员以批评和自我批评的精神检查工作，最后总结，确定改进办法和制定新的规章制度。"④经过整风，使全党以过硬的作风保证了恢复时期各项工作任务的顺利完成。

---

① 中共中央文献研究室编：《建国以来重要文献选编》第1册，中央文献出版社1992年版，第255页。
② 中共中央文献研究室编：《建国以来重要文献选编》第1册，中央文献出版社1992年版，第256页。
③ 李君如：《中国共产党建设史》上册，福建人民出版社2011年版，第201—202页。
④ 李君如：《中国共产党建设史》上册，福建人民出版社2011年版，第202页。

党执掌全国政权后，在党组织扩大的过程中，部分不符合党员标准的人也被接收为党员，少数坏分子也借机进入党内。在有的地方，党的基层组织被坏分子把控，而老党员也出现腐化堕落的现象。为顺利完成恢复国民经济的任务，巩固党的组织和国家政权，中共中央于1951年2月召开政治局扩大会议，重点讨论整顿党组织的问题。毛泽东起草了《中共中央政治局扩大会议决议要点》，并指出："我们的党是伟大的，光荣的，正确的，这是主要方面，必须加以肯定。""但是存在着问题，必须加以整理，并对新区建党采取慎重的态度。"[①] 为此，中央决定用3年时间完成整党任务。整党的步骤分为两步：第一步是"以一年时间（一九五一年）普遍进行关于怎样做一个共产党员的教育，使所有党员明白做一个共产党员的标准，并训练组织工作人员。同时，进行典型试验"[②]。第二步是"根据经验进行整党"，城市可以在1951年进行整党。根据党组织的现状，整党中把党员分为四部分人：（一）具备党员条件的；（二）不完全具备党员条件，或者有较严重的毛病，必须加以改造提高的；（三）不够党员条件的消极落后分子；（四）混入党内的阶级异己分子、叛变分子、投机分子、蜕化变质分子。"整党时，首先将'第四部分人'清洗出去。然后对'第二部分人'、'第三部分人'加以区别，对其中经过教育而仍确实不合党员条件者劝其退党，务使这些退党者自愿地退出，不要伤感情。"[③] 为了搞好这次整党和建党工作，中共中央决定召开第一次全国组织工作会议，以便认真做好党组织的整顿和发展工作。

第一次全国组织工作会议于1951年3月28日至4月9日在北京召开，刘少奇作工作报告。会后一致通过了《关于整顿党的基层组织的决议》《关于发展新党员的决议》。最后，由刘少奇做"为更高的共产党员的条件而斗争"的结论。这次会议为整党工作确定了以思想整顿为重点的指导方针，并提出了具体要求。根据中央政治局扩大会议精神和这次会议的决定，从1951年下半年起，全国范围的大规模整党工作逐步展开。

---

① 中共中央文献研究室编：《建国以来重要文献选编》第2册，中央文献出版社1992年版，第41页。
② 中共中央文献研究室编：《建国以来重要文献选编》第2册，中央文献出版社1992年版，第41—42页。
③ 中共中央文献研究室编：《建国以来重要文献选编》第2册，中央文献出版社1992年版，第42页。

这次整党主要是思想上和组织上的整顿，历时3年，经过了以下4个阶段。

一是训练整党工作的干部。全国各地按照"经过考验、对党完全忠实、作风正派、又有整党建党知识和能力"的条件，从现有组织工作人员和其他方面人员中选择了10万名整党工作干部，进行训练，然后派遣他们到基层组织去进行整党工作。此外，中央还以党费开支编制了4万名专职建党组织员，也投入到这项工作中来。①

二是对党员普遍进行怎样做一个共产党员和党的总任务的教育，使每个党员都明白做一个共产党员的标准。刘少奇提出每个党员应该而且必须具备以下8个条件：第一，中国共产党是中国工人阶级的党，是工人阶级的先进的有组织的部队。第二，中国共产党的最终目的，是要在中国实现共产主义制度。党现在为巩固新民主主义制度而斗争，将来要为工业国有化，农业集体化，即为转变到社会主义制度而斗争，最后要为实现共产主义制度而斗争。第三，每一个共产党员，必须下定决心，终身英勇地坚持革命斗争。在任何环境下，不退缩，不叛党，不投降敌人。第四，一切共产党员的斗争和工作，必须在党的统一领导下进行。因此，一切党员必须执行党的政策和决议，严格地遵守党的纪律，积极地参加党所领导的革命运动和建设工作，并在人民群众中起模范作用。对于党内党外一切损害党的利益的现象必须进行坚决的斗争。第五，一切党员必须把人民群众的公共利益，即党的利益，摆在自己私人的利益之上。第六，每一个共产党员，应该经常地用批评与自我批评的方法，检讨自己工作中的错误和缺点，并及时地加以纠正。第七，一切党员必须全心全意地为人民群众服务，虚心地听取人民群众的要求和意见，及时地向党反映，并把党的政策向人民群众作宣传解释，使党与人民群众保持密切的联系，领导群众前进。第八，一切党员，必须努力学习，使自己懂得更多的马克思列宁主义、毛泽东思想，使自己的觉悟更加提高。②

三是县、市以上党委先选取几个支部进行整党典型试验，以取得必要经验并教育了干部，根据经验进行整党。通过试点，既取得了正面经验，

---

① 李君如：《中国共产党建设史》上册，福建人民出版社2011年版，第207页。
② 参见中共中央文献研究室编：《建国以来重要文献选编》第2册，中央文献出版社1992年版，第206—208页。

也及时纠正了偏差，提高了整党干部的能力水平，保证了以后整党能够健康进行。

四是进行党员登记，要求每个党员在规定的时间内，由自己对照是否具备党员条件，考虑能否按党员标准继续做一个共产党员。凡愿意继续做党员者，即自动进行登记；过期不登记的，即认为自愿退党。登记以后，对党员进行审查和鉴定。将每个党员的历史审查清楚，并按党员标准对党员的优缺点做出实事求是的结论。最后，进行组织处理。

这次整党运动，在一段时期里正好与"三反"运动相交叉，因此提出了整党运动与"三反"运动相结合进行的问题。中央于1952年2月发出《关于"三反"运动和整党运动结合进行的指示》，5月又发出《关于在"三反"运动的基础上进行整党建党工作的指示》。应该说，"三反"运动也是更加现实与深刻有力的整党运动。它对共产党来说是一次严格的考验，对于党组织来说是一次实际有效的整顿。中央要求在"三反"运动的基础上，搞好整党和建党工作。这样，这一时期的整党工作着重批判了"三反""五反"运动中揭露出来的形形色色的资产阶级腐化堕落思想和行为。这次整党运动，到1954年9月，在原25万个支部中有22万个整顿完毕，另外3万个支部到1955年结束。在整党过程中，共有65万名党员离开了党组织。截至1953年6月底，被清洗或被淘汰出党的人，在机关支部一般占党员总数的4%，多的达8%；在工矿企业支部一般占党员总数的10%，多的达14%。在这几年中，根据第一次全国组织工作会议精神，同时进行了发展新党员的工作。到1954年底，共接收新党员282万名，新建17万个党支部。[①]

3年多的整党运动，大大提高了广大党员的思想认识，调动了全党积极性，壮大了党的队伍，密切了党与人民群众的关系，加强了党的领导，保证了新中国成立初期党的各项中心工作的完成。

围绕过渡时期总路线的落实加强党的建设

为了从组织上确保过渡时期总路线的实施，中共中央于1953年9月16日至10月27日在北京召开了第二次全国组织工作会议。会议明确规定了党的组织工作在过渡时期的任务是，动员全党从组织上保证过渡时期总

---

① 参见李君如：《中国共产党建设史》上册，福建人民出版社2011年版，第209—210页。

路线的贯彻执行，保证国家第一个五年计划的顺利实施；不断巩固和扩大党的组织，提高党的思想政治水平，提高党的战斗力。会议讨论了党的干部政策，发扬党内民主和巩固党的纪律等问题。会议总结了第一次全国组织工作会议后整党建党工作计划执行情况，并对完成整党建党计划作出了部署，其重点是加强党的干部队伍建设。

为了加强党的干部队伍建设，从干部工作层面保证组织路线的顺利实现，中共中央通过了《关于加强干部管理工作的决定》《关于审查干部的决定》《关于加强干部文化教育工作的指示》等文件，加强了对干部的管理、审查和教育。随着新中国各方面工作走上正轨，开始了大规模经济建设，党和国家组织机构以及干部日益增多，干部队伍相对稳定，管理工作一天比一天精细，要求大多数干部向专业化方向发展。这样一来，党的"一揽子"管理干部体制的缺点就明显地暴露出来。其中突出的缺点是，"由于党委的组织部直接管理的干部范围过宽，不可能与各个管理业务的部门取得经常的密切联系，从干部的实际工作中来考察他们的政治品质和业务能力"[1]。因此，改变党具体管理干部的形式势在必行，实行党的分部、分级管理干部的新体制。

为了纯洁党的干部队伍，加强党的干部队伍建设，中央于1953年11月24日作出了《关于审查干部的决定》。新中国成立后，党的干部队伍迅速扩大，新干部人数猛增，干部成分较过去任何时期都更复杂，为进一步了解干部，保证国家建设任务的顺利进行，中央决定在两三年内对全国干部进行一次细致的审查。各地审查干部工作从1954年底1955年初开始。到1956年11月，县以上机关、厂矿企业全体干部和农村助理员以上干部审查工作已近完成。在这个范围内的干部列为审查对象的占17.5%，查出有各种政治历史问题的占11.8%。对于审查出的干部各种政治历史问题，中央除对个别问题严重又不肯交代的人严肃处理外，对一般的问题都给予从宽处理解决。[2]第二次全国组织工作会议根据全党理论学习的情况，还专门研究了轮训全党高级、中级干部，加强党校工作的问题。会后，中央于1954年12月17日作出了《关于轮训全党高、中级干部和调整党校的计

---

[1] 中共中央文献研究室编:《建国以来重要文献选编》第4册，中央文献出版社1993年版，第573页。
[2] 参见李君如:《中国共产党建设史》上册，福建人民出版社2011年版，第216页。

划》。该计划提出，为了适应领导社会主义建设的重任，要"有计划有步骤地把全党各方面的高、中级干部，调入党校轮训"①。为此，决定将原来5个中央局党校（东北、西北、华东、中南、西南）和山东分局党校、华南分局党校改为7个中级党校，制定了马列学院（高级党校）和7个中级党校轮训高、中级干部的计划。规定各级党校的课程应包括中共党史、苏共党史、政治经济学和经济问题、党的建设、辩证唯物主义和历史唯物论。1955年，中央组织部和中央宣传部又召开了两次党校工作座谈会，解决了干部正规化思想教育的若干问题。

为了维护党的团结统一，保障总路线贯彻执行，1954年2月，召开了党的七届四中全会。会议通过的《关于增强党的团结的决议》强调指出："党的团结是党的生命，是马克思列宁主义的基本原则，破坏党的团结就是违反马克思列宁主义的基本原则，就是帮助敌人来危害党的生命。"②"党的中央委员会和省（市）委员会以上的负责干部和武装部队的高级负责干部的团结，尤其是决定革命胜利的最主要的关键。"③但是由于"党内的马克思列宁主义的教育还很不够，一部分干部中的思想政治情况还相当复杂；鉴于一部分干部甚至某些高级干部对于党的团结的重要性还认识不足，对于集体领导的重要性还认识不足，对于巩固和提高中央威信的重要性还认识不足；特别是鉴于在中国新民主主义革命胜利后，党内一部分干部滋长着一种极端危险的骄傲情绪，他们因为工作中的若干成绩就冲昏了头脑，忘记了共产党员所必须具有的谦逊态度和自我批评精神，夸大个人的作用……甚至把自己所领导的地区和部门看作个人的资本和独立王国"④。因此，有极大的必要唤起全党同志提高革命警惕性，更加增强党的团结。

为了加强党的团结，中央特别作出了六条规定：第一，党的团结的利益高于一切，因此应当把维护和巩固党的团结作为指导自己言论和行动的标准，即有利于党的团结的话就说，不利于党的团结的话就不说，有利于

---

① 中共中央文献研究室编：《建国以来重要文献选编》第5册，中央文献出版社1993年版，第697页。
② 中共中央文献研究室编：《建国以来重要文献选编》第5册，中央文献出版社1993年版，第128页。
③ 中共中央文献研究室编：《建国以来重要文献选编》第5册，中央文献出版社1993年版，第126页。
④ 中共中央文献研究室编：《建国以来重要文献选编》第5册，中央文献出版社1993年版，第128页。

党的团结的事就做，不利于党的团结的事就不做。第二，党是工人阶级先进分子的统一的集中的组织，党的团结的唯一中心是党的中央。因此，必须把任何地区、任何部门的党的组织及其工作看作在中央统一领导下的整个党及其工作的不可分割的一部分，反对任何派别思想、小团体习气、地方主义、山头主义和本位主义，反对任何妨碍中央统一领导、损害中央的团结和威信的言论和行动。第三，党的团结的重要保证之一是严格遵守民主集中制，严格遵守集体领导的原则，因此必须坚决反对分散主义和个人主义，反对把自己领导的地区和部门当作独立王国，反对把个人放在组织之上，反对不适当地过分地强调个人的作用，反对骄傲情绪和个人崇拜。第四，全党高级干部的重要的政治活动和政治意见应经常向所属的党的组织报告和反映，其关系特别重大者则应直接向党中央的政治局、书记处或中央主席报告和反映；如果避开党的组织和避开中央来进行个人的或小集团的政治活动，避开党的组织和避开中央来散布个人的或小集团的政治意见，这在党内就是一种非法活动，就是违反党的纪律、破坏党的团结的活动，必须加以反对和禁止。第五，全党高级干部应根据增强党的团结的原则来检查自己的言论和行动，凡是不利于党的团结的言论和行动都必须改正。第六，对于任何有损党的团结的言论和行动应当进行批评和斗争。[①]

1955年3月，中共中央在北京召开党的全国代表会议，会议通过了《关于高岗、饶漱石反党联盟的决议》和《关于成立党的中央和地方监察委员会的决议》。《关于成立党的中央和地方监察委员会的决议》指出："中央和各级党的纪律检查委员会成立以来，在中央和各级党委的领导下，检查和处理了大量的有关党员违法乱纪的案件，清除了党内的一些不可救药的分子，惩处了一部分犯有各种严重错误的党员。党的纪律检查委员会通过上述案件的检查和处理，对于清除党内的资产阶级思想，加强党的纪律，纯洁和巩固党的组织，保证党的路线、政策的正确执行，起了积极的作用。""现在我国正在实现社会主义工业化，对农业、手工业和资本主义工商业正在进行社会主义改造，社会上复杂的尖锐的阶级斗争正在不断地从各方面反映到我们党的生活中来。同时，党的组织的不少部分发生了因为

---

① 参见中共中央文献研究室编：《建国以来重要文献选编》第5册，中央文献出版社1993年版，第129—130页。

忙于领导经济工作和其他专门业务而忽略思想政治工作的现象。因此，钻到党内来的坏分子就乘机活动，党内一部分不坚定的党员也因受到资产阶级思想侵蚀而蜕化变质，以致发生不少贪污、腐化、违法乱纪的事件，并在最近发生了高岗、饶漱石反党联盟阴谋分裂党、夺取党和国家的最高权力的严重事件。"① 为加强党的纪律，同时成立党的中央和地方各级的监察委员会来代替中央和地方各级党的纪律检查委员会。

从新中国成立到党的八大，中国共产党领导人民巩固了新生的人民民主政权，完成了国民经济的恢复发展，并实施"一五"计划，奠定了我国的工业基础。此外，党创造性地完成了农业、手工业和资本主义工商业的社会主义改造，在极其严峻的国际环境条件下，完成了从经济文化极其落后的半殖民地半封建的旧中国向先进的社会主义国家的过渡，这是中国共产党人领导中国人民伟大的制度创举。与此同时，党开始了马克思主义执政党建设的探索和实践，党的建设紧紧围绕党的中心任务和过渡时期的总路线，为中心任务的完成和过渡时期总路线的贯彻执行提供了坚强的政治、思想、组织、作风和纪律保障。

然而，当社会主义制度在古老的中国大地呱呱坠地之时，历史性课题也即刻提到了中国共产党人的面前，即什么是中国的社会主义，以及中国共产党怎么领导中国人民建成这样的社会主义。历史证明，比起新民主主义革命，回答和完成这一课题的任务更为艰巨，经历的时间更长，遭遇的曲折和挫折也会更大。

---

① 中共中央文献研究室编：《建国以来重要文献选编》第 6 册，中央文献出版社 1993 年版，第 133—134 页。

第六章

走向中国特色社会主义道路

1956年，是中国社会发生历史性变革的一年。这一年，国际国内发生了两件对中国社会历史进程产生重大影响的事件，一是苏共二十大对斯大林错误的揭露；二是党的八大召开并宣布中国进入社会主义社会。随着大规模社会主义建设的开始，当代中国步入了一个全新的历史阶段。以毛泽东同志为主要代表的中国共产党人在努力寻求一条适合中国国情的社会主义建设道路的同时，也对马克思主义执政党建设道路进行了艰辛的探索，积累了宝贵的经验。这些具有开拓性意义的探索和正反两方面的经验，对于中国共产党带领中国人民最终成功走向中国特色社会主义道路，影响巨大而深远。

一、1956年：中国建立社会主义制度

1956年，当三大社会主义改造完成，中国即将进入社会主义初级阶段的时刻，经历过无数中国革命风雨的毛泽东彻夜难眠。他对机要秘书田家英说，1949年全国解放时他都没有这样高兴过。作为以拯救近代中国苦难命运为己任的一代民族英雄，毛泽东和同时代的那些爱国志士一样，目睹了西方资本主义列强对中华民族凌辱欺诈掠夺的可耻行径，对他们的所谓"民主、自由、博爱"本质有着切肤之痛的认识，对几百年来资本主义走过的血淋淋的丑恶历史了如指掌。作为坚定的社会主义者，毛泽东矢志奋斗，就是要使受尽剥削、压迫的苦难的中国人民走上崭新的真正平等、正义、公正、美好的社会主义道路。当他和他的战友们通过无数的奋斗牺牲，终于在古老的中国大地上领导中国人民亲手建立起人类最美好的社会主义制度时，他怎能不为之热血沸腾呢？

对苏联模式的反思

1956年，中国共产党领导中国人民实现了马克思主义经典作家的预言，在经济文化落后的中国实现了"卡夫丁峡谷"的跨越，创造性地从新民主主义进入社会主义。但能否做到"吸取资本主义制度所取得的一切肯定成果"，建成合格的社会主义，是全面执政的中国共产党面临的艰巨而重大的历史性课题。历史证明，苏联共产党没有完成这一课题，走了一条不成功的道路。也许是历史的巧合，在苏联社会主义模式的弊端暴露出来的同时，中国共产党正式开启了对中国社会主义的探索。

在中国建立起社会主义制度以后，以毛泽东同志为主要代表的中国共产党人从一开始就是要力图走出一条不同于苏联模式的中国式社会主义建设道路的，并对此进行了艰辛的探索。毛泽东的政治秘书胡乔木回忆毛泽东当时的心情时谈道，毛泽东日思夜想就想走出一条比苏联好的路子来。时代造就了一代伟人，但时代也有局限性，而有时代的局限性即便是再伟大的历史人物也难以超越。

斯大林去世以后，苏联模式的弊端已经到了严重阻碍苏联发展的程度。在这种情况下，赫鲁晓夫开始对斯大林时期的内政外交政策进行调整。苏共从中央七月全会开始就批判了斯大林的个人崇拜和其他错误。苏共二十大上，赫鲁晓夫的秘密报告更是对斯大林的错误进行了严厉的批评，并在经济政治体制领域尝试进行一些有限度的改革。在是否应该批判斯大林的错误这一问题上，毛泽东认为，中国共产党不好先说话，问题由苏联共产党自己揭露出来是件好事。但中国共产党对苏共批判斯大林的方式和对斯大林的评价上有分歧，认为赫鲁晓夫的做法欠妥：赫鲁晓夫事先没有同兄弟党商量，没有充分考虑各国共产党的不同意见和国际共产主义运动的实际，没有充分考虑秘密报告可能引起的严重后果，特别是对社会主义事业的影响，也不同意赫鲁晓夫对斯大林几乎全盘否定的评价。

苏共二十大之前，中国共产党一度认为苏联模式是社会主义建设唯一正确的模式，是中国社会主义建设学习的榜样。新中国一成立，中国共产党便在国家建设方面向苏联学习。苏共二十大打破了中国共产党长期以来对苏联模式的理想化认识。但是中国共产党并没有，也不可能完全否定苏联模式，而是在反思苏联经验的同时基本肯定了苏联模式。苏共二十大之后，中国共产党先后召开了四次会议讨论赫鲁晓夫的报告，以及如何正确认识斯大林及苏联模式。正如毛泽东指出的:"最近苏联方面暴露了他们在建设社会主义过程中的一些缺点和错误,他们走过的弯路,你还想走?过去我们就是鉴于他们的经验教训,少走了一些弯路,现在当然更要引以为戒。"①"过去我们也不是完全迷信,有自己的独创。现在更要努力找到中国建设社会主义的具体道路。"②"苏联的经验只能择其善者而从之,其不善者不从之。"③如果不分利弊而学习,中国将重蹈苏联的覆辙。这一担忧引发了他更为深层次的思考。毛泽东反复强调:"各国应根据自己国家的特点决定方针、政策,把马克思主义同本国特点结合起来。""照抄别国的经验是要吃亏的,照抄是一定会上当的。"④毛泽东等领导人认为,赫鲁晓夫的秘密报告表明苏联的社会主义建设是有错误的,各国共产党应该根据本国的国情制定方针政策,不应该再迷信苏联的经验。毛泽东谈道:"我并不认为斯大林一贯正确。"⑤他指出,认清社会主义建设的规律不是一件容易的事情。苏联作为世界上第一个社会主义国家,犯错误是不可避免的。由于缺乏经验,中国也有可能犯错误。毛泽东主张,一方面应该树立错误难免的观点,另一方面应该尽量少犯错误。毛泽东创造性地提出了"以苏为鉴"探索自己的社会主义道路的命题。他认为,最重要的教训是把马克思列宁主义基本原理和中国革命、建设的具体实践相结合,走适合中国的道路。毛泽东指出,中国过去模仿苏联是因为没有社会主义建设的经验。模仿苏联模式使中国不能充分发挥积极性和创造性。"现在我们有了自己的初步实践,又有了苏联的经验和教训,应当更加强调从中国的国情出发……努力找出在中国这块大地上建设社会主义的具体道路。"⑥

"以苏为鉴"的探索

党的八大前期,毛泽东明确提出"以苏为鉴",标志着以毛泽东同志为主要代表的中国共产党人开始更多地注重在理论和实践上实现对苏联模式的突破,努力迈出了探索和开辟中国式社会主义建设道路的第一步。而

---

① 《毛泽东文集》第 7 卷,人民出版社 1999 年版,第 23 页。
② 吴冷西:《忆毛主席——我亲自经历的若干重大历史事件片段》,新华出版社 1995 年版,第 10 页。
③ 《毛泽东文集》第 7 卷,人民出版社 1999 年版,第 366 页。
④ 《毛泽东文集》第 7 卷,人民出版社 1999 年版,第 64 页。
⑤ 吴冷西:《十年论战》(上),中央文献出版社 1999 年版,第 12 页。
⑥ 吴冷西:《十年论战》(上),中央文献出版社 1999 年版,第 24 页。

中国共产党对苏联模式反省的深度,很大程度上也决定了对中国式社会主义道路的探索高度。

经过广泛调查、深入研究,党中央率先于经济领域展开了对中国式社会主义道路的探索。对于这条道路,毛泽东更多地将其视为在经济领域实现工业化发展目标的中国式道路,并以此为基点初步形成了以下四个思想:

一是实行以农业为基础、工业为主导的工农业并举方针。毛泽东指出,中国工业化道路问题,"主要是指重工业、轻工业和农业的发展关系问题"①。他认为,我国的经济建设,必须肯定以重工业为中心的战略考量,但鉴于苏联的教训,绝不能因为重工业就"忽视生活资料尤其是粮食的生产"②。为此,他明确提出了工农业并举的发展方针。所谓并举,毛泽东强调:"过去是重、轻、农、商、交,现在强调把农业搞好,次序改为农、轻、重、交、商。这样提还是优先发展生产资料,并不违反马克思主义。"③从以重工业为中心、农轻重并举到以农轻重为序,这条由实践得出的宝贵经验,至今仍然在起作用。

二是以分权的办法来正确处理经济管理权限问题。毛泽东极为重视苏联模式在经济发展中过于集权的弊端。他认为,社会主义经济要想拥有源源不断的内在活力,就必须同时处理好国家、企业和个人以及中央和地方这两种关系。处理好这两种关系的核心在于放权让利。在处理国家、企业和个人关系上,毛泽东强调:"把什么东西统统都集中在中央或省市,不给工厂一点权力,一点机动的余地,一点利益,恐怕不妥。"④在处理中央和地方的关系上,毛泽东提出向地方分权来克服权力过于集中的弊病,充分调动地方在经济建设上的积极性、主动性和创造性。毛泽东对此强调指出:"分权正是为了集权,不注意地方,削弱地方的权限,对中央是不利的。"⑤

三是将市场机制引入计划经济中,并在公有制占绝对优势情况下,允许少量非公有制经济存在。毛泽东提出了"利用价值规律,发展商品经济"的命题。他强调:"商品生产,要看它是同什么经济制度相联系,同资本主义制度相联系就是资本主义的商品生产,同社会主义制度相联系就是社会

---

① 《毛泽东文集》第7卷,人民出版社1999年版,第240—241页。
② 《毛泽东文集》第7卷,人民出版社1999年版,第24页。
③ 《毛泽东文集》第8卷,人民出版社1999年版,第78页。
④ 《毛泽东文集》第7卷,人民出版社1999年版,第29页。
⑤ 中共中央文献研究室编:《毛泽东年谱(1949—1976)》第2卷,中央文献出版社2013年版,第566页。

主义的商品生产。"① 这句话表明，毛泽东在当时就已将商品生产与意识形态进行了区别对待。

四是确立了社会主义建设战略目标。新中国成立初期，党中央更多的是提出实现我国的工业化发展目标。1955 年，毛泽东又提出用 50 年将中国"建成为一个强大的高度社会主义工业化的国家"②。两年后，他进一步提出将中国建设成为一个"具有现代工业、现代农业和现代科学文化的社会主义国家"③，开始涉及现代化的概念。之后，对于《政治经济学教科书》的学习，深化了党中央对现代化的认识。毛泽东提出，社会主义建设除了要实现工业、农业和科学文化的现代化目标，还应该有国防的现代化。与此同时他还强调，社会主义工业化建设的完成绝非一日之功，要做好充分的思想准备。从单纯的工业化发展目标到四个现代化发展目标的转变，表明了毛泽东对我国现代化目标认识的深化和完善。这些经济领域的思考与探索，标志着我国在中国式工业发展道路的探索中迈出了历史性的第一步，为改革开放后我国最终找到适合我国情况的经济发展道路提供了宝贵的经验。

政治建设方面的探索也积累了经验。一是对我国社会主要矛盾作出了准确判断。党的八大期间，毛泽东认为，我国进入社会主义后整个社会就不会存在矛盾的想法是不符合实际的天真想法。社会主义社会仍然存在矛盾，且"基本的矛盾仍然是生产关系和生产力之间的矛盾，上层建筑和经济基础之间的矛盾"④。他进一步明确强调，这一基本矛盾不同于旧社会的对抗性矛盾，是既适应又不适应的矛盾，可通过社会主义制度自身实现调节并不断推动经济社会发展。此外，毛泽东以"人民内部矛盾"丰富了社会主义发展理论，提出正确处理这一矛盾是社会主义各国必须正视的重大课题。这一内涵丰富的观点，从矛盾的角度改变了苏联模式对社会主义发展的陈旧观念，表明毛泽东对社会主义建设认识的加深。基于此，党的八大报告明确指出，我国的主要矛盾已经由阶级矛盾转变为落后生产力不能满足社会需要的矛盾，党和国家的工作重心应当及时转移到生产力的发展上。唯有如此，我国才能实现向先进工业国的伟大转变。此后，毛泽东又进一步提出社会主义发展阶段论，将社会主义分为不发达与发达两个阶段。他

---

① 《毛泽东文集》第 7 卷，人民出版社 1999 年版，第 439 页。
② 《毛泽东文集》第 6 卷，人民出版社 1999 年版，第 390 页。
③ 《毛泽东文集》第 7 卷，人民出版社 1999 年版，第 268 页。
④ 《毛泽东文集》第 7 卷，人民出版社 1999 年版，第 214 页。

指出:"第一个阶段是不发达的社会主义,第二个阶段是比较发达的社会主义。后一阶段可能比前一阶段需要更长的时间。"①上述这些内涵丰富的论断,对于改革开放后社会主义初级阶段论的提出提供了原则思路。

二是注意通过扩大民主克服权力过于集中的弊端。1956年4月,毛泽东指出,"斯大林在他一生的后期,愈陷愈深地欣赏个人崇拜,违反党的民主集中制,违反集体领导和个人负责相结合的制度"②,因而发生了严重的错误。毛泽东对此强调,"过分的集中是不利的,不利于调动一切力量来达到建设强大国家的目的"③,因此必须扩大民主。但应该采用怎样的方法来扩大民主,八大期间,毛泽东曾以美国为例,指出其用短短100多年就发展成为一个发达的资本主义国家,在政治制度上是有可以研究的地方的。周恩来指出:"资本主义国家的制度我们不能学……但是,西方议会的某些形式和方法还是可以学的。"④这一时期,毛泽东明确提出了"长期共存,互相监督"的方针,强调中国共产党需要民主党派发出不同的声音,甚至以"唱对台戏"的方式改进党的领导。与此同时,中国共产党在国家体制上也提出两项措施:一是积极发挥人大代表的监督作用,允许小组会进行辩论,会后发言,包括对政府批评的发言都在报纸上公开发表。周恩来视此为对"西方议会的某些形式和方法"的借鉴。二是试行行政体制改革,适当扩大地方管理权力,发挥中央与地方两个积极性,实行相互监督。党的八大在党的体制上也进行了相应改革,即将党的代表大会改为常任制,同时设立中央书记处,增设副主席和总书记以加强集体领导,避免苏联式的个人专制出现。毛泽东认为,民主对于我国的政治建设极为重要。民主在我国政治制度上的充分体现,能够充分防止出现苏联那样的个人崇拜现象,使群众路线和党的集体领导能够一以贯之。毛泽东对此指出:"我们需要建立一定的制度来保证群众路线和集体领导的贯彻实施,而避免脱离群众的个人突出和个人英雄主义,减少我们工作中的脱离客观实际情况的主观主义和片面性。"⑤

在思想文化领域,中国共产党探索的成果主要体现在两个方面。一方

---

① 《毛泽东文集》第8卷,人民出版社1999年版,第116页。
② 中共中央文献研究室编:《毛泽东年谱(1949—1976)》第2卷,中央文献出版社2013年版,第554页。
③ 中共中央文献研究室编:《毛泽东年谱(1949—1976)》第2卷,中央文献出版社2013年版,第570页。
④ 《周恩来选集》下卷,人民出版社1984年版,第208页。
⑤ 《毛泽东文集》第7卷,人民出版社1999年版,第19页。

面是提出了对知识分子的正确政策。周恩来明确指出,我国的知识分子绝大多数是爱国的。对于他们,要予以充分的信任,加以任用。他强调:"信任的中心问题,就是我们要尊重这些知识分子。"① 随后,毛泽东进一步强调了知识分子在社会主义建设事业中的重要性,号召全党同知识分子团结一致,为使我国的科技发展水平在较短时间内赶上世界先进而努力拼搏,众多知识分子以饱满的热情投身社会主义建设中。另一方面是提出了"双百方针"。新中国成立初期,我国一度受苏联模式的教条主义影响,存在以行政手段干预科学文化事业发展的现象。对此,毛泽东强调,无论文艺工作还是科学研究,只有大力提倡独立思考与自由辩论,才能使学术迅速发展。他明确提出:"艺术问题上的百花齐放,学术问题上的百家争鸣,我看这个应该成为我们的方针。"② "双百方针"是中国传统优秀文化在社会主义环境下的继承与发展。它的提出使我国的科学文化发展面貌焕然一新,树立了比苏联更为自由、开放的社会主义新形象。

中国共产党虽然对苏联模式的弊端进行了一定程度的反思,但从整体上还是继续肯定了斯大林和他所创建的社会主义模式。中共中央认为应该历史地分析斯大林的历史地位。虽然斯大林犯了一些错误,但他仍然是"伟大的马克思主义者,是一个犯了一些严重错误而不自觉其为错误的马克思主义者"③。无产阶级专政要完成历史上"最伟大、最困难的任务,面对着历史上情况最复杂和道路最曲折的斗争"④,难免会犯错误。与历史上其他类型的专政相比,无产阶级专政的错误是可以克服的。共产党和社会主义国家领导人的责任是及时总结经验教训,尽量避免局部的、暂时的错误发展成为全局性的、长期性的错误,这就要求领导者加强作风建设。而斯大林之所以犯了严重的错误,就是因为他的工作作风出现了问题,不再谦虚谨慎,不注意联系群众和发展党内民主,而是制造和接受对他自己的个人崇拜。中国共产党认为,尽管斯大林犯了严重的错误,但是仍然要认真研究斯大林的著作。毛泽东认为,要以马克思主义的方法,结合本国实际学习斯大林的著作。毛泽东赞扬斯大林及其社会主义理论,认为斯大林是总结

---

① 中共中央文献研究室编:《周恩来年谱(1949—1976)》上卷,中央文献出版社1997年版,第520页。
② 中共中央文献研究室编:《毛泽东年谱(1949—1976)》第2卷,中央文献出版社2013年版,第570—571页。
③ 吴冷西:《十年论战》(上),中央文献出版社1999年版,第21—22页。
④ 人民日报编辑部:《关于无产阶级专政的历史经验》,《人民日报》1956年4月5日。

无产阶级专政的历史经验的第一人；斯大林主持编撰的《联共（布）党史》是第一部力图用马克思主义观点总结苏共革命斗争经验的著作；斯大林的《苏联社会主义经济问题》是第一本总结社会主义经济建设经验的著作。[①]

总之，中国共产党虽在党的八大上提出"以苏为鉴"，并在政治、经济、文化领域提出了一些正确、精辟的创新观点，但当时普遍认为，中苏两国社会主义建设原则相同，苏联模式仅仅是在方法上有弊端。以苏联为鉴戒，走出中国式社会主义建设道路的根本目的是实现对这些弊端的纠正，而非对苏联模式的否定。如在经济方面，毛泽东虽提出利用价值规律发展商品经济，但他对于价值规律的强调并未跳出计划经济的大框架。他强调，价值规律"不起决定作用，起决定作用的是计划"[②]。应该说，这是当时党的领导人的普遍共识，是当时共同面临的历史局限性，这种局限性决定了"以苏为鉴"在总体上不可能实现对苏联模式的突破，也决定了社会主义随后在中国曲折坎坷的命运。

二、在曲折探索中实现转折

1956年社会主义制度在中国大地上诞生之时，中国的经济社会发展水平还非常落后，所面临的国际环境也不允许中国共产党人学习西方资本主义国家所取得的一切肯定成果，唯一可以学习借鉴的就是苏联的社会主义制度模式，即便当时已经发现这种模式出现了一些问题，但不可能把这些问题归咎于高度集中的计划经济体制，不经过历史探索的艰辛和岁月的磨难，也不可能实现对这种传统社会主义的超越，更无法探索中国社会主义的规律和道路。就像中国共产党人不能在中国革命的问题上苛求革命先行者孙中山先生一样，我们后人对以毛泽东同志为主要代表的社会主义道路探索的先驱也不能苛求，这是对历史的尊重。正是由于对社会主义认识的局限性和对苏联模式反省的局限性，党和国家领导人对于全面进行社会主义建设缺乏充分的思想准备，在当时极其复杂的国际国内背景下，后来对

---

① 参见吴冷西：《十年论战》（上），中央文献出版社1999年版，第22页。
② 《毛泽东读社会主义政治经济学批注和谈话（简本）》，中华人民共和国国史学会1998年版，第35页。

经济、政治、文化等方面作出了不符合实际的判断,在指导思想上出现了"左"的错误,导致"以苏为鉴"的积极探索成果未被坚持下来,中国式社会主义建设道路的探索走向了艰难曲折。

坎坷和教训

第一,经济建设违背经济规律。特点是急于求成,以主观愿望代替客观规律,主要表现在所谓的"三面红旗"方面:一是以"鼓足干劲、力争上游、多快好省地建设社会主义的总路线"取代了八大正确路线;二是以"大跃进"取代了正常的国民经济发展计划;三是以人民公社的兴办取代了对经济管理体制的正常变革。

"一五"计划和三大社会主义改造的顺利完成,无疑是新中国成立伊始我们在经济领域所取得的骄人成绩,然而在瞩目的成绩背后却忽视了对改造过程中所出现问题的系统反思和总结。随着社会主义建设的全面展开,党中央认为,广大人民群众高涨的建设热情是一股不能忽视的力量,凭借这股力量,我国完全能够把经济建设搞得更快更好。在迫切希望国家富强的主观愿望推动下,党中央在领导国家的经济建设上,开始出现违背经济客观规律的苗头,更多地强调主观意志的作用,否定了党的八大提出的在综合平衡中稳步前进的经济建设方针,提出了带有浓厚"左"倾色彩的社会主义建设总路线。这一总路线的提出,显示党在经济建设指导方针上出现了严重偏差。特别是在经济建设方式上,在大规模社会主义建设开始以后,依然习惯于用革命年代"大兵团作战""群众运动"等思维对待社会主义建设,这就不可能不带来一系列严重的后果。

总路线的提出,使得盲目求快的思想打破了我国经济建设正常发展的步骤,很快在全国掀起了"大跃进"运动,我国的社会主义建设开始一味追求大干快上,高指标、瞎指挥、浮夸风开始蔓延。在这种不正常的建设氛围中,我国的生产、工作的正常秩序被打乱,农、轻、重比例严重失调,农村大量劳动力被抽调用于炼钢,造成农业丰产不丰收;工业建设受到全民炼钢的严重影响,生产出大量废品、次品。此外,一些地方在高生产指标的影响下,造成了自然资源的巨大浪费和生态环境的严重破坏。面对"大跃进"给我国经济建设造成的严重损失,党中央开始反省并想办法纠正错误,提出了"调整、巩固、充实、提高"等方针和措施。通过几年的调整，我国的经济发展逐步走出了困境。

1957年下半年以后，随着"左"倾思潮的逐渐膨胀，全国农村掀起了兴办人民公社的热潮。人民公社的兴办，由于忽略甚至否定了价值规律在经济发展中的重要作用，使广大人民群众的劳动积极性受到严重挫伤，我国的农业生产形势急转直下。党中央虽一度积极予以纠正，但纠正的势头并未持续太久，随着1959年反右倾斗争的开展和升级，"左"的错误再度升温，导致国民经济一度陷入空前困难。虽然后来通过调整措施对急于过渡的"共产风"进行了遏制纠正，但随着"文化大革命"的开始，我国在所有制方面把此做法推到了极端，片面追求所有制的所谓"一大、二公、三纯"，经济发展极度缺乏活力，最终导致我国国民经济处于濒于崩溃的边缘。

第二，政治建设走进误区。特别是在社会主要矛盾问题上，改变了党的八大的正确判断。虽然党中央已在八大报告上明确提出，发展生产力是党和国家的中心任务，但随之突发的"波匈事件"以及整风运动中出现的少数右派分子极力否定社会主义制度的声音，使得党中央重新得出了阶级斗争依然是我国主要矛盾的结论。1962年，党的八届十中全会报告进一步将阶级斗争升级，并相应地将之前对阶级斗争的正确纠正进行彻底否定，加之在中苏论战过程中，党中央强调"反修防修"，避免苏联式的修正主义在中国出现，"左"的偏差越来越严重，以至于最终提出了"以阶级斗争为纲"的错误判断。随后，阶级斗争在我国愈演愈烈，直至发生了"文化大革命"这样长达10年的动乱。"文化大革命"将阶级斗争发展到了极致，使我国社会主义政治制度遭到严重破坏，民主和法制受到严重摧残，打乱了我国探索社会主义建设的正确走向，给党和国家以及广大人民群众带来了严重损失。

第三，社会主义文化事业遭到严重挫折。在党的八大期间，毛泽东提出了"双百方针"，用以指导我国的文化事业发展，取得了丰硕成果，为我国社会主义文化建设奠定了良好的基础。1957年反右斗争扩大化以后，"左"倾错误在思想文化界开始泛滥，许多正确意见被视为右派言论而遭到错误批判，许多知识分子被错划为"右派"。1962年，阶级斗争扩大化进一步殃及文化领域。在持续不断的政治运动中，大批学者及其著作受到错误批判，社会主义教育、科学、文化的健康发展严重受挫。在所谓"文艺革命"的旗号下，许多优秀的文学作品、电影以及喜剧等作品都被视为

"封、资、修"的"毒草"而被打入"冷宫",与"文艺革命"同时并举的是"教育革命",这使我国的教育事业几近停滞。

尽管在求索正确的中国式社会主义建设道路上遭遇了曲折和坎坷,但新中国在前 30 年的探索奋斗历程中,依然取得了巨大的历史成就。新中国迅速医治了长期战乱的创伤,扫除了旧中国遗留下来的一切污泥浊水,中国人民当家作主成了国家的主人,人民群众的精神面貌发生了天翻地覆的改变。快速实现了国民经济的恢复发展,建立了独立自主的国民经济体系和工业体系,国防工业从无到有,石油、化工、冶金、机械行业均有较大发展。我国的农业生产条件在这一时期也得到很大改善,农田基本建设得到持续加强,粮食生产和农业生产基本保持了稳定增长。科学技术方面,我国于这一时期取得"两弹一星"、杂交水稻、人工牛胰岛素、抗疟青蒿素等多项工程的成功。所有这些成就的取得都是之前难以想象的。在谈到曲折和教训时,不应该将探索中国式社会主义建设道路的坎坷同探索这条道路的历史等同起来。

反思与领悟

无产阶级革命导师马克思指出:"历史好像是首先要麻醉这个国家的人民,然后才能把他们从世代相传的愚昧状态中唤醒似的。"[①] 邓小平在反思这段曲折历史时说过:"没有'文化大革命'的教训,就不可能制定十一届三中全会以来的思想、政治、组织路线和一系列政策。"[②]

显然,这种失败并非由于个人能力所限,像毛泽东这样具有经天纬地之才的领袖人物,不会有人怀疑他的非凡智慧和才能;同样,这种失败也绝非由社会主义制度本身所致,任何坚定的社会主义者都不会怀疑社会主义事业的正义性、科学性和必胜的前途。这种失败实质上是以沉重的悲剧结果,向中国共产党和中国人民警示:高度集中的计划经济体制和以此为基础的高度集中的政治体制,以及社会生活各个方面都高度一体化的社会结构,已经成为阻碍中国社会进步和发展的严重桎梏,成为人为地强加于社会主义事业并荼毒社会主义生机的体制障碍。

如果说,这种体制和社会结构的产生有其历史阶段的合理性,并确实

---

① 《马克思恩格斯选集》第 1 卷,人民出版社 2012 年版,第 779—780 页。
② 《邓小平文选》第 3 卷,人民出版社 1993 年版,第 272 页。

在历史上起过重大的积极作用的话,那么"文化大革命"的悲剧则充分证明了这种体制和社会结构已经发展到了必须进行深刻变革的历史时刻。进一步说,导致这一悲剧的根本原因是当时的中国共产党人对什么是社会主义,尤其是在经济文化非常落后的条件下如何遵循并逐步实现马克思主义关于社会主义的原则和理想,如何在全新的社会历史条件下建设社会主义的问题,没有在理论上作出科学的结论。正如邓小平所说:"如果说,我们总结的经验有很多条,那末很重要的一条经验就是:要搞清楚什么是社会主义,如何建设社会主义。"①"最根本的一条经验教训,就是要弄清什么叫社会主义和共产主义,怎样搞社会主义。"②与此问题直接相对应的另一个重要原因是,对什么是资本主义和修正主义以及如何认识现代资本主义的问题,也没有能在理论上得出科学的结论。邓小平强调:"这种制度问题,关系到党和国家是否改变颜色,必须引起全党的高度重视。""如果不坚决改革现行制度中的弊端,过去出现过的一些严重问题今后就有可能重新出现。只有对这些弊端进行有计划、有步骤而又坚决彻底的改革,人民才会信任我们的领导,才会信任党和社会主义,我们的事业才有无限的希望。"③可以说,这已经从实践的层面宣告了中国传统计划经济体制的历史局限性,而社会主义市场经济形态的发育、完善和成熟,则又为中国特色社会主义道路探索开辟了全新的历史阶段。

社会主义制度是迄今为止人类最文明的制度,在一个世纪的历史发展中,它已经初步显示了强大的生命力和优越性。然而,历史的实际演变使社会主义制度都诞生在没有经过典型资本主义发展阶段的经济文化贫困落后、社会生产力不发达的国家,由于其发展的历史还不长,社会主义制度在许多方面和环节还不完善,社会主义制度本身应有的优越性还远远没有发挥出来,它应有的制度文明程度还远远没有达到。按照邓小平的话说,我们现在所实践的这种在特定历史前提下诞生的社会主义还是一种"不合格的社会主义"。尤其是社会主义国家从诞生之日起,就在经济上与资本主义国家相比处于劣势,这样它在建立政权后的一个相当长的历史时期内所面对的远不是很快战胜并取代资本主义世界的问题,而是一方面要防止

---

① 邓小平:《建设有中国特色的社会主义》增订本,人民出版社 1987 年版,第 103 页。
② 《邓小平文选》第 3 卷,人民出版社 1993 年版,第 223 页。
③ 《邓小平文选》第 2 卷,人民出版社 1994 年版,第 333 页。

资本主义世界的颠覆以求生存,另一方面要改变生产力水平低、经济文化落后的现状以求巩固和发展的问题。在这种与马克思的设想和预测截然不同的异常严峻的现实面前,社会主义制度的前进道路更是布满了荆棘、坎坷和劫难。从这个意义上来说,社会主义国家开始都沿用了高度集中的计划经济体制、政治体制和文化体制,是有其历史必然性的。并且,这种高度集中的计划经济管理体制,无论对苏联、中国,还是对其他社会主义国家,都确实曾经取得了令全世界为之震惊的巨大成就。因此,当时人们不会对社会主义公有制就是计划经济体制有丝毫怀疑,"计划经济就是社会主义,市场经济就是资本主义"似乎是理所当然、天经地义的;甚至还认为社会主义不仅可以完全超越资本主义社会的发展阶段,而且完全可以超越商品经济和市场经济的充分发展而建立起人类最美好的社会制度。

这可以说是从列宁、斯大林到20世纪70年代相当大一批社会主义国家领导人的一个时代的共识,也可以说是那个时代共有的认识上的局限性。要超越这种认识是需要时间的,不经过实践中磨难的洗礼,是很难实现这种超越的。尽管其他一些社会主义国家比中国改革起步早,但是直到失去政权也没有一个国家提出要建立社会主义的市场经济制度。中国共产党人在探索的挫折中孕育了历史性的转机,在一时的幻灭迷失后催生出了更新的希望,中国的社会主义得以在这种曲折、挫折中重新奋起,开始实现对传统的超越,开始步入全新的境界。

人类社会制度文明的历史进程显示了这样一个必然的历史趋势:商品经济是社会经济发展不可逾越的阶段。商品经济的高度发展和社会化大生产方式的高度发达,是走向现代国家的必由之路。"文化大革命"的教训再清楚不过地表明,在经济文化落后、社会生产力水平低下、以小农经济生产方式为主要经济形态的国家建立社会主义制度后,如果不依靠社会主义制度下商品经济的充分发展去冲击和荡涤数千年根深蒂固的封建专制政治制度、封建专制文化和封建生产方式的残余,旧制度中最腐朽、没落的封建遗毒便会堂而皇之地以"社会主义"的面目重新获得生存、发育和泛滥的土壤,从而严重地侵蚀、损害社会主义制度文明的根基。邓小平在总结中国革命和建设的历史经验时极为深刻地指出:"我们进行了二十八年的新民主主义革命,推翻封建主义的反动统治和封建土地所有制,是成功的,彻底的。但是,肃清思想政治方面的封建主义残余影响这个任务,因为我们对它的重要性估计不足,以后很快转入社会主义革命,所以没有能够完成。现在应该明确提出继续肃清思想政治方面的封建主义残余影响的任务,并在制度上进行一系列切实的改革,否则国家和人民还要遭受损失。"并强调说:"肃清封建主义残余影响,重点是切实改革并完善党和国家的制度,从制度上保证党和国家政治生活的民主化、经济管理的民主化、整个社会生活的民主化,促进现代化建设事业的顺利发展。""历史经验证明,用大搞群众运动的办法,而不是用透彻说理、从容讨论的办法,去解决群众性的思想教育问题,而不是用扎扎实实、稳步前进的办法,去解决现行制度的改革和新制度的建立问题,从来都是不成功的。"[①]

这种分析是极富远见卓识的。这说明邓小平在20世纪80年代初就以当代马克思主义政治家的超凡胆略,提出了唯有改革现行制度和建立新制度,唯有从制度上保证党和国家政治生活、经济生活和整个社会生活的民主化,才能最终真正走出传统体制的误区。而要从制度上保证社会经济制度、政治制度和社会生活的民主化,最为核心的条件便是通过对传统计划经济体制的改革,建立社会主义市场经济体制及其相应的运行机制,逐步实现社会主义经济制度文明。应该说,得出这一结论是经历了改革中的探索的,是经济体制改革的内在要求使然。1978年党的十一届三中全会提出把党的中心工作转移到经济建设上来,结束了"以阶级斗争为纲"的错误方针,而在政治体制中,则取消了革命委员会,恢复了"文化大革命"前的政治体制。但是随着经济体制改革的展开和深入,发现"文化大革命"前的政治体制本身也存在很多问题,客观上阻碍了经济体制改革的推进。所以党的十三大明确提出了政治体制改革任务,从而促进了经济体制改革的深化和发展。1992年,邓小平在"南方谈话"中进一步提出了"改革也是解放生产力""计划经济不等于社会主义,资本主义也有计划;市场经济不等于资本主义,社会主义也有市场"的划时代思想,这是他总结新中国成立后的正反两方面的经验,特别是"文化大革命"的沉痛教训后,于1980年提出的改革战略考虑的自然发展的结果。而随着社会主义市场经济体制的发育、完善、确立和发展,必然又要求政治体制包括党的执政方式和国家的政权机构也要进一步发生相应的变革并完善。

[①] 《邓小平文选》第2卷,人民出版社1994年版,第335—336页。

因此，理性反思我国社会主义探索实践初期的经验教训，并不仅仅是为了避免重蹈"文化大革命"的历史覆辙，更为重要的是，我们从这些昨天的经验教训中能够真正发现那些旧的体制、旧的方法、旧的模式、旧的思路的历史局限性，并在新的历史条件下学会发现新的方法、新的思路，学会建设新的体制、新的模式，真正超越它，从而成功地构筑有中国特色的社会主义大厦。正像列宁所指出的那样："无论过去和将来，我们的力量就在于，我们对最惨重的失败也能给予十分冷静的估计，从失败的经历中学习应该怎样改进我们的活动方式。因此应当直言不讳。这一点，不仅从理论真理来看，而且从实践来看，都是重要的和值得注意的。如果昨天的经验教训没能使我们看到旧的方式方法的不正确，那么我们今天就决不可能学会用新的方式方法来完成自己的任务。"①

美国著名的毛泽东问题研究专家斯图尔特·施拉姆说，毛泽东不仅为人类的最终命运战斗和操心，而且还承担了掌权的重任，并努力缔造一个革命国家，同时改造社会和经济。他还说，不管人们如何全面评价"文化大革命"，着实令人叹服的是这位《民众的大联合》的作者在半个世纪后仍然以年轻人般的火热激情（也许带有年轻人的天真烂漫）孜孜不倦于确保中国人民的改革事业比任何其他国家更深刻，中国社会比任何其他国家更加辉煌灿烂。

毛泽东对于自己的民族、国家和人民的这种始终如一、坚如磐石的自信心，对于人类命运的深沉的责任感和使命感，是留给中国人民的极其珍贵的精神财富。在世界形势发生了沧桑巨变的今天，我们愈加感受到这种博大、深沉、坚韧、无畏的民族精神的力量。我们今天反思毛泽东晚年的失误，正是要在科学和理性的轨道上，在全新的历史机遇面前，建设性地继承并发扬光大毛泽东宝贵的精神遗产。鉴往知来，把他未竟的伟大事业真正做好、做成功，把真正关系到"人类的最终命运"的中国特色社会主义事业做好、做成功。作为中国人民的伟大领袖，毛泽东已经领导党和人民把一个四分五裂、列强欺凌、贫弱不堪的"东亚病夫"式的国家，一举变成了具有崇高国际威望的、政治上强大的、具有高度凝聚力的现代民族的社会主义国家。我们没有理由再苛求自己的领袖继续成功地使祖国变成

---

① 《列宁选集》第 4 卷，人民出版社 2012 年版，第 603 页。

经济上高度发达、制度上高度文明的社会主义国家,而这正是后毛泽东时代中国共产党人的神圣使命。

善待历史,才会被历史善待;善待前人,而后才能超越前人。

历史的超越

毛泽东晚年的失误,以其独特的方式为后毛泽东时代的历史性人物积累并创造了超越对社会主义认识的时代局限性的条件,提供了全新的历史契机和全新的逻辑起点。这位后毛泽东时代的历史性人物就是邓小平。

当一页页风云历史翻过去之后,一个我们曾经认为早已解决了的问题又摆在了面前:什么是社会主义?怎样建设社会主义?就在这一历史的关节点上,邓小平理论带着它那特有的色彩出现了:它紧紧围绕着什么是社会主义以及如何建设社会主义的主题,在反思我国社会主义胜利和挫折的历史经验并借鉴其他社会主义国家兴衰成败历史经验的基础上,提出并成功解决了决定社会主义前途和命运的两个最核心的问题。一是对我国社会主义所处的历史阶段作出了理性界定,提出了社会主义初级阶段论,这就从根本上克服了那些长期困扰社会主义事业发展的超越阶段的错误观念和政策;二是对构成我国经济发展、政治发展和社会主义现代化进程中最为有效的动力机制作出了理性界定,它既不是计划经济,更不是阶级斗争和群众运动,而是社会主义市场经济,这就从根本上实现了对传统的超越,使社会主义真正步入了全新的境界。对这两个核心问题的理性界定初步解决了当年马克思提出的东方落后的农业国是否可以跨越资本主义的"卡夫丁峡谷"而直接进入并建成社会主义的重大历史命题。邓小平理论的回答是:经济文化比较落后的古老中国可以不经过资本主义的发展阶段而进入社会主义社会,但这是一种"不合格的社会主义",中国的社会主义还处于初级阶段。社会主义初级阶段的中心任务是发展社会生产力,是实现这个有着几千年封建传统的东方大国的近代化和现代化,然后再经过一个世纪的奋斗,建成比较合格的社会主义。而实现这一奋斗目标的科学、理性途径,是在社会主义条件下发展市场经济。这是在社会主义条件下构筑社会主义制度自身赖以"合法"存在和发展的历史前提。

这是邓小平划时代的伟大贡献。

邓小平理论的产生在很大意义上是对社会主义的曲折历史命运进行理

性反思的结果,是对长达近 60 年的传统社会主义理论的质的超越。邓小平带领中国共产党人超越时代局限性的最突出的成果,就是在改革开放的新时期形成的邓小平理论。而邓小平理论对国际共产主义运动和我国社会主义事业乃至整个中华民族的历史命运作出的最突出的历史贡献,就是提出了社会主义初级阶段理论和社会主义市场经济理论。邓小平理论的理性基础就是承认中国的社会主义仍处于初级阶段,而启动初级阶段社会主义事业走出迷谷、步入康庄大道的杠杆就是充分发展社会主义市场经济。这是邓小平理论最鲜明的特色。邓小平正是以这样的理性魅力推动了 1976 年后的中国,使中国共产党,使中华人民共和国,使整个中华民族都进入了一个全新的时代,并以此实现了对传统社会主义观念质的突破,使中国共产党人领导的社会主义事业在柳暗花明中走向了充满光明和希望的全新境界,也使党领导人民的社会主义事业进入了科学理性的新时期,从而开辟了伟大的中国特色社会主义道路。党的十一届三中全会的召开,实现了新中国成立以来党的历史上具有深远意义的伟大转折,开启了改革开放和社会主义现代化的伟大征程。

邓小平用改革的旗帜成功地把中国共产党人和中国人民引进理性中国时代。改革挽救了"文化大革命"后濒于崩溃边缘的国民经济,并迅速实现了初步的经济繁荣;经济的初步繁荣反过来又支持着改革的横向扩展和纵向深化;改革的扩展和深化造就了进一步的经济繁荣和国力增强;日益繁荣的经济和日渐增强的国力更有力地支持和推动着改革。这种良性的循环互动,使得中国社会在短时间内就取得了令世人为之惊叹的巨大经济建设成就和全面的社会进步。

这些伟大成就和进步,是从 1978 年中共十一届三中全会开始的,这是改变中国人民、中华民族和中国共产党自身命运的一次中央全会,这次全会被称为实现了新中国成立以来党的历史上具有深远意义的伟大转折。全会冲破长期"左"的错误的严重束缚,批评"两个凡是"的错误方针,充分肯定必须完整、准确地掌握毛泽东思想的科学体系,高度评价关于真理标准问题的讨论,果断结束"以阶级斗争为纲",重新确立马克思主义的思想路线、政治路线、组织路线,开启了改革开放和社会主义现代化的伟大征程。十一届三中全会实现的转折之所以伟大,就在于这次全会适应了国内外形势的发展变化,及时果断地决定从 1979 年起把全党的工作重点和全国人民的注意力转移到社会主义现代化建设上来。由此，中国开始了从"以阶级斗争为纲"到以经济建设为中心、从僵化半僵化到全面改革、从封闭半封闭到对外开放的历史性转变。十一届三中全会的意义之所以深远，就在于这次全会从根本上冲破了长期以来"左"倾思想的严重束缚，开始了系统的拨乱反正，结束了1976年10月以来党的工作在徘徊中前进的局面。我们党以十一届三中全会为起点，坚定地依靠广大干部和群众的集体智慧，从各个方面深入总结历史经验，勇敢地走自己的路，在探索建设中国特色社会主义道路的实践中不断开创党的事业的新局面，不断开拓马克思主义中国化的新境界，不断加强和改善党的领导，使党赢得了人民群众衷心拥护，成为中国特色社会主义事业的坚强领导核心。十一届三中全会的召开再一次证明，中国共产党是伟大的政党，是敢于面对现实、善于自我革新、勇于担当重任的政党。

经过1978年以来10余年的社会主义经济制度的改革与创新，已经有了相当充分的实践依据来证明：社会主义制度与市场经济不仅是可以相互包容的，而且二者实现了仅仅是初步的结合，就已经显示出了社会主义的巨大生命力。此时，已经到了作出把市场经济作为经济体制改革的目标模式、作为社会主义的基本经济制度模式这一历史性决策的成熟时机。于是，1992年春天，邓小平在"南方谈话"中提出了"改革也是解放生产力""计划经济不等于社会主义，资本主义也有计划；市场经济不等于资本主义，社会主义也有市场"的划时代思想，为最终作出这一重大决策扫除了一直争论不休的思想理论障碍。

市场经济作为社会主义基本经济制度的确立，是在1992年秋召开的党的十四大。

三、1992年：市场经济与中国社会主义结合

1992年10月12日至18日，中国共产党第十四次全国代表大会在北京举行。江泽民在政治报告中明确提出我国经济体制改革的目标是建立社会主义市场经济体制，并强调，社会主义市场经济体制是同社会主义基本制度结合在一起的。对于这一历史性决策的意义，时间过去得越久，人们对它的体

会就会越深。无论对中国共产党、对中国的社会主义、对整个中华民族,还是对整个社会主义事业,社会主义市场经济理论的提出,都是一次历史性的超越。中国特色社会主义发展从此有了理性的轨道和内在的动力源泉。

社会主义市场经济与民主法治建设

成功的社会主义市场经济能够解放并发展生产力,能够促使强大的传统政治文化得以再创造升华,能够逐渐有效地清除人治模式对党和国家肌体的影响,能够有效推动社会主义民主政治和法治国家的建设。至少从理论上可以这么说:即便社会主义市场经济的发展不一定绝对保证社会主义民主政治和法治国家建设取得成功(这种民主政治和法治国家建设本身也是极其复杂艰巨甚至是更为复杂艰巨的一项相对独立的并有自己内在规律性的伟大工程,需要共产党人花费更大的心血和努力才能够逐步建设成功——这是后话),但至少它是与社会主义民主政治建设良性互动的,是为社会主义法治国家建设提供有利的、积极的、内在的动力源泉。社会主义市场经济的发展,至少为社会主义民主政治和法治国家的发展开辟了光明的前景。

社会主义市场经济与社会主义民主政治和法治国家的这种互动关系,是由市场经济的自主特性和组织作用决定的。正是社会主义市场经济的自主性质,促进了社会主义民主政治和法治国家建设所必需的全体社会主义劳动者的自主意识(当家作主意识)的发育、成长和逐渐成熟。而其最可取之处在于,这种当家作主意识的提高并不主要仅仅依靠意识形态的灌输,它的主要动力是内在的(而不是外在的、强加的和动员组织的),动力来自对自我权益的保护。而在保护自我权益的同时又必须学会尊重别人的权益以实现自己更好的发展,这就意味着社会主义市场经济的发展必然要求市场主体不仅要具有高度的自我负责精神,而且还要具有对他人负责、对社会负责的精神,否则,自身也无法发展。而这种发自内心的自我负责精神和对社会负责的精神,恰恰是社会主义法治国家和法治社会对社会成员最基本的成熟政治人的要求。换句话说,如果没有社会主义市场经济逐渐培育起来的这种高度负责的思维模式和行为模式,就不可能造就出社会主义法治国家建设所必需的成熟的政治人,而造就这种成熟的政治人,单凭外在的教育和灌输以及人的道德的觉醒和良心的发现,实践证明是不可靠的。这种方法用于少数人也许可以，施于社会全体成员显然不可行；在特定的较短的历史时期也许可以，但长时期就很难行得通。

具体来说，首先，社会主义市场经济的自主特性是推动社会主义民主政治和法治国家建设的内在动力。一切市场活动都是作为市场主体的个人和企业的自主活动，这是社会主义市场经济最实质和最鲜明的特征。市场经济充分承认各个经济活动主体的独立的经济利益，充分承认他们在市场活动中的自主选择权和独立决策权，在此前提下，市场主体当然也将独立地对自己的市场行为负责。因此，在市场经济中，既无需任何行政命令，也无需任何动员和号召，市场主体都会自觉调动自己所有的聪明才智及潜力，充分运用自己所拥有的资源，在经济利益的驱动下，为满足市场需要即社会需要而努力生产，努力降低成本，提高效益，努力进行产品和技术创新，否则就要在市场竞争中失败，甚至被市场淘汰。而市场主体一旦被市场淘汰，也只能自行负责，怪不到政府或其领导人头上，更没有理由因此而到政府门前静坐请愿。正是社会主义市场经济的这种自主性质，构成了我国经济发展和现代化进程中最为有效的内在动力，也构成了推动社会主义民主政治和法治国家建设的内在动力。

从根本上说，要真正实现国家的现代化，必须使其真正成为亿万社会主义劳动者自己的事业，要让广大人民群众切身感觉到国家的现代化与自己的利益和奋斗是紧紧连在一起的。要切实做到这一点，就必然要求广大社会主义劳动者首先成为经济发展洪流中的主人翁，而促使广大人民群众真正成为社会经济发展主体的内在的、持久的动力源泉来自人民群众的经济利益。当然，我们社会主义的集体主义原则强调社会的共同利益高于个人、群体的独立利益，这无疑是正确的，也符合我们中华民族的传统精神美德，但这一命题同时也意味着前者是以后者为基础的，只有在无数个人、群体依法合理争取自身独立利益这种最平实的努力中才能促进并实现社会的共同利益。归根结底，现代化的动力首先来自广大民众的个人及群体的独立经济利益。因此，社会主义市场经济方式正是现代化的高度有效的组织方式，也是最可宝贵的人力资源的有效配置方式，以及人才潜能的有效激发方式。社会主义市场经济对人们的独立经济利益的充分肯定，蕴积着社会主义现代化建设和社会主义民主法治建设最深厚的动力源泉，激发着民众在现代化进程中广泛的自主参与。在自主参与经济发展的过程中，民众必然逐渐把自己对经济利益的关心进一步发展到对国家政治生活的关心，必然自觉地、把自身的利益和命运与国家的政治命运相联系，从而学会自主地、理性地参与到国家政治发展的过程中去，真正赋予社会主义民主法治事业以蓬勃的生机和旺盛的活力。

社会主义市场经济与制度创新

进一步说，当民众广泛获得了为自己的独立经济利益而自主活动的条件时，不仅社会经济的繁荣与发展将获得不竭的动力，而且为经济发展所必需的组织创新与制度创新也将因此而具有强大的内在动力。在这种条件下，民众有充分的积极性在实践中寻找、选择更有效率的经营方式与制度安排，不断创造更为完善的经济组织工具和组织技术。凡是在这个过程中形成的组织、经营方式与制度，就一定是更有效、更完善和成本更低的。若非如此，它就不会在人们的自主选择中被接受。我们知道，组织与制度的创新是现代化过程的重要方面，这种创新只能来自民众在实践中的自主选择。所以一种方式、一项制度的优劣取舍必须以人民拥护不拥护、赞成不赞成、高兴不高兴、满意不满意而定。而经济组织和经济制度的创新本身就是一个经济民主的过程，同时也是促进与此相应的政治组织和政治体制不断改革、完善、创新的过程。

与社会主义市场经济的这种自主性相对立，计划经济的本质特征是它的操纵性。计划经济的要害，并不在于有计划，而在于它是一种行政命令经济，它必须以否定生产者、生产单位的自主性为前提。按照计划经济所隐含的逻辑，民众并不了解自己的经济利益，尤其是其长远利益，更缺乏正确地、正当地谋求自身利益的能力，甚至把谋求自身利益本身就看作是不正确的、不正当的、不道德的、自私自利的。因而计划经济几乎排除一切不依赖于国家的东西，坚持几乎一切经济活动都必须由国家直接控制。在那里，个人和群体利益并不是社会利益的基础，人们的独立经济利益及与之相联系的自主活动被根本排斥，这样，计划经济就在事实上剥夺了广大民众在经济发展过程中广泛的自主参与权利，也就阻隔了广大人民群众在自主参与市场活动中培育生成民主法治意识的途径和渠道。这一点正是计划经济与社会主义民主法治建设之间的深刻矛盾。

"文化大革命"中所出现的种种悖论，如表面是最激进的革命口号和政治口号，实际上是最封建的意识和行为；表面是貌似最先进的直接民主，实际上是人治色彩极为浓厚的专权独断；表面上是普遍的政治参与，实际上是毫无自主意识的盲从；表面上是在革命中当家作主，实际上满脑子全是封建主奴意识（其主人翁感是建立在被批斗者是可以被任意处置而根本不需任何人格尊重的观念基础上的）。造成这些悲剧的根本原因就在于，计划经济条件下根本就不可能造就出社会成员真正的经济自主意识和政治自主意识，也就根本不可能培育出会合法行使自己民主参与权利的成熟的政治人格，更不可能培育生成公民的法治意识和国家的法治精神。在这样的民众素质基础上，企图采取大民主的方式让人民群众一夜之间成为直接管理社会的主人翁，实现普遍的人民民主，所带来的只能是无法无天的动乱。可以设想，一个根本无法决定自己经济命运的人，一个从来不可能对自己的社会经济活动自主负责的人，又如何可能真正会对自己的政治参与行为负责呢？即便有这样的政治参与行为，也只可能是靠外在的力量所发动和动员的结果，而与理性的、自主的、自觉的、发自内心的合法政治参与行为风马牛不相及。

因此，从计划经济转向社会主义市场经济，并非简单地以市场代替计划，其核心问题乃是用自主经济代替命令经济，用自主精神代替盲从意识，用科学理性代替主观臆断，从而使社会主义民主法治建设沿着国家经济现代化进程的内在逻辑得以展开。邓小平在改革开放一开始就明确提出了事实上是以市场为导向的富民思想与政策，就是充分肯定广大民众独立的经济利益和以此为目标的自主生活，把社会主义现代化理解为人民大众自主追求更富足、更文明、更宽容、更丰富、更富有个性的生活，并为此而充分地表现自己的聪明才智和创造活力的过程与结果。而市场化改革的深入、社会主义市场经济的发展，则不断拓展着这种自主活动的空间，不断更新着人们的观念（甚至是千年来积成顽症的一些落后观念在社会主义市场经济面前也显得如此不堪一击），不断健全着其必需的制度条件。由此，中国的社会主义民主法治建设进程才真正呈现出一派光明与锦绣。

社会主义市场经济与全面的经济发展

市场的组织协调功能是促进全面的经济发展和社会化大生产程度提高的关键因素。市场是一切经济活动主体之间交换关系的总和，是人类在社会分工条件下最普遍、最一般的经济联系方式。市场过程一方面起配置资源的作用，另一方面又使各个经济活动主体之间的利益矛盾通过交易、合作而得到协调。因此，市场是社会经济内部的一个自我组织与协调系统。相互分离的经济活动之所以能形成一种井然的分工秩序，相互独立的经济利益之所以不会在矛盾与冲突中同归于尽，正是由于市场的组织与协调功能。所以市场化越深入，社会主义市场经济的发展越充分，即意味着社会经济的组织系统越完备，由市场交换关系本身的不断拓展而自行创造出来的组织工具与组织技术越精密，因而经济的组织与协调程度也就越高。

全面的经济发展不仅要求经济总量的增长即数量、规模的扩大，而且要求经济结构的不断优化。经济结构的优化当然要受到一个国家的收入水平、资源禀赋、人口规模、技术条件、贸易环境等诸多因素的影响，然而无论面临怎样的约束条件，结构优化本身总是经济资源再配置的结果，结构的不断优化来自资源的不断重新配置。因此，就全面的经济发展而言，具有根本意义的问题仍然是如何优化资源配置。如果一个经济系统中存在着良好的调节机制，能够高效率地配置资源，那就一定能在经济增长的同时不断实现结构优化以及与经济发展的更高阶段相联系的结构升级。而市场恰恰是一种最富有效率的资源配置方式，因而良好的市场机制即是社会生产力大力发展及全面经济发展的至为重要的机制。

以结构优化为显著特征的经济发展过程同时也是生产社会化程度不断提高的过程。所谓生产的社会化，并非简单地搞大工程、大项目，更不是把全社会组织成一个大工厂，而是随着技术进步和社会分工的深化与拓展，从初级产品到不断多样化的最终产品之间的中间产品部门日益增多，生产者之间、部门之间的交易日益增多，其相互依赖的关系日益紧密和广泛，专业化及与之并存的经济一体化程度日益提高，各种生产要素愈来愈成为在全社会范围内使用的社会经济资源，因而要求充分的自由流动以达成有效率的配置。显而易见，这个过程是由社会主义市场经济的发展所带动的，首先是由市场交易活动的扩大和多样化所带动的。因此，市场化即社会化。如果没有市场关系的扩展，产品之间、产业之间的广泛联系就不能实现，大规模的专业化生产就失去了条件。如果没有包括产品市场和要素市场在内的全面、统一、开放的市场体系，各种经济资源要实现广泛的流动和有效的配置是不可想象的。

与社会主义市场经济相比，计划经济作为一种经济组织方式，其突出的问题是缺乏充分有效的信息传递机制和在人们的独立经济利益基础上形成的动力机制，因而从根本上缺乏有效的经济组织工具和组织技术。由于计划部门事实上难以充分、及时地获取社会经济信息，它只能以"一刀切"的行政指令性计划来控制整个经济；由于生产单位缺乏内在的利益动力，这种"一刀切"的计划只能靠行政命令和纪律、道德约束等手段来强制贯彻，使经济活动每每演化成政治活动和群众运动。其结果，不仅解决不好经济问题，而且在政治和意识形态方面带来种种扭曲与冲突。在长期的计划经济中，国民经济一再发生剧烈波动，国家政治生活也一再发生剧烈波动，使整个社会不得不为此付出双重代价。它是计划经济的工具和技术太过简陋因而缺乏足够的组织能力的必然结果，它典型地表现出计划经济下的经济组织结构的某种脆弱性或不稳定性，这种经济组织结构及其机制（包括工具和技术）的粗糙和简陋，直接反映到政治体制领域里就是政治组织结构及其机制建设（即形式理性建构）的缺憾。越是缺乏这样的机制建构，就越是依赖传统的群众运动；越是依赖群众运动，就越是不重视经济组织结构和政治组织结构的理性建构。在剧烈的经济波动中结构失衡日趋严重、资源配置质量日趋恶化的现象，就是计划经济不能适应全面的经济发展要求的结果，是社会生产力发展受到严重桎梏及社会动荡根源的结果。

社会主义市场经济与现代文明

　　社会主义市场经济的自主性质不仅是经济活力与效率的保证，而且是整个社会主义现代文明的基石。人们在充满机会与风险的市场经济中独立决策、自负盈亏、公平竞争、优胜劣汰，由此不断提高着掌握自身命运、对自己的未来自行负责的自主活动能力。这既意味着与社会主义现代化要求相适应的人的素质的提高和人的自由发展，又形成了整个社会向着更加健全、更加科学理性的方向不断进步的条件。当广大民众缺乏安排自己的经济生活及未来的自主选择权时，他们能够真正成为社会、国家的主人吗？能够真正具有作为主人决定社会和国家事务的权利和能力吗？恐怕这种没有政治参与能力的主人只是字面意义上的、名不副实的。

　　社会主义市场经济不仅是人民群众当家作主的自主经济，同时也表现为契约经济。一切市场交易关系都是契约关系，都建立在交易双方彼此承认对方作为一定的经济资源所有者并拥有平等权利的基础上，它的基本精神是自愿而不是强迫，是诉诸契约而不是诉诸暴力；是人格的平等与尊重，而不是人身的操纵与控制。因此，社会主义市场经济，以普遍的社会经济体系方式的市场交换，在经济关系中全面确立进而在社会关系中充分肯定了人的自由、平等。许多年来，我们一贯反对"抽象地谈论自由、平等、人权"，这是对的，殊不知它实际上正好充分表明了社会主义市场经济的重要意义。因为正是社会主义市场经济，正是在自主基础上以契约的媒介的自愿的市场交换，才构成了这些崇高的社会主义理想和社会主义现代文明基本精神的真正具体、现实的基础。过去我们在计划经济体制下想努力实现这些社会主义崇高理想的初衷屡屡受挫，最根本的就是计划经济根本就不需要，或者说根本就无法为这些理想的实现开辟现实的"具体的"道路，所以这些理想最终走向善良愿望的反面。市场化过程愈深入人心，根植于这一现实基础上的自由民主平等观念就愈深入人心，个人自由与社会平等就愈发展，人的独立人格、人的价值、人的尊严也就愈加充分地获得肯定。这一过程即是社会主义经济与社会现代化的过程，也是人的现代化的过程，更是民主法治获得大的进步和发展的过程。正因为如此，社会主义市场经济不仅是瓦解落后的自然经济小农经济的力量，更是摧毁根深蒂固的传统礼治秩序和特权社会的真正革命力量。由于社会主义市场经济制度对人的解放所具有的这种意义，从而极大地解放了生产力，促进了生产力的发展，构成了现代文明社会的基石。

　　社会总是由多元利益主体构成的。社会主义社会的历史进步意义之一在于消除了利益主体关系的对抗性质，将多元主体的利益矛盾导向平等的竞争与合作，而不是否定利益主体的多元性本身，因为社会毕竟不会是一个大工厂。计划经济力图排除这种多元性，结果不仅带来利益关系的扭曲，而且必然导致绝对化和单一性，导致意识形态的畸形发展，并最终严重背离马克思主义最基本的原则和精神。"文化大革命"时期的"斗私批修""狠斗私字一闪念""在灵魂深处爆发革命"等都再清楚不过地证实了这一点。因此，在我国发展社会主义市场经济的过程中，利益主体的多元化成为越来越显著的发展趋势。这一趋势表明，整个社会的自主性会不断增强，其理性程度和社会结果的合理程度及科学程度会逐步提高，只要我们党能够成功掌控社会主义市场经济的发展，它所促进和推动的必将是社会主义制度文明的全面发展。

有人认为，随着市场化过程的展开，地区之间、部门之间与不同社会群众之间的收入差距状况相比较，还是计划经济更能够保证社会的公平与平等。这种看法是不对的。因为它从根本上忘记了中国农民的存在。一个基本的事实是，在计划经济中，城市与农村由于重重制度壁垒而长期处于相互隔绝的状态中，广大农民包括农村剩余劳动力被严厉禁止流向城市，被牢牢束缚在他们对之没有任何自主权的公社的土地上。由此，计划经济强制规定并长期固化了农民与城市职工这两个社会阶层的身份不平等及与之相伴随的全面的机会不均等。这既不符合社会主义现代化进程的要求，又是不符合社会主义社会理想的最为显著的社会不公平、不平等。尽管当初计划经济管理体制采取这样的办法有其客观原因，当时也有其积极的一面，但无论如何，这毕竟是与现代社会的发展趋势和社会主义民主政治所追求的人人平等、社会公平的理想不一致的，事实说明了计划经济的组织方式不仅缺乏效率，而且也不能实现真正的社会公平与平等。相反，恰恰是市场化过程的启动打破了这种状况，农民开始获得向城市流动、转移的自主选择权。这种变革一方面有力地推动了现代化进程所要求的农村剩余劳动力向非农产业的转移，另一方面又显著促进了社会主义民主政治所追求的社会平等程度的提高，显著表现出市场经济要求机会均等的本性。

当然，市场机制的作用会拉开人们的收入差距，这既是市场机制在达成经济效率目标时的结果，又是它的作用条件。对效率目标来说，一定的收入差距是必需的。尽管如此，一旦差距过大，导致收入悬殊，的确不能为社会的伦理要求所接受，也会导致新的社会问题的出现，因而必须由政府担负起调节的责任。同时应当看到，曾经存在的某些收入差距过大的现象，并不是由于社会主义市场经济本身所带来的，恰恰是市场经济发展不成熟的结果。换句话说，恰恰是没有严格按照市场经济规律办事的结果，是由体制转轨时期的制度因素造成的。在体制转轨时期，由于其对不同地区、不同部门、不同所有制经济的影响各有不同，这就使人们的收入差距因不均等的机会和条件而扩大。同时，双重体制并存，行政权力过多干预经济活动的状况也容易滋生寻租和腐败，从而扩大少数利用特权的人与大多数人之间的收入差距。解决途径只能是更努力地推进市场进程，尽快完成体制的转变，而决不能返回计划经济的老路上去。

事实上，人民群众并不是不能接受收入差距，更不是我们中国的老百姓都喜欢"大锅饭"式的普遍贫困的平均主义，如果是这样，就根本无法理解中国的经济体制改革是发轫于安徽的贫穷村落的农民。人民群众真正不能够接受的是那种违背市场经济规则，依靠特权和不平等的市场竞争而不是依靠自己的聪明才智和诚实勤奋的劳动创造所获得的巨额私人收入。人民群众长期以来所接受的共产主义和社会主义教育其实与市场经济的精神并不相悖，但确实与这样的腐败现象格格不入，恰恰是一些人滥用转轨时期的市场体制漏洞以权谋私，而绝不是社会主义市场经济本身败坏了党的声誉和人们对社会主义理想的信念。应该相信，绝大多数老百姓对于依靠自己的智慧、知识、技能和诚实勤恳的劳动所得到的比他人高的收入不仅能够接受，而且，人们还会尊重这样的人，很多老百姓会教育自己的子女以他们为榜样。因此，一些人把腐败算在社会主义市场经济的账上，即便不是别有用心，至少在客观上确实造成了非常恶劣的混淆视听的结果，反而给党和人民的社会主义事业帮了倒忙。

市场经济与社会主义基本经济制度

1978年以来的历史经验、1949年以来的历史经验，乃至1840年以来的历史经验，均无可辩驳地揭示了一个规律：没有市场化就没有中国的现代化，没有社会主义市场经济的充分发展就没有社会主义民主法治发展的基础和动力，唯有社会主义市场经济道路才是有效推动中华民族走向伟大复兴的道路，才是通往社会主义民主法治国家建设的康庄大道。当代中国共产党人正是站在这一历史的高度，以对中华民族和社会主义大业深沉的使命感和责任感，果断抛弃了已经运行了几十年但被实践证明不利于有效促进社会生产力发展和民主法治发展的计划经济模式，毅然顶住各种偏见和压力，义无反顾地提出了社会主义市场经济理论，从而为中国特色社会主义事业的发展提供了不竭的动力源泉。

自1978年以来13年的改革中，经济体制改革取得历史性进展，不仅确立了社会主义市场经济体制的改革目标和基本框架，还确立了社会主义初级阶段的基本经济制度和分配制度。1991年7月1日，江泽民在庆祝中国共产党成立70周年大会上的讲话中指出："计划和市场，作为调节经济的手段，是建立在社会化大生产基础上的商品经济发展所客观需要的，因此在一定范围内运用这些手段，不是区别社会主义经济和资本主义经济的标志。"[1]1992年初，邓小平发表"南方谈话"，澄清了长期困扰和束缚人们思想的许多重大认识问题，扫除了国内对于改革和发展的种种疑虑。尤其是邓小平所强调的"计划多一点还是市场多一点，不是社会主义与资本主义的本质区别。计划经济不等于社会主义，资本主义也有计划；市场经济不等于资本主义，社会主义也有市场。计划和市场都是经济手段"[2]等观点，为深化经济体制改革指明了方向。

根据邓小平"南方谈话"精神，1992年6月9日，江泽民在中共中央党校省部级干部进修班上的讲话中指出，"要尽快建立社会主义的新经济体制"[3]，并比较倾向于使用"社会主义市场经济体制"[4]这个提法。10月，党的十四大报告明确提出："我国经济体制改革的目标是建立社会主义市场经济体制，以利于进一步解放和发展生产力。"[5]

随后，为进一步落实党的十四大确立的社会主义市场经济理论，使全党尽快对此形成共识，以加快改革的步伐，党中央对这一崭新理论组织了深入具体的研究和探讨，并于1993年11月召开的党的十四届三中全会上，审议并通过了《中共中央关于建立社会主义市场经济体制若干问题的决定》，重申社会主义市场经济体制是同社会主义基本制度结合在一起的，并对社会主义市场经济的基本框架体系及基本理论形态作了具体的阐述，认为建立社会主义市场经济体制，就是要使市场在国家宏观调控下对资源配置起基础性作用。为实现这个目标，必须坚持以公有制为主体、多种经济成分共同发展的方针，进一步转换国有企业经营机制，建立适应市场经济要求，产权清晰、权责明确、政企分开、管理科学的现代企业制度；建立全国统一开放的市场体系，实现城乡市场紧密结合，国内市场与国际市场相互衔接，促进资源的优化配置；转变政府管理经济的职能，建立以间接手段为主的完善的宏观调控体系，保证国民经济的健康运行；建立以按劳分配为主体，效率优先、兼顾公平的收入分配制度，鼓励一部分地区一部分人先富起来，走共同富裕的道路；建立多层次的社会保障制度，为城

---

① 《江泽民文选》第1卷，人民出版社2006年版，第155页。
② 《邓小平文选》第3卷，人民出版社1993年版，第373页。
③ 《江泽民文选》第1卷，人民出版社2006年版，第198页。
④ 《江泽民文选》第1卷，人民出版社2006年版，第202页。
⑤ 《江泽民文选》第1卷，人民出版社2006年版，第226页。

乡居民提供同我国国情相适应的社会保障，促进经济发展和社会稳定。这些主要环节是相互联系和相互制约的有机整体，构成社会主义市场经济的基本框架。江泽民在十四届三中全会上的讲话中指出，把党的十四大提出的经济体制改革的目标和基本原则加以具体化，在某些方面有进一步发展，制定了社会主义市场经济体制的总体规划。这是全党在20世纪90年代进行经济体制改革的行动纲领，从而勾画了社会主义市场经济体制的总体蓝图和基本框架。与此同时，以公有制为主体、多种所有制经济共同发展的格局基本形成。这是党的十一届三中全会以来经济体制改革的重要内容和重大成果。

党的十五大召开之前，中国共产党一直坚持以公有制为主体、多种所有制经济共同发展的方针。党的十五大进一步把这个方针提升为社会主义初级阶段的一项基本经济制度，江泽民在党的十五大报告中明确指出："公有制为主体、多种所有制经济共同发展，是我国社会主义初级阶段的一项基本经济制度。""公有制经济不仅包括国有经济和集体经济，还包括混合所有制经济中的国有成分和集体成分。公有制的主体地位主要体现在：公有资产在社会总资产中占优势；国有经济控制国民经济命脉，对经济发展起主导作用。……国有经济起主导作用，主要体现在控制力上。"①党的十五大作出调整和完善所有制结构、支持和引导股份合作制经济等决策②，对激发全社会经济发展的活力产生了重大作用。

与社会主义市场经济改革和所有制结构调整相适应，收入分配制度改革不断深化。党的十四大报告指出："在分配制度上，以按劳分配为主体，其他分配方式为补充，兼顾效率与公平。"③党的十五大报告指出："坚持按劳分配为主体、多种分配方式并存的制度。把按劳分配和按生产要素分配结合起来，坚持效率优先、兼顾公平，有利于优化资源配置，促进经济发展，保持社会稳定。"④坚持按劳分配为主体、多种分配方式并存的制度进一步完善。收入分配制度改革使按劳分配与按生产要素分配有机结合起来，合理拉开收入分配差距，使劳动者所得的报酬与其对社会的贡献挂钩，使

---

① 《江泽民文选》第2卷，人民出版社2006年版，第19页。
② 参见中共中央文献研究室编：《十五大以来重要文献选编》（上），中央文献出版社2011年版，第17、19页。
③ 中共中央文献研究室编：《十四大以来重要文献选编》（上），中央文献出版社2011年版，第17页。
④ 中共中央文献研究室编：《十五大以来重要文献选编》（上），中央文献出版社2011年版，第21页。

劳动者投入的资本、技术、劳动力等生产要素得到相应的回报，从而为生产力的解放与发展注入了巨大的生机与活力，广大人民群众的收入水平显著提高。1999年3月，九届全国人大二次会议通过《中华人民共和国宪法修正案》，把宪法第六条修改为："中华人民共和国的社会主义经济制度的基础是生产资料的社会主义公有制，即全民所有制和劳动群众集体所有制。社会主义公有制消灭人剥削人的制度，实行各尽所能、按劳分配的原则。""国家在社会主义初级阶段，坚持公有制为主体、多种所有制经济共同发展的基本经济制度，坚持按劳分配为主体、多种分配方式并存的分配制度。"[1]这样，就以根本大法的形式实现了市场经济与社会主义初级阶段的基本经济制度和分配制度的结合。

四、1997年：中国走向依法治国

随着社会主义市场经济的培育、完善和发展，政治体制领域里有碍于社会主义市场经济深入发展的不适应部分开始暴露并变得尖锐起来，广大人民群众在自主参与社会经济生活的过程中，对于社会政治生活的自主参与意识也逐渐增强，这是社会主义市场经济发展的内在逻辑的展开，也是党实施改革总体方略中的用心所在。执政的中国共产党以欣喜的目光关注着社会生活的积极变革，并高屋建瓴地驾驭着改革的走向。在经过5年市场经济体制的培育和发展之后，在历经了19年改革开放的风雨洗礼之后，中国的政治发展方向是什么？它的最终的目标模式究竟是什么？中国共产党人能不能在铺设了全面经济发展的市场经济理性轨道之后，继续成功地铺设一条中国政治发展的理性轨道，从而使伟大的社会主义现代化事业从此能够沿着这两条理性的稳固的轨道，健康、持续、稳定地驶向成功的彼岸？这就成了20世纪90年代中国共产党人必须面对并要加以科学回答的跨世纪的历史命题。

---

[1] 中共中央文献研究室编：《十五大以来重要文献选编》（上），中央文献出版社2011年版，第711页。

跨世纪的决策

1996年2月,江泽民在中共中央举办的法制讲座上明确提出了"依法治国"的思想[①]。3月,八届全国人大四次会议通过的《国民经济和社会发展"九五"计划和二〇一〇年远景目标纲要》,也郑重地将"依法治国"作为一项根本方针和奋斗目标确定下来。而对这一问题作出历史性决策,是在1997年党的十五大。

1997年2月19日,一代伟人邓小平在北京病逝。国际国内更加关注党的十五大的态势。1997年5月29日,江泽民出席中共中央党校省部级干部进修班毕业典礼,并在典礼上发表了重要讲话。这次讲话,既是对邓小平去世后中国向何处去的回答,也是对党的十五大的指导方针和所要阐述的有关重大问题第一次向党的高级干部所作的思想酝酿。参加这次毕业典礼的人员除了中央党校1997年春季省部级班的学员外,还有全国各省、自治区、直辖市,中央和国家机关各部门及中国人民解放军的主要负责人。江泽民在讲话中指出,在社会主义改革开放和现代化建设的新时期,在跨越世纪的新征途上,一定要高举邓小平建设有中国特色社会主义理论的伟大旗帜,用这个理论来指导我们的整个事业和各项工作,这是党从历史和现实中得出的不可动摇的结论。江泽民强调,旗帜问题至关重要。旗帜就是方向,旗帜就是形象。在邓小平逝世后,我们全党特别是高级领导干部在这个问题上尤其要有高度的自觉性和坚定性,无论遇到什么困难、什么风险,都不能动摇。邓小平建设有中国特色社会主义理论作为马克思主义同当代中国实践和时代特征相结合的产物,是毛泽东思想在新的历史条件下的继承和发展,是当代中国的马克思主义,是马克思主义在中国发展的新阶段。在当代中国只有这个理论而没有别的理论能够解决社会主义的前途和命运问题。"5·29讲话"之后,党的十五大报告起草小组又广泛征求了大家对报告草稿的意见,集中了全党的智慧,再经过认真修改,终于完成了这篇面向新世纪的中国共产党宣言。于是,在香港回归这一中华民族的世纪庆典结束不久,又一个伟大的历史性时刻到来了。

1997年9月12日至18日,具有跨世纪意义的中国共产党第十五次全国代表大会召开了。江泽民在大会上向全党庄严提出了要实施依法治国方

---

① 参见《江泽民文选》第1卷,人民出版社2006年版,第511—513页。

略，要建立社会主义法治国家的重大决策，从而向全党，也向全国人民和在邓小平去世之后关心中国共产党向何处去的全世界的人们，发布了走向新世纪的中国共产党的宏伟宣言。江泽民的政治报告系统完整地提出并论述了党在社会主义初级阶段的基本纲领：建设有中国特色社会主义的经济，就是在社会主义条件下发展市场经济，不断解放和发展生产力；建设有中国特色社会主义的政治，就是在中国共产党领导下，在人民当家作主的基础上，依法治国，发展社会主义民主政治；建设有中国特色社会主义的文化，就是以马克思主义为指导，以培育有理想、有道德、有文化、有纪律的公民为目标，发展面向现代化、面向世界、面向未来的，民族的科学的大众的社会主义文化。

特别需要指出的是，党的十五大将"依法治国"表述为"是党领导人民治理国家的基本方略"[①]。对这一新的治国方略，江泽民在党的十五大报告中作了科学的界定："依法治国，就是广大人民群众在党的领导下，依照宪法和法律规定，通过各种途径和形式管理国家事务，管理经济文化事业，管理社会事务，保证国家各项工作都依法进行，逐步实现社会主义民主的制度化、法律化，使这种制度和法律不因领导人的改变而改变，不因领导人看法和注意力的改变而改变。依法治国，是党领导人民治理国家的基本方略，是发展社会主义市场经济的客观需要，是社会文明进步的重要标志，是国家长治久安的重要保障。"[②] 江泽民指出："依法治国把坚持党的领导、发扬人民民主和严格依法办事统一起来，从制度和法律上保证党的基本路线和基本方针的贯彻实施，保证党始终发挥总揽全局、协调各方的领导核心作用。"[③]

如果说社会主义市场经济理论的提出具有千秋功业意义的话，那么1997年依法治国和社会主义法治国家理论的提出，则是中华民族百余年孜孜求索的成果，是以毛泽东同志为主要代表的中国共产党人半个多世纪以来对民主新路无私无畏探索奋斗的成果，是中国共产党人继提出社会主义市场经济理论以后，带领全党所成就的第二个具有划时代意义的事业。

党的十五大以后，在理论和实践上中国共产党人稳步推进依法治国的治国方略。1998年，江泽民在学习邓小平理论工作会议上指出，推进

---

① 中共中央文献研究室编：《十五大以来重要文献选编》（上），中央文献出版社2011年版，第26页。
② 《江泽民文选》第2卷，人民出版社2006年版，第28—29页。
③ 《江泽民文选》第2卷，人民出版社2006年版，第29页。

社会主义民主政治建设，必须处理好党的领导、发扬民主、依法办事的关系。党的领导是关键，发扬民主是基础，依法办事是保证，绝不能把三者割裂开来、对立起来。1999年3月15日，九届全国人大二次会议通过的宪法修正案中，正式将"依法治国"写入宪法，规定"中华人民共和国实行依法治国，建设社会主义法治国家"。2002年，江泽民在中央党校省部级干部进修班毕业典礼上进一步指出，党的领导、人民当家作主和依法治国的统一性是社会主义民主政治的重要优势。发展社会主义民主政治，最根本的是要坚持党的领导、人民当家作主和依法治国的有机结合和辩证统一。随后，胡锦涛在党的十六大政治报告中提出，发展社会主义民主政治，最根本的是要把坚持党的领导、人民当家作主和依法治国有机统一起来。2003年，胡锦涛在"三个代表"重要思想理论研讨会上强调，把"如何更好地实现坚持党的领导、人民当家作主和依法治国的有机统一"，作为我国社会主义的自我完善和发展中需要进一步探索和回答的重大课题。2004年9月，在党的十六届四中全会作出的《中共中央关于加强党的执政能力建设的决定》中，我们党以长期执政的经验为基础，提出了科学执政、民主执政、依法执政的重大命题。2006年6月28日，胡锦涛主持中央政治局"坚持科学执政、民主执政、依法执政"集体学习，并就此专题发表重要讲话。2007年，胡锦涛在党的十七大报告中再次明确指出，要坚持党的领导、人民当家作主和依法治国有机统一，不断推进社会主义政治制度自我完善和发展。2011年，胡锦涛在庆祝中国共产党成立90周年大会上再次强调，发展社会主义民主政治，必须坚持中国特色社会主义政治发展道路，关键是要坚持党的领导、人民当家作主、依法治国有机统一。

经过党的十四大到党的十五大，中国改革开放终于有了两大成果：在经济体制改革和全面的经济发展方面，形成了社会主义市场经济理论；在政治体制改革和全面的社会进步方面，形成了社会主义法治国家的理论。这是中国共产党人在20世纪90年代为中华民族作出的里程碑式的贡献。中华民族正是在踏入了这种科学理性的发展轨道后，才如此从容自信地向着21世纪迈进。而社会主义市场经济与依法治国的良性互动，则为21世纪中国社会主义的科学发展和全面发展，乃至中华民族的伟大复兴，昭示了极为光明和广阔的发展远景。

依法治国与国家长治久安

中华民族在人类文明发展史上曾经多次执世界文明之牛耳,为什么在近代沦落到积贫积弱、任人宰割的悲惨境地?尽管原因有很多,但最根本的是治理国家的制度太落后了,这种治理制度被人治浸淫得太腐朽了,扼杀了中华民族的生机和活力。这样的人治治理模式,也许可以制造出一段时间的辉煌,但它最致命的问题是不具有可持续性,国家民族命运往往随着国家领导人的改变而发生重大改变,这就造成了中国自古以来都把国家民族的命运寄托在圣明君主身上,这也就不可避免地酿成了中华民族治乱循环的恶性怪圈。黄炎培先生描述的历史周期率再清楚不过地揭示了这种人治治理模式的宿命。中国共产党的历史使命,不仅仅是要领导中国人民通过新民主主义革命彻底改变近代中华民族经济凋敝、政治昏聩、文化落后、列强肆虐、民不聊生、国将不国的苦难命运,求得中华民族的独立和富强,更是要在此基础上,彻底改变中国传统的人治治理模式,走出治乱循环的历史怪圈,实现中国人民当家作主,实现国家民族的长治久安,切实保障中华民族的伟大复兴命运,不因领导人的改变而改变,不因领导人注意力的改变而改变,实现中华民族的永续发展。而做到这一切必须实行依法治国、依宪治国,就是执政的中国共产党必须实行依宪执政、依法执政。这是人类文明发展历史的经验总结,是中华民族文明发展历史经验教训的顿悟,同时也是我们党执政经验教训的结论。

"文化大革命"造成的悲剧和悖论再次警示我们,即便是先进的中国共产党,也必须彻底抛弃人治色彩的治国方式,必须清楚人治对党的执政的极大危害。"文化大革命"中企图脱离生产力水平的发展现状,不改变传统的计划经济体制和经济结构,而一味变更生产关系、一味进行上层建筑领域的"政治大革命"、一味在上层建筑领域进行纯而又纯的阶级清算和道德批判(往往是"大批判")的做法,不仅不能促进生产力的发展和社会的文明进步,不仅不能真正实现政权结构模式质的超越,不仅不能实现让中国人民当家作主的真切愿望,不仅不能达到天下大治,反而只能造成生产力的破坏和社会的停滞,使政治体制、政权结构模式在传统体制模式的思路和实践中陷入恶性循环。其问题的根本症结就是,我们的治国理政方式没有能够摆脱人治的影响。比如,人民领袖毛泽东提出由破达到立,由大破达到大立,由天下大乱达到天下大治,由打破一个旧世界达到重建一个新世界，由道德重整达到增进人生、改造社会、根治腐败、重振革命年代的道德热忱。正所谓"一张白纸，没有负担，好写最新最美的文字，好画最新最美的画图"——一生极力想使中国共产党跳出历史周期率的人民领袖，在晚年的政治哲学思考和政治实践中，力图在传统体制的恶性循环中超越自己、超越历史，力图在肯定这种传统体制的条件下解决党和国家权力与人民主体理想背离这一让他一直为之痛心疾首的顽疾。

这场殊惊世界的政治改革实验的悲剧再次惊醒当代中国共产党人：要解开治乱循环这个中国政治亘古铁律般的恶性死结，唯有通过经济制度创新以实现传统文化的更新，唯有以此为基础逐步建构一个法治秩序的社会。"大民主"只能导致对民主的反动；而只有真正的政治民主，方可实现长治久安；天下大乱只能导致更大的破坏和混乱，只有真正做到依法治国，才能达到天下大治！

鉴于此，在建立社会主义市场经济体制的战略目标提出以后，也就是说在社会主义的经济体制和经济结构已经发生了质的变化和进步发展以后，我们也要遵循唯物史观的基本原则，适时进行政治体制、政权结构的改革，逐步实现对传统政治结构模式的超越。事实上，没有社会主义民主政治建设的成功，社会主义市场经济体制也不可能最终得以完整实现。当然，这种改革不是也不可能再是"文化大革命"时期那种传统思维中的"政治大革命"，这种民主政治不是也不可能是那种群众运动式的大民主，而是社会主义崭新的民主政治模式，是真正具有中国特色的社会主义民主新路。这种模式、这条新路，只能是依法治国，这是中国共产党历经坎坷才找到的唯一理性的、可取的治国方略和执政方式。

依法治国与中国共产党长期执政

我国独特的国情决定，只有执政的中国共产党做到依法治国、依法执政，才能使自己做到长期执政，才能领导中国人民实现国家民族的长治久安。要做到依宪治国，必然要求中国共产党做到依宪执政；要做到依法治国，必然要求中国共产党做到依法执政，同时做到科学执政、民主执政。

"三个执政"的提出，是党在长期执政的实践中努力探索和认识执政规律的最新成果，既概括了我们党作为中国工人阶级先锋队，作为中国人民和中华民族先锋队在长期执政中体现出来的优势、特点和独特规律，也遵循了马克思主义政党执政的普遍原则，是我们党越来越自觉地把握执政规律并日益走向成熟执政的重要标志。在新的历史条件下，只有切实做到"三个执政"，才能正确认识、准确把握和有效解决党在执政过程中遇到的新情况新问题，才能积极回应党继续长期执政所面临的新挑战新考验，才能面对现代化建设中的复杂矛盾，构建社会主义和谐社会，完成历史赋予中国共产党人的神圣使命。

"三个执政"所要解决的核心问题，是如何为人民掌好权、管好权、用好权的问题。无论在民主革命时期的局部执政实践中，还是在新中国成立后的全国执政实践中，这一问题一直是我们党努力探索和解决的重大课题。无论在民主革命的局部执政时期，还是在新中国成立之初的全面执政时期，我们党领导政权是相当成功的。其经验概括起来，就是遵循了科学执政、民主执政、依法执政的基本精神，在执政中保持清正廉洁，赢得了人心，改造了民风，带领人民群众建设了一个亘古未有的新社会。

1956年，我国基本完成了对生产资料私有制的社会主义改造，进入了社会主义社会。由于作为阶级的剥削阶级已不再存在，因此，"人民"和"敌人"的内涵和外延都发生了根本的变化。尽管在一定范围内还有阶级斗争，但是国家政权已经建立在新型的社会主义生产关系基础之上，党的根本任务也转变到领导人民群众在新的生产关系下保护和发展生产力。党开始探索在社会主义条件下如何为人民执好政、掌好权这一重大问题。毛泽东提出，要统筹兼顾全国所有人的利益，调动一切积极因素，这是我们党的战略方针；要正确区分两类不同性质的社会矛盾，把正确处理人民内部矛盾作为国家政治生活的主题；要加强社会主义民主建设，造成又有集中又有民主，又有纪律又有自由，又有统一意志、又有个人心情舒畅、生动活泼，那样一种政治局面；要实行"长期共存、互相监督"的方针，正确处理党与民主党派之间的关系；要在科学文化工作中实行"百花齐放，百家争鸣"等。这些重要思想，既反映了我们党对社会主义建设规律的新认识，也反映了我们党对共产党执政规律的新认识，在党的执政史研究中具有重要的历史地位和理论价值。

与此同时，我们党在艰辛探索中，由于种种复杂的原因，也有不少失误，特别是高度集中的经济体制方面的原因，使党在执政方略和执政方式等方面发生重大变化。1958年，党中央决定实行"党政不分"的一元化领导体制,明确"大政方针在政治局,具体部署在书记处""具体执行和细节决策属政府机构及其党组"。这一体制的形成,同计划经济条件下党必须直接领导和管理经济有关,虽然有其历史合理性,但这一体制在实践中发生了许多问题,特别是忽视了宪法和法律的作用,使民主与法制建设出现了严重的曲折。

"文化大革命"的惨痛教训,促使我们党在进入社会主义现代化建设的新时期后,深刻反思究竟应该怎样执政的问题。党的十一届三中全会以来,党在领导经济建设和经济体制改革的同时,始终坚持积极稳妥地推进政治体制改革,确立了党执政的民主导向和法治导向。邓小平有针对性地提出民主要制度化、法律化,提出要完善社会主义民主、健全社会主义法制,提出要不断推进党和国家领导制度的改革,实现党的执政方式和领导方式的转变。在党的十二大召开前,邓小平明确提出,党的十二大修改的党章中要回答:"执政党应该是一个什么样的党,执政党的党员应该怎样才合格,党怎样才叫善于领导。"①党的十二大通过的党章规定:"党的领导主要是政治、思想和组织的领导。""党必须在宪法和法律的范围内活动。党必须保证国家的立法、司法、行政机关,经济、文化组织和人民团体积极主动地、独立负责地、协调一致地工作。"②

党的十三大提出,应当改革党的领导制度,划清党组织和国家政权的职能,理顺党组织与人民代表大会、政府、司法机关、群众团体、企事业单位和其他各种社会组织之间的关系,做到各司其职,并且逐步走向制度化。党的十四大确立了建立社会主义市场经济的经济体制改革目标,并提出,同经济体制改革和经济发展相适应,必须按照民主化和法制化紧密结合的要求,积极推进政治体制改革。强调人民民主是社会主义的本质要求和内在属性。没有民主和法制就没有社会主义,就没有社会主义的现代化。我们应当在发展社会主义民主、健全社会主义法制方面取得明显进展,以巩固和发展稳定的社会政治环境,保证经济建设和改革开放的顺利进行。党的十五大提出,要继续推进政治体制改革,进一步扩大社会主义民主,健全社会主义法制,依法治国,建设社会主义法治国家。强调依法

---

① 《邓小平文选》第 2 卷,人民出版社 1994 年版,第 276 页。
② 中共中央文献研究室编:《十二大以来重要文献选编》(上),中央文献出版社 2011 年版,第 57 页。

治国，是党领导人民治理国家的基本方略，是发展社会主义市场经济的客观需要，是社会文明进步的重要标志，是国家长治久安的重要保障。党领导人民制定宪法和法律，并在宪法和法律范围内活动。依法治国把坚持党的领导、发扬人民民主和严格依法办事统一起来，从制度和法律上保证党的基本路线和基本方针的贯彻实施，保证党始终发挥总揽全局、协调各方的领导核心作用。党的十六大提出，发展社会主义民主政治，最根本的是要把坚持党的领导、人民当家作主和依法治国有机统一起来。党的领导是人民当家作主和依法治国的根本保证，人民当家作主是社会主义民主政治的本质要求，依法治国是党领导人民治理国家的基本方略。党的十六届四中全会更明确提出了"坚持科学执政、民主执政、依法执政"的理念，说明我们党对执政规律的认识越来越深刻。

坚持"三个执政"对党长期执政具有重大意义。第一，"三个执政"顺应了党的历史方位转变和时代要求，完善了党的执政理论。我们党已经从一个领导人民为夺取全国政权而奋斗的党，转变为在全国执政并长期执政的党；已经从一个在外部封锁和实行计划经济条件下领导国家建设的党，转变为在对外开放和实行社会主义市场经济条件下领导国家建设的党。在党的历史方位发生巨大变化的关键时刻，我们党及时提出"三个执政"的理念，对引导全党沿着正确的方向顺利实现这种转变，并从容应对这种深刻转变中有可能出现的新情况新问题，具有重大的指导意义。中国共产党与西方政党产生的历史背景截然不同。西方许多国家是先有国家，后有政党。我们党是在为中国实现民族独立、人民解放和人民民主过程中创建的。因此，在党和国家之间，是先有党而后创建中华人民共和国。这种情况，一方面为党执政后充分施展自身的政治抱负创造了优越的条件，同时也给我们党提出了一个重大课题，即如何从一个习惯于反对旧制度、习惯于领导人民闹革命、同反动政权作斗争的党，转变为善于在新的政治体制内执政并利用权力为人民服务的党。

二者的区别是明显的。一是党的功能发生了变化。在革命斗争环境下，政党代表本阶级及其联盟的利益，同反动阶级进行斗争。但在执政条件下，执政党除了要继续代表本阶级的利益对敌人实施专政，还要整合并代表全体社会成员的根本利益。二是党的目标和任务发生了变化。领导革命斗争的党，其首要目标是取得政权，而执政党的根本任务则是协调各方面利益，凝聚各方面力量，造成一个和谐的局面，促进国家和社会的发展。三是党与国家权力的关系发生了变化。在革命时期，党是被压制的对象，执政后则变成了权力的掌控者。这一方面使党有条件运用国家权力为人民服务，但另一方面也使党被权力腐蚀的危险大大增加。四是党与法的关系发生了变化。革命时期党领导人民摧毁反动政府的反动法统，而在执政后，党必须领导人民制定宪法和法律，并自觉地在宪法和法律的范围内活动，实行依法治国、依宪执政。执政的长期实践证明，实现这种转变不是一件简单的事情，比通常想象的要艰难得多。从总体上说，尽管我们党在1949年就已经是一个在全国执政的党，但党在执政的理念、体制、机制和方式等方面有许多不完善之处，不适应执政党的要求，为此付出的代价也是沉重的。特别是，我国实行改革开放和发展社会主义市场经济后，既为经济社会发展提供了前所未有的强大动力，也使人们建立在利益基础上的自主意识和民主意识空前增长，从而对我们党提出了新的考验。党要科学应对这些挑战和考验，就必须改革和完善党的领导方式和执政方式，增强党执政的科学性、民主性，提高党领导国家和社会的制度化、法治化水平，掌握驾驭复杂矛盾、实现社会和谐的本领。"三个执政"的提出，无疑完善了党的执政理论，为我们党顺利实现这种转变指明了正确的方向。

第二，"三个执政"对于在新的执政条件下进一步增强全党的执政党意识意义深远。执政意识就是要保证权力始终掌握在我们党的手中的意识。权力和责任对等，是民主政治的一个基本原则。获得了权力，就意味着接受了人民的委托。在使用权力的同时，必须承担用好权力的责任。权力是否巩固，是否会得而复失，归根结底取决于是否得民心。我们党是一党执政并长期执政，这就决定了我们党必须对自己的所有执政行为和执政结果负责。使命的伟大和光荣，决定了承担的责任的艰巨和沉重。因此，增强执政党意识，就是要求全党想问题、作决策、办事情，都要从代表中国最广大人民的根本利益这个前提出发。党的执政地位的巩固、党的先进性的实现，都要靠我们党切实做到立党为公、执政为民，以卓越的执政能力和执政业绩得到人民的认可和拥护。无疑，提出"三个执政"的执政目标要求，宣传"三个执政"的科学理念，有利于促进全党执政党意识的增强，对于促进全党同志以高度的执政责任感和使命感同心同德完成新的执政目标，意义极为深远。

第三,"三个执政"从巩固党的执政基础、完成党的执政使命的角度,对加强自身建设提出了新要求,完善了新时期党的建设理论。我们党历来重视党的建设,把它看作保证革命、建设和改革取得胜利的法宝。但是党的建设只有同党担负的历史使命和各个阶段的任务联系起来,才能真正取得实效。搞清楚"什么是执政党、怎样建设执政党",是党的建设面临的一个重大课题。党的十一届三中全会以来,党在领导人民建设中国特色社会主义的伟大实践中,对这一重大课题也一直在进行着实践和探索。党的十六大以来,党中央提出要以提高党的执政能力为重点加强党的建设,把党的建设与党领导的伟大事业统一起来。"三个执政"要求全党从科学、民主、法治的高度提高党的执政能力,突出了执政的科学性、民主性和合法性,为提高党的执政能力、完成党领导的伟大事业,指明了正确的方向。一方面,对进一步改革和完善党的领导体制、执政方式和领导方式,科学规范党的执政行为,提高党的执政能力和领导水平,有强大的推动作用;另一方面,"三个执政"又是我们党在21世纪向全国人民作出的庄严承诺,是人民群众衡量我们党的先进性的重要标志,有利于广大人民群众对我们党的执政行为进行有效监督。

第四,"三个执政"不仅完善了党的执政理论和党的建设理论,而且彰显了马克思主义执政党的先进性。中国共产党领导的多党合作和政治协商制度,是对资本主义多党竞争制度的一种超越,是更先进的政党制度,它的先进性恰恰是由工人阶级执政党自身的先进性特质所决定和保证的。也就是说,工人阶级执政党的先进性特质,决定了工人阶级执政党能够通过加强和完善自身的建设,来解决自身在发展过程中存在的问题,能够更好地实现党的领导与解放、保护和发展生产力的结合,能够更好地实行党的领导、依法治国与发展人民民主的结合,更好地实现民族的全面复兴和社会的全面进步,更好地为人类的和平与发展、为人类的进步和公正事业发挥更有力更好的作用。能够拥有这样的先进性,中国共产党就能够实行长期执政,就有资格继续领导中国人民实现中华民族的伟大复兴。客观地说,这种先进性的建设和实现是非常困难的,是需要中国共产党人以高度的忧患意识和卓越的领导能力才能够做到的。而只有按照"三个执政"的要求切实提高党的执政能力,才能继续实现党的先进性,才能继续赢得人民对我们党的支持、信赖和拥护。

我们党把科学执政、民主执政、依法执政有机地结合在一起提出来，体现了先进的中国工人阶级执政党的优势、特点和独特规律。在西方国家现代政治体制中，其执政党由于阶级的局限性和利益的狭隘性，再加上政党轮换执政所决定的行为短期性，它们很难真正做到科学执政、民主执政、依法执政。我们党则不同，党的先进性和长期执政的历史使命，为我们党实施科学执政提供了可能，也为我们党把科学执政与民主执政、依法执政结合起来创造了条件。我们绝不能照搬西方的政党模式和政治体制模式，党作为领导核心应当理直气壮地执政。当然，理直气壮地执政并不等于党包揽一切，而应当更好地体现在提高党执政的科学化、民主化和法治化水平上。也就是说，我们党所拥有的特点和优势，只有在坚持"三个执政"的前提下，才能够得到更充分的发挥。

"三个执政"的提出，既是我们党在探索执政规律实践中得出的科学结论，也是我们党顺应时代潮流而作出的郑重抉择，是我们党自觉认识和把握当代世界政党政治特点和规律、展现马克思主义执政党先进性的必然结果。坚持"三个执政"，是长期执政的必要条件，是党完成执政使命的根本保证。

五、以人为本、科学发展与和谐社会

随着社会主义市场经济的发展和社会主义法治国家建设的推进，中国特色社会主义伟大事业走进了21世纪。面临着21世纪之初遇到的新情况新问题，应该怎样做到继往开来，不断实现中国特色社会主义事业的自我完善和超越，成为中国共产党人领导中国人民必须回答和解决的重大课题。2008年，在纪念改革开放30周年大会上，在提到如何实现"两个一百年"奋斗目标的时候，胡锦涛提出了"不动摇，不懈怠，不折腾"的"三不"原则。这是对中国改革开放30年取得巨大成就的经验总结，也是对21世纪中国共产党领导中国人民继续取得伟大成就的基本遵循。所谓"不动摇"，就是坚持党在社会主义初级阶段的基本路线不动摇；所谓"不懈怠"，就是迎难而上，锐意进取，励精图治，发愤图强；所谓"不折腾"，就是不搞运动，不搞形式主义，埋头苦干，求真务实，一心一意做好自己的事情。这实实在在的三句话，揭示了刚刚进入21世纪的中国共产党人治国安邦的大道、正道。

以人为本：中国特色社会主义的根本价值取向

长期以来，有一种颇有代表性的观点，认为在社会主义初级阶段，只要把经济建设搞好，只要实现我国经济的持续稳定快速发展，就可以取信于人民，就可以保证党的执政地位，保证党和国家的长治久安；甚至把政治体制改革和社会主义民主政治建设与巩固党的执政地位、保证党和国家长治久安割裂和对立起来，认为只有经济建设和经济发展才能实现党的执政安全，而政治体制改革和民主政治发展是危害党的领导。这种观点不仅与马克思主义相悖，更背离社会主义的根本价值取向，而且在实践上也是极其有害和危险的。这种观念可能造就的只能是一种畸形的社会，与真正的科学社会主义风马牛不相及，更与邓小平引导全党所开辟的中国特色社会主义道路背道而驰；它所带来的也绝不可能是党和国家长治久安和党的长期执政，反而会对党的执政基础和执政资源造成致命的损害，会使党陷于执政实践的极为被动的境地。因此，必须对此予以澄清。

经济建设的成就只可能是一个执政党赢得人民群众支持和巩固执政地位的必要条件，它不是，也不可能是党和国家长治久安的充分条件，这是任何一个执政党都共同面临的规律性问题。也就是说，对资产阶级执政党是这样，对马克思主义执政党也是这样。这已经远远不是一个理论探讨的问题，而是20世纪80年代以来世界政党政治反复上演的历史活剧，其教训历历在目。

科学社会主义的创始人在深刻揭示资本主义基本矛盾的基础上，提出了社会主义必然代替资本主义的科学预见，并把资本主义的充分发展作为建立社会主义制度的历史前提。因此，马克思在当时曾把无产阶级革命爆发的希望寄托在资本主义比较发达的西欧国家。由此可以看出，真正合格的社会主义应该是在资本主义阶段充分发展了的社会生产力基础之上的，这种社会主义的根本特质应该是着力实现社会的政治发展和文化发展，以更好地促进人的全面发展与解放，为实现人的全面而自由的发展的共产主义创造和准备条件。然而，由于历史的实际演变，社会主义制度都诞生在没有经过典型资本主义发展阶段的经济贫困、文化落后、社会生产力不发达的国家，现实社会主义的起点和前提，不仅不是充分发展了的资本主义，反而在经济文化及社会生产力的发展水平上，与西方一些国家资本主义制度的起点和前提都还存在着差距。因此，在社会主义初级阶段，马克思主义执政党的中心任务必须是领导人民集中精力发展社会生产力。但这绝不意味着，在发展经济的同时，我们可以淡忘社会主义的根本价值取向，恰恰相反，而是更应该时时刻刻以此取向来导引社会主义初级阶段的经济建设、文化建设、政治建设和人的全面发展。只有这样才能使我们的社会能够真正沿着中国特色社会主义的正确方向前进。

如果说无产阶级革命揭开了人类解放的序幕，那么完成这一历史使命就是社会主义历史进程的全部目的。这是衡量社会主义国家一切事业、政策和活动的最高准则，是各项改革的最终目标，也是改革的价值所在。当然，贫穷不是社会主义。我们进行改革正是为了加速发展经济，彻底摆脱贫困，尽快成为一个富强的现代化国家。但是社会主义市场经济的发展、财富的积累只应成为人民经济独立的基础，成为人类继续征服自然的物质条件，成为人民群众实现当家作主权利的物质前提，成为推动社会主义民主政治建设的物质力量和内生动力。物质解放固然是精神解放的前提，但在一定意义上说，精神解放更能反映人的解放的本质，也更能反映出社会主义的根本价值和吸引力。因此，在进行经济现代化建设的过程中，不能不伴随着人的现代化的过程，不能不伴随着为实现这种解放而必需的民主法治发展过程。这不仅是经济现代化的重要条件，而且是经济现代化的重要目的。因此，通过社会主义市场经济的发展及其内在动力的推动，促进社会主义民主政治建设的进步，以此促进解放思想，提高整个民族的精神素质，形成新的民族文化和更高的精神境界，造就一代新人，就不能不是社会主义改革事业的题中应有之义。

这是中国特色社会主义的根本价值所在，只有这样的社会主义才是能够赢得人民群众越来越拥护和支持的社会主义；也只有领导人民真心实意为这样的社会主义而奋斗的党，才是真正能够得到人民群众信赖和拥护的马克思主义执政党。在整个社会主义初级阶段，在建设中国特色社会主义的全部历史进程中，在我们目前必须把发展作为党执政兴国第一要务的历史阶段，时刻铭记而不迷失社会主义的根本价值取向，是中国特色社会主义事业能够顺利实现的强力引擎，是取得这一宏伟事业成功的重要保证。

2007年12月17日，胡锦涛在新进中央委员会的委员、候补委员学习贯彻党的十七大精神研讨班上，将以人为本与马克思主义的根本价值追求融为一体,深刻指出:"解放全人类,实现人的解放和人的自由而全面的发展,是马克思主义关于人类社会进步的最高价值追求。我们提出以人为本的根本含义,就是坚持全心全意为人民服务,立党为公、执政为民,始终把最广大人民根本利益作为党和国家工作的根本出发点和落脚点。"随后,胡锦涛从唯物史观的高度,用"三个一致性"阐明了以人为本对中国特色社会主义的根本价值意义,即以人为本"坚持尊重社会发展规律和尊重人民历史主体地位的一致性,坚持为崇高理想奋斗和为最广大人民谋利益的一致性,坚持完成党的各项工作和实现人民利益的一致性,坚持发展为了人民、发展依靠人民、发展成果由人民共享"。强调"以人为本,体现了马克思主义历史唯物论的基本原理,体现了我们党全心全意为人民服务的根本宗旨和我们推动经济社会发展的根本目的"①。

实际上,在党的十七大报告中,胡锦涛就全面阐述了科学发展观对整个社会主义事业的重大意义。他指出,坚持全面协调可持续发展,就是按照中国特色社会主义事业总体布局,全面推进经济建设、政治建设、文化建设、社会建设,促进现代化建设的各个环节、各个方面相协调,促进生产关系与生产力、上层建筑与经济基础相协调;坚持统筹兼顾,就是正确认识和妥善处理中国特色社会主义事业中的重大关系,统筹城乡发展、区域发展、经济社会发展、人与自然和谐发展、国内发展和对外开放,统筹中央和地方关系、个人利益和集体利益、局部利益和整体利益、当前利益和长远利益,统筹国内国际"两个大局"。贯彻落实科学发展观,要坚持党的基本路线构建和谐社会,深化改革开放,加强和改进党的建设。"把科学发展观贯彻落实到经济社会发展各个方面"②,这一重要论断充分揭示了以人为本的科学发展观的普遍意义。

科学发展:中国特色社会主义的永恒主题

发展是硬道理,是党执政兴国的第一要务。胡锦涛在此基础上,将马克思主义关于发展的世界观和方法论运用于我国新的发展实践的要求,形成了科学发展观,提升了发展的新境界。中国特色社会主义事业发展到21世纪,应该说,只有科学发展才是硬道理。

---

① 《胡锦涛文选》第3卷,人民出版社2016年版,第4页。
② 《胡锦涛文选》第2卷,人民出版社2016年版,第627页。

百年大党：走向最强大政党

站在 21 世纪的门槛蓦然回首，我们不禁扪心自问：我们究竟要建设一个什么样的强国？我们建设强国的目的究竟是什么？！仅仅就是为了不再受人家欺辱，为了找回曾经失去的自尊和脸面，为了在过去的列强面前显示我们的强大吗？或者仅仅是为了强大而强大吗？如果我们在"发展"的过程中，失去了赖以栖息的庄严国土，失去了纯净的蓝天和清澈的溪水，甚至有一天连悠扬的鸟鸣都要靠人工刻意仿造；如果铺天盖地的钢筋混凝土使我们失去了城市里延绵千年岁月的文化血脉；如果"发展"使我们失去了诗意，失去了灵性，失去了空明，失去了绵绵秋雨里的伤感，失去了雪意的浪漫，失去了视野里的银河，失去了新的童话传说，失去了心灵的家；如果"发展"使人民觉着国家离自己越来越远；如果"发展"使我们甚至失去了对天地万物的敬畏，那么我们发展的目的又是什么呢？我们几代人前赴后继牺牲奋斗的社会主义的崇高的价值取向又是什么？

这些在个别地方发生的个别"发展"现象，其造成的恶劣影响却不是个别的，因为这样的所谓"发展"，将会最终葬送真正的发展，将会给中国特色社会主义大业染上污垢，从而影响人民对社会主义的信念。很显然，邓小平一直强调的"发展是硬道理"，绝对不是指这样的"发展"，恰恰相反，他一直着重强调全面发展协调发展的理念。因为感于"文化大革命"后中国落后的切肤之痛，以及党内"阶级斗争"极左思潮的根深蒂固，邓小平在当时反复强调要加快发展，强调只有发展才是硬道理，强调以经济建设为中心，而不能再"以阶级斗争为纲"，是非常具有现实针对性的，也是非常正确的。同时，他把科学社会主义的本质和价值融入中国发展的理念中，并强调，如果造成了两极分化，我们的改革就失败了。我们的目的是实现共同富裕。应该说，党的十六大提出的全面发展协调发展的理念，取得了党的发展理念的巨大进步，也是有着鲜明问题导向的警戒，即中国特色社会主义的发展理念，绝不是沙尘暴越来越多的"发展"，绝不是看不到蓝天白云、喝不到纯净水、呼吸不到清新空气的"发展"，绝不是山区的穷孩子失学辍学率越来越高的"发展"，绝不是地区之间社会各阶层之间的收入分配差距越来越大的"发展"。

党的十六大把发展作为执政兴国的第一要务，这里所说的"发展"当然更与前面提到的那些所谓的"发展"现象不同，与单纯的经济发展（尤其是只关注 GDP 数字的所谓经济发展）也根本不同，而指的是全面发展协调发展的理念。这样的发展不仅包括了社会经济的可持续发展，而且同时包括了社会的政治发展、文化发展以及人的全面发展的全新发展理念。这样的发展才是中国共产党在新世纪执政兴国的第一要务，才是真正的硬道理，才是党领导人民实现全面小康社会和中国特色社会主义的执政为民理念的生动体现。

因此，党的十七大报告正式将科学发展观界定为："第一要义是发展，核心是以人为本，基本要求是全面协调可持续，根本方法是统筹兼顾。"[1] 胡锦涛强调，贯彻落实科学发展观，应"着力转变不适应不符合科学发展观的思想观念，着力解决影响和制约科学发展的突出问题，着力构建充满活力、富有效率、更加开放、有利于科学发展的体制机制"[2]；必须进一步抓好发展这个党执政兴国的第一要务，更加自觉、更加坚定地牢牢扭住经济建设这个中心，聚精会神搞建设，一心一意谋发展，不断为发展中国特色社会主义打下更为坚实的基础[3]；必须进一步实现好、维护好、发展好最广大人民的根本利益，"使贯彻落实科学发展观的过程成为不断为民造福的过程，成为不断提高人民生活质量和水平的过程，成为不断提高人民思想道德素质、科学文化素质和健康素质的过程，成为不断保障人民经济、政治、文化、社会权益的过程，让发展成果惠及广大人民群众"[4]；必须进一步解放思想、改革创新，要"以解放思想为先导、以改革创新为动力，在新的思想高度上形成深化改革开放的共识、找到解决问题的突破口，在发展理念、发展思路、发展方式、发展体制上都来一个深刻转变，特别是要努力转变影响和制约科学发展的思想观念、方式方法、体制机制，确立起符合科学发展观要求的思想观念、方式方法、体制机制"[5]；必须进一步提高党员干部素质。领导干部是否牢固树立科学发展的理念，是否具备谋划和推动科学发展的能力，决定着本地区本部门本单位贯彻落实科学发展观的成效。这就需要造就一支自觉实践科学发展观、有能力推动科学发展的干部队伍，需要领导干部坚持正确的政绩观，老老实实按照客观规律办事，兢兢业业做好本职工作，做出经得起实践、人民、历史检验的实绩，必须"进一步动员广大人民群众投身科学发展伟大实践。……人民群众是推动科学发展的主体。科学发展取得了多大成

---

[1] 《胡锦涛文选》第 2 卷，人民出版社 2016 年版，第 623 页。
[2] 《胡锦涛文选》第 3 卷，人民出版社 2016 年版，第 8 页。
[3] 参见《胡锦涛文选》第 3 卷，人民出版社 2016 年版，第 96 页。
[4] 《胡锦涛文选》第 3 卷，人民出版社 2016 年版，第 97 页。
[5] 《胡锦涛文选》第 3 卷，人民出版社 2016 年版，第 97—98 页。

效、是否真正实现了，人民群众感受最真切、判断最准确。推动科学发展，必须紧紧依靠人民群众，做到谋划发展思路向人民群众问计，查找发展中的问题听人民群众意见，改进发展措施向人民群众请教，落实发展任务靠人民群众努力，衡量发展成效由人民群众评判"[①]。

和谐社会：中国特色社会主义的本质属性

只有公平公正，才能实现社会和谐。公平公正是中国特色社会主义的基本价值取向，与平均主义的传统价值观念是不同的，不能把这样的价值取向与社会主义市场经济所追求的效率对立起来。中国特色社会主义建设所带来的，只能是让我们的人民感到越来越公正的社会。

进入21世纪，经过20多年的改革开放，我们国家的经济建设已经取得了巨大的成就。我们国家的人均国民生产总值从原来的200多美元增加到2002年的972美元，中国已经从一个贫困的国家进入世界上中低收入国家的行列，已经基本实现了小康社会的目标。但是在当时社会上似乎存在一种需要引起警觉的现象：一方面，中国经济获得了空前的发展；另一方面，社会公正问题正在成为一个影响中国社会发展全局的问题。并且，这种现象有愈演愈烈之势，已经成为广大人民群众反映强烈的热点问题。这种趋势如果不加以改变，将会引起一系列严重的社会问题，将会对社会稳定和谐构成巨大的威胁。

当时有一些很有代表性的观点认为，只要是搞市场经济，只要追求效率，中国的贫富分化就不可避免，就必须以牺牲社会公正为代价。中国当时的贫富分化不是过大，而是还不够。这样的市场经济高论，如同鼓吹市场经济发展必须以社会的道德堕落为代价一样，足以使所有资产阶级学者感到惭愧。这些观点不仅在理论上极其荒谬，在实践上更是贻害无穷，而且已经在实践中造成了相当严重的后果。

如前所述，马克思主义所提出的科学社会主义的首要价值和最终目标，是在高度发达的经济基础之上消灭一切不公正的社会现象，追求全人类的彻底解放，实现人类社会真正意义上的公正，这也是马克思主义具有强大生命力的根本原因。马克思主义有关社会公正的基本观点主要表现在

[①] 《胡锦涛文选》第3卷，人民出版社2016年版，第99页。

以下方面：一是人人共享、普遍受益。马克思主义者认为，社会发展的基本宗旨是为了人，所以，人人共享、普遍受益是社会发展的根本目的。这是马克思主义公正观最基本的立足点。恩格斯在《共产主义原理》一文中指出，应当"结束牺牲一些人的利益来满足另一些人的需要的状况"，使"所有人共同享受大家创造出来的福利""使社会全体成员的才能得到全面发展"。[1] 邓小平也明确指出："社会主义的本质，是解放生产力，发展生产力，消灭剥削，消除两极分化，最终达到共同富裕。"[2] "我们是社会主义国家，国民收入分配要使所有的人都得益。"[3] "如果导致两极分化，改革就算失败了。"[4] 二是维护人的基本权利。在马克思、恩格斯看来，由于生产力的不发达以及剥削制度的存在等原因，在旧的社会中，人的尊严和基本权利不可能得到保障。因此，应当改变这种状况。恩格斯指出："一切人，或至少是一个国家的一切公民，或一个社会的一切成员，都应当有平等的政治地位和社会地位。"[5] 三是按照贡献进行分配。在社会财富如何进行分配的问题上，马克思、恩格斯主张在共产主义社会的第一阶段（即社会主义社会）应当实行按劳分配的原则。马克思指出："每一个生产者，在作了各项扣除以后，从社会领回的，正好是他给予社会的。他给予社会的，就是他个人的劳动量。"[6] 四是社会调剂。在现实的社会中，由于人们能力、机会及具体环境的千差万别，由于制度及规则等方面的不完善或是不配套，由于社会尤其是市场经济中存在着种种不确定性因素，社会在初次分配之后可能会出现程度或大或小的不合理乃至不公的情形，因此，在初次分配之后，社会有必要进行再调剂。

2005年2月19日，胡锦涛在省部级主要领导干部提高构建社会主义和谐社会能力专题研讨班上的讲话中，依据马克思主义有关社会公正和谐的思想，回顾了我国历史上关于社会和谐的思想、空想社会主义者关于和谐社会的构想，在此基础上阐明了马克思、恩格斯、列宁关于未来社会的科学设想。他指出，在马克思列宁主义看来，未来社会将在打碎旧的国家机器并消灭私有制的基础上，消除阶级之间、城乡之间、脑力劳动和体力

---

[1] 《马克思恩格斯选集》第1卷，人民出版社2012年版，第308—309页。
[2] 《邓小平文选》第3卷，人民出版社1993年版，第373页。
[3] 《邓小平文选》第3卷，人民出版社1993年版，第161页。
[4] 《邓小平文选》第3卷，人民出版社1993年版，第139页。
[5] 《马克思恩格斯选集》第3卷，人民出版社2012年版，第480页。
[6] 《马克思恩格斯选集》第3卷，人民出版社2012年版，第363页。

劳动之间的对立和差别，极大地调动全体劳动者的积极性，使社会物质财富极大丰富、人民精神境界极大提高，实现各尽所能、各取所需，以及每个人自由而全面发展，在人与人之间、人与自然之间都形成和谐关系①。不难看出，"社会和谐是科学社会主义的应有之义"②。胡锦涛强调，实现社会和谐，建设美好社会，是中国共产党不懈追求的奋斗目标。在新的历史条件下，"把社会和谐明确为中国特色社会主义的本质属性，有利于更全面坚持科学社会主义基本原理，有利于更全面体现党的奋斗目标和全国各族人民共同理想，从而也有利于更好建设中国特色社会主义，更好实现最广大人民根本利益"③。我们说中国特色社会主义应该是和谐的社会主义，并不是说社会主义社会没有矛盾、没有问题，恰恰相反，我们不仅面临很多矛盾，而且面临非常复杂、突出的矛盾。胡锦涛从国内、国际、党肩负的使命等多方面阐明了建设和谐社会的必要性和重要性④，并且指出，社会和谐不会自然而然地实现，我们要在经济社会发展的基础上化解一系列社会矛盾，不断促进和实现社会和谐。"马克思、恩格斯、列宁关于未来社会的科学设想，指明了构建社会主义和谐社会的前进方向。"⑤

根据马克思主义基本原理和我国社会主义建设实践经验，根据新阶段我国经济社会发展的新要求和我国社会出现的新趋势新特点，胡锦涛对我国社会主义和谐社会的基本内涵作了明确界定："我们所要建设的社会主义和谐社会，应该是民主法治、公平正义、诚信友爱、充满活力、安定有序、人与自然和谐相处的社会。"⑥这六大特征的具体要求是："民主法治，就是社会主义民主得到充分发扬，依法治国基本方略得到切实落实，各方面积极因素得到广泛调动；公平正义，就是社会各方面利益关系得到妥善协调，人民内部矛盾和其他社会矛盾得到正确处理，社会公平正义得到切实维护和实现；诚信友爱，就是全社会互帮互助、诚实守信，全体人民平等友爱、融洽相处；充满活力，就是能够使一切有利于社会进步的创造愿望得到尊重，创造活动得到支持，创造才能得到发挥，创造成果得到肯定；安定有序，就是社会组织机制健全，社会管理完善，社会秩序良好，人民群众安居乐业，社会保持

---

① 《胡锦涛文选》第 2 卷，人民出版社 2016 年版，第 281 页。
② 《胡锦涛文选》第 2 卷，人民出版社 2016 年版，第 521 页。
③ 《胡锦涛文选》第 2 卷，人民出版社 2016 年版，第 522 页。
④ 《胡锦涛文选》第 2 卷，人民出版社 2016 年版，第 274—279 页。
⑤ 《胡锦涛文选》第 2 卷，人民出版社 2016 年版，第 281 页。
⑥ 《胡锦涛文选》第 2 卷，人民出版社 2016 年版，第 285 页。

安定团结；人与自然和谐相处，就是生产发展，生活富裕，生态良好。"① 六大特征逻辑严谨，有机统一，为和谐社会构建提供了基本遵循。

把我国建成一个大强国而又使人可亲

要实现经济的可持续发展，必须要实现政治、文化和人的可持续发展。要通过我们的政治发展，使我们的人民当家作主的感觉越来越具体、真实和强烈，使人民感觉到我们的党和政府离自己的距离越来越近，使我们的人民能够切身体会到我们的决策者的产生及他们所作出的决策，是反映并代表了人民的意愿的，是与人民息息相通的；要通过我们的文化发展，使人文理念和人文关怀融入党的执政理念，融入党和政府的发展理念，融入我们的城市规划和建设，融入越来越多中国人的行为方式和生活方式，使我们的后代子孙能够在我们保护完好的文化血脉中，感受到作为中国人的自豪和尊严；要通过我们的国民教育，造就一代代符合社会主义价值理念要求的、成熟的政治公民，推动全民精神素质的提升，推动人的全面发展。这不仅仅是经济可持续发展的要求，也是全面建设小康社会的价值目标，更是中国特色社会主义的题中应有之义。

毛泽东说过一句特别亲切、特别朴实的话：要把我们的国家建设成为一个大强国而又使人可亲！他还说，他只喜欢进步的中国。这句话应该继续温暖我们发展着的热爱着的进步着的祖国，也应该继续滋润着我们党的发展理念。毛泽东说得多好啊！国家不强不大是不行的，这是弱肉强食的帝国主义者、殖民主义者用枪炮教会我们这个讲究温良恭俭让的善良民族的真理。强大是让我们的人民过上幸福美满生活所必需的，但只强大也是不行的，人民跟着共产党闹革命，不仅仅是为了不再受外人的欺辱，更是为了在自己的国家里当家作主，只有这样的国家才值得热爱，才真正可亲可爱。也只有当我们的国家越来越让人民觉着可亲可敬可爱的时候，她才会真正变得越来越强大起来。

那么如何让人民当家作主？答案是：只有靠中国的政治发展，靠发展社会主义民主政治，靠建设社会主义政治文明。我们承认民主发展总体上应是与社会生产力的发展水平相适应的，在策略的选择上我们也可以以经

---

① 《胡锦涛文选》第 2 卷，人民出版社 2016 年版，第 285 页。

济体制改革来推动政治体制改革，但这决不意味着我们在民主建设方面不能有大的作为。事实上，如果没有民主政治发展，经济的良性发展则无从谈起，因为这样将无法保证经济决策的科学性，更无法预防恶性腐败在经济领域里的蔓延，并会最终导致经济的畸形发展，造成经济发展成果的分享严重背离社会主义公平公正理念，进而危害社会主义的形象，削弱马克思主义执政党的执政资源、马克思主义执政党的执政地位。这早已不是什么逻辑理论推论，而是惨痛的历史事实教训。苏联、东欧共产党执政失败的深层原因，已经再清楚不过地说明了这一点。

从我们党的发展历程来看，认为目前发展民主有悖于发展经济的谬论，与党的先进性格格不入，更不符合党的发展历史。如果按照一些人的逻辑，经济发展必须以现在牺牲民主发展为代价的话，那么中国共产党在残酷的民主革命时期，尤其是最为艰难的抗日战争时期，是最应该强调集中和集权而根本不能搞民主政治建设的，但伟大的中国共产党恰恰是在这一时期开辟了中国近代民主政治建设的光辉时代，并创造了足以让世界任何公正人士都极为钦佩的民主发展奇迹。更为有价值的是，大力进行民主政治建设中，不仅没有影响抗战的进行，反而大大激发了根据地人民的抗战热情；不仅没有削弱中国共产党在延安政治特区及广大根据地的领导作用和影响力，反而非常成功地实现了中国共产党的领导，并赢得了全中国人民的广泛支持和信赖，为我们党将来的执政打下了坚实的执政基础，储备了雄厚的执政资源。这里仅以前一章所述当时的选举为例，就可以说明中国共产党对待民主发展的真诚态度和不懈努力。

文化发展是中国特色社会主义事业发展的题中要义。判断一个政府和政党有没有文化，注重不注重文化发展，有没有现代文化理念，首要的必须是要有着深切的人文情怀，而这种人文情怀体现在执政党的执政实践中，首先必须是珍惜和保护好我们祖先遗留下来的优秀传统文化资源。毛泽东说过："没有文化的军队是愚蠢的军队，而愚蠢的军队是不能战胜敌人的。"[①] 一个没有文化、缺乏人文理念人文关怀的执政党也是愚蠢的，是难以领导中华民族实现伟大复兴的。尤其是中国共产党的独特地位和影响力，决定了党对中华优秀传统文化继承弘扬的态度与实践取向，将会深刻影响

---

① 《毛泽东选集》第3卷，人民出版社1991年版，第1011页。

整个中华民族的人文素养。

中国特色社会主义新文化的建设和发展，必须建立于5 000多年中华文明的根基上，必须源流于5 000多年生生不息的中华文明血脉中。5 000多年的文明根基和血脉，是身为中国人的骄傲，是我们文化的骄傲，是中国特色社会主义现代化取之不竭的智慧源泉。我们的现代化建设，只能是更好地强固我们的文明根基和文化血脉，而不能数典忘祖，应该像珍惜我们的眼睛和生命一样，精心保护祖先遗留下来的文化血脉。

因此，邓小平在总结改革开放的经验和教训时提出，物质文明"这一手"比较硬，精神文明"这一手"比较软，只有两个文明建设都搞好，才是有中国特色的社会主义。江泽民也强调，社会主义是一个全面发展的社会，贫穷不是社会主义，愚昧更不是社会主义。在此基础上，胡锦涛更加重视中国特色社会主义发展的系统性、整体性、全面性，将精神文明建设提到更加重要的地位。

胡锦涛认为，在改革开放和发展社会主义市场经济的条件下，社会主义和共产主义的信念没有变，科学社会主义的基本原则还必须坚持。市场经济并没有改变社会主义的发展逻辑，也没有改变共产党人的执政为民逻辑。譬如，坚持一部分人、一部分地区先富起来，但绝不允许搞两极分化；坚持对外开放，但必须抵制资本主义腐朽思想的侵蚀；国有企业遇到暂时困难，但不能怀疑公有制的优越性，动摇基本政治信念，甚至想通过搞自由化来解决问题等。因此，我们仍然需要强调爱国主义、集体主义、社会主义教育，把培养有理想、有道德、有文化、有纪律的"四有"新人作为我们的目标，要将社会主义核心价值体系贯穿于社会主义精神文明建设的全过程。发展社会主义市场经济，必须强调中国共产党不断提高驾驭市场经济的能力，是要"对在改革开放和发展社会主义市场经济中出现的消极腐败现象，采取行政、思想教育、法律等手段进行综合治理"[1]。总之，"社会主义社会是一个全面发展的社会，物质文明和精神文明都搞好，才是有中国特色社会主义"[2]。"中国特色社会主义是全面发展、全面进步的事业，是物质文明和精神文明相辅相成、协调发展的事业。物质贫乏不是社会主

---

[1] 《胡锦涛文选》第1卷，人民出版社2016年版，第160页。
[2] 《胡锦涛文选》第1卷，人民出版社2016年版，第57页。

义,精神空虚也不是社会主义。"① 在改革开放和市场经济条件下,社会主义精神文明建设不仅不能削弱,而且必须加强。要把精神文明建设放到整个改革开放和现代化建设总体部署中来安排、来把握。"一个领导班子和领导干部特别是主要负责同志,把握不住经济建设这个中心,抓不好物质文明,是不称职;不重视精神文明建设,抓不好精神文明,也是不称职。"②

---

① 《胡锦涛文选》第3卷,人民出版社2016年版,第163—164页。
② 《胡锦涛文选》第1卷,人民出版社2016年版,第228页。

第七章

党在领导社会主义建设和改革中浴火重生

中国进入社会主义发展阶段的同时，中国共产党的自身建设也进入一个全新的历史阶段。就像对中国社会主义正确道路的探索必然要经历一个曲折的历程一样，作为领导中国社会主义事业的中国共产党的自身建设，也必然要经历一段曲折和坎坷的路程；并且对中国社会主义的探索与中国化马克思主义执政党建设的探索是紧密地联系在一起的，以至于在探索的曲折和坎坷中也紧密相连。也就是说，1956年以后，在回应什么是中国的社会主义、怎么建设中国的社会主义的历史性课题时，相应地就必须回答和破解下面的党建课题，即领导这样的中国化社会主义需要一个什么样的中国共产党，怎么才能建成这样一个中国化马克思主义执政党。中国共产党人为了中国人民的幸福和中华民族的复兴，继续义无反顾、披荆斩棘、求真求索、坚持真理、修正错误，敢于自我革命，善于超越自我，终于在历经执政的风雨洗礼和考验中迎来了中国特色社会主义的光明锦绣，也赢得了中国化马克思主义执政党建设的明丽彩虹。

一、社会主义建设初期党的建设的探索实践

从1956年9月党的八大的召开到1976年10月"文化大革命"结束，党领导人民在探索和建设中国社会主义的同时，对执政党建设也进行了艰辛的探索，既取得了成就和经验，也经历了挫折和教训。

党的八大：执政党建设的良好开局

1956年，党的八大在宣告中国进入社会主义社会的同时，党的建设也迎来了全新的阶段，有了良好的开局。

党的八大正确分析了社会主义改造基本完成后国内主要矛盾的变化，提出了党和全国人民在新的历史时期的主要任务。大会明确指出："我国的无产阶级同资产阶级之间的矛盾已经基本上解决，几千年来的阶级剥削制度的历史已经基本上结束，社会主义的社会制度在我国已经基本上建立起来了。……我国人民还必须为解放台湾而斗争，还必须为彻底完成社会主义改造、最后消灭剥削制度而斗争，还必须为继续肃清反革命残余势力而斗争。不坚决进行这些斗争，是决不许可的。"[①]"但是，我们国内的主要矛盾，已经是人民对于建立先进的工业国的要求同落后的农业国的现实之间的矛盾，已经是人民对于经济文化迅速发展的需要同当前经济文化不能满足人民需要的状况之间的矛盾。……党和全国人民的当前的主要任务，就是要集中力量来解决这个矛盾，把我国尽快地从落后的农业国变为先进的工业国。"[②]这是大会为党确定的一条正确的政治路线，为我们党围绕这条路线进行党的建设提供了前提。

大会通过了党执掌全国政权后的第一部党章。邓小平在大会上作了《关于修改党的章程的报告》，分析了我们党执政后已经发生的各方面的重大变化，指出："中国共产党已经是执政的党，已经在全部国家工作中居于领导地位。党的组织分布到全国每一个城镇和县区，每一个重要的企业，并且分布到各个民族。"[③]党员的数量已达到1073万名，"比第七次大会的时候增加了八倍，比一九四九年全国胜利的时候，也差不多增加了两倍，而且多数党员都在各级国家机关、经济组织、文化组织和人民团体中担负了一定的工作。这些情况，要求我们十分注意加强党的组织工作和对于党员的教育工作"[④]。邓小平强调了党在执政后面临的新的考验，"执政党的地位，使我们党面临着新的考验。……执政党的地位，很容易使我们同志沾染上官僚主义的习气。脱离实际和脱离群众的危险，对于党的组织和党员来说，不是比过去减少而是比过去增加了。而脱离实际和脱离群众的结果，必然

---

① 中共中央文献研究室编：《建国以来重要文献选编》第 9 册，中央文献出版社 1994 年版，第 341 页。
② 中共中央文献研究室编：《建国以来重要文献选编》第 9 册，中央文献出版社 1994 年版，第 341—342 页。
③ 中共中央文献研究室编：《建国以来重要文献选编》第 9 册，中央文献出版社 1994 年版，第 120 页。
④ 中共中央文献研究室编：《建国以来重要文献选编》第 9 册，中央文献出版社 1994 年版，第 120 页。

发展主观主义，即教条主义和经验主义的错误"[1]。此外，"执政党的地位，还很容易在共产党员身上滋长着一种骄傲自满的情绪。有一些党员，稍稍有点工作成绩，就自以为了不起，就看不起别人，看不起群众，看不起党外人士，似乎当了共产党员，就比非党群众高出一头，有的人还喜欢以领导者自居，喜欢站在群众之上发号施令，遇事不愿意同群众商量。这实际上是一种狭隘的宗派主义倾向，也是一种最脱离群众的危险倾向"[2]。针对党面临的重大变化和新的考验，邓小平指出，"党必须经常注意进行反对主观主义、官僚主义和宗派主义的斗争，经常警戒脱离实际和脱离群众的危险。为此，党除了应该加强对于党员的思想教育之外，更重要的还在于从各方面加强党的领导作用，并且从国家制度和党的制度上作出适当的规定，以便对于党的组织和党员实行严格的监督"[3]。

大会认真讨论了执政党建设问题，对七大党章进行了较大修改，在继承七大党章正确的思想路线和组织路线的基础上，对党组织和党员提出了新的更高要求，确定了加强党的建设的正确路线、方针和原则。一是坚持实事求是、理论联系实际的思想路线，反对主观主义。大会明确指出："马克思列宁主义不是教条，而是行动的指南；它要求人们在实现社会主义和共产主义的斗争中从实际出发，灵活地、创造性地运用它的原理解决实际斗争中的各种问题，并且使它的理论不断地得到发展。因此，党在自己的活动中坚持马克思列宁主义的普遍真理同中国革命斗争的具体实践密切结合的原则，反对任何教条主义的或者经验主义的偏向。"[4]考虑到国际共产主义运动的情况，根据毛泽东本人的多次提议，大会通过的文献没有使用"毛泽东思想"一词，但党的七大所阐明的党的思想路线，正是毛泽东思想的核心和灵魂。

二是坚持党的群众路线，反对官僚主义。大会通过的新党章第一次正式地写进了"必须不断地发扬党的工作中的群众路线的传统"[5]。邓小平在

---

[1] 中共中央文献研究室编：《建国以来重要文献选编》第9册，中央文献出版社1994年版，第120页。
[2] 中共中央文献研究室编：《建国以来重要文献选编》第9册，中央文献出版社1994年版，第121页。
[3] 中共中央文献研究室编：《建国以来重要文献选编》第9册，中央文献出版社1994年版，第121页。
[4] 中共中央文献研究室编：《建国以来重要文献选编》第9册，中央文献出版社1994年版，第314页。
[5] 中共中央文献研究室编：《建国以来重要文献选编》第9册，中央文献出版社1994年版，第317页。

《关于修改党的章程的报告》中指出,"同资产阶级的政党相反,工人阶级的政党不是把人民群众当作自己的工具,而是自觉地认定自己是人民群众在特定的历史时期为完成特定的历史任务的一种工具。……它之所以成为先进部队,它之所以能够领导人民群众,正因为,而且仅仅因为,它是人民群众的全心全意的服务者,它反映人民群众的利益和意志,并且努力帮助人民群众组织起来,为自己的利益和意志而斗争。确认这个关于党的观念,就是确认党没有超乎人民群众之上的权力,就是确认党没有向人民群众实行恩赐、包办、强迫命令的权力,就是确认党没有在人民群众头上称王称霸的权力"[1]。同样,确认这个关于党的观念和党的领导工作方法,就只能采取"从群众中来,到群众中去"的方法。任何"高高在上,不接近群众,不重视调查研究,不了解工作中的真实情况",任何骄傲自满,"夸大个人的作用,强调个人的威信,只能听人奉承赞扬,不能受人批评监督"[2],甚至对批评者实行压制和报复等主观主义、官僚主义、命令主义等恶劣作风,都是同党的群众路线根本不相容的。报告还提出了在党内进行群众路线教育、系统改善各级领导机关的工作方法、健全党和国家的民主生活,加强党和国家的监察工作和定期整顿党的作风等措施。

三是坚持党的民主集中制,扩大党内民主,反对个人崇拜。八大党章第十九条明确规定:"党是按照民主集中制组织起来的。民主集中制,就是在民主基础上的集中和在集中指导下的民主。"[3] 为了坚持和加强党的民主集中制,大会要求:第一,正确地解决党的组织和党员、党的上级组织和下级组织、党的中央组织和地方组织的关系。八大党章对党员和党的下级组织的权利作了新的规定,如党员"对于党的决议如果有不同意的地方,除了无条件地执行以外,可以保留和向党的领导机关提出自己的意见",党员有"在党的会议上批评党的任何组织和任何工作人员"之权,有"向党的任何一级组织直到中央委员会提出声明、申诉和控诉"之权[4]。党的中央

---

[1] 中共中央文献研究室编:《建国以来重要文献选编》第9册,中央文献出版社1994年版,第124页。
[2] 中共中央文献研究室编:《建国以来重要文献选编》第9册,中央文献出版社1994年版,第128—129页。
[3] 中共中央文献研究室编:《建国以来重要文献选编》第9册,中央文献出版社1994年版,第325页。
[4] 中共中央文献研究室编:《建国以来重要文献选编》第9册,中央文献出版社1994年版,第321—322页。

组织和地方组织的职权应当有适当的划分。凡属全国性质的问题和需要在全国范围内作统一决定的问题，应当由中央组织处理，以利于党的集中统一，凡属地方性质的问题和需要由地方决定的问题，应当由地方组织处理，以利于因地制宜。上级地方组织和下级地方组织的职权，也应当根据同一原则作适当的划分。对党的政策问题，"在党的领导机关没有作出决议以前，党的下级组织和党的委员会的成员，都可以在党的组织内和党的会议上自由地切实地进行讨论，并且向党的领导机关提出自己的建议。但是党的领导机关一经作出决议，他们就必须服从。下级组织如果认为上级组织的决议不符合本地区、本部门的实际情况，应当向上级组织请求改变这个决议；但是如果上级组织认为仍然应当执行原来的决议，下级组织就必须无条件地加以执行"①。第二，强调集体领导，反对个人崇拜和个人专断。八大党章第一次提出了"任何党的组织都必须严格遵守集体领导和个人负责相结合的原则"②，规定"任何重大问题都由集体决定，同时使个人充分发挥应有的作用"③。《关于修改党的章程的报告》强调："个人决定重大问题，是同共产主义政党的建党原则相违背的，是必然要犯错误的，只有联系群众的集体领导，才符合于党的民主集中制原则，才便于尽量减少犯错误的机会。"④第三，要求党的各级代表大会定期召开和充分发挥作用。

四是巩固党的团结统一，反对宗派主义。八大党章指出："党的团结和统一，是党的生命，是党的力量的所在。经常注意维护党的团结，巩固党的统一，是每一个党员的神圣职责。在党内不容许有违反党的政治路线和组织原则的行为，不容许有分裂党、进行小组织活动、向党闹独立性、把个人放在党的集体之上的行为。"⑤

五是提高党员的标准，反对一切特权。八大党章增加了一些关于党员条件和党员义务的规定，其中，最重要的是党员必须"严格地遵守党章和

---

① 中共中央文献研究室编：《建国以来重要文献选编》第9册，中央文献出版社1994年版，第328页。
② 中共中央文献研究室编：《建国以来重要文献选编》第9册，中央文献出版社1994年版，第318页。
③ 中共中央文献研究室编：《建国以来重要文献选编》第9册，中央文献出版社1994年版，第326页。
④ 中共中央文献研究室编：《建国以来重要文献选编》第9册，中央文献出版社1994年版，第136页。
⑤ 中共中央文献研究室编：《建国以来重要文献选编》第9册，中央文献出版社1994年版，第319页。

国家的法律，遵守共产主义道德，一切党员不管他们的功劳和职位如何，都没有例外"①的规定。对于这条规定，《关于修改党的章程的报告》指出："有一部分有功劳有职位的党员正是认为，他们的行为是不受约束的，这是他们的'特权'。并且有一部分党的组织，也正是默认了他们的这种想法。事实上，任何抱有这种想法或者支持这种想法的人，就是帮助党的敌人腐蚀我们的党。任何以'老爷'自居的人，都以为党是少不了他们的，事实上恰恰相反，我们党不但不需要，而且不允许有任何在遵守党员义务方面与众不同的老爷。"②为了防止和反对党员破坏党纪和国法的行为，大会提出要做好吸收新党员工作的管理，加强对广大新党员的教育。大会还决定，在县委以上各级党委设立监察委员会。

党的八大总结了全面执政7年来党的建设的经验，使中国社会主义建设的探索有了好的开局，也使中国化马克思主义执政党建设探索有了良好的开端。

从整风运动到反右派斗争

毛泽东提出关于正确处理人民内部矛盾的理论之后，如何用这一理论武装广大党员干部的头脑，如何正确地在党和国家的政治生活中落实这一理论的精神，从而通过广泛的人民民主充分调动一切可以调动的力量共同建设社会主义，就成了摆在全党面前的一个急迫问题。于是，一场以正确处理人民内部矛盾为主题的全党整风运动在1957年初被发动起来了。

全党整风实际上早在党的八大就提了出来。毛泽东在党的八大开幕词中指出，现在我们的许多同志中间仍然存在主观主义、官僚主义、宗派主义的思想和作风，不利于党内团结和党同人民的团结，必须大力克服这些严重缺点，才能把我们面前的伟大的建设工作做好。而在此前后，即1956年6月和11月，先后在波兰和匈牙利发生了群众罢工、游行示威和骚乱现象。鉴于苏共二十大后急剧变化的国际局势，1956年11月召开的党的八届二中全会，以当时波兰和匈牙利发生的事件为鉴戒，强调在兼顾国家建

---

① 中共中央文献研究室编：《建国以来重要文献选编》第9册，中央文献出版社1994年版，第320页。
② 中共中央文献研究室编：《建国以来重要文献选编》第9册，中央文献出版社1994年版，第152页。

设和人民生活的同时,必须警惕和防止干部特殊化和脱离人民群众,从而把全党整风提到了议事日程,决定第二年开展全党整风,现在就要进行酝酿和准备。由于国内的敌我矛盾已经基本解决(还没有完全解决),一些人民内部矛盾日渐显现和突出。这些矛盾,通过或者联系到人民群众同他们的领导者即人民政府和执政的共产党之间的矛盾而集中地表现出来。解决这样的矛盾,从思想教育的角度来说,一方面是要教育担任领导职务的共产党员、政府工作人员、经济和文化机关工作人员,认真听取群众的批评意见,努力克服脱离实际、脱离群众的主观主义、宗派主义、官僚主义作风;另一方面是要教育群众提高觉悟,提倡以集体利益和个人利益相结合为原则的社会主义精神。前一方面是首要的方面,全党整风就是着重从这一方面来解决人民群众同领导者之间的矛盾,并且学习从革命转入建设的新形势下如何正确处理人民内部矛盾的新课题。

1957年2月,毛泽东在有1 800多人出席的、扩大的最高国务会议上发表《关于正确处理人民内部矛盾的问题》的重要讲话,强调指出,现在的情况是:革命时期的大规模的急风暴雨式的群众阶级斗争基本结束,但是阶级斗争还没有完全结束;广大群众一面欢迎新制度,一面又感到还不大习惯;政府工作人员经验也还不够丰富,对一些具体政策的问题,应当继续考察和探索。他认为,在这个时候,我们提出划分敌我和人民内部两类矛盾的界限,提出正确处理人民内部矛盾的问题,以便团结全国各族人民,发展我们的经济和文化,巩固我们的新制度,建设我们的新国家,就是十分必要的了。1957年3月中央宣传部召开有党内外思想工作者800多人参加的全国宣传工作会议,毛泽东在会上讲话,进一步论述了党对知识分子的估计(绝大多数赞成社会主义制度;少数对社会主义不那么欢迎,但还是爱国的;抱敌对情绪的是极少数),知识分子改造和同工农群众结合的必要,并且宣布,百花齐放,百家争鸣,是一个基本性的也是长期性的方针;领导我们的国家应该采取"放"的方针,就是放手让大家讲意见,使人们敢于说话,敢于批评,敢于争论[①]。

这两篇讲话在广大干部和知识分子中进行了传达和讨论,引起热烈的

---

① 中共中央文献研究室编:《毛泽东年谱(1949—1976)》第3卷,中央文献出版社2013年版,第106—108页。

反响。毛泽东、刘少奇分途南下,沿路要求党的干部充分认识由革命到建设的深刻转变,充分理解党现在采取的正确处理人民内部矛盾的方针。毛泽东充满豪情地说,文学艺术、科学技术会繁荣发达,党会经常保持活力,人民事业会欣欣向荣,中国会变成一个大强国而又使人可亲。

1957年4月27日,中共中央正式发出《关于整风运动的指示》,指出:由于党已经在全国范围内处于执政党的地位,得到广大群众的拥护,有许多同志就容易采取单纯的行政命令的办法去处理问题,而有一部分立场不坚定的分子,就容易沾染旧社会作风的残余,形成一种特权思想,甚至用打击压迫的方法对待群众。因此,有必要在全党进行一次普遍、深入的反对官僚主义、宗派主义和主观主义的整风运动。这次整风运动,应该是一次既严肃认真又和风细雨的思想教育运动,应该是一次恰如其分的批评和自我批评的运动,应该多采取个别谈心或开小型的座谈会和小组会的方式,一般不要开批评大会或斗争大会。4月29日,毛泽东在天安门城楼上向前来参加五一庆祝活动的各民主党派负责人和无党派民主人士宣布了中共中央决定进行全党整风的消息。4月30日,他在中南海颐年堂主持召开最高国务会议第十二次(扩大)会议时说:"几年来都想整风,但找不到机会,现在找到了。凡是涉及到许多人的事情,不搞运动,搞不起来。需要造成空气,没有一种空气是不行的。现在已造成批评的空气,这种空气应继续下去,以正确处理人民内部矛盾为题目,分析各个方面的矛盾。"①第二天,《人民日报》第一版以醒目标题登出"全党重新进行一次反官僚主义、反宗派主义、反主观主义的整风运动"。报上还发表中共中央4月27日在内部发出的《关于整风运动的指示》。随后,毛泽东在《一九五七年夏季的形势》中进一步说明:党希望通过整风,达到这样的目标:造成一个又有集中又有民主,又有纪律又有自由,又有统一意志、又有个人心情舒畅、生动活泼,那样一种政治局面。

全党整风运动和通过整风想要造成的政治局面的提出,是探索中国自己的建设社会主义道路的新成果,也是社会主义条件下加强马克思主义执政党建设的新思考。

---

① 中共中央文献研究室编:《毛泽东年谱(1949—1976)》第3卷,中央文献出版社2013年版,第141页。

百年大党：走向最强大政党

整风指示发布后，各级党政领导机关和高等学校、科学研究机构、文化艺术单位的党组织纷纷召开各种形式的座谈会和小组会，听取党内外群众的意见。中央及地方的报纸每天都以很多篇幅报道整风情况。党内外的广大干部和群众积极响应党的号召，对党和政府的工作及党政干部的思想作风提出了大量批评和建议。党衷心欢迎广大党外人士和党员群众的善意批评和建议。1957年5月，中央多次发布党内指示：最近两个月以来，在各种有党外人士参加的会议上和报纸刊物上展开人民内部矛盾的公开讨论，异常迅速地揭露了各方面的矛盾。这些矛盾的详细情况，我们过去几乎完全不知道。现在如实地揭露出来，很好。绝大多数党外人士对我们的批评，不管如何尖锐，基本上是诚恳的、正确的，这类批评90%以上，对于我党整风、改正缺点错误、改善工作，极为有益。没有社会压力，整风不易收效。党内有一部分人存在反人民的思想作风，所谓人民民主，所谓群众路线，所谓和群众打成一片，所谓关心群众疾苦，对于这些人来说只是空话。党员不尊重党外人士，高人一等，盛气凌人，虽非全部，但甚普遍。这种错误方向，必须完全扳过来，而且越快越好。这些党内指示说明，党确实诚心诚意希望通过整风，正确处理人民内部包括人民群众同领导者之间的矛盾，克服党内的不良倾向，加强党和人民的团结。

整风初期，运动是健康地向前发展的，但是随着运动的深入，出现了一些不正常的现象。有极少数资产阶级右派分子乘机鼓吹所谓"大鸣""大放""大民主"，向党和新生的社会主义制度发动进攻。应该说，对整风运动中出现的某些不正常现象，党中央当时是有所警觉的。但是右派进攻的来势之快之猛是他们所没有想到的。5月16日中央发出的党内指示，强调党外人士对我们的批评90%以上是诚恳、正确的，同时指出应当注意最近一些天社会上有少数带有反共情绪的人跃跃欲试，发表一些带有煽动性的言论，企图将正确解决人民内部矛盾、巩固人民民主专政以利社会主义建设的正确方向，引导到错误方向去。中央当时决定，对于这些错误言论，放手让他们发表，原样地在报纸上报道，暂时不加批驳，以便暴露其反动面目。5月19日北京有的高等学校开始贴出大字报。中央当时认为大字报可以揭露问题，暴露右派，锻炼群众，利多害少。大鸣、大放、大字报、大辩论在高等学校和党政机关中迅速蔓延。这样，就出现了人为地加剧全国性的政治紧张空气和不稳定的状态。

党中央下决心发动反右派斗争是在1957年6月6日"卢郁文事件"发生之后。卢郁文是国务院秘书长助理，是民主党派成员。5月25日，他在民革中央的座谈会上指出，一些人提的意见有摆脱党的领导的意思。他认为，党和非党之间的"墙"应该由两方面来拆，并且批评了"政治设计院"的主张。不久，卢郁文收到匿名信，信中攻击他"为虎作伥"，辱骂他是"无耻之尤"，恫吓他如不"及早回头"就"不会饶恕"他[1]。6月6日，卢郁文在座谈会上读了这封信，他说："我不理解，有人为什么只许说反面话，不许说正面话，对讲了正面话的人就这样仇视，有的人辱骂我，有的人威胁我，有的装出'公正'的态度来钳制我的发言，难道我们不应该站在社会主义的立场上吗？"他表示不怕威胁，不怕辱骂。6月7日，毛泽东约胡乔木、吴冷西谈话。吴冷西后来回忆："我们刚坐下来，毛主席就兴高采烈地说，今天报上登了卢郁文在座谈会上的发言，说他收到匿名信，对他攻击、辱骂和恫吓。这就给我们提供了一个发动反击右派的好机会。"[2]

7月1日，《人民日报》发表社论《文汇报的资产阶级方向应当批判》，把民盟和农工民主党这两个民主党派错误地说成是反共反社会主义的党派，称资产阶级右派就是"反共反人民反社会主义的资产阶级反动派"。7月17日至21日，中共中央在青岛召开省市委书记会议，讨论毛泽东在会议期间起草的《一九五七年夏季的形势》及整风运动与反右运动的关系，提出了将整个整风过程分为四个阶段（大鸣大放阶段，反击右派阶段，着重整改阶段，每人研究文件、批评反省、提高自己阶段）的安排。这次会后，反右派斗争就以狂风暴雨之势在全国普遍开展起来，出现了严重扩大化。

反右派斗争维护了党的领导，巩固了新生的社会主义制度，但反右派斗争的扩大化给党带来了不良后果。随后，"大跃进"和人民公社化运动也给党的建设带来了很大破坏。大批党员干部遭到错误打击，党的实事求是传统和作风遭到破坏，党内民主生活被严重扭曲。

---

[1] 吴冷西：《忆毛主席——我亲自经历的若干重大历史事件片段》，新华出版社1995年版，第39—40页。
[2] 吴冷西：《忆毛主席——我亲自经历的若干重大历史事件片段》，新华出版社1995年版，第39页。

极左错误在党内愈演愈烈

1959年7月2日至8月16日,中共中央在庐山举行中共中央政治局扩大会议。8月2日至16日,举行了党的八届八中全会,通过了《关于以彭德怀同志为首的反党集团的错误的决议》、《为保卫党的总路线、反对右倾机会主义而斗争》的决议、《关于撤销黄克诚同志中央书记处书记的决定》、《关于开展增产节约运动的决议》和八届八中全会公报。《关于以彭德怀同志为首的反党集团的错误的决议》指出,彭德怀的意见书和发言、谈话,"是代表右倾机会主义分子向党进攻的纲领",是"向党的总路线、向党中央和毛泽东同志的领导举行猖狂进攻""是具有反党、反人民、反社会主义性质的右倾机会主义路线的错误",是有目的、有准备、有计划、有组织的活动,是"高饶反党联盟事件"的继续和发展。全会决定,将彭德怀、黄克诚、张闻天、周小舟等"调离国防、外交、省委第一书记等工作岗位"。庐山会议后期,中共中央在批判彭、黄、张、周等人的所谓"右倾机会主义错误"的同时,还发出了《关于反对右倾思想的指示》,认为"现在右倾思想,已经成为工作中的主要危险"。它动摇军心,瓦解士气,妨碍人民公社的巩固和顺利发展,妨碍建设事业的跃进,妨碍总路线的贯彻执行。要求立即在干部中,在各级党的组织中,对右倾思想和右倾情绪加以检查和克服。

此后,直到1960年初,中共中央在全党范围内发动了一场历时半年的"反右倾"斗争,使大批党员干部受到了错误的打击。庐山会议后期对彭德怀等人的批判和全党范围的"反右倾"斗争,对党的建设造成了严重的后果。一是严重违反党内政治生活的准则,使从中央到基层的党内民主生活遭到严重破坏,助长了个人崇拜和个人专断。二是把党内正常的意见分歧说成是资产阶级与无产阶级两大对抗阶级的生死斗争的继续,把党内矛盾与社会上的阶级斗争等同起来,还提出"资产阶级民主党""同路人"等概念,为把阶级斗争从党外引向党内提供了依据。三是中断了第一次郑州会议以来纠正"左"倾错误的进程,使"大跃进"等错误延续了更长时间,造成了国民经济的重大损失。

1962年1月11日至2月7日,中共中央在北京召开了扩大的中央工作会议(史称"七千人大会"),会议总结了"大跃进"以来的经验教

第七章　党在领导社会主义建设和改革中浴火重生

训，确定了调整国民经济的任务。毛泽东在会上阐述了民主集中制的问题，他指出："没有民主，不可能有正确的集中""没有民主，就不可能正确地总结经验。没有民主，意见不是从群众中来，就不可能制定出好的路线、方针、政策和办法""我们的集中制，是建立在民主基础上的集中制。……党委的领导，是集体领导，不是第一书记个人独断。……第一书记同其他书记和委员之间的关系是少数服从多数"[①]。刘少奇在会议上指出，要"加强民主集中制，加强集中统一""反对脱离群众、破坏民主作风的倾向""反对分散主义的倾向""贯彻执行民主集中制，正确处理中央和地方关系"，要求我们党发扬实事求是的作风，坚持群众路线。邓小平也在会上着重论述了党的民主集中制问题。"七千人大会"发扬了党内民主，开展了批评与自我批评，对遏制极左错误、恢复和发扬党的优良传统和作风起了阶段性的作用，但没有也不可能根本扭转党内的"左"倾错误。

1962年9月，在党的八届十中全会上，毛泽东重申了在1957年反右斗争后提出的无产阶级同资产阶级的矛盾仍然是我国社会的主要矛盾的错误观点，为在党内开展阶级斗争并发动"文化大革命"提供了理论依据。毛泽东错误批判了所谓的"黑暗风""单干风"，使党内"左"倾错误进一步发展，使"七千人大会"开始恢复起来的党内正常民主生活再次受到伤害。

从1963年到1966年春，党在部分农村和少数城市基层开展了规模较大的社会主义教育运动（清政治、清经济、清组织、清思想的"四清"运动）。1963年5月，毛泽东在杭州主持召开会议，会议制定了农村社会主义教育运动的纲领性文件，即《中共中央关于目前农村工作中若干问题的决定（草案）》（简称"前十条"）。"前十条"错误分析了我国的阶级斗争形势，认为当前中国的社会出现了严重的尖锐的阶级斗争，如果不抓阶级斗争，"少则几年、十几年，多则几十年，就不可避免地要出现全国性的反革命复辟，马列主义的党就一定会变成修正主义的党，变成法西斯党，整个中国就要改变颜色了"，党领导的这场斗争"是重新组织革命的阶级队伍，向着正在对我们猖狂进攻的资本主义势力和封建势力作尖锐的针锋相

[①] 中共中央文献研究室编：《建国以来重要文献选编》第15册，中央文献出版社1997年版，第118—119页。

对的斗争，把他们的反革命气焰压下去，把这些势力中间的绝大多数人改造成为新人的伟大的运动"，这场运动会"使我们的党进一步成为更加光荣、更加伟大、更加正确的党，使我们的干部成为既懂政治、又懂业务、又红又专、不是浮在上面、做官当老爷、脱离群众，而是同群众打成一片、受群众拥护的真正好干部"①。

  1963年9月，中共中央在北京召开会议，制定了《关于农村社会主义教育运动中一些具体政策的规定（草案）》（简称"后十条"），强调了团结95%以上的群众和干部的重要性，提出对干部要一分为二，对犯错误的干部要以教育为主，惩办为辅。社会主义教育运动一开始，就是同整党结合在一起的。"前十条"提出了社会主义教育运动要解决的10个问题，认为把农村中的这10个问题解决了，或者基本上解决了，也就把农村党的基层组织基本上整顿好了。"后十条"指出，这次社会主义教育运动，实际上也是一次群众性的整党运动，规定在社会主义教育运动中整党要达到以下要求：①使所有的党员受到一次深刻的阶级教育和社会主义教育。教育每一个党员用党员的标准衡量自己，在这个基础上，开展批评和自我批评。②把党组织中的问题揭发出来。有重点地对党员的社会成分、阶级立场、政治历史和思想作风，进行一次审查。③把蜕化变质分子和混入党内的地、富、反、坏分子，清除出去。④对于犯有严重错误的党员和犯有比较严重的错误且屡教不改的党员，进行适当的处理。⑤教育党员干部，特别是支部书记，带头参加集体生产劳动。⑥把党的基层组织的领导核心充实和健全起来。⑦把党的基层组织的经常工作和组织生活建立和健全起来。这些要求达到了，党的农村基层组织也就基本上整顿好了。1963年6月，根据"前十条"的精神，中央组织部还向中央提出，改变1962年组织工作会议关于重新登记党员的部署，把重新登记党员工作放在解决"前十条"提出的10个问题之后再进行。这样，整党和重新登记党员的工作同社会主义教育运动紧密地结合在一起。总体而言，"四清"运动加剧了"左"倾阶级斗争理论的蔓延，在一定程度上催化了"文化大革命"悲剧的产生。

---

① 中共中央文献研究室编：《建国以来重要文献选编》第16册，中央文献出版社1997年版，第328—329页。

"文化大革命"时期党的建设遭受严重挫折

1966年春,新中国在克服了"大跃进"和三年困难时期之后,社会经济发展日益呈现出复苏和繁荣的景象。几乎没有人能够料到,一场史无前例的社会大风暴正在更猛烈地向刚开始休养生息不久的党和国家袭来。这场大风暴以"横扫盘踞在思想文化阵地上的大量牛鬼蛇神"为导火索,迅猛地扩展到了上层建筑的各个领域:从意识形态领域的"文化革命"很快发展为上层建筑各个领域的"政治大革命";从开展思想文化战线上"两个阶级两条路线的阶级斗争"迅速发展到"展开全国全面的阶级斗争";从夺取"一小撮走资本主义道路的当权派"的权力最终发展到全面夺权和"全面内战"。作为一生执着追求与人民合一的伟大领袖,作为终生热爱他的人民并极力为他的人民谋求幸福的历史巨人,作为曾带领中国人民从黑暗走向光明的革命导师,凭他的智慧、谋略和远见,为什么竟不知道珍惜举国上下调整奋斗了五年才得来的社会经济发展的大好局面,而很快地又将党和国家推向了一场更剧烈的社会大动荡之中呢?

毛泽东发动"文化大革命"绝非轻率之举,他是经过认真考虑和充分准备的。毛泽东在"文化大革命"之初的确是希望在这场社会大变革中,找到一种新的政治形式(所谓的"无产阶级大民主"),充分调动广大人民群众关心、参与、监督党和国家政治生活的革命热情,使党永不蜕化变质,永远与人民群众保持血肉联系,从根本上实现他永生追求的人民群众当家作主的理想,根除官僚主义和修正主义。然而其结局却是悲剧性地走到了他所有善良愿望的反面。

在"文化大革命"期间,马克思主义执政党建设的探索走进了深深的误区,遭遇了严重的挫折和逆转。其中最大的失误是这一时期党的建设纲领的错误。"文化大革命"时期,整党建党的所谓"五十字纲领"是毛泽东提出来的,即"党组织应是无产阶级先进分子所组成,应能领导阶级和群众对于阶级敌人进行战斗的朝气蓬勃的先锋队组织"。这是毛泽东在《对青海省关于恢复党的组织生活问题请示报告的批语和中央复电稿的修改》中提出和强调的。1968年元旦"两报一刊"社论的标题是《迎接无产阶级文化大革命的全面胜利》,社论中公开发表了毛泽东的指示:"党组织应是无产阶级先进分子所组成,应能领导无产阶级和革命群众对于阶级敌人进行战斗的朝气蓬勃的先锋队组织。"在这个指示中增加了4个字,即在阶级之前增加了"无产"两字,在群众之前增加了"革命"两字,这样整党建党纲领的表述就从46个字增加到了50个字,史称"五十字建党纲领"。"文化大革命"从1966年5月发动到1976年10月结束,经过1967年上半年群众组织的大联合和各级领导班子建设的"三结合",许多地方和单位按照中央的要求,成立了革命委员会或革命委员会筹备小组,但是"文化大革命"初期造反中被破坏掉的各级党组织都还没有恢复,组织生活更是无从谈起。1967年10月19日,中共青海省核心小组给中共中央、中央文革小组发去《关于恢复党的组织生活问题请示报告》的电报,毛泽东在请示报告的批语和中共中央复电稿的修改中提出和回答了这个问题。1968年8月25日出版的《红旗》杂志第2期发表了姚文元的署名文章《工人阶级必须领导一切》,讲到了这50个字,将这50个字作为毛泽东指出的伟大建党目标来阐述。毛泽东审改了这篇文章,对这个表述给予了肯定。到1969年4月1日,林彪在中国共产党第九次全国代表大会上作报告时使用了这段话,将这50个字写入报告,并认为"无产阶级文化大革命的胜利,为我们在无产阶级专政条件下如何进行党的建设,提供了宝贵的经验"。毛泽东这50个字的指示,"确定了我们整党建党的政治方向"。而4月14日在党的九大上通过的《中国共产党章程》中,也将这段话的内容和思想写入了总纲。写入党章总纲的这段话是这样表述的:"中国共产党是由无产阶级先进分子所组成,领导无产阶级和革命群众对于阶级敌人进行战斗的朝气蓬勃的先锋队组织。"由于行文的需要,对原来的50个字进行了个别改动,但主要精神和思想则是完全一致的。

整党建党"五十字纲领"的提出,对党的建设产生了十分消极的作用和影响。首先,这个"纲领"搞错了社会主义建设阶段所要完成的任务。在社会主义基本制度已经建立、阶级斗争只在一定范围内存在的条件下,在中国共产党已经在全国执政的条件下,把"对于阶级敌人进行战斗"作为党的首要任务,而对领导国家的经济、政治和文化建设只字不提,这就搞错了社会主义社会的主要矛盾,搞错了我们党要领导中国人民要完成的历史任务。其次,这个"纲领"搞错了社会主义革命的斗争对象。"纲领"当时所说的"阶级敌人",主要指所谓以刘少奇为代表的"资产阶级司令部"及其在各地的"代理人",这就搞错了社会主义革命的斗争对象,把党内的矛盾和斗争搞成了阶级斗争,人为制造了混乱。①

由于这一整党建党"纲领"的错误,在"文化大革命"期间,党的正确的组织路线、思想路线、群众工作路线,以及党的优良传统和作风遭到了严重伤害,党的领导体制和组织原则遭到严重破坏。在领导体制方面,成立了中央文革小组,并以此取代了党中央的权威和领导。1966年5月,中共中央召开政治局扩大会议,会议通过了"五一六通知",通知中写道:撤销原来的文化革命五人小组及其办事机构,重新设立文化革命小组,隶属于政治局常委之下。此后,"文化大革命"运动的领导权就完全由中央文革小组所掌握,对毛泽东本人负责。这种在体制上损害党中央领导权威的做法是极为深刻的历史教训。在党的领导机关和组织体系方面,各级党政领导机关和组织体系受到冲击,长期处于非正常状态。中央文革小组宣传"踢开党委闹革命",策动各地造反派把矛头指向党政各级领导机关,中央组织部、中央宣传部、文化部、北京市委等被改组,从国务院各部委到省、地、县、社、队各级党政领导机构和组织普遍受到冲击,各级负责人被揪斗、游街,各级党组织陷入瘫痪或半瘫痪状态。在国家治理层面,在"全面夺权"中建立了所谓"三结合"的各级革命委员会,实际上是一种近乎军事化的军管机构,党的各级组织被打倒,革命委员会实际上承担起了当时中国的党政领导大权,由于革命委员会的组成人员大多根本没有治国理政的基本常识和经验,更没有党的领导经验,造成了大量问题,对党的领导在人民群众中的形象造成了恶劣影响。在党的组织建设和作风建设层面,一部分符合条件的党员不能恢复组织生活,或者被错误地开除党籍;而接纳的新党员则有一部分不符合党员条件,许多人是一些参与过打砸抢的帮派分子。

在"文化大革命"中严重发展起来的个人崇拜、无政府主义、破坏党的组织纪律、争权夺利、大闹派性等恶劣的思想作风,对党的肌体产生了严重的侵蚀和损害。由于受到宗派主义的影响,党内出现了"突击入党"和"突击提干"的现象,严重破坏了党的组织原则,破坏了党的团结统一。

"文化大革命"后期,鉴于全党和全国的严峻局势,党中央让邓小平

---

① 曲青山:《"文化大革命"时期整党建党"五十字纲领"考析》,《当代中国史研究》2012年第4期。

复出，并在毛泽东和周恩来的支持下开始对党的建设及其他方面进行整顿。邓小平特别强调：全面整顿，核心问题是党的整顿。只要抓住党的整顿这一中心环节，其他方面的整顿就不难。而党的整顿，实质的问题又是党的各级领导班子和党的作风的整顿。因为领导班子就是作战指挥部，领导班子问题，是关系党的路线能不能贯彻执行的问题。如果这个问题解决得不好，不要说带领群众前进，就是开步走都困难。因此，我们首先强调要把领导班子的问题解决好。针对当时存在的问题，他进一步指出："现在，相当一部分地方党的领导没有建立起来，党的领导削弱了。各级都有这个问题。没有党的领导怎么行？党讲话不大灵怎么行？解决这个问题，关键是建立省委一级的领导，许多事情都拿到中央来解决是不行的。"①

邓小平关于以党的建设为核心实行全面整顿的思想，体现了他在这一时期所代表的党的正确的领导思想。贯彻这些思想，实际上就是否定"无产阶级专政下继续革命"理论和"文化大革命"运动，尽快结束党和国家各方面工作的混乱局面。而把整顿党作为全面整顿的核心，把领导班子的整顿作为整顿党的关键，并从反对派性、增强党性入手抓这项工作，就在纠正错误领导中代表了党的正确领导。党的领导的加强，会使党的建设状况出现转机，使全国形势趋向好转。当时各地区、各部门、各单位根据中央提出对党的工作进行整顿的指示，都把整党作为中心环节，突出了对领导班子的整顿。通过整顿，形势明显好转。1976年，周恩来、朱德和毛泽东相继去世。在党和国家命运的关键时刻，华国锋、叶剑英等代表中央政治局，执行党和人民的意志，结束了长达10年的"文化大革命"。

二、制度治党开辟党的建设新时期

"文化大革命"结束后，党在对社会主义建设进行拨乱反正的同时，对自身建设也开始进行拨乱反正。并且在此基础上，党对管党治党建党方式进行了改革创新，实现了从运动治党模式向制度治党模式的逐步转变，为

---

① 《邓小平文选》第2卷，人民出版社1994年版，第12页。

党的长期执政和长治久安探索新路。

党的建设的拨乱反正

1977年8月，中国共产党第十一次全国代表大会召开，党的十一大确定的第二项任务就是"一定要搞好整党整风，加强党的建设"，党的十一大报告指出：抓纲治国，首先要治党。根据毛主席的建党学说，根据毛主席关于"三要三不要"的基本原则，认真解决因"四人帮"破坏而造成的思想不纯、组织不纯和作风不纯的问题，这是把我们党整顿好、建设好的中心任务。党的十一大强调要增强无产阶级的党性和党的观念，加强集中统一领导，整顿建设各级领导班子，但在怎样治党建党上，依然坚持"以阶级斗争为纲"的错误思想。

1977年2月7日，"两报一刊"的社论《学好文件抓住纲》中正式提出"两个凡是"。邓小平在正式恢复工作以前，已经在1977年4月10日写给中央一封信，信中针对"两个凡是"的观点，指出"我们必须世世代代地用准确的完整的毛泽东思想来指导我们全党、全军和全国人民"[①]。5月，邓小平明确指出"两个凡是"是错误的。随后，中共中央陆续恢复了一些党和国家领导人的工作，并逐步平反冤假错案。在平反冤假错案的过程中，注重恢复党的优良传统和作风。邓小平在党的十届三中全会的闭幕会上提出，要对毛泽东思想有一个完整的准确的认识，要善于学习、掌握和运用毛泽东思想的体系来指导我们各项工作。只有这样，才不至于割裂、歪曲毛泽东思想，损害毛泽东思想。要把毛泽东同志倡导的信任群众、实事求是、发扬民主的一整套的作风恢复起来，发扬起来。1977年9月，为纪念毛泽东逝世一周年，陈云、叶剑英、徐向前、聂荣臻等老一辈革命家纷纷发表讲话或发表纪念文章，批评了"两个凡是"，强调了党实事求是和群众路线的优良传统。特别是邓小平在党的十一大上强调指出，我们一定要恢复和发扬毛主席为我们党树立的群众路线的优良传统和作风，真正相信和依靠群众，细心倾听群众呼声，关心群众疾苦，一刻也不脱离群众。我们一定要恢复和发扬毛主席为我们党树立的实事求是的优良传统和作风，

---

① 《邓小平文选》第2卷，人民出版社1994年版，第39页。

做老实人、说老实话、办老实事。这是一个共产党员的起码标准。我们一定要恢复和发扬毛主席为我们党树立的批评和自我批评的优良传统和作风。我们一定要恢复和发扬毛主席为我们党树立的谦虚谨慎、戒骄戒躁、艰苦奋斗的优良传统和作风,全心全意地为中国人民和世界人民服务。我们一定要恢复和发扬毛主席为我们党树立的民主集中制的优良传统和作风,在全党、全军、全国努力造成一个又有集中又有民主,又有纪律又有自由,又有统一意志、又有个人心情舒畅、生动活泼,那样一种政治局面。①

1978年5月11日,《光明日报》以特约评论员名义发表题为"实践是检验真理的唯一标准"的文章。由于这篇文章是从根本理论上否定了"两个凡是"的错误方针,所以它引起了广泛的注意,并逐渐形成了讨论。从6月起,中央党、政、军各部门,全国绝大多数省、自治区、直辖市和大军区的负责人发表文章或讲话,支持和赞成这篇文章中表达的精神。邓小平、叶剑英、陈云、李先念、胡耀邦、聂荣臻、徐向前、罗瑞卿等一批老同志都支持这场讨论。他们在不同场合强调实事求是的原则,强调要恢复党的优良传统,努力抵制和克服"左"的倾向。1978年6月2日,邓小平在全军政治工作会议上的讲话中再次强调:"我们也有一些同志天天讲毛泽东思想,却往往忘记、抛弃甚至反对毛泽东同志的实事求是、一切从实际出发、理论与实践相结合的这样一个马克思主义的根本观点,根本方法。"②主张"肃清林彪、'四人帮'的流毒,拨乱反正,打破精神枷锁,使我们的思想来个大解放"③。

1978年12月18日至22日,党的十一届三中全会在北京召开,这次会议重新确立了党的正确的思想路线和政治路线,恢复了正确的组织路线,不仅成为开辟中国特色社会主义历史新时期的起点,也完成了中国共产党自身建设历史上的伟大转折,使中国化马克思主义执政党建设进入了新时期。

完成思想路线的拨乱反正,是党的十一届三中全会首要的党的建设成果。邓小平指出:"目前进行的关于实践是检验真理的唯一标准问题的讨论,实际上也是要不要解放思想的争论。大家认为进行这个争论很有必要,意义很大。从争论的情况来看,越看越重要。一个党,一个国家,一个民

---

① 参见李君如:《中国共产党建设史》下册,福建人民出版社2011年版,第358—359页。
② 《邓小平文选》第2卷,人民出版社1994年版,第114页。
③ 《邓小平文选》第2卷,人民出版社1994年版,第119页。

族，如果一切从本本出发，思想僵化，迷信盛行，那它就不能前进，它的生机就停止了，就要亡党亡国。这是毛泽东同志在整风运动中反复讲过的。只有解放思想，坚持实事求是，一切从实际出发，理论联系实际，我们的社会主义现代化建设才能顺利进行，我们党的马列主义、毛泽东思想的理论也才能顺利发展。从这个意义上说，关于真理标准问题的争论，的确是个思想路线问题，是个政治问题，是个关系到党和国家的前途和命运的问题。"① 邓小平的讲话标志着党的十一届三中全会否定了"两个凡是"，重新恢复和确立了解放思想、实事求是的思想路线。以邓小平同志为主要代表的中国共产党人的重大贡献，还在于把解放思想与实事求是相连，这一创造性的发展使这条思想路线更为完备，是对党的思想建设理论实践的发展和创新。这条思想路线是邓小平理论的精髓，也是开辟建设中国特色社会主义道路的根本指导思想，更是开辟新时期马克思主义执政党建设的根本指针。正如邓小平后来所说："我们总结了我国革命和建设正反两个方面的经验，从一九七八年党的十一届三中全会开始，制定了一系列新的方针政策。这些方针政策，归根到底就是恢复和坚持毛泽东同志提出的实事求是的思想路线，根据这条思想路线来探索中国怎样建设社会主义。"②

确定以经济建设为中心的政治路线，是党的十一届三中全会的又一重大贡献。这一路线的确立，对新时期党的建设意义深远。紧密围绕党的正确的政治路线加强党的建设，历来都是我们党的宝贵经验和党的建设规律。"文化大革命"时期之所以出现"五十字建党纲领"这样的重大失误，在很大程度上是因为党的政治路线出现了严重偏差，而党的十一届三中全会确立了新时期正确的政治路线，就为党的建设提供了遵循。因此，党的十一届三中全会果断地停止使用"以阶级斗争为纲"的口号，作出了"把全党工作的着重点和全国人民的注意力转移到社会主义现代化建设上来"的战略决策。

党的正确的政治路线确定以后，重新恢复正确的组织路线就理所当然。党的十一届三中全会顺应党内迫切诉求，及时实现了组织路线的拨乱反正。全会决定健全党规党法，并强调实行集体领导。会议指出，一定要保障党员在党内对上级领导直至中央常委提出批评性意见的权利，一切不符合党

---

① 《邓小平文选》第 2 卷，人民出版社 1994 年版，第 143 页。
② 《邓小平文选》第 3 卷，人民出版社 1993 年版，第 254 页。

的民主集中制和集体领导原则的做法应该坚决纠正。会议要求，要少宣传个人，提倡党内一律称同志，不要叫官衔；任何负责党员包括中央领导同志的个人意见，不要叫"指示"。此外，这次会议形成了以邓小平同志为核心的新的中央领导集体，全会还决定重新建立党的纪律检查委员会。

党的建设得以迅速拨乱反正的另一个重要标志，是制定了《关于党内政治生活的若干准则》。1979年1月4日至22日，中共中央纪律检查委员会第一次全体会议在北京举行，会议讨论并拟定了《关于党内政治生活的若干准则（草案）》。1980年1月7日至25日，中共中央纪律检查委员会第二次全体会议在北京举行。会议修改和充实了《关于党内政治生活的若干准则（草案）》，由中央政治局再次通过后提交党的十一届五中全会讨论。2月23日至29日，党的十一届五中全会在北京举行。全会的主要议题是加强和改善党的领导。全会讨论并通过了《关于党内政治生活的若干准则》，主要内容是恢复党内正常的政治生活，包括坚持党的政治路线和思想路线；坚持集体领导，反对个人专断；维护党的集中统一，严格遵守党的纪律；坚持党性，根绝派性；要讲真话，言行一致；发扬党内民主，正确对待不同意见；保障党员的权利不受侵犯；选举要充分体现选举人的意志；同错误倾向和坏人坏事作斗争；正确对待犯错误的同志；接受党和群众的监督，不准搞特权；努力学习，做到又红又专，等等。

走出不搞政治运动而靠改革和制度建设的治党新路

如果说拨乱反正是为了更好地结束"文化大革命"的历史，那么改革开放就是为了更好地开辟新的历史。也就是说，无论是中国的社会主义建设，还是领导社会主义的中国共产党的自身建设，都不是仅仅回归到党的八大的认识和实践水平，都不是仅仅完成拨乱反正的任务，中国共产党人还有更重要的使命，那就是继续在坚持真理修正错误的求索奋斗中，及时开启科学社会主义的新境界。从运动治党到制度治党理念和模式的转变，就是中国化马克思主义执政党建设在总结过去经验教训的基础上，在改革开放中迈出的重大创新步伐。

邓小平在总结"文化大革命"的历史教训时指出："我们过去发生的各种错误，固然与某些领导人的思想、作风有关，但是组织制度、工作制度方面的问题更重要。这些方面的制度好可以使坏人无法任意横行，制度不好可以使好人无法充分做好事，甚至会走向反面。即使像毛泽东同志这样伟大的人物，也受到一些不好的制度的严重影响，以至对党对国家对他个人都造成了很大的不幸。我们今天再不健全社会主义制度，人们就会说，为什么资本主义制度所能解决的一些问题，社会主义制度反而不能解决呢？这种比较方法虽然不全面，但是我们不能因此而不加以重视。"他还谈道："这种制度问题，关系到党和国家是否改变颜色，必须引起全党的高度重视。""如果不坚决改革现行制度中的弊端，过去出现过的一些严重问题今后就有可能重新出现。只有对这些弊端进行有计划、有步骤而又坚决彻底的改革，人民才会信任我们的领导，才会信任党和社会主义，我们的事业才有无限的希望。"[①]

　　从制度改革和建设的维度考察"文化大革命"的深刻教训，可以看出：在腥风血雨的大变革以后建立起来的革命委员会，从表面上来看，似乎是在打破旧的政治体制以后建立的新型政权组织，但无论从哪个角度、哪个方面来说，革命委员会都完全属于传统政治体制的范畴，都与传统政治体制有着一脉相承的"血缘"关系。它像一个巨大的展示台，将我国政治体制及其他体制中早已存在的种种痼疾，经过"文化大革命"极端放大以后，赤裸裸地、淋漓尽致地、一应俱全地暴露在光天化日之下。"文化大革命"后期革命委员会的衰落、消亡，以及传统政治体制被重新恢复，并不是证明了传统政治体制的胜利和其生命力的强大，相反，恰恰证明了传统政治体制已陷入难以自拔的恶性循环，其弊端已发展到不进行一场真正意义上的改革或革命，便根本无法医治的严重关头。正如邓小平所指出的："对这个问题长期没有足够的认识，成为发生'文化大革命'的一个重要原因，使我们付出了沉重的代价。现在再也不能不解决了。"[②]

　　新中国成立初期，对党和政权机关关系的处理是比较成功的。1949年9月，中国人民政治协商会议第一届全体会议的召开、《中国人民政治协商会议共同纲领》的制定、政务院的人员构成等，都充分体现了党政之间真诚良好的合作关系。1954年9月第一届全国人民代表大会的召开和《中华

[①] 《邓小平文选》第2卷，人民出版社1994年版，第333页。
[②] 《邓小平文选》第2卷，人民出版社1994年版，第329页。

人民共和国宪法》的颁布,则不仅标志着我国国家政治制度的正式确立,而且为我国的民主与法制建设提供了广阔的发展前景。而创造这一切美好开端的根本制度因素是中国独特的政党制度,即中国共产党领导的多党合作制度。这种崭新的政党制度开辟了新中国真正的政党政治时代。这是一个既不同于旧中国的军阀政治,又区别于西方多党制的新型的政党政治时代——共产党作为执政党直接领导国家和社会事务的时代。

首先,新中国的政党制度和政党政治与西方资本主义国家的政党制度和政党政治迥然不同。由于中国共产党与西方资本主义国家的政党产生的社会历史条件截然不同,就在很大程度上决定了这两种类型的政党在组织体系,以及与国家政权的关系、政治功能和活动方式上的巨大差异和不可比性。一方面,执政前的中国共产党,长期处于被强大而凶恶的敌人绞杀的极其恶劣的生存条件和武装斗争的特殊环境中,使党不能不成为一个组织严密、纪律严格的党,所以必须实行一元化领导、高度集中的领导体制和决策模式,以及必须实行民主集中制的组织原则。但西方国家的资产阶级政党与其国家政权处于共生状态,非执政党都受到法律保护,因此形成了与多元化分权结构的政治体制相适应、与个人自由的政治文化传统相吻合的组织特征:组织松散、党纪松解和分散性自由民主制的党内制度。另一方面,中国共产党作为执政党,其地位、权威和作用与西方国家的执政党更不相同。新中国的诞生,是中国共产党领导人民长期浴血奋战的结果,党的执政地位是历史的选择、人民的选择,是无法替代的,是长期稳定的;西方国家的执政党只是一次投票的结果,并非长期存在、一成不变,而是随着竞选结果的变化而变化的;西方国家的所谓执政党,只是表示这个党在竞选某些公职(如议会制国家的议员)或某个公职(如总统制国家的总统)时获胜,并不意味着该党同时掌握了全部国家机器,也不表明该党可以完全根据本党的意志而行使已掌握的权力。而中国共产党是新中国政治体制的缔造者,作为执政党,中国共产党的领导是对国家和整个社会的领导,这种领导涵盖了国家政权的各个层次和各个方面、社会生活的各个主要领域以及政治生活的全过程;西方国家的执政党不可能拥有或指挥军队。而中国共产党作为执政党则对自己在长期的武装斗争中创建的人民军队实行绝对领导;西方国家的执政党只是通过竞选成功获得了执掌部分国家权力的机会，但这个党本身并不是一个权力实体，也不具备直接通过党本身管理国家和社会事务的可能和条件。与此截然相反的是，中国共产党本身就构成了完整的权力体系，其组织结构和多方面的功能及社会条件等都决定了党能够直接管理国家和社会事务。

其次，新中国的政党政治与苏联的政党政治相比也具有自己的特色。无论是党的组织体系、组织原则，还是走向执政地位时的力量及党的领袖结构、领袖地位和权力；无论是国情特点、革命道路，还是取得革命胜利走向执政地位的方式，中国共产党都与苏联共产党有明显的不同。正如一位美国学者所指出的，十月革命胜利后，布尔什维克不得不在物质上和精神上进行内战。而在中国，内战在革命年代中就已经进行并取得了胜利。也许，更重要的是，中国共产党人夺取政权比俄国布尔什维克赢得了更为广泛的群众的支持。

最后，这种中国特色的"一党领导"的政党政治模式，无论是在民主革命时期还是在建设时期都取得了极为成功的经验。中国共产党成为执政党，成为中国人民事业的领导核心，绝不是共产党强加于中国社会的；相反，中国共产党得到了包括各民主党派和党外人士在内的全国人民的衷心拥戴。中国共产党为中华民族所做出的丰功伟绩，其视人民为父母，为人民的利益无私奋斗、慷慨牺牲的高风亮节，使其获得了任何其他政治组织都无法与之相比的政治地位和崇高威望。

在夺取政权之前，中国共产党的主要实践是进行战争，战争环境要求实行一元化的领导。战争的胜利也充分证明了这种领导体制的正确性。这种成功的经验必然直接影响中国共产党的领袖们对新中国政治体制的设计。事实上，一元化领导模式不仅早已成为广大党员政治观念中最重要的内容，而且也被大多数社会成员视为天经地义，也与中国传统政治文化不无相通之处。换言之，从政治文化的角度看，一元化领导模式与整个社会的政治观念是相吻合的。需要特别强调的是，近代中国救亡图存富国强兵的历史症结不能不深深影响中国共产党的一代开国元勋，中国人民也把成功地拯救了中华民族的中国共产党看成是复兴中华民族的寄托和希望。事实上，以毛泽东同志为主要代表的中国共产党人首先是忠诚于自己民族的爱国主义战士，富民强国始终是大多数中国共产党人的强烈追求。因此，中国共产党在走上执政地位后，无论是迅速医治战争创伤，恢复经济，抑制通货膨胀，还是在很大程度上仍然使用原始工具耕作的极其落后的农业国实现优先发展现代工业以强国的目标，都要求必须建立一套强有力的中央调控体系。这一切决定了一元化领导的政治体制，决定了在政府结构上只能实行高度的中央集权。因此，一元化的权力高度集中的政治体制不仅是政治发展的逻辑结果，也是恢复和重建经济、实现强国目标的不可缺少的政治条件。历史实践证明，在解决上述经济问题的过程中，这种政治体制的运作发挥了决定性的作用。

党的一元化领导能够在一个世界上人口最多的国家稳固地建立起来，这意味着它具有历史必然性。中国共产党的执政成就已经充分证明了"一党领导制"政治体制的现实合理性。所谓"一党领导"，实质上表明了中国近现代历史形成的基本政治现实，即在新中国只存在一个有能力领导国家的党，而不是说只有一个政党。其他政党都是参政党。同时，这种一党领导制是为包括民主党派在内的全国人民所真诚赞同和拥护的。

中国共产党不仅组织体系完整，而且培养和集中了全国的主要的多方面的精英。因此，在新中国成立之初，在一切处于混乱的状态下，只有中国共产党能够通过组织体系和广大党的干部迅速承担起重建秩序、保证社会重建的历史重任。在短短的几年里，中国共产党就领导中国人民迅速恢复了国民经济，建立了完整的国家政权体系，战胜了帝国主义的武装挑衅，扫除了旧社会遗留下来的一切"污泥浊水"、实现了稳定安全的社会秩序……这些举世瞩目的辉煌成就雄辩地证明了中国共产党不仅具有武装斗争的艺术和能力，而且同样有领导国家权力的艺术和能力。当然，这些成功的经验也使中国共产党人和广大人民群众对党的一元化领导体制更加充满了信心。

当一元化领导体制在新中国成立初期沿着法治取向运作时，党在这一时期的一元化领导基本上没有超出法治的框架。但在1957年反右派斗争扩大化之后，情况发生了变化。这种变化最大的特点是偏离了法治和制度的轨道，走向了非理性的运动模式，而"文化大革命"把这种运动式治党治国的错误方式发展到了极端。

"文化大革命"时期自下而上的运动式治理给党和国家带来了严重伤害，使党意识到制度治党的重要性。对此，1980年8月，中共中央在北京召开政治局扩大会议,讨论党和国家制度的改革相关问题,邓小平在会上作了题为"党和国家领导制度的改革"的讲话。这是一篇历史性的讲话,史称"8·18"讲话,主要内容有:一是强调权力不宜过分集中,兼职、副职不宜过多,着手解决党政不分、以党代政的问题,以及从长远着想,解决好交接班的问题。[①] 二是强调了人才的作用,指出"组织上,迫切需要大量培养、发现、提拔、使用坚持四项基本原则的、比较年轻的、有专业知识的社会主义现代化建设人才"[②],"我们选干部,要注意德才兼备"[③]。三是指出党和国家现行的一些具体制度中,还存在不少弊端,妨碍甚至严重妨碍社会主义优越性的发挥。主要弊端就是官僚主义现象、权力过分集中的现象、家长制现象、干部领导职务终身制现象和形形色色的特权现象。只有对这些弊端进行有计划、有步骤而又坚决彻底的改革,人民才会信任我们的领导,才会信任党和社会主义。四是指出我们的新民主主义革命,推翻了封建主义的反动统治和封建土地所有制,是成功的、彻底的。但是肃清思想政治方面的封建主义残余影响了这个任务,没有能够完成。现在应该明确提出继续完成肃清思想政治方面的封建主义残余影响的任务,并在制度上进行一系列切实的改革。同时,决不能放松和忽视对资产阶级思想和小资产阶级思想的批判,对极端个人主义和无政府主义的批判。五是要求各级党委要真正实行集体领导和个人分工负责相结合的制度。邓小平强调:"改革党和国家的领导制度,不是要削弱党的领导,涣散党的纪律,而正是为了坚持和加强党的领导,坚持和加强党的纪律。"[④]

制度治党新部署

随着改革开放和对中国特色社会主义道路的开辟,中国化马克思主义执政党建设也日益走上了制度建党的轨道,并逐步作出了一系列重要安排。1982年9月,党的十二大召开。邓小平明确提出建设有中国特色的社会主义道路,大会通过了新的党章,对党的建设作了四个方面的重要部署。

一是健全党的民主集中制,使党内政治生活进一步正常化。大会指出,

---

① 参见《邓小平文选》第2卷,人民出版社1994年版,第321页。
② 《邓小平文选》第2卷,人民出版社1994年版,第322页。
③ 《邓小平文选》第2卷,人民出版社1994年版,第326页。
④ 《邓小平文选》第2卷,人民出版社1994年版,第341页。

经过十一届三中全会以来的努力，我们党内的政治生活首先是党中央的政治生活，已经由过去长期不正常的状态逐步恢复到马克思主义正确轨道上来了。但大会也强调："在党的许多组织中，不民主现象、家长制作风还没有清除，分散主义、自由主义现象也比较严重，这些都妨碍着党的路线、方针和政策的贯彻执行，削弱了党的战斗力。要使全党政治生活都进一步正常化，必须坚决克服这些不良现象。全党特别是各级领导干部要牢固确立民主集中制观念，首先在各级党委建立和加强集体领导，努力发展党内民主，同时保证在民主基础上的集中统一。"[1]"现在，在不少组织中，纪律松弛，是非不分，赏罚不明，该批评的不敢批评，该处分的不敢处分，是相当严重的现象……有些情况是令人触目惊心的。如果听任这种现象滋长，党还能有什么战斗力！"[2]大会要求全党，为了健全民主集中制，必须加强党的纪律。"全党各级组织和全体党员必须动员起来，为维护党纪进行坚决的斗争。我们相信，在这次代表大会以后，全党上下齐心协力，不要太长时间，我们就一定能够在全党范围内充分恢复党的纪律的严肃性，从而取得全国人民的高度信任。"[3]

二是改革领导机构和干部制度，实现干部队伍的革命化、年轻化、知识化、专业化。大会强调："党和国家领导体制、领导机构的改革，主要是消除权力过分集中、兼职副职过多、机构重叠、职责不明、人浮于事、党政不分等种种弊端，克服官僚主义，提高工作效率。中央一级党政机构改革的第一步已经基本完成，各省、市、自治区准备在今年下半年或明年展开。这是顺利进行现代化建设、坚持社会主义道路的一项重要政治保证，意义是非常深远的。"[4]"实现干部队伍的革命化、年轻化、知识化、专业化，是党中央早就确定了的方针。在机构改革中，要使许多年事已高的老干部既能解脱第一线工作的繁重负担，又能以他们丰富的领导工作经验在党、国家和社会生活中继续发挥作用；使大批德才兼备、年富力强的中青年干

---

[1] 中共中央文献研究室编:《十二大以来重要文献选编》(上)，中央文献出版社2011年版，第42页。
[2] 中共中央文献研究室编:《十二大以来重要文献选编》(上)，中央文献出版社2011年版，第42页。
[3] 中共中央文献研究室编:《十二大以来重要文献选编》(上)，中央文献出版社2011年版，第42页。
[4] 中共中央文献研究室编:《十二大以来重要文献选编》(上)，中央文献出版社2011年版，第43页。

部能够及时选拔到领导岗位上来,在新老合作和交替的过程中得到更多的实际有效的锻炼,并且使各级领导层不断吸收新的活力和智慧,保持旺盛的生机。至于那些造反起家的人,帮派思想严重的人,打砸抢分子,反对三中全会以来中央路线的人,以及有各种严重违法乱纪行为的人,现在还在领导岗位上的必须坚决撤下去,凡是触犯刑律的都必须依法查处,这些人当然决不能成为选拔的对象。新老干部的合作和交替问题是关系社会主义事业后继有人的大事,相信全党同志特别是我们的老同志必定会以高度的革命责任心来完成这个历史任务。为了造就社会主义现代化建设的大批专门人才,必须大力加强干部的教育和训练工作。今后使用和提拔干部必须把学历、学习成绩同工作经历、工作成绩一样作为重要依据。"[1]

三是密切党同群众的联系。大会强调:"我们党之所以有力量,就因为党代表着最广大人民的利益,党在国家生活中的领导地位,决定了党的活动同广大人民的利害得失关系极大,而这种地位又很容易使党员特别是党的干部产生脱离群众的危险。这就要求我们更加自觉地去保持和发扬党的群众路线的优良传统,切实加强党同各阶层人民的密切联系。"[2]大会强调:"从现在起,必须大大加强党在生产第一线的工作,动员符合条件的党员到生产第一线,同时吸收具备党员条件的优秀工人入党。"[3]"我们要全面开创社会主义现代化建设的新局面,必须特别重视充分发挥知识分子的作用,并针对他们的特点改善对他们的思想政治教育,注意在他们当中积极吸收具备入党条件的人入党。"[4]"党要细心发现、培养和吸收符合条件的先进青年入党,使他们成为输入党的肌体的新鲜血液。""党一定要加强妇女工作,关心她们的特殊利益,重视培养、选拔女干部,领导和支持各级妇女联合会执行自己的任务。"[5]

四是有计划有步骤地进行整党,使党风根本好转。大会强调,党风问题

---

[1] 中共中央文献研究室编:《十二大以来重要文献选编》(上),中央文献出版社2011年版,第44页。
[2] 中共中央文献研究室编:《十二大以来重要文献选编》(上),中央文献出版社2011年版,第44—45页。
[3] 中共中央文献研究室编:《十二大以来重要文献选编》(上),中央文献出版社2011年版,第45页。
[4] 中共中央文献研究室编:《十二大以来重要文献选编》(上),中央文献出版社2011年版,第45页。
[5] 中共中央文献研究室编:《十二大以来重要文献选编》(上),中央文献出版社2011年版,第46页。

是关系执政党生死存亡的问题。为了使党风根本好转，中央决定从1983年下半年开始，用三年时间分期分批对党的作风和党的组织进行一次全面整顿。这次整顿"无疑是我们党的一件头等大事，必须十分慎重地对待，十分周到地准备，有计划、有步骤地进行"①，"我们要通过这次整党，使党内政治生活进一步正常化，切实纠正不正之风，大大加强党同群众的密切联系。这样，我们就一定能够实现党风的根本好转。"②

根据党的十二大关于党的建设的部署，1983年10月，中共中央在党的十二届二中全会上通过了《中共中央关于整党的决定》，规定了整党的基本方针、基本任务、基本政策和基本方法。按照"统一思想，整顿作风，加强纪律，纯洁组织"的要求，进行了"文化大革命"后的第一次全党范围的整党活动，也是我们党坚决放弃运动治党模式以后所进行的第一次整党活动，是初次在制度治党模式下如何加强党的建设的有益探索和实践。整党活动到1987年5月基本结束。这次整党活动在思想建设、作风整顿、组织建设和纪律建设方面取得了成效，但对一党执政长期执政条件下，如何不通过运动而通过制度找到从严管党治党、始终保持党的先进性的新办法新路子，还仅仅是探索的开始，注定要经过较长时间的摸索和实践，甚至同样会经历一些曲折和坎坷。

1987年10月25日，中国共产党第十三次全国代表大会召开。党的十三大提出要改革党的自身建设，切实加强党的制度建设，强调加强执政党建设，走出党建的新路子。党的十三大强调："党的自身建设也必须进行改革，以适应改革开放的新形势。党的思想建设、组织建设、作风建设，都应当体现这个指导思想。"③在党的思想建设中，必须全面宣传党的基本路线，牢牢掌握一个中心、两个基本点。干部队伍的素质对于党的路线的贯彻执行，具有决定性意义。大会强调，改革开放和社会主义商品经济的发展，要求我们必须重视、加强和改进党的思想政治工作。我们要继承党的思想政治工作的优良传统，并且努力创造适应新形势的各种有效形式和

---

① 中共中央文献研究室编：《十二大以来重要文献选编》（上），中央文献出版社2011年版，第47页。
② 中共中央文献研究室编：《十二大以来重要文献选编》（上），中央文献出版社2011年版，第48页。
③ 中共中央文献研究室编：《十三大以来重要文献选编》（上），中央文献出版社2011年版，第41页。

具体途径,切实把思想政治工作贯穿于建设和改革的各个领域,激励人们建设社会主义的积极性、创造热情和献身精神,把全民族的力量凝聚到建设中国特色社会主义的宏伟事业中来。大会要求以党的基本路线统一全体党员特别是领导干部的思想和行动,使广大共产党员都成为自觉地为实现党的任务而斗争的先锋战士,成为有理想、有道德、有文化、有纪律的模范。党的十三大重点阐述了加强党的制度建设,指出:"切实加强党的制度建设,对于党的正确路线的巩固和发展,对于党的决策的民主化和科学化,对于充分发挥各级党组织和党员的积极性、创造性,十分重要。"①

党的十三大报告还提出了"以党内民主来逐步推动人民民主,是发展社会主义民主政治的一条切实可行、易于见效的途径"的观点。报告指出:"健全党的集体领导制度和民主集中制,要从中央做起。主要是:建立中央政治局常委向中央政治局、中央政治局向中央全会定期报告工作的制度;适当增加中央全会每年开会的次数,使中央委员会更好地发挥集体决策作用;建立中央政治局、政治局常委会、中央书记处的工作规则和生活会制度,使集体领导制度化,加强对党的领导人的监督和制约。地方各级党组织也要相应建立和完善有关的议事规则、表决制度和生活会制度。要改革和完善党内选举制度,明确规定党内选举的提名程序和差额选举办法。近期,应当把差额选举的范围首先扩大到各级党代会代表,基层党组织委员、书记,地方各级党委委员、常委和中央委员会委员。要切实保障党章规定的党员民主权利,制定保障党员权利的具体条例。侵犯党员的权利,就是违反党的纪律,必须受到党纪处分。要疏通党内民主渠道和健全民主生活,使党员对党内事务有更多的了解和直接参与的机会。"②

党的十三大强调要加强执政党建设,要开展反腐败斗争。"执政党的地位,容易在党内滋长脱离群众的倾向,而这种倾向对人民产生的危害也比执政以前大得多。""我们党处于执政地位,必须经得起执政的考验;我们党正在领导改革开放,也必须经得起改革开放的考验。这是新时期党的建

---

① 中共中央文献研究室编:《十三大以来重要文献选编》(上),中央文献出版社2011年版,第43页。
② 中共中央文献研究室编:《十三大以来重要文献选编》(上),中央文献出版社2011年版,第43—44页。

设必须解决的最重大的课题。"① 党的十三大报告强调加强反腐败工作,而且强调教育不能完全解决问题,要坚决从严治党。"在改革开放的过程中,党内反对腐败的斗争是不可避免的。如果容忍腐败分子留在党内,就会使整个党衰败。对经不起考验的党员,首先要满腔热情地进行教育。但经验证明,仅仅靠教育不能完全解决问题,必须从严治党,严肃执行党的纪律。对于那些败坏党和人民事业的腐败分子,必须采取坚决清除的方针,一经发现立即处理,有多少清除多少,决不能姑息养奸。"②

党的十三大报告强调要做好经常性工作,走出党建的新路子,指出:"从严治党,除了必须把少数腐败分子开除出党之外,还必须着眼于对绝大多数党员经常地进行教育,提高他们的素质。"③ "党的领导机关有责任指导基层组织做好这些工作。这些经常性工作做好了,我们就有可能在新的历史条件下,在党的建设上走出一条不搞政治运动,而靠改革和制度建设的新路子。"④

1989年春夏之交的国内政治风波过后,邓小平提出要总结经验,他提醒中央的同志"要聚精会神地抓党的建设,这个党该抓了,不抓不行了"⑤。1989年6月,党的十三届四中全会召开,明确了党在当前及今后一段时间内的方针和任务,中央开始聚精会神地抓党的自身建设。

1989年8月18日至22日,全国组织部长会议在北京召开,讨论加强党的建设的问题。江泽民在会议讲话中提出了五条意见:一要正确估计党组织和党员队伍的状况。二要抓住有利时机,认真抓好清查、清理工作,保证党的队伍的纯洁性。三要同腐败现象、腐败分子进行斗争,密切党和群众的联系。四是政治体制改革要有利于加强和改善党的领导。五要把思想建设放在党的建设的重要的突出的位置上。⑥1989年8月28日,中共中央政治局在北京举行全体会议,会议通过了《中共中央关于加强党的建设

---

① 中共中央文献研究室编:《十三大以来重要文献选编》(上),中央文献出版社2011年版,第44页。
② 中共中央文献研究室编:《十三大以来重要文献选编》(上),中央文献出版社2011年版,第45页。
③ 中共中央文献研究室编:《十三大以来重要文献选编》(上),中央文献出版社2011年版,第45页。
④ 中共中央文献研究室编:《十三大以来重要文献选编》(上),中央文献出版社2011年版,第46页。
⑤ 《邓小平文选》第3卷,人民出版社1993年版,第314页。
⑥ 参见李君如:《中国共产党建设史》下册,福建人民出版社2011年版,第436页。

的通知》,该通知对下一步的党建工作进行了全面部署。要求澄清模糊认识,分清理论是非,在党的性质、宗旨等原则问题上提出了"六个不"的要求:党是工人阶级的先锋队,不是全民党,在党的性质问题上,不能有任何含糊;党的最高纲领是实现共产主义的社会制度,现阶段要为建设有中国特色的社会主义而奋斗,在政治方向上决不能"不问姓社姓资";马克思列宁主义、毛泽东思想是党的指导思想,决不允许用西方资产阶级的政治学说和政党理论来改造党;全心全意为人民服务是党的唯一宗旨,决不能被极端个人主义和"一切向钱看"的腐朽思想所动摇;民主集中制是党的根本组织原则,要在充分发扬民主的基础上,维护全党的高度一致,严格执行党的纪律,决不允许在政治上、组织上自行其是,更不允许组织反对派;党长期形成的优良传统,在新的历史条件下,要更加发扬光大,决不能抛弃和否定。[①]1989年12月29日,江泽民在中共中央宣传部、中共中央政策研究室、中共中央组织部、中共中央党校联合举办的高级干部党建理论研究班上发表讲话时指出:"由于一段时间来放松以至忽视党的建设,特别是由于资产阶级自由化思潮的泛滥和国际敌对势力的和平演变活动,党内思想不纯、组织不纯、作风不纯的问题也是相当严重的。对此,切不可估计不足,掉以轻心。"[②]

按照中央领导人讲话和指示精神,全党上下迅速行动起来,以实际行动推动党的建设。一是加大了反腐败斗争的力度。改革开放以来,腐败之风滋生蔓延,挫伤了人民群众的积极性,损害了党和政府的威信,同时也给那些鼓吹资产阶级自由化的人以可乘之机。1989年7月,中共中央、国务院作出了《关于近期做几件群众关心的事的决定》,提出了要在廉政建设上"办七件事",抓几个大案、要案,切实扭转党的作风。1989年7月,中纪委部署大力加强执纪办案工作,并对此提出了几条要求:第一,严肃查处违反党的政治纪律的案件,确保全党在思想上、政治上的高度一致;第二,严厉惩处少数党员干部的腐败行为;第三,充分发挥广大党员群众监督作用,认真做好受理检举控告工作;第四,加强同检查、监察机关的密切协作,对比较大、比较复杂的案件,要相互配合,依靠群众,全力突破,迅

[①] 参见中共中央文献研究室编:《十三大以来重要文献选编》(中),中央文献出版社2011年版,第50—51页。
[②] 《江泽民文选》第1卷,人民出版社2006年版,第89页。

速作出处理。1990年11月，中共中央批转了中纪委《关于加强党风和廉政建设的意见》，要求全党把党风廉政建设持之以恒地抓下去。

二是坚持加强了党同人民群众的联系。为了发扬党的优良传统和作风，恢复人民群众对党的情感与信任，1989年7月，中共中央、国务院作出了《关于近期做几件群众关心的事的决定》。1990年3月9日至12日，党的十三届六中全会在北京召开。这次全会专门讨论了新时期党如何同人民群众建立血肉联系的问题，并通过了《中共中央关于加强党同人民群众联系的决定》，提出了七项举措：第一，必须保证决策和决策的执行符合人民的利益；第二，各级领导干部必须经常深入基层，深入群众，扎扎实实工作，把党的路线、方针、政策落到实处；第三，从中央到地方，各级党委都要在深化政治体制改革中，推进社会主义民主和法制建设，积极疏通和拓宽党同人民群众联系的渠道；第四，坚定不移地加强廉政建设，继续发扬艰苦奋斗精神，克服党内存在的消极腐败现象，这是改善党群关系，保证我们事业立于不败之地的战略措施；第五，对各级领导机关和领导干部必须加强监督，要建立和完善党内监督与党外监督，自上而下的监督与自下而上的监督的制度；第六，党的基层组织和广大党员，都要联系群众，宣传群众，组织群众，充分发挥战斗堡垒作用和先锋模范作用；第七，在党内普遍深入地进行马克思主义群众观点和党的群众路线的再教育。[①]

三、"新的伟大工程"与"三个代表"重要思想

1992年中国共产党第十四次全国代表大会召开，提出以邓小平建设有中国特色社会主义理论为指导加强党的建设。

"新的伟大工程"的提出与推进

1994年9月，党的十四届四中全会作出《中共中央关于加强党的建设几个重大问题的决定》，把党的建设提到了"新的伟大工程"的高度。该决定

---

① 参见李君如：《中国共产党建设史》下册，福建人民出版社2011年版，第445—446页。

指出:"在当代世界风云变幻的条件下,在当代中国改革开放和现代化建设的伟大变革中,把党建设成为用建设有中国特色社会主义理论武装起来、全心全意为人民服务、思想上政治上组织上完全巩固、能够经受住各种风险、始终走在时代前列的马克思主义政党,这是以邓小平同志为核心的第二代中央领导集体开创的、以江泽民同志为核心的第三代中央领导集体正在领导全党继续进行的新的伟大的工程。"[1] 这是对"党的建设新的伟大的工程"第一次明确表述。"新的伟大工程"的明确提出和对执政党自身建设的强调,表明我们党向马克思主义执政党建设理论的形成迈出了重要一步。

党中央先后就执政党建设作出了一系列决策。从《关于加强党风和廉政建设的意见》到《关于抓紧培养选拔优秀年轻干部的通知》,从颁布《党政领导干部选拔任用工作暂行条例》到制定《中国共产党地方委员会工作条例(试行)》和《关于进一步加强和改进国有企业党的建设工作的通知》,提出了新形势下党的建设的基本思路和工作要求。

第一,进一步坚持和健全民主集中制。党中央强调,我国建立社会主义市场经济体制和推进社会变革,更要求我党坚持和健全民主集中制,而决不能削弱和放弃民主集中制。现在,我们党执行民主集中制总体上是好的,但还有不少问题。民主不够和集中不够都不同程度地存在。鉴于这种状况,一方面,要在全党特别是领导干部中切实加强民主集中制的教育,健全贯彻民主集中制的各项具体制度,完善党内政治生活的各项准则。要发展党内民主,充分发挥全党的积极性,逐步完善民主科学决策制度,切实保障各级党组织和党员的民主权利。另一方面,要加强民主基础上的集中,有力地执行党的路线方针政策。要进一步明确和规范党委会及其常委会的职责范围、议事规则、决策程序。要完善党代表大会制度,进一步发挥党的中央和地方各级委员会全体会议的作用。

第二,培养和选拔德才兼备的领导干部。党中央强调,建设有中国特色社会主义的全新事业和错综复杂的国际环境,对各级领导干部提出了新的更高要求,给我们党提出了两项重大而紧迫的战略任务:一是必须全面提高现有领导干部的素质,把各级领导班子建设成为坚决贯彻党的基本路

---

[1] 中共中央文献研究室编:《十四大以来重要文献选编》(中),中央文献出版社2011年版,第4页。

线、全心全意为人民服务、具有领导现代化建设能力的坚强领导集体；二是必须抓紧培养和选拔优秀年轻干部，努力造就大批能够跨世纪担当重任的领导人才。高级干部特别是省部级以上党政主要领导干部的领导水平，尤其是政治水平如何，关系到党和国家的前途命运。这些干部不仅要努力成为有知识、懂业务、胜任本职工作的内行，而且首先要努力成为忠诚于马克思主义、坚持走有中国特色社会主义道路、会治党治国的政治家。要高度重视人才的发现和使用，抓紧选拔大批优秀年轻干部，要加快党政领导干部选拔任用等重要制度的改革，要扩大选拔任用领导干部工作中的民主，要完善领导干部考核制度，并与升降、奖惩制度相衔接，要认真推行领导干部交流制度，并同回避制度和各级领导班子的任期制度结合起来。要切实加强对选拔任用领导干部工作的监督检查，坚决防止和纠正用人上的不正之风等。①

第三，进一步加强制度建设。党的十四大特别是党的十四届四中全会以来，在推进党的制度建设和健全党内法规方面进行了许多重大实践，出台了一系列重要的党规党法和制度措施。据不完全统计，1992年10月到1997年9月，中央出台的党内重要的法规性的条例、决定、意见、通知有七十多个。这些党内法规内容集中在修改和完善党章、完善民主集中制和发展党内民主制度、完善党的监督制度和党风廉政建设制度、健全和完善党的组织制度建设等方面。比如，1994年1月，为健全党的民主集中制，完善党内选举制度，加强党的地方组织建设，中共中央印发了《中国共产党地方组织选举工作条例》。尤为重要的是，1995年1月，中共中央颁布了《中国共产党党员权利保障条例（试行）》，对于保障党员权利的正常行使和不受侵犯，对于调动党员的主动性和积极性以及通过法定程序对某些领导干部进行有效监督，提供了制度保障和途径。②

第四，加大反腐败斗争力度。党的十四大以后，随着反腐败斗争的不断深入，特别是一些大案要案的相继查处，反腐败问题越来越为人们所关注。中共中央高度重视反腐败斗争，强调反腐败斗争是一个很重要的政治问题，分析了每一时期的形势并据以制定出正确的方针政策和战略部署，

---

① 参见李君如：《中国共产党建设史》下册，福建人民出版社2011年版，第465—466页。
② 参见李君如：《中国共产党建设史》下册，福建人民出版社2011年版，第466页。

进一步统一了反腐败的认识,形成了领导干部廉洁自律、集中力量查处大案要案和纠正行业不正之风一起抓的三项工作格局。

党的十五大及执政党建设新进展

1997年,党的十五大将邓小平理论确立为党的指导思想。党的十五大后,党在基层组织建设、干部人事制度改革和思想政治教育上取得新进展。

党的十五大报告指出:"党的基层组织是党的全部工作和战斗力的基础。加强和改进党的基层组织建设,要围绕党的基本路线,为党的中心任务服务;用改革的精神研究新情况新问题,改进工作方法、工作作风和活动方式;认真做好对党员的教育、管理和监督,增强解决自身矛盾的能力。党的基层组织都要从各自的特点出发,认真履行党章规定的职责,努力成为贯彻党的路线方针政策、团结和带领群众完成本单位任务的坚强战斗堡垒。"[①]如何探索市场经济条件下的基层党组织建设的新路子,成为新时期加强基层党组织建设的重中之重。1998年3月30日,中共中央发布了《中国共产党党和国家机关基层组织工作条例》;1999年2月13日,中共中央印发了《中国共产党农村基层组织工作条例》;1999年8月24日,中共中央转发了《关于改革开放和发展社会主义市场经济条件下军队思想政治建设若干问题的决定》等文件。各地区各部门按照中央要求,针对改革开放和发展市场经济给基层党组织建设带来的新情况新问题,在实践中探索了很多新形式、新途径、新方法。

党的十五大以来,中央努力推进干部人事工作的科学化、民主化、制度化,探索优秀人才能够脱颖而出、富有生机与活力的用人机制。党的十五大报告指出:"按照革命化、年轻化、知识化、专业化方针,建设一支适应社会主义现代化建设需要的高素质干部队伍,是我们的事业不断取得成功的关键。"[②]1997年12月,胡锦涛在全国组织工作会议上所作的报告《高举邓小平理论伟大旗帜,努力做好面向新世纪的组织工作》中指出:"要坚定不移推进干部制度改革,乘势而进,加快步伐,力求取得新的突破。"该报告初步明确了面向21世纪的干部人事制度改革的总体工作任务:

---

① 《江泽民文选》第2卷,人民出版社2006年版,第45页。
② 《江泽民文选》第2卷,人民出版社2006年版,第44页。

扩大民主，采取民主评议、民主推荐等多种形式，让群众参与到干部的考察和选拔中；建立健全干部考核制度，制定干部考核条例，推动干部考核工作规范化、制度化、科学化；努力创造公开、平等、竞争、择优的用人环境，为优秀人才脱颖而出提供制度保证；完善公务员制度。通过深化干部人事制度改革，防止和纠正用人上的不正之风。

1998年6月24日，中共中央发出《关于在全党深入学习邓小平理论的通知》，指出"今明两年要集中一段时间，在县级以上领导干部中深入进行以讲学习、讲政治、讲正气为主要内容的党性党风教育"。1998年11月21日，中共中央发出《关于在县级以上党政领导班子、领导干部中深入开展以"讲学习、讲政治、讲正气"为主要内容的党性党风教育的意见》，要求通过"三讲"教育推动县级以上党政领导班子和领导干部深入学习邓小平理论和党的十五大精神，并对深入开展"三讲"教育的必要性和重要性、基本要求、遵循原则、步骤和方法作了明确的规定。随后，在全党范围内全面深入开展了"三讲"教育活动，2000年底"三讲"教育活动圆满结束，取得了成效。

"三个代表"重要思想和执政党建设理论的突破

2000年2月25日，江泽民在广东省考察工作时指出："总结我们党七十多年的历史，可以得出一个重要结论，这就是：我们党所以赢得人民的拥护，是因为我们党在革命、建设、改革的各个历史时期，总是代表着中国先进生产力的发展要求，代表着中国先进文化的前进方向，代表着中国最广大人民的根本利益，并通过制定正确的路线方针政策，为实现国家和人民的根本利益而不懈奋斗。"[①] 这是江泽民首次提出"三个代表"重要思想。2000年5月14日，他在江苏、浙江、上海党建工作座谈会上讲话时进一步强调："始终做到'三个代表'，是我们党的立党之本、执政之基、力量之源。按照'三个代表'要求抓党的建设，同新时期党的建设新的伟大工程的总目标、总要求是一致的。"[②] 2001年7月1日，在庆祝中国共产党成立80周年大会上，江泽民发表重要讲话，全面阐述了"三个代表"重

---

① 《江泽民文选》第3卷，人民出版社2006年版，第2页。
② 《江泽民文选》第3卷，人民出版社2006年版，第15页。

要思想的理论内涵。他指出，全党要正确认识和全面贯彻"三个代表"要求："我们党要始终代表中国先进生产力的发展要求，就是党的理论、路线、纲领、方针、政策和各项工作，必须努力符合生产力发展的规律，体现不断推动社会生产力的解放和发展的要求，尤其要体现推动先进生产力发展的要求，通过发展生产力不断提高人民群众的生活水平。"[1]"我们党要始终代表中国先进文化的前进方向，就是党的理论、路线、纲领、方针、政策和各项工作，必须努力体现发展面向现代化、面向世界、面向未来的，民族的科学的大众的社会主义文化的要求，促进全民族思想道德素质和科学文化素质的不断提高，为我国经济发展和社会进步提供精神动力和智力支持。"[2]"我们党要始终代表中国最广大人民的根本利益，就是党的理论、路线、纲领、方针、政策和各项工作，必须坚持把人民的根本利益作为出发点和归宿，充分发挥人民群众的积极性、主动性、创造性，在社会不断发展进步的基础上，使人民群众不断获得切实的经济、政治、文化利益。"[3]2002年5月31日，在中共中央党校省部级干部进修班毕业典礼上的讲话中，江泽民进一步阐述了"三个代表"重要思想的历史定位和根本要求。他指出："'三个代表'同马克思列宁主义、毛泽东思想和邓小平理论一脉相承，反映了当代世界和中国的发展变化对党和国家工作的新要求。'三个代表'是我们党的立党之本、执政之基、力量之源，是加强和改进党的建设、推进我国社会主义制度自我完善和发展的强大理论武器。"[4]

"三个代表"重要思想实现了对马克思主义执政党建设理论的突破。一是对党的历史方位的科学判断具有突破性。基于21世纪的世情、国情、党情的新变化，"三个代表"重要思想鲜明地提出，中国共产党自1949年以来，已经从一个领导人民为夺取全国政权而奋斗的党，转变为一个领导人民掌握全国政权并长期执政的党；已经从一个在外部封锁和实行计划经济条件下领导国家建设的党，转变为一个在对外开放和发展社会主义市场经济条件下领导国家建设的党。由于党所处地位和环境、肩负的历史任务和党的自

---

[1] 《江泽民文选》第3卷，人民出版社2006年版，第272—273页。
[2] 《江泽民文选》第3卷，人民出版社2006年版，第276页。
[3] 《江泽民文选》第3卷，人民出版社2006年版，第279页。
[4] 中共中央文献研究室编：《十五大以来重要文献选编》（下），中央文献出版社2011年版，第595—596页。

身状况都发生了重大变化,这就迫切需要以改革的精神加强和改进执政党建设。①

二是对马克思主义执政党建设的根本方向和目标的确定具有突破性。面对改革开放和市场经济给执政党建设带来的新情况新问题,"三个代表"重要思想要求党在迅速发展变化的时代面前,始终保持党的先进性,始终走在时代前列,为在新的历史条件下的执政党建设明确了方向,"总结八十年的奋斗历程和基本经验,展望新世纪的艰巨任务和光明前途,我们党要继续站在时代前列,带领人民胜利前进,归结起来,就是必须始终代表中国先进生产力的发展要求,代表中国先进文化的前进方向,代表中国最广大人民的根本利益"②。

三是对马克思主义执政党建设一系列重大问题的探索和思考具有突破性。在党的性质上,提出了"两个先锋队"思想:"通过锲而不舍的努力,保证我们党始终是中国工人阶级的先锋队,同时是中国人民和中华民族的先锋队,始终是中国先进生产力的发展要求、中国先进文化的前进方向和中国最广大人民根本利益的忠实代表,始终是建设有中国特色社会主义事业的领导核心。"③在党的建设途径上,提出以提高党的执政能力为重点,以党要管党、从严治党的原则和方针,把思想建设、组织建设和作风建设结合起来,把制度建设贯穿其中,进一步解决提高党的领导水平和执政水平、提高拒腐防变和抵御风险能力这两大历史性课题,极大地丰富了马克思主义建党学说。④

四是对执政党分析问题和解决问题的方法论具有突破性。"三个代表"重要思想坚持以实际问题为研究中心,解决执政党建设中遇到的突出问题,江泽民把这种方法论概括为"以实际问题为中心研究马克思主义"⑤,要求"全党同志要坚持从新的实际出发,以改革的精神研究和解决党的建设面临

---

① 参见李君如:《中国共产党建设史》下册,福建人民出版社2011年版,第485页。必须指出的是,党的著名理论专家李君如参加了当时"三个代表"重要思想的理论形成和研究工作,他关于"三个代表"重要思想对我们党执政党建设理论的概括和阐述是具有权威性的。笔者有幸跟着当时中共中央党校常务副校长郑必坚和副校长李君如参与了建党80周年和党的十六大有关文件的一些调研起草工作,对这一过程有亲身体会。这里引用的内容来自李君如的这部大作。
② 《江泽民文选》第3卷,人民出版社2006年版,第272页。
③ 中共中央文献研究室编:《十五大以来重要文献选编》(下),中央文献出版社2011年版,第599—600页。
④ 参见李君如:《中国共产党建设史》下册,福建人民出版社2011年版,第486页。
⑤ 《江泽民文选》第3卷,人民出版社2006年版,第339页。

的重大理论和现实问题，使党始终保持先进性和纯洁性，充满创造力、凝聚力和战斗力"①。

四、执政能力建设与党的建设科学化

中国共产党领导中国人民开辟的中国特色社会主义事业走进了21世纪，如何让这一伟大的事业行稳致远，无疑对执政党的执政能力和水平提出了更高要求，而要有足够的能力为人民执好政，就必须研究和遵循执政党建设的规律，实现党的建设科学化。

21世纪第一次党代表大会

2002年11月8日至14日，21世纪第一次党代表大会——中国共产党第十六次全国代表大会在北京召开。大会提出了党的建设总要求，即加强和改进党的建设，一定要高举邓小平理论伟大旗帜，全面贯彻"三个代表"重要思想，保证党的路线方针政策全面反映人民的根本利益和时代发展的要求；一定要坚持党要管党、从严治党的方针，进一步解决提高党的领导水平和执政水平、提高拒腐防变和抵御风险能力这两大历史性课题；一定要准确把握当代中国社会前进的脉搏，改革和完善党的领导方式和执政方式、领导体制和工作制度，使党的工作充满活力；一定要把思想建设、组织建设和作风建设有机结合起来，把制度建设贯穿其中，既立足于做好经常性工作，又抓紧解决存在的突出问题。大会还确立了党的建设"两个先锋队"的目标，即保证中国共产党始终是中国工人阶级的先锋队，同时是中国人民和中华民族的先锋队，始终是中国特色社会主义事业的领导核心，始终代表中国先进生产力的发展要求，代表中国先进文化的前进方向，代表中国最广大人民的根本利益。

大会对党的建设作出了六项工作部署：一是必须把党的思想理论建设摆在更加突出的位置。强调坚持用马克思列宁主义、毛泽东思想和邓小平

---

① 《江泽民文选》第3卷，人民出版社2006年版，第282页。

理论武装全党,在全党兴起一个学习贯彻"三个代表"重要思想的新高潮。在全党深入进行马克思主义发展史的教育,大力弘扬求真务实、开拓进取的精神,不断深化对共产党执政规律、社会主义建设规律和人类社会发展规律的认识,不断丰富和发展马克思主义。

二是加强党的执政能力建设,提高党的领导水平和执政水平。大会要求各级党委和领导干部必须以宽广的眼界观察世界,正确把握时代发展的要求,善于进行理论思维和战略思维,不断提高科学判断形势的能力;必须坚持按照客观规律和科学规律办事,及时研究解决改革和建设中的新情况新问题,善于抓住机遇加快发展,不断提高驾驭市场经济的能力;必须正确认识和处理各种社会矛盾,善于协调不同利益关系和克服各种困难,不断提高应对复杂局面的能力;必须增强法制观念,善于把坚持党的领导、人民当家作主和依法治国统一起来,不断提高依法执政的能力;必须立足全党全国工作大局,坚定不移地贯彻党的路线方针政策,善于结合实际创造性地开展工作,不断提高总揽全局的能力。

三是强调党内民主是党的生命。大会指出,党内民主对人民民主具有重要的示范和带动作用。要以保障党员民主权利为基础,以完善党的代表大会制度和党的委员会制度为重点,从改革体制机制入手,建立健全充分反映党员和党组织意愿的党内民主制度。扩大在市县进行党的代表大会常任制的试点。积极探索党的代表大会闭会期间发挥代表作用的途径和形式。按照集体领导、民主集中、个别酝酿、会议决定的原则,完善党委内部的议事和决策机制,进一步发挥党的委员会全体会议的作用。改革和完善党内选举制度。建立和完善党内情况通报制度、情况反映制度和重大决策征求意见制度。大会同时强调,在指导思想和路线方针政策以及重大原则问题上全党全国必须保持高度一致。

四是要建设高素质的领导干部队伍,形成朝气蓬勃、奋发有为的领导层。大会强调按照革命化、年轻化、知识化、专业化方针,建设一支能够担当重任、经得起风浪考验的高素质的领导干部队伍,特别是培养造就大批善于治党治国治军的优秀领导人才,这是党和国家长治久安的根本大计。要认真贯彻领导干部选拔任用条例,注重在改革和建设的实践中考察和识别干部,把那些德才兼备、实绩突出和群众公认的人及时选拔到领导岗位上来。大会还就领导干部的党性修养、理论学习、实践锻炼和领导班子素质、结构等问题提出了新要求。

五是强调切实做好基层党建工作，增强党的阶级基础和扩大党的群众基础。大会指出，党的基层组织是党的全部工作和战斗力的基础，应该成为贯彻"三个代表"重要思想的组织者、推动者和实践者。要坚持围绕中心、服务大局，拓宽领域、强化功能，扩大党的工作的覆盖面，不断提高党的基层组织的凝聚力和战斗力。大会分别就农村、国有企业和集体企业、非公有制企业，特别是社区党建工作提出新要求。

六是推进党的作风建设，核心是保持党同人民群众的血肉联系。强调中国共产党的最大政治优势是密切联系群众，党执政后的最大危险是脱离群众。在任何时候、任何情况下，都必须坚持党的群众路线，坚持全心全意为人民服务的宗旨，把实现人民群众的利益作为一切工作的出发点和归宿。大会强调要以立党为公、执政为民为根本目的，发扬党的优良传统和作风，按照中央提出的"八个坚持、八个反对"，一靠教育，二靠制度，正确开展批评与自我批评，着力解决党的思想作风、学风、工作作风、领导作风和干部生活作风方面的突出问题，特别是要防止和克服形式主义、官僚主义。在反腐败问题上，中央强调进一步抓好领导干部廉洁自律、查处大案要案、纠正部门和行业不正之风的工作。大会指出，要坚持标本兼治、综合治理的方针，逐步加大治本的力度；要加强教育，发展民主，健全法制，强化监督，创新体制，把反腐败寓于各项重要政策措施之中，从源头上预防和解决腐败问题。①

大会通过的新党章对党的性质作了新的表述，把"两个先锋队"写入了党章。根据新形势的变化，党章对党的建设和党的领导提出了新的要求。

中央全会专题议决党的执政能力建设

2004年9月，党的十六届四中全会在北京举行。会议提出了加强党的执政能力建设的重大课题，通过了《中共中央关于加强党的执政能力建设

---

① 参见《江泽民文选》第3卷，人民出版社2006年版，第568—573页。

的决定》。该决定指出，党的执政能力，就是党提出和运用正确的理论、路线、方针、政策和策略，领导制定和实施宪法和法律，采取科学的领导制度和领导方式，动员和组织人民依法管理国家和社会事务、经济和文化事业，有效治党治国治军，建设社会主义现代化国家的本领。该决定分析了当前党的执政能力状况，总结了执政55年来的经验，提出了加强党的执政能力建设的指导思想。

全会提出了加强党的执政能力建设的七项具体任务：

一是坚持用邓小平理论和"三个代表"重要思想武装全党，不断提高马克思主义理论水平。重点抓好领导干部的理论和业务学习，带动全党的学习，努力建设学习型政党。

二是深化干部人事制度改革，建设一支善于治国理政的高素质干部队伍。全会重申了党的干部队伍建设的原则、方针，提出继续推行和完善各项干部制度，完善党内选举制度，改进候选人提名方式，适当扩大差额推荐和差额选举的范围和比例。

三是按照政治坚定、求真务实、开拓创新、勤政廉政、团结协调的要求，把各级领导班子建设成为坚强的领导集体。全会对领导班子建设作了全面规定，并根据实际情况提出了新的改革思路：减少地方党委副书记职数，实行常委分工负责，充分发挥集体领导作用。逐步加大党委、人大、政府、政协之间的干部交流。优化人大、政协领导班子结构，逐步减少人大、政协领导职数。

四是加强和改进党的基层组织建设，使党的基层组织真正成为贯彻"三个代表"重要思想的组织者、推动者、实践者。全会对不同行业不同类型的基层党组织的作用作了不同规定，要求根据基层党组织建设面临的新情况新问题，调整组织设置，改进工作方式，创新活动内容，扩大覆盖面，增强凝聚力，使基层党组织紧密联系群众、充分发挥作用。

五是坚持和健全民主集中制，增强党的团结和活力。全会对发展党内民主作了一系列重要规定：认真贯彻党员权利保障条例；建立和完善党内情况通报制度、情况反映制度、重大决策征求意见制度；逐步推进党务公开，增强党组织工作的透明度；营造党内不同意见平等讨论的环境；建立健全常委会向全委会负责、报告工作和接受监督的制度；建立党的代表大会代表提案制度，积极探索党的代表大会闭会期间发挥代表作用的途径和形式；逐步扩大基层党组织领导班子成员直接选举的范围；等等。

六是大兴求真务实之风，保持党同人民群众的血肉联系。

七是加强党风廉政建设，深入开展反腐败斗争。各级党委要把党风廉政建设和反腐败斗争作为提高党的执政能力、巩固党的执政地位的一项重大政治任务抓紧抓实。坚持标本兼治、综合治理，惩防并举、注重预防，抓紧建立健全与社会主义市场经济体制相适应的教育、制度、监督并重的惩治和预防腐败体系。认真落实党风廉政建设责任制。

胡锦涛在全会上发表讲话，特别强调了全党要不断认识和把握共产党执政规律、社会主义建设规律、人类社会发展规律，提出了坚持科学执政、民主执政、依法执政的重大命题。[①] 这次全会以后，党的理论界对坚持科学执政、民主执政、依法执政进行了大量的调研工作，这些研究的成果，集中体现在2006年6月29日下午召开的中共十六届中央政治局第三十二次集体学习中，胡锦涛作了重要讲话。

2004年11月7日，中共中央发出《关于在全党开展以实践"三个代表"重要思想为主要内容的保持共产党员先进性教育活动的意见》，随后在全党开展了保持共产党员先进性教育活动。

科学发展观与党的建设科学化

2007年10月，中国共产党第十七次全国代表大会在北京召开。胡锦涛在政治报告中提出，要以改革创新精神全面推进党的建设新的伟大工程。

在思想理论建设方面，提出深入学习贯彻中国特色社会主义理论体系，着力用马克思主义中国化最新成果武装全党。指出思想理论建设是党的根本建设，党的理论创新引领各方面创新。要求全党按照建设学习型政党的要求，紧密结合改革开放和现代化建设的生动实践，深入学习马克思列宁主义、毛泽东思想、邓小平理论和"三个代表"重要思想，开展深入学习实践科学发展观活动，坚持用发展的马克思主义指导客观世界和主观世界的改造，进一步把握共产党执政规律、社会主义建设规律、人类社会发展

---

① 参见《胡锦涛文选》第2卷，人民出版社2016年版，第243页。

规律，提高运用科学理论分析和解决实际问题能力。同时要求加强党员、干部的理想信念教育和思想道德建设。

在执政能力建设方面，强调着力建设高素质领导班子，把提高领导水平和执政能力作为各级领导班子建设的核心内容抓紧抓好。要按照科学执政、民主执政、依法执政的要求，改进领导班子思想作风，提高领导干部执政本领，改善领导方式和执政方式，健全领导体制，完善地方党委领导班子配备改革后的工作机制，把各级领导班子建设成为坚定贯彻党的理论和路线方针政策、善于领导科学发展的坚强领导集体。

在党内民主建设方面，强调党内民主是增强党的创新活力、巩固党的团结统一的重要保证。要以扩大党内民主带动人民民主，以增进党内和谐促进社会和谐。尊重党员主体地位，保障党员民主权利，推进党务公开，营造党内民主讨论环境。完善党的代表大会制度，实行党的代表大会代表任期制，选择一些县（市、区）试行党代表大会常任制。完善党的地方各级全委会、常委会工作机制，发挥全委会对重大问题的决策作用。严格实行民主集中制，健全集体领导与个人分工负责相结合的制度，反对和防止个人或少数人专断。推行地方党委讨论决定重大问题和任用重要干部票决制。建立健全中央政治局向中央委员会全体会议、地方各级党委常委会向委员会全体会议定期报告工作并接受监督的制度。改革党内选举制度，改进候选人提名制度和选举方式。推广基层党组织领导班子成员由党员和群众公开推荐与上级党组织推荐相结合的办法，逐步扩大基层党组织领导班子直接选举范围，探索扩大党内基层民主多种实现形式。

在干部人事制度方面，指出要不断深化干部人事制度改革，着力造就高素质干部队伍和人才队伍。强调坚持党管干部原则，坚持民主、公开、竞争、择优，形成干部选拔任用科学机制。规范干部任用提名制度，完善体现科学发展观和正确政绩观要求的干部考核评价体系，完善公开选拔、竞争上岗、差额选举办法。扩大干部工作民主，增强民主推荐、民主测评的科学性和真实性。加强干部选拔任用工作全过程监督。健全领导干部职务任期、回避、交流制度，完善公务员制度。健全干部双重管理体制。推进国有企业和事业单位人事制度改革，完善适合国有企业特点的领导人员管理办法。报告还特别强调应格外关注长期在条件艰苦、工作困难地方努力工作的干部,注意从基层和生产一线选拔优秀干部充实各级党政领导机关。

在党的先进性建设方面,强调全面巩固和发展先进性教育活动成果,着力加强基层党的建设。报告指出,要扎实抓好党员队伍建设这一基础工程,坚持不懈地提高党员素质。认真学习和遵守党章,增强党员意识,建立党员党性定期分析制度,拓宽党员服务群众渠道,构建党员联系和服务群众工作体系,健全让党员经常受教育、永葆先进性长效机制,使党员真正成为牢记宗旨、心系群众的先进分子。加强和改进流动党员管理,加强进城务工人员中党的工作,建立健全城乡一体党员动态管理机制。提高发展党员质量,优化党员队伍结构,及时处置不合格党员。要落实党建工作责任制,全面推进农村、企业、城市社区和机关、学校、新社会组织等的基层党组织建设,优化组织设置,扩大组织覆盖,创新活动方式,充分发挥基层党组织推动发展、服务群众、凝聚人心、促进和谐的作用。以党的基层组织建设带动其他各类基层组织建设。建立健全城乡党的基层组织互帮互助机制。建立健全党内激励、关怀、帮扶机制等。

在党的作风建设和反腐倡廉方面,强调坚持全心全意为人民服务,坚持群众路线,真诚倾听群众呼声,真实反映群众愿望,真情关心群众疾苦,多为群众办好事、办实事,做到权为民所用、情为民所系、利为民所谋。以求真务实作风推进各项工作,多干打基础、利长远的事。加强调查研究,改进学风和文风,精简会议和文件,反对形式主义、官僚主义,反对弄虚作假。需要特别指出的是,党的十七大把反腐倡廉建设作为党的建设重要内容与思想建设、组织建设、作风建设、制度建设并列,强调把反腐倡廉建设摆在更加突出位置,坚持标本兼治、综合治理、惩防并举、注重预防的方针,扎实推进惩治和预防腐败体系建设,更加注重治本,更加注重预防,更加注重制度建设,拓展从源头上防治腐败工作领域。党的十七大强调坚持深化改革和创新体制,加强廉政文化建设,形成拒腐防变教育长效机制、反腐倡廉制度体系、权力运行监控机制。[①]

党的十七大为进一步加强马克思主义执政党建设提供了基本指导思想、发展规划和工作部署,带来了新的局面。

---

① 参见《胡锦涛文选》第2卷,人民出版社2016年版,第652—657页。

百年大党：走向最强大政党

2009年9月，党的十七届四中全会在北京召开。全会审议通过了《中共中央关于加强和改进新形势下党的建设若干重大问题的决定》。全会总结了我们党作为马克思主义执政党加强自身建设的基本经验，即坚持把思想理论建设放在首位，提高全党马克思主义水平；坚持把推进党的建设伟大工程同推进党领导的伟大事业紧密结合起来，保证党始终成为社会主义事业的坚强领导核心；坚持以执政能力建设和先进性建设为主线，保证党始终走在时代前列；坚持立党为公、执政为民，保持党同人民群众的血肉联系；坚持改革创新，增强党的生机活力；坚持党要管党、从严治党，提高管党治党水平。

党的十七届四中全会对当前和今后一个时期加强和改进党的建设作出部署。对于党的思想理论建设，党中央强调，要建设马克思主义学习型政党，提高全党思想政治水平，必须按照科学理论武装、具有世界眼光、善于把握规律、富有创新精神的要求，把建设马克思主义学习型政党作为重大而紧迫的战略任务抓紧抓好。要推进马克思主义中国化、时代化、大众化，用中国特色社会主义理论体系武装全党，开展社会主义核心价值体系学习教育，建设学习型党组织。

对于党内政治生活和制度建设，强调党内民主是党的生命，集中统一是党的力量保证。要以加强党内基层民主建设为基础，切实推进党内民主，广泛凝聚全党意愿和主张，充分发挥各级党组织和广大党员的积极性、主动性、创造性。坚持以党内民主带动人民民主，以党的坚强团结保证全国各族人民的大团结。要坚持和完善党的领导制度，保障党员主体地位和民主权利，完善党代表大会制度和党内选举制度，完善党内民主决策机制，维护党的集中统一。

对于干部队伍建设，全会重申坚持民主、公开、竞争、择优原则，提高选人用人公信度，形成充满活力的选人用人机制，促进优秀人才脱颖而出。特别强调要坚持德才兼备、以德为先用人标准，完善干部选拔任用机制，提高领导班子和领导干部推动科学发展、促进社会和谐的能力，培养造就大批优秀年轻干部，健全干部管理机制。

对基层组织建设，要求必须坚持围绕中心、服务大局、拓宽领域、强化功能，进一步巩固和加强党的基层组织，着力扩大覆盖面、增强生机活力，使党的基层组织充分发挥推动发展、服务群众、凝聚人心、促进和谐的作用，使广大党员牢记宗旨、心系群众。要扩大基层党组织的覆盖面，推进基层党组织工作创新，增强党员队伍生机活力，建设高素质基层党组织带头人队伍，构建城乡统筹的基层党建新格局。

对于党的作风建设，强调以优良党风促政风带民风，形成凝聚党心民心的强大力量。要大兴密切联系群众之风，大兴求真务实之风，大兴艰苦奋斗之风，大兴批评和自我批评之风，以坚强党性保证党的作风建设。

对于廉政建设和反腐败，强调必须充分认识反腐败斗争的长期性、复杂性、艰巨性，把反腐倡廉建设放在更加突出的位置，坚持标本兼治、综合治理、惩防并举、注重预防的方针，严格执行党风廉政建设责任制，在坚决惩治腐败的同时加大教育、监督、改革、制度创新力度，更有效地预防腐败，不断取得反腐败斗争新成效。要加强廉洁从政教育和领导干部廉洁自律，加大查办违纪违法案件工作力度，健全权力运行制约和监督机制，推进反腐倡廉制度创新。

党的十七届四中全会提出，努力在以科学理论指导党的建设、以科学制度保障党的建设、以科学方法推进党的建设上见到成效，不断提高党的建设的科学化水平，对于中国化马克思主义执政党建设具有重要的指导意义。

就像中国特色社会主义建设规律的探索需要有一个长的历史过程一样，中国马克思主义执政党建设规律的探索和把握也需要时间的沉淀和检验，而遵循并自觉按照规律办事也需要时间，而且需要诸多条件保证，特别是党的领导的制度条件保证。在这个风雨兼程的求索和开拓实践中，如果党的领导体制由于种种原因，不能保证党做到坚强有力的集中统一领导，无法保证党的领导的政治优势得到彰显和发挥，在我国独特的政党制度背景下，党的建设的优势就不可能得到充分的发挥，甚至会出现由党的领导的"宽松软"而导致党的建设的"宽松软"，导致党想做到而无法充分做到政治过硬、本领高强，那将会对党的建设和中国特色社会主义建设造成不利影响。放在历史的长河中考量，也许从"文化大革命"结束以后放弃运动治党模式而毅然决然走向制度治党的那一刻起，我们党就必须准备好继续进行自我革命，才能越来越靠近中国马克思主义执政党建设的真理，才能越来越形成对马克思主义执政党建设规律的自觉。

第八章

新时代中国特色社会主义的新境界

党的十八大以来，中国共产党人紧密围绕"新时代坚持和发展什么样的中国特色社会主义、怎样坚持和发展中国特色社会主义"这样一个时代重大课题，进行了大刀阔斧的理论和实践创新，从坚持和发展中国特色社会主义的全局出发，立论定向，科学运筹，周密擘画，谋篇布局，提出一系列新理念新思想新战略，出台一系列重大方针政策，开辟了中国特色社会主义新境界，推动中国特色社会主义进入了新时代，逐步形成了习近平新时代中国特色社会主义思想。

一、中国特色社会主义进入新时代

开启新时代的历史帷幕

以习近平同志为核心的党中央带领全党和全国人民开辟中国特色社会主义新时代的主要标志，一是义无反顾、坚定不移地高举中国特色社会主义旗帜，昭告继续更好地坚持和发展中国特色社会主义；二是及时向全党、全国人民和全世界提出实现中华民族伟大复兴的中国梦；三是继续高擎改革的鲜明旗帜，把改革推向了全面改革时代，并对全面深化改革作出总体部署；四是提出通过全面依法治国加快建设法治国家；五是坚持总体国家安全观，走中国特色国家安全道路；六是鲜明提出建设生态文明；七是明确提出党在新形势下的强军目标；八是拉开了全面从严治党的帷幕。

党的十八大精神的主题主线就是坚持和发展中国特色社会主义。坚持和发展中国特色社会主义，既是当代中国共产党人的历史使命，更是新一届中央领导集体治国理政的历史使命。习近平把坚持和发展中国特色社会主义比喻为需要一代又一代的中国共产党人接续书写的"一篇大文章"，强调"我们这一代共产党人的任务,就是继续把这篇大文章写下去"①。党的十八大闭幕后,习近平就强调"新一届中央领导集体的首要政治任务,就是全面贯彻落实党的十八大精神,为实现党的十八大确定的目标任务而努力奋斗"②;"坚持和发展中国特色社会主义是贯穿党的十八大报告的一条主线"③,要"紧紧围绕坚持和发展中国特色社会主义学习宣传贯彻党的十八大精神"④,并从五个方面来具体阐明如何继续坚持和发展好中国特色社会主义。

一是深刻领会中国特色社会主义是党和人民长期实践取得的根本成就。全面建成小康社会、加快推进社会主义现代化、实现中华民族伟大复兴,必须始终高举中国特色社会主义伟大旗帜,坚定不移坚持和发展中国特色社会主义。

二是深刻领会中国特色社会主义是由道路、理论体系、制度三位一体构成的。党的十八大阐明了中国特色社会主义道路、中国特色社会主义理论体系、中国特色社会主义制度的科学内涵及其相互联系,强调中国特色社会主义道路是实现途径,中国特色社会主义理论体系是行动指南,中国特色社会主义制度是根本保障,三者统一于中国特色社会主义伟大实践。这是中国特色社会主义的最鲜明特色。这个概括告诉我们:中国特色社会主义是实践、理论、制度紧密结合的,既把成功的实践上升为理论,又以正确的理论指导新的实践,还把实践中已见成效的方针政策及时上升为党和国家的制度。所以中国特色社会主义特就特在其道路、理论体系、制度上,特就特在其实现途径、行动指南、根本保障的内在联系上,特就特在这三者统一于中国特色社会主义伟大实践上。在当代中国,坚持和发展中国特色社会主义,就是真正坚持社会主义。

三是深刻领会建设中国特色社会主义的总依据、总布局、总任务。党的十八大强调,建设中国特色社会主义,总依据是社会主义初级阶段,总

---

① 中共中央文献研究室编:《十八大以来重要文献选编》(上),中央文献出版社2014年版,第114页。
② 习近平:《全面贯彻落实党的十八大精神要突出抓好六个方面工作》,《求是》2013年第1期。
③ 中共中央文献研究室编:《十八大以来重要文献选编》(上),中央文献出版社2014年版,第72页。
④ 中共中央文献研究室编:《十八大以来重要文献选编》(上),中央文献出版社2014年版,第73页。

布局是"五位一体",总任务是实现社会主义现代化和中华民族伟大复兴。

四是深刻领会夺取中国特色社会主义新胜利的基本要求。党的十八大提出了在新的历史条件下夺取中国特色社会主义新胜利必须牢牢把握的基本要求。这些基本要求是根据党的基本理论、基本路线、基本纲领、基本经验,深刻总结60多年来我国社会主义建设特别是中国特色社会主义建设实践提出的,是最本质的东西,是体现共产党执政规律、社会主义建设规律、人类社会发展规律的东西,表明我们党对中国特色社会主义规律的认识达到了新水平。

五是深刻领会确保党始终成为中国特色社会主义事业的坚强领导核心。党的十八大强调,我们党担负着团结带领人民全面建成小康社会、推进社会主义现代化、实现中华民族伟大复兴的重任。党坚强有力、党同人民保持血肉联系,国家就繁荣稳定,人民就幸福安康。形势的发展、事业的开拓、人民的期待,都要求我们以改革创新精神全面推进党的建设新的伟大工程,全面提高党的建设科学化水平。治国必先治党,治党务必从严。不仅深刻阐明了党的十八大精神的主题和要义,而且为习近平新时代中国特色社会主义思想的形成发展确立了鲜明的主题。

2012年11月29日,习近平在参观《复兴之路》展览时,首次把实现中华民族伟大复兴称为"中国梦"。他指出:"中国梦是一种形象的表达,是一个最大公约数,是一种为群众易于接受的表述,核心内涵是中华民族伟大复兴。"① 因为实现中华民族伟大复兴是近代以来中国人民最伟大的梦想,所以我们将其称为"中国梦"。"中国梦凝结着无数仁人志士的不懈努力,承载着全体中华儿女的共同向往,昭示着国家富强、民族振兴、人民幸福的美好前景"②;"这个梦想,凝聚了几代中国人的夙愿,体现了中华民族和中国人民的整体利益,是每一个中华儿女的共同期盼"③。这些阐述无疑都是就"中华民族伟大复兴"这个"核心内涵"而言的。以"中华民族伟大复兴"为"核心内涵"的"中国梦"具有极为丰富的内涵,其"基本内

---

① 中共中央文献研究室:《习近平关于实现中华民族伟大复兴的中国梦论述摘编》,中央文献出版社2013年版,第10页。
② 中共中央文献研究室编:《十八大以来重要文献选编》(上),中央文献出版社2014年版,第277页。
③ 中共中央文献研究室编:《十八大以来重要文献选编》(上),中央文献出版社2014年版,第84页。

涵"及"本质"就是"实现国家富强、民族振兴、人民幸福"①;其具体内涵则是多方面的,与中国特色社会主义事业总体布局和发展中国特色社会主义总体目标即建成富强民主文明和谐美丽的社会主义现代化强国应该是一致的。在习近平有关重要论述中,作为奋斗目标的"中国梦"与党的十八大提出的"两个一百年"奋斗目标是一致的。习近平明确指出:"我们的奋斗目标是,到2020年国内生产总值和城乡居民人均收入在2010年的基础上翻一番,全面建成小康社会;到本世纪中叶建成富强民主文明和谐的社会主义现代化国家,实现中华民族伟大复兴的中国梦。"②此后,习近平又在多个重要场合发表重要讲话,对中国梦的本质内涵、实现道路、精神动力、依靠力量等作了系统阐释,提出了一系列重要思想理论观点,深刻阐明了什么是中华民族伟大复兴的中国梦、在新的历史条件下如何实现中华民族伟大复兴的中国梦,并把实现中华民族伟大复兴的中国梦与党的十八大确立的"两个一百年"奋斗目标统一了起来,既明确了我们在新的历史条件下坚持和发展中国特色社会主义的奋斗目标,也为习近平新时代中国特色社会主义思想的形成和发展确立了明确的愿景追求。

2012年11月15日,习近平在党的十八届一中全会上的讲话中就明确提出了这样两个论断:"中国特色社会主义之所以具有蓬勃生命力,就在于是实行改革开放的社会主义";"中国特色社会主义在改革开放中产生,也必将在改革开放中发展壮大"。③2012年12月7日至11日,习近平在广东考察时又明确指出:"实践证明,改革开放是当代中国发展进步的活力之源,是我们党和人民大踏步赶上时代前进步伐的重要法宝,是坚持和发展中国特色社会主义的必由之路。""改革开放是决定当代中国命运的关键一招,也是决定实现'两个一百年'奋斗目标、实现中华民族伟大复兴的关键一招。"④针对"现在我国改革已经进入攻坚期和深水区",既要"冲破思想观念的障碍",又要"突破利益固化的藩篱"的实际,2013年11月9日,习近平在党的十八届三中全会上进一步强调指出:"面对未来,要破解

---

① 中共中央文献研究室编:《十八大以来重要文献选编》(上),中央文献出版社2014年版,第234页。
② 《习近平谈治国理政》第1卷,外文出版社2018年版,第332页。
③ 习近平:《全面贯彻落实党的十八大精神要突出抓好六个方面工作》,《求是》2013年第1期。
④ 习近平:《增强改革的系统性整体性协同性 做到改革不停顿开放不止步》,《人民日报》2012年12月12日。

发展面临的各种难题，化解来自各方面的风险和挑战，更好发挥中国特色社会主义制度优势，推动经济社会持续健康发展，除了深化改革开放，别无他途。"① 总之，中国特色社会主义是在改革开放中开创和发展的，在新的历史起点上，以习近平同志为核心的党中央义无反顾地把改革开放推向了全面深化改革新阶段，从而为继续坚持和发展好中国特色社会主义提供了根本动力。

党的十八届三中全会后，习近平担任中央全面深化改革领导小组组长，对改革的顶层设计、整体布局、重大问题、关键环节作出一系列精细的重要指示，在实践中进一步丰富和发展了中国改革的认识论和方法论，逐步形成并确立了习近平关于全面深化改革的重要思想。习近平关于全面深化改革的思想理念，明确了新的历史条件下全面深化改革的关键地位和重要作用，提出了改革开放是决定当代中国命运的关键一招，也是决定实现"两个一百年"奋斗目标、实现中华民族伟大复兴的关键一招的著名论断；坚定了全面深化改革的方向和道路，提出我们的改革是在中国特色社会主义道路上不断前进的改革，既不走封闭僵化的老路，也不走改旗易帜的邪路；确立了全面深化改革的总目标和价值取向，提出要完善和发展中国特色社会主义制度，推进国家治理体系和治理能力现代化，以促进社会公平正义、增进人民福祉为改革出发点和落脚点；谋划了全面深化改革的科学路径和有效方法，形成了改革开放以来最为丰富、全面、系统、管用、高效的改革方法论；厘清了改革发展稳定等重大关系，把抓改革落实同落实"四个全面"战略布局、落实新发展理念结合起来，同抓经济发展、社会稳定、民生改善、党的建设等工作结合起来，用改革带动和推动各项工作。习近平关于全面深化改革的重要思想，为以后全面推进新时代惊心动魄的一系列重大改革提供了及时而重要的遵循，产生了巨大而深刻的影响。

习近平明确提出，通过坚持法治国家、法治政府、法治社会一体建设，建设法治国家；坚持总体国家安全观，走中国特色国家安全道路；鲜明提出建设生态文明，为子孙后代留下天蓝、地绿、水清的生产生活环境；明确提出党在新形势下的强军目标，强调要"建设一支听党指挥、能打胜仗、

---

① 《习近平谈治国理政》第 1 卷，外文出版社 2018 年版，第 86 页。

作风优良的人民军队"①；以密切党群关系、推进反腐倡廉建设为主体，拉开了全面从严治党的帷幕等等，为在新的历史起点上加快推进国防和军队现代化提供了目标方向和根本遵循。正是这一系列重要理论观点，标志着习近平新时代中国特色社会主义思想开始形成，更标志着中国特色社会主义正式进入了新时代。

"四个全面"战略布局的提出

党的十八大明确提出了"全面推进依法治国"的战略任务，进一步确认"法治是治国理政的基本方式"，要"完善中国特色社会主义法律体系"，②同时将"依法治国基本方略全面落实"等有关内容作为新的要求纳入"全面建成小康社会"的目标。党的十八大以来，以习近平同志为核心的党中央从坚持和发展中国特色社会主义全局出发，把依法治国提到更加突出的位置，致力于全面落实依法治国基本方略，进一步加快了建设社会主义法治国家的步伐。2012年12月4日，习近平在首都各界纪念现行宪法公布施行30周年大会上发表重要讲话，深刻阐明了我国宪法与中国特色社会主义的关系，强调要保证宪法全面有效实施。他明确指出："我国宪法以国家根本法的形式，确立了中国特色社会主义道路、中国特色社会主义理论体系、中国特色社会主义制度的发展成果，反映了我国各族人民的共同意志和根本利益，成为历史新时期党和国家的中心工作、基本原则、重大方针、重要政策在国家法制上的最高体现"，"是我们国家和人民经受住各种困难和风险考验、始终沿着中国特色社会主义道路前进的根本法制保证"。③因此，我们要全面推进依法治国，加快建设社会主义法治国家，"必须全面贯彻实施宪法"。此后，习近平又多次就全面推进依法治国、加快建设社会主义法治国家发表讲话，强调必须"全面推进科学立法、严格执法、公正司法、全民守法，坚持依法治国、依法执政、依法行政共同推进，坚持法治国家、法治政府、法治社会一体建设，不断开创依法治国新

---

① 《习近平谈治国理政》第1卷，外文出版社2018年版，第220页。
② 中共中央文献研究室编：《十八大以来重要文献选编》（上），中央文献出版社2014年版，第21页。
③ 习近平：《在首都各界纪念现行宪法公布施行30周年大会上的讲话》，《人民日报》2012年12月5日。

局面"①。

全面依法治国是中国特色社会主义的本质要求，是坚持和发展中国特色社会主义的基本方略和法治保障。2014年10月，党的十八届四中全会以全面推进依法治国为主题，审议并通过了《中共中央关于全面推进依法治国若干重大问题的决定》，深刻阐明了全面推进依法治国的重要意义，明确提出了全面推进依法治国的指导思想、总体目标、根本原则、重大任务和具体举措，精心绘就了法治中国蓝图，为全面推进依法治国、加快建设社会主义法治国家指明了目标方向，提供了基本遵循，作出了顶层设计，进行了全面布局，落实了重要安排，再次体现了以习近平同志为核心的党中央雷厉风行、言出必行、马上就办、办就办好、真抓实干、一抓到底、抓出实效的工作作风。

党的十八届四中全会强调，法律是治国之重器，法治是国家治理体系和治理能力的重要依托。全面推进依法治国是完善和发展中国特色社会主义制度、推进国家治理体系和治理能力现代化的重要方面，事关我们党执政兴国，事关人民幸福安康，事关党和国家长治久安。我们要实现党的十八大和十八届三中全会作出的一系列战略部署，全面建成小康社会，实现中华民族伟大复兴的中国梦，全面深化改革、完善和发展中国特色社会主义制度，提高党的执政能力和执政水平、推进国家治理体系和治理能力现代化，就必须全面推进依法治国。为此，必须紧紧围绕"建设中国特色社会主义法治体系，建设社会主义法治国家"这个总目标，"完善以宪法为核心的中国特色社会主义法律体系，加强宪法实施"，"深入推进依法行政，加快建设法治政府"，"保证公正司法，提高司法公信力"，"增强全民法治观念，推进法治社会建设"，"加强法治工作队伍建设"，"加强和改进党对全面推进依法治国的领导"。②全面推进依法治国，就是要通过落实这些基本任务，为在新的历史起点上坚持和发展中国特色社会主义，实现全面建成小康社会的奋斗目标并进而实现建设富强民主文明和谐美丽的社会主义现代化强国的奋斗目标，实现中华民族伟大复兴的中国梦，提供有力的法治保障。

---

① 习近平：《依法治国依法执政依法行政 共同推进法治国家法治政府法治社会一体建设》，《人民日报》2013年2月25日。
② 《中共中央关于全面推进依法治国若干重大问题的决定》，《人民日报》2014年10月29日。

同样，就全面依法治国与坚持和发展中国特色社会主义的关系来说，除了全面依法治国对坚持和发展中国特色社会主义具有重要作用这一面之外，还应有坚持和发展中国特色社会主义对全面依法治国的规定性的一面。其中，特别重要的是全面依法治国必须坚持中国共产党领导，坚持中国特色社会主义制度，贯彻中国特色社会主义法治理论，也就是必须坚持走中国特色社会主义法治道路。这是因为，我们全面推进依法治国所要建设的法治中国是社会主义法治国家，中国共产党的领导是中国特色社会主义最本质的特征，是社会主义法治最根本的保证，也是全面推进依法治国的坚强领导核心和根本政治保证；我们所要建设的中国特色社会主义法治体系本质上是中国特色社会主义制度的法律表现形式，中国特色社会主义制度是中国特色社会主义法治体系的根本制度基础，也是全面推进依法治国的根本制度保障；我们所要贯彻的中国特色社会主义法治理论本质上是中国特色社会主义理论体系在法治问题上的理论成果，中国特色社会主义理论体系是包括中国特色社会主义法治体系在内的整个中国特色社会主义体系的理论指导和学理支撑，当然也是全面推进依法治国的行动指南。由上述三个方面所决定，中国特色社会主义法治道路本质上是中国特色社会主义道路在法治领域的具体体现，中国特色社会主义道路是中国特色社会主义法治道路的根本政治基础，也是全面推进依法治国的根本依据和重要遵循，规定和确保了全面依法治国、建设法治中国的制度属性和前进方向。

从党的十八大明确提出和确立全面建成小康社会的奋斗目标，到党的十八届三中全会和四中全会分别对全面深化改革和全面依法治国作出顶层设计和系统部署，一个以实现全面建成小康社会为战略目标的战略布局已经初步形成。在此基础上，2014年10月，习近平在党的群众路线教育实践活动总结大会上又明确提出"全面推进从严治党"[1]。2014年12月，习近平在江苏考察调研时强调指出，要"主动把握和积极适应经济发展新常态，协调推进全面建成小康社会、全面深化改革、全面依法治国、全面从严治党，推动改革开放和社会主义现代化建设迈上新台阶"[2]，标志着"四个全面"战

---

[1] 中共中央文献研究室编：《十八大以来重要文献选编》（中），中央文献出版社2016年版，第85页。
[2] 中共中央文献研究室编：《习近平关于协调推进"四个全面"战略布局论述摘编》，中央文献出版社2015年版，第12页。

略布局的正式提出和形成。从提出和形成的根据来看,"四个全面"战略布局是从我国发展现实需要中得出来的,是从人民群众的热切期待中得出来的,也是为推动解决我们面临的突出矛盾和问题提出来的,总之是从坚持和发展中国特色社会主义全局出发提出来的。其出发点就是适应我国发展现实需要、回应人民群众的热切期待、推动解决我们面临的突出矛盾和问题,更好地坚持和发展中国特色社会主义。此后,习近平在省部级主要领导干部学习贯彻十八届四中全会精神全面推进依法治国专题研讨班开班式上的讲话中对"四个全面"作了深刻阐述,标志着"四个全面"战略布局的正式形成和确立。"四个全面"战略布局作为我们党在新形势下治国理政的总方略与事关党和国家长远发展的总战略,无论是在中国特色社会主义事业的布局中,还是在习近平新时代中国特色社会主义思想中,都具有重要地位和作用。

"四个全面"战略布局,是对中国共产党治国理政经验的科学总结及对治国理政方略的系统整合和集成创新,是对在新时代如何坚持和发展中国特色社会主义的战略谋划。"四个全面"战略布局既有战略目标,又有战略举措,"四个全面"之间具有内在统一的关系。2020年以前,全面建成小康社会作为"四个全面"战略布局中的战略目标,是"两个一百年"奋斗目标中的第一个百年奋斗目标;2020年10月,党的十九届五中全会召开,对"四个全面"战略布局的内涵进行了新的阐释,即全面建设社会主义现代化国家、全面深化改革、全面依法治国、全面从严治党,这是基于"全面建成小康社会"目标实现的现实作出的新表述。"四个全面"统一于中国共产党治国理政的伟大实践,统一于实现"两个一百年"奋斗目标和中华民族伟大复兴中国梦的伟大实践,统一于新时代坚持和发展中国特色社会主义的伟大实践,是新时代坚持和发展中国特色社会主义、实现"两个一百年"奋斗目标和中华民族伟大复兴中国梦的战略布局。所以习近平强调"四个全面"战略布局"是我们党在新形势下治国理政的总方略,是事关党和国家长远发展的总战略"[①]。

---

① 习近平:《准确把握和抓好我国发展战略重点 扎实把"十三五"发展蓝图变为现实》,《人民日报》2016年1月31日。

二、"五位一体"总体布局与新发展理念

经济发展新常态与"五位一体"总体布局

中国特色社会主义进入新时代，中华民族伟大复兴进入新时代，都需要中国共产党人登高望远、继往开来，对中国特色社会主义伟大事业的发展作出前瞻性的顶层设计，对中国共产党作为马克思主义执政党如何治国理政作出全面系统的安排，否则就无法承载我们党一党执政长期执政的历史责任，也无法顺利完成自己承担的历史使命。以习近平同志为核心的党中央及时回应了中国新时代发展的这一时代呼唤。

2012年12月初，习近平在广东考察时指出："所谓顶层设计，就是要对经济体制、政治体制、文化体制、社会体制、生态体制作出统筹设计，加强对各项改革关联性的研判，努力做到全局和局部相配套、治本和治标相结合、渐进和突破相促进。"[①]党的十八大正式把生态文明建设纳入中国特色社会主义建设的总体布局，使这一布局从"四位一体"又推进到了"五位一体"，这是对社会主义建设规律认识的又一次深化，它不仅丰富了我们党对建设中国特色社会主义总体布局的认识，而且丰富了对社会主义现代化总目标、总任务的认识。党的十八大之后，习近平多次强调，建设中国特色社会主义，总布局是"五位一体"。在党的十八届五中全会第二次全体会议上，习近平进一步指出"全面小康，覆盖的领域要全面，是五位一体全面进步"，强调"要在坚持以经济建设为中心的同时，全面推进经济建设、政治建设、文化建设、社会建设、生态文明建设，促进现代化建设各个环节、各个方面协调发展，不能长的很长、短的很短"，[②]并将"五位一体"总体布局与"四个全面"战略布局相提并论。未来中国，全面建成的小康社会不仅是一个经济目标，更是一个经济、政治、文化、社会、生态全面协调发展的目标；不仅是衡量一个国家富强、民主、文明、和谐、美丽的目标，更是衡量人民生活水平、生活质量的目标；全面建成的小康社会是一个囊括全地域、全群体、全方位的小康，是要让发展的成果惠及

---

① 中共中央文献研究室编：《习近平关于全面深化改革论述摘编》，中央文献出版社2014年版，第32页。
② 习近平：《在党的十八届五中全会第二次全体会议上的讲话（节选）》，《求是》2016年第1期。

所有领域、地域和群体。

对于新时代如何继续建设好社会主义市场经济，习近平指出，解放和发展社会生产力是中国特色社会主义的根本任务，所以必须坚持以经济建设为中心。尽管我国经济总量已跃居世界第二位，但人均国内生产总值同世界平均水平相比还有不小差距，实现富民强国还有很长的路要走。当前我国经济发展已经进入新常态，"经济发展呈现速度变化、结构优化、动力转换三大特点"。"认识新常态、适应新常态、引领新常态，是当前和今后一个时期我国经济发展的大逻辑。"① 要深刻认识我国经济发展新特点新要求，着力解决制约经济持续健康发展的重大问题。他特别强调，推进供给侧结构性改革，是适应国际金融危机发生后综合国力竞争新形势的主动选择，是适应我国经济发展新常态的必然要求。实施创新驱动发展战略，是立足全局、面向未来的重大战略，是加快转变经济发展方式、破解经济发展深层次矛盾和问题、增强经济发展内生动力和活力的根本措施。

对于新时代建设社会主义民主政治，习近平提出了人民民主是社会主义生命的重要论断。他指出："人民当家作主是社会主义民主政治的本质和核心。人民民主是社会主义的生命。没有民主就没有社会主义，就没有社会主义的现代化，就没有中华民族伟大复兴。"② 改革开放以来，中国共产党团结带领人民成功开辟和坚持了中国特色社会主义政治发展道路，为实现最广泛的人民民主确立了正确方向。"坚持中国特色社会主义政治发展道路，关键是要坚持党的领导、人民当家作主、依法治国有机统一，以保证人民当家作主为根本，以增强党和国家活力、调动人民积极性为目标，扩大社会主义民主，发展社会主义政治文明。"③ "要不断推进社会主义民主政治制度化、规范化、程序化，更好发挥中国特色社会主义政治制度的优越性，为党和国家兴旺发达、长治久安提供更加完善的制度保障。"④

对于建设社会主义先进文化，习近平提出了建设社会主义文化强国、提高国家文化软实力的重大战略任务。他强调："提高国家文化软实力，关

---

① 中共中央文献研究室编：《习近平关于协调推进"四个全面"战略布局论述摘编》，中央文献出版社 2015 年版，第 46 页。
② 习近平：《在庆祝全国人民代表大会成立 60 周年大会上的讲话》，《人民日报》2014 年 9 月 6 日。
③ 中共中央文献研究室编：《十八大以来重要文献选编》（上），中央文献出版社 2014 年版，第 88—89 页。
④ 习近平：《在庆祝全国人民代表大会成立 60 周年大会上的讲话》，《人民日报》2014 年 9 月 6 日。

系'两个一百年'奋斗目标和中华民族伟大复兴中国梦的实现。"①马克思主义是我们立党立国的根本指导思想，要加强思想理论建设，坚持不断推进马克思主义中国化、时代化和大众化，坚持用马克思列宁主义、毛泽东思想和中国特色社会主义理论体系武装全党、教育人民，巩固马克思主义在意识形态领域的指导地位，巩固全党全国人民团结奋斗的共同思想基础。"核心价值观是文化软实力的灵魂、文化软实力建设的重点"，要"把培育和弘扬社会主义核心价值观作为凝魂聚气、强基固本的基础工程，继承和发扬中华优秀传统文化和传统美德，广泛开展社会主义核心价值观宣传教育，积极引导人们讲道德、尊道德、守道德，追求高尚的道德理想，不断夯实中国特色社会主义的思想道德基础"。②

哲学社会科学是人们认识世界、改造世界的重要工具，是推动历史发展和社会进步的重要力量，在坚持和发展中国特色社会主义的实践和理论探索中具有不可替代的重要地位和重要作用。"按照立足中国、借鉴国外，挖掘历史、把握当代，关怀人类、面向未来的思路"，着力构建"在指导思想、学科体系、学术体系、话语体系等方面充分体现中国特色、中国风格、中国气派"的"中国特色哲学社会科学"。③习近平满怀深情地反复强调中华文化和中华精神的历史传承和发扬光大问题，指出，中华文化源远流长，积淀着中华民族最深层的精神追求，代表着中华民族独特的精神标识，为中华民族生生不息、发展壮大提供了丰厚滋养，"要努力从中华民族世世代代形成和积累的优秀传统文化中汲取营养和智慧，延续文化基因，萃取思想精华，展现精神魅力"，"推进中华优秀传统文化创造性转化和创新性发展"，④使之与现实文化相融相通，共同服务以文化人、以文育人的时代任务。社会主义先进文化决定着中国特色社会主义文化的发展方向，要深化文化体制改革，弘扬社会主义先进文化，推动文化事业全面繁荣、文化产业快速发展，增强全民族文化创造活力，增强文化整体实力和竞争力，朝着建设社会主义文化强国的目标不断前进。

对于建设社会主义和谐社会，习近平指出，在新的历史条件下推进社

---

① 《习近平谈治国理政》第1卷，外文出版社2018年版，第160页。
② 《习近平谈治国理政》第1卷，外文出版社2018年版，第163页。
③ 习近平：《在哲学社会科学工作座谈会上的讲话》，《人民日报》2016年5月19日。
④ 《习近平在中共中央政治局第二十九次集体学习时强调 大力弘扬伟大爱国主义精神 为实现中国梦提供精神支柱》，《光明日报》2015年12月31日。

会主义和谐社会建设,"必须团结一切可以团结的力量,最大限度增加和谐因素,增强社会创造活力,确保人民安居乐业、社会安定有序、国家长治久安"①。为此,"我们要继续加强社会建设,切实推进各项社会事业,加强和创新社会管理,使发展成果更多更公平惠及全体人民,努力形成全体人民各尽其能、各得其所而又和谐相处的局面"②。

习近平特别强调了建设社会主义生态文明。党的十八大明确提出"大力推进生态文明建设""努力建设美丽中国"的战略任务和战略目标,并将其纳入中国特色社会主义事业"五位一体"总体布局,这既标志着中国共产党对中国特色社会主义规律认识的进一步深化,也表明了中国共产党加强生态文明建设的坚定意志和坚强决心。"走向生态文明新时代,建设美丽中国,是实现中华民族伟大复兴的中国梦的重要内容。"③推进生态文明建设,必须"树立尊重自然、顺应自然、保护自然的生态文明理念,坚持节约资源和保护环境的基本国策,坚持节约优先、保护优先、自然恢复为主的方针,着力树立生态观念、完善生态制度、维护生态安全、优化生态环境,形成节约资源和保护环境的空间格局、产业结构、生产方式、生活方式"④。要清醒认识加强生态文明建设的重要性和必要性,清醒认识保护生态环境、治理环境污染的紧迫性和艰巨性,切实把生态文明建设放到现代化建设全局的突出地位,把生态文明理念深刻融入经济建设、政治建设、文化建设、社会建设各方面和全过程,"以对人民群众、对子孙后代高度负责的态度和责任,真正下决心把环境污染治理好、把生态环境建设好,努力走向社会主义生态文明新时代,为人民创造良好生产生活环境"⑤。

五大发展理念

在"五位一体"总体布局基础上,习近平明确提出,新时代要确立"五大发展理念"的重大课题。在党的十八届五中全会上,他强调指出:"发展理念是战略性、纲领性、引领性的东西,是发展思路、发展方向、发

---

① 中共中央文献研究室编:《十八大以来重要文献选编》(上),中央文献出版社 2014 年版,第 79 页。
② 习近平:《全面贯彻落实党的十八大精神要突出抓好六个方面工作》,《求是》2013 年第 1 期。
③ 《习近平谈治国理政》第 1 卷,外文出版社 2018 年版,第 211 页。
④ 《习近平谈治国理政》第 1 卷,外文出版社 2018 年版,第 208—209 页。
⑤ 《习近平谈治国理政》第 1 卷,外文出版社 2018 年版,第 208 页。

展着力点的集中体现。"①明确提出必须牢固树立和践行"创新、协调、绿色、开放、共享"的发展理念。"这五大发展理念不是凭空得来的,是我们在深刻总结国内外发展经验教训的基础上形成的,也是在深刻分析国内外发展大势的基础上形成的,集中反映了我们党对经济社会发展规律认识的深化,也是针对我国发展中的突出矛盾和问题提出来的。"②五大发展理念集中体现了"十三五"乃至更长时期我国的发展思路、发展方向、发展着力点,是管全局、管根本、管长远的导向。习近平强调:"坚持创新发展、协调发展、绿色发展、开放发展、共享发展,是关系我国发展全局的一场深刻变革。"③

习近平指出:"创新是民族进步的灵魂,是一个国家兴旺发达的不竭源泉,也是中华民族最深沉的民族禀赋,正所谓'苟日新,日日新,又日新'。"④创新带来生机,创新产生动力。创新发展注重的是解决发展动力问题。"我国创新能力不强,科技发展水平总体不高,科技对经济社会发展的支撑能力不足,科技对经济增长的贡献率远低于发达国家水平,这是我国这个经济大个头的'阿喀琉斯之踵'。"⑤"把创新作为引领发展的第一动力,把人才作为支撑发展的第一资源,把创新摆在国家发展全局的核心位置,不断推进理论创新、制度创新、科技创新、文化创新等各方面创新,让创新贯穿党和国家一切工作,让创新在全社会蔚然成风。"⑥

习近平强调:"协调发展注重的是解决发展不平衡问题。我国发展不协调是一个长期存在的问题,突出表现在区域、城乡、经济和社会、物质文明和精神文明、经济建设和国防建设等关系上。"⑦我们要"注意调整关系,注重发展的整体效能,否则'木桶'效应就会愈加显现,一系列社会矛盾会不断加深"⑧。

党的十八大以来,习近平高度重视并反复强调,走向生态文明新时

---

① 习近平:《在党的十八届五中全会第二次全体会议上的讲话(节选)》,《求是》2016年第1期。
② 习近平:《在党的十八届五中全会第二次全体会议上的讲话(节选)》,《求是》2016年第1期。
③ 习近平:《在党的十八届五中全会第二次全体会议上的讲话(节选)》,《求是》2016年第1期。
④ 中共中央文献研究室编:《十八大以来重要文献选编》(上),中央文献出版社2014年版,第279页。
⑤ 习近平:《在党的十八届五中全会第二次全体会议上的讲话(节选)》,《求是》2016年第1期。
⑥ 习近平:《在党的十八届五中全会第二次全体会议上的讲话(节选)》,《求是》2016年第1期。
⑦ 习近平:《在党的十八届五中全会第二次全体会议上的讲话(节选)》,《求是》2016年第1期。
⑧ 习近平:《在党的十八届五中全会第二次全体会议上的讲话(节选)》,《求是》2016年第1期。

代，建设美丽中国，是实现中华民族伟大复兴的中国梦的重要内容。倡导绿色发展理念，不仅是因为绿色循环低碳发展"是当今时代科技革命和产业变革的方向，是最有前途的发展领域，我国在这方面的潜力相当大，可以形成很多新的经济增长点"；更重要的是因为"我国资源约束趋紧、环境污染严重、生态系统退化的问题十分严峻，人民群众对清新空气、干净饮水、安全食品、优美环境的要求越来越强烈"。①

对外开放是建设和发展中国特色社会主义的一项基本国策。以开放促改革、促发展，是我国改革发展的成功实践。党的十八大明确提出了"全面深化改革开放"的战略任务，党的十八届三中全会通过了《中共中央关于全面深化改革若干重大问题的决定》，对全面深化改革作出了系统部署。这里的"全面深化改革"也是包含了"开放"的，其中有一部分专门阐述了"构建开放型经济新体制"的问题，强调要"以开放促改革"，"形成全方位开放新格局"。在此基础上，习近平进一步强调要牢固树立"开放发展"理念，"坚持开放发展"，"奉行互利共赢的开放战略，发展更高层次的开放型经济，积极参与全球经济治理和公共产品供给，构建广泛的利益共同体"。②习近平明确指出："现在的问题不是要不要对外开放，而是如何提高对外开放的质量和发展的内外联动性。我国对外开放水平总体上还不够高，用好国际国内两个市场、两种资源的能力还不够强，应对国际经贸摩擦、争取国际经济话语权的能力还比较弱，运用国际经贸规则的本领也不够强，需要加快弥补。为此，我们必须坚持对外开放的基本国策，奉行互利共赢的开放战略，深化人文交流，完善对外开放区域布局、对外贸易布局、投资布局，形成对外开放新体制，发展更高层次的开放型经济，以扩大开放带动创新、推动改革、促进发展。"③

共建共享，是社会建设必须遵循的基本原则，也是经济社会发展的理想状态。中国共产党领导全国各族人民开创和发展中国特色社会主义，就是因为社会主义能够最终实现共同富裕，使人民共享发展的成果，过上幸福美好的生活。在新的历史条件下，习近平进一步明确提出牢固树立共享

---

① 习近平：《在党的十八届五中全会第二次全体会议上的讲话（节选）》，《求是》2016年第1期。
② 习近平：《深化合作伙伴关系　共建亚洲美好家园——在新加坡国立大学的演讲》，《人民日报》2015年11月8日。
③ 习近平：《在党的十八届五中全会第二次全体会议上的讲话（节选）》，《求是》2016年第1期。

发展理念，把共享作为发展的出发点和落脚点，既体现了中国共产党作为中国最广大人民的根本利益忠实代表的性质和全心全意为人民服务的宗旨，也体现了社会主义的本质要求和社会主义制度的优越性，更适应了坚持和发展中国特色社会主义、如期实现全面建成小康社会奋斗目标并进而实现第二个百年目标和中华民族伟大复兴中国梦的客观需要。对此，习近平指出："共享发展注重的是解决社会公平正义问题。"[1] 改革开放以来，我国经济得到突飞猛进的发展，发展的"蛋糕"不断做大，经济总量已经跃居世界第二位，人民生活达到小康水平。但是我们也应该正视，社会分配不公问题仍较突出，收入差距、城乡区域公共服务水平差距也还较大。只有把这些方面的问题解决好了，全体人民推动发展的积极性、主动性、创造性才能被充分调动起来，国家发展也才能具有最深厚的动力。为此，习近平要求全党，必须牢固树立共享发展理念，"坚持发展为了人民、发展依靠人民、发展成果由人民共享，作出更有效的制度安排，使全体人民朝着共同富裕方向稳步前进"[2]。

全面建成小康社会的总体部署

"十三五"时期是全面建成小康社会、实现"两个一百年"奋斗目标的第一个百年奋斗目标的决胜阶段。党的十八届五中全会审议通过了《中共中央关于制定国民经济和社会发展第十三个五年规划的建议》（以下简称《建议》），为夺取全面建成小康社会决胜阶段伟大胜利提供了科学的行动指南。用新发展理念引领发展，是《建议》最大的特色。《建议》提出五大发展理念，不是凭空得来的，而是针对我国发展中的突出矛盾和问题提出来的，是总结中国特色发展实践的重大理论创新。《建议》强调，树立和落实这五大发展理念，是关系我国发展全局的一场深刻变革。特别是为了完成全面建成小康社会的整体部署，对推进全面从严治党作出了顶层设计。强调全面从严治党是协调推进"四个全面"战略布局、实现全面建成小康社会战略目标并进而实现中华民族伟大复兴中国梦的根本政治保证。党的十八大以来，习近平围绕全面从严治党发表了一系列重要讲话，提出了一

---

[1] 习近平：《在党的十八届五中全会第二次全体会议上的讲话（节选）》，《求是》2016年第1期。
[2] 习近平：《在党的十八届五中全会第二次全体会议上的讲话（节选）》，《求是》2016年第1期。

系列重要的新思想新观点新要求。党的十八届六中全会审议通过了《关于新形势下党内政治生活的若干准则》和《中国共产党党内监督条例》,对在新的历史条件下全面推进从严治党作出了顶层设计和全面部署。至此,已完成了"四个全面"战略布局的整体设计,标志着习近平新时代中国特色社会主义思想已经基本形成。

三、"八个明确"与"十四个坚持"

党的十九大明确提出了"习近平新时代中国特色社会主义思想"的科学概念,深刻阐述了习近平新时代中国特色社会主义思想的基本内涵和历史地位,正式将习近平新时代中国特色社会主义思想确立为中国共产党的行动指南,实现了对中国特色社会主义理论和实践的重大创新和发展。这些创新发展集中体现在党的十九大提出的"八个明确"和"十四个坚持"上。

习近平新时代中国特色社会主义思想写入党章

2017年10月,中国共产党第十九次全国代表大会通过了关于《中国共产党章程(修正案)》的决议,将习近平新时代中国特色社会主义思想写入党章。

党的十八大以来,我们党在治国理政、领导推进中国特色社会主义实践中,自觉坚持以我国改革开放和社会主义现代化建设的实际问题、以我们正在做的事情为中心,着眼于马克思主义理论的运用,着眼于对实际问题的理论思考,着眼于新的实践和新的发展,以巨大的理论勇气、强烈的历史担当和非凡的政治智慧,站在历史和时代的高度,科学把握当今世界和当代中国发展大势,从坚持和发展中国特色社会主义全局出发,回答实践新要求,顺应人民新期待,集中全党智慧,大力推进理论创新,创立了习近平新时代中国特色社会主义思想。这一新思想,以坚持和发展中国特色社会主义为主题,在改革发展稳定、内政外交国防、治党治国治军各个方面,提出了一系列紧密联系、相互贯通的新理念新思想新战略,从理论与实践的结合上系统地回答了在新时代坚持和发展什么样的中国特色社会主义、怎样坚持和发展中国特色社会主义这一重大时代课题，是贯通哲学、政治经济学、科学社会主义等领域，涵盖经济、政治、文化、社会、生态、军事、外交、党建等方面比较完备的科学体系。

习近平新时代中国特色社会主义思想的表述，突出了这一理论创新成果的时代主题，即坚持和发展中国特色社会主义，这一理论提出的一系列新理念新思想新战略，都是紧紧围绕这一主题展开的；突出了这一理论创新成果的历史方位，即新时代，这一理论是中国特色社会主义进入新时代的思想结晶，是新时代中国特色社会主义的理论阐述；突出了这一理论创新成果的基本形态，即这一理论是一个科学的、系统的、深刻的思想体系；突出了这一理论创新成果的主体，即是全党集体智慧的结晶，是中国人民意愿的集中代表。习近平对这一理论作出了系统的、全面的、原创性的重大贡献。

这一理论创新成果之所以形成，根本的原因是从理论和实践结合上系统回答了新时代坚持和发展什么样的中国特色社会主义、怎样坚持和发展中国特色社会主义，以及坚持和发展新时代中国特色社会主义需要一个什么样的党、怎样建设这样一个党这一重大时代课题，从而为新时代中国特色社会主义行稳致远提供了根本遵循。

习近平在党的十九大报告中明确指出："十八大以来，国内外形势变化和我国各项事业发展都给我们提出了一个重大时代课题，这就是必须从理论和实践结合上系统回答新时代坚持和发展什么样的中国特色社会主义、怎样坚持和发展中国特色社会主义，包括新时代坚持和发展中国特色社会主义的总目标、总任务、总体布局、战略布局和发展方向、发展方式、发展动力、战略步骤、外部条件、政治保证等基本问题。"① 正是对新时代坚持和发展中国特色社会主义的这些基本问题的回答，明确提出"八个明确"的重大创新观点，在实践层面构成新时代坚持和发展中国特色社会主义的十四条基本方略，构成了习近平新时代中国特色社会主义思想的基本内容。

习近平新时代中国特色社会主义思想，是对马克思列宁主义、毛泽东

---

① 习近平：《决胜全面建成小康社会 夺取新时代中国特色社会主义伟大胜利——在中国共产党第十九次全国代表大会上的报告》，《人民日报》2017年10月28日。

思想、邓小平理论、"三个代表"重要思想、科学发展观的继承和发展，是马克思主义中国化最新成果，是党和人民实践经验和集体智慧的结晶，是中国特色社会主义理论体系的重要组成部分，是全党全国人民为实现中华民族伟大复兴而奋斗的行动指南。《中国共产党章程（修正案）》把习近平新时代中国特色社会主义思想同马克思列宁主义、毛泽东思想、邓小平理论、"三个代表"重要思想、科学发展观一道确立为党的行动指南，实现了党的指导思想的又一次与时俱进，立起了新时代坚持和发展中国特色社会主义的思想旗帜，提供了决胜全面建成小康社会、全面建设社会主义现代化强国的科学指导。

"八个明确"的理论体系

习近平在党的十九大报告中具体阐明了新时代中国特色社会主义思想的"八个明确"，即明确坚持和发展中国特色社会主义的总任务、明确新时代我国社会主要矛盾、明确中国特色社会主义事业总体布局和战略布局、明确全面深化改革总目标、明确全面推进依法治国总目标、明确党在新时代的强军目标、明确中国特色大国外交、明确中国特色社会主义最本质的特征和中国特色社会主义制度的最大优势。这"八个明确"既深刻揭示了习近平新时代中国特色社会主义思想最基本的科学理论价值，又深刻揭示了习近平新时代中国特色社会主义思想最基本的科学理论内涵。

"明确坚持和发展中国特色社会主义，总任务是实现社会主义现代化和中华民族伟大复兴，在全面建成小康社会的基础上，分两步走在本世纪中叶建成富强民主文明和谐美丽的社会主义现代化强国。"① 实现中华民族伟大复兴是近代以来中华民族最伟大的梦想。中国共产党作为中国工人阶级的先锋队及中国人民和中华民族的先锋队，从成立那一天起，不仅把实现共产主义作为自己的最高理想和最终目标，而且义无反顾肩负起实现中华民族伟大复兴的历史使命。正是中国共产党团结带领人民，经过革命、建设和改革，成功地开创了中国特色社会主义，取得了举世瞩目的伟大成就。今天，我们比历史上任何时候都更接近中华民族伟大复兴的目标。中国特

---

① 习近平：《决胜全面建成小康社会 夺取新时代中国特色社会主义伟大胜利——在中国共产党第十九次全国代表大会上的报告》，《人民日报》2017年10月28日。

色社会主义是实现中华民族伟大复兴的必由之路。实现社会主义现代化和中华民族伟大复兴，是建设中国特色社会主义的总目标、总任务，也是新时代坚持和发展中国特色社会主义的总目标、总任务。根据邓小平提出的我国社会主义现代化建设"三步走"发展战略，我们已经在20世纪末实现了前两步的发展目标。进入21世纪，中国共产党在谋划实施第三步发展战略时，又明确提出了"两个一百年"奋斗目标，即到中国共产党成立100年时全面建成小康社会，到新中国成立100年时建成富强民主文明和谐的社会主义现代化国家。进入新时代，第一个百年奋斗目标即将如期实现，以习近平同志为核心的党中央又对实现第二个百年奋斗目标作出了新的"两个阶段"的战略安排，即第一个阶段，从2020年到2035年，基本实现社会主义现代化；第二个阶段，从2035年到本世纪中叶，把我国建成富强民主文明和谐美丽的社会主义现代化强国。这是一个比原来设定的发展目标（包括"三步走"发展战略的第三步发展目标和"两个一百年"奋斗目标的第二个百年目标）更高的发展目标。

在全面建成小康社会的基础上，分两步走，在21世纪中叶建成富强民主文明和谐美丽的社会主义现代化强国，这就是新时代坚持和发展中国特色社会主义的总目标、总任务。这一总目标、总任务，在习近平新时代中国特色社会主义思想中具有特别重要的地位，习近平新时代中国特色社会主义思想的其他很多内容都是紧紧围绕着如何实现这一总目标、总任务而延伸和展开的。

"明确新时代我国社会主要矛盾是人民日益增长的美好生活需要和不平衡不充分的发展之间的矛盾，必须坚持以人民为中心的发展思想，不断促进人的全面发展、全体人民共同富裕。"[①] 中国特色社会主义是科学社会主义理论逻辑和中国社会发展历史逻辑的辩证统一，是适合中国国情、植根中国大地、符合中国特点、反映中国人民意愿、顺应时代发展要求的科学社会主义。无论是开创中国特色社会主义，还是在新的历史条件下坚持和发展中国特色社会主义，都必须正确认识我国社会发展的历史方位，准确把握当前我国社会的主要矛盾，并据以提出新的思想理论观点、确定合理的

---

① 习近平：《决胜全面建成小康社会 夺取新时代中国特色社会主义伟大胜利——在中国共产党第十九次全国代表大会上的报告》，《人民日报》2017年10月28日。

目标任务、作出科学的战略部署。习近平在党的十九大报告中根据我国社会主义初级阶段不断变化的特点和经济社会发展的状况,作出了密切相关的两个重大论断,一个是"经过长期努力,中国特色社会主义进入了新时代,这是我国发展新的历史方位";另一个是"中国特色社会主义进入新时代,我国社会主要矛盾已经转化为人民日益增长的美好生活需要和不平衡不充分的发展之间的矛盾"。①

新的历史方位、新的主要矛盾,都是关系全局的,从根本上决定了新的历史使命、新的目标任务、新的发展思路和新的工作着力点。因为中国特色社会主义进入了新时代,所以习近平在党的十九大报告中强调了新的历史使命,提出了新的目标任务,作出了新的战略部署;因为新时代我国社会主要矛盾是人民日益增长的美好生活需要和不平衡不充分的发展之间的矛盾,所以习近平在党的十九大报告中强调必须坚持以人民为中心的发展思想,不断促进人的全面发展、全体人民共同富裕。可以说,这两个重大判断,既是党的十九大报告立论的重要基础,也是我们党今后相当长一个时期想问题、作决策、谋发展的重要依据,同时也是习近平新时代中国特色社会主义思想的重要基石。

"明确中国特色社会主义事业总体布局是'五位一体'、战略布局是'四个全面',强调坚定道路自信、理论自信、制度自信、文化自信。"②在中国特色社会主义新时代,立足我国发展新的历史方位,面对我国社会主要矛盾的转化,要实现全面建成社会主义现代化强国和中华民族伟大复兴这一坚持和发展中国特色社会主义的总目标、总任务,就必须根据中国特色社会主义的发展规律和实现奋斗目标的客观需要,确立和坚持科学合理的总体布局和战略布局,全面而有力地推进新时代中国特色社会主义各项事业。统筹推进经济、政治、文化、社会和生态文明建设"五位一体"总体布局,反映了中国特色社会主义全面协调可持续发展的规律,适应了决胜全面建成小康社会、开启全面建设社会主义现代化国家新征程、夺取新时代中国特色社会主义伟大胜利、实现中华民族伟大复兴中国梦的客观需

---

① 习近平:《决胜全面建成小康社会 夺取新时代中国特色社会主义伟大胜利——在中国共产党第十九次全国代表大会上的报告》,《人民日报》2017年10月28日。
② 习近平:《决胜全面建成小康社会 夺取新时代中国特色社会主义伟大胜利——在中国共产党第十九次全国代表大会上的报告》,《人民日报》2017年10月28日。

要,是在新时代坚持和发展中国特色社会主义必须牢牢把握的总体布局。所以习近平反复强调要坚持"五位一体"总体布局、统筹推进"五位一体"总体布局。只有坚持这个总体布局,才能"促进社会主义现代化建设各方面相协调,促进生产关系与生产力、上层建筑与经济基础相协调"①;才能全面提升我国的"物质文明、政治文明、精神文明、社会文明、生态文明","把我国建成富强民主文明和谐美丽的社会主义现代化强国"。②

"五位一体"总体布局和"四个全面"战略布局,是新时代坚持和发展中国特色社会主义的科学布局,集中体现了中国特色社会主义道路、中国特色社会主义理论体系、中国特色社会主义制度、中国特色社会主义文化的基本要求。因而,要在中国特色社会主义新时代坚持"五位一体"总体布局和"四个全面"战略布局,就必须进一步坚定道路自信、理论自信、制度自信、文化自信。我们在新时代所要坚持和发展的中国特色社会主义,就是坚持统筹推进"五位一体"总体布局和协调推进"四个全面"战略布局的中国特色社会主义,就是坚定道路自信、理论自信、制度自信、文化自信的中国特色社会主义。

"明确全面深化改革总目标是完善和发展中国特色社会主义制度、推进国家治理体系和治理能力现代化。"③改革是社会主义的应有之义,更是中国特色社会主义的客观要求。改革是当代中国最鲜明的特色,是决定当代中国命运的关键抉择,是党和人民事业大踏步赶上时代的重要法宝。中国特色社会主义是在改革开放新时期开创和发展起来的,改革开放是坚持和发展中国特色社会主义的必由之路。在中国特色社会主义新时代,面对各种新情况新矛盾新问题,我们要不断推进中国特色社会主义制度自我完善和发展,进一步解放和发展社会生产力,进一步解放和增强社会活力,就必须全面深化改革。如何全面深化改革?朝着哪个方向和什么样的目标全面深化改革?这不仅关系改革的成败,更关系中国特色社会主义的前途命运。习近平明确指出:"改革必须坚持正确方向,既不走封闭僵化的老路、也不

---

① 习近平:《紧紧围绕坚持和发展中国特色社会主义 学习宣传贯彻党的十八大精神》,《人民日报》2012年11月19日。
② 习近平:《决胜全面建成小康社会 夺取新时代中国特色社会主义伟大胜利——在中国共产党第十九次全国代表大会上的报告》,《人民日报》2017年10月28日。
③ 习近平:《决胜全面建成小康社会 夺取新时代中国特色社会主义伟大胜利——在中国共产党第十九次全国代表大会上的报告》,《人民日报》2017年10月28日。

走改旗易帜的邪路。我们要把完善和发展中国特色社会主义制度、推进国家治理体系和治理能力现代化作为全面深化改革的总目标,勇于推进理论创新、实践创新、制度创新以及其他各方面创新,让制度更加成熟定型,让发展更有质量,让治理更有水平,让人民更有获得感。"①

实现这一总目标,要紧紧围绕使市场在资源配置中起决定性作用深化经济体制改革,紧紧围绕坚持党的领导、人民当家作主、依法治国有机统一深化政治体制改革,紧紧围绕建设社会主义核心价值体系、社会主义文化强国深化文化体制改革,紧紧围绕更好保障和改善民生、促进社会公平正义深化社会体制改革,紧紧围绕建设美丽中国深化生态文明体制改革,紧紧围绕提高科学执政、民主执政、依法执政水平深化党的建设制度改革,等等。通过全面深化改革,为在新时代坚持和发展中国特色社会主义,实现"两个一百年"奋斗目标和中华民族伟大复兴的中国梦提供不竭的动力。我们在新时代所要全面深化的改革,就是以完善和发展中国特色社会主义制度、推进国家治理体系和治理能力现代化为总目标的改革;我们所要坚持和发展的中国特色社会主义,就是坚持推进以完善和发展中国特色社会主义制度、推进国家治理体系和治理能力现代化为总目标全面深化改革的中国特色社会主义。

"明确全面推进依法治国总目标是建设中国特色社会主义法治体系、建设社会主义法治国家。"②全面推进依法治国,是中国共产党从坚持和发展中国特色社会主义出发、为更好治国理政提出的重大战略任务,是深刻总结我国社会主义法治建设成功经验和深刻教训作出的重大抉择,更是着眼于实现"两个一百年"奋斗目标和中华民族伟大复兴的中国梦、实现国家长治久安的长远考虑。全面推进依法治国,必须坚持中国共产党的领导、人民当家作主、依法治国有机统一,坚定不移走中国特色社会主义法治道路,坚决维护宪法法律权威,依法维护人民权益、维护社会公平正义、维护国家安全稳定。"全面推进依法治国,总目标是建设中国特色社会主义法治体系,建设社会主义法治国家。"③具体地说就是,在中国共产党领导下,坚持

---

① 习近平:《在庆祝中国共产党成立 95 周年大会上的讲话》,《人民日报》2016 年 7 月 2 日。
② 习近平:《决胜全面建成小康社会 夺取新时代中国特色社会主义伟大胜利——在中国共产党第十九次全国代表大会上的报告》,《人民日报》2017 年 10 月 28 日。
③ 中共中央文献研究室编:《十八大以来重要文献选编》(中),中央文献出版社 2016 年版,第 157 页。

中国特色社会主义制度，贯彻中国特色社会主义法治理论，形成完备的法律规范体系、高效的法治实施体系、严密的法治监督体系、有力的法治保障体系，形成完善的党内法规体系，坚持依法治国、依法执政、依法行政共同推进，坚持法治国家、法治政府、法治社会一体建设，实现科学立法、严格执法、公正司法、全民守法，促进国家治理体系和治理能力现代化。

习近平明确指出："提出这个总目标，既明确了全面推进依法治国的性质和方向，又突出了全面推进依法治国的工作重点和总抓手。"[①] 通过全面推进依法治国，为在新时代坚持和发展中国特色社会主义，实现"两个一百年"奋斗目标和中华民族伟大复兴的中国梦提供有力的法治保障。我们在新时代所要全面推进的依法治国，就是以建设中国特色社会主义法治体系、建设社会主义法治国家为总目标的依法治国；我们所要坚持和发展的中国特色社会主义，就是坚持推进以建设中国特色社会主义法治体系、建设社会主义法治国家为总目标全面推进依法治国的中国特色社会主义。

"明确党在新时代的强军目标是建设一支听党指挥、能打胜仗、作风优良的人民军队，把人民军队建设成为世界一流军队。"[②] 在新时代坚持和发展中国特色社会主义，实现"两个一百年"奋斗目标和中华民族伟大复兴的中国梦，不仅要全面推进社会主义经济、政治、文化、社会和生态文明建设，而且还必须加强国防和军队建设。富国和强军都是建设社会主义现代化强国的战略任务，都是坚持和发展中国特色社会主义、实现"两个一百年"奋斗目标和中华民族伟大复兴的重要基石。习近平明确指出："建设一支听党指挥、能打胜仗、作风优良的人民军队，是党在新形势下的强军目标。"[③] 其中，听党指挥是灵魂，决定军队建设的政治方向；能打胜仗是核心，反映军队的根本职能和军队建设的根本指向；作风优良是保证，关系军队的性质、宗旨、本色。全军要准确把握这一强军目标，用以统领军队建设、改革和军事斗争准备，努力把国防和军队建设提高到一个新水平。

为此，要铸牢听党指挥这个强军之魂，坚持党对军队绝对领导的根本原则和人民军队的根本宗旨不动摇，确保部队绝对忠诚、绝对纯洁、绝对

---

① 中共中央文献研究室编：《十八大以来重要文献选编》(中)，中央文献出版社2016年版，第147页。
② 习近平：《决胜全面建成小康社会 夺取新时代中国特色社会主义伟大胜利——在中国共产党第十九次全国代表大会上的报告》，《人民日报》2017年10月28日。
③ 《习近平谈治国理政》第1卷，外文出版社2018年版，第220页。

可靠，一切行动听从党中央和中央军委指挥；要扭住能打仗、打胜仗这个强军之要，坚持用打仗的标准推进军事斗争准备，不断强化官兵当兵打仗、带兵打仗、练兵打仗思想，坚持从实战需要出发从难从严训练部队，坚持以军事斗争准备为龙头带动现代化建设，全面提高部队以打赢信息化条件下局部战争能力为核心的完成多样化军事任务的能力；要夯实依法治军、从严治军这个强军之基，保持人民军队长期形成的良好形象。"力争到二〇三五年基本实现国防和军队现代化，到本世纪中叶把人民军队全面建成世界一流军队。"[1]我们在新时代所要坚持和发展的中国特色社会主义，就是坚持新时代强军目标、努力建设世界一流军队，实现富国和强军相统一的中国特色社会主义。

"明确中国特色大国外交要推动构建新型国际关系，推动构建人类命运共同体。"[2]当今世界是一个不断变革的世界。国际形势的发展变化，既给我们带来了发展机遇，也给我们带来了严峻挑战。面向未来，"实现我们的奋斗目标，必须有和平国际环境"[3]。我们要努力把自己的事情办好，同时也要处理好中国和外部世界的关系，既争取更加有利的外部环境，也努力为世界和平与发展作出更大贡献。为此，"中国将高举和平、发展、合作、共赢的旗帜，恪守维护世界和平、促进共同发展的外交政策宗旨，坚定不移在和平共处五项原则基础上发展同各国的友好合作，推动建设相互尊重、公平正义、合作共赢的新型国际关系"[4]。"要切实运筹好大国关系，构建健康稳定的大国关系框架"；"要切实加强同发展中国家的团结合作，把我国发展与广大发展中国家共同发展紧密联系起来"；"要切实抓好周边外交工作，打造周边命运共同体"；"要切实推进多边外交，推动国际体系和全球治理改革"。[5]同时，要切实加强务实合作，积极推进"一带一路"建设，努力寻求同各方利益的汇合点，通过务实合作促进合作的互利共赢。要推动国际秩序和国际体系朝着更加公正合理的方向发展，推动建设人类命运

---

[1] 习近平：《决胜全面建成小康社会 夺取新时代中国特色社会主义伟大胜利——在中国共产党第十九次全国代表大会上的报告》，《人民日报》2017 年 10 月 28 日。
[2] 习近平：《决胜全面建成小康社会 夺取新时代中国特色社会主义伟大胜利——在中国共产党第十九次全国代表大会上的报告》，《人民日报》2017 年 10 月 28 日。
[3] 《习近平谈治国理政》第 1 卷，外文出版社 2018 年版，第 248 页。
[4] 习近平：《决胜全面建成小康社会 夺取新时代中国特色社会主义伟大胜利——在中国共产党第十九次全国代表大会上的报告》，《人民日报》2017 年 10 月 28 日。
[5] 《中央外事工作会议在京举行 习近平发表重要讲话》，《人民日报》2014 年 11 月 30 日。

共同体，更好造福世界各国人民。我们在新时代所要坚持和发展的中国特色社会主义，就是坚持走和平发展道路、积极推动构建新型国际关系和人类命运共同体的中国特色社会主义。

"明确中国特色社会主义最本质的特征是中国共产党领导，中国特色社会主义制度的最大优势是中国共产党领导，党是最高政治领导力量，提出新时代党的建设总要求，突出政治建设在党的建设中的重要地位。"[①] 中国特色社会主义与中国共产党是不可分割地联系在一起的，这不仅是因为中国共产党是中国特色社会主义的开创者，更因为中国共产党是中国特色社会主义事业的领导者，而且是坚强领导核心。没有共产党，就没有新中国，更不会有今天蓬勃发展的中国特色社会主义伟大事业。在当今的中国，没有大于中国共产党的政治力量或其他什么力量。"党政军民学，东西南北中，党是领导一切的，是最高的政治领导力量。"[②] 中国共产党是执政党，党的领导是做好党和国家各项工作的根本保证，是维护我国政治稳定、经济发展、民族团结、社会和谐的根本保证，也是发展中国特色社会主义的根本保证。坚持和完善党的领导，是党和国家的根本所在、命脉所在，是全国各族人民的利益所在、幸福所在。

党的十八大以来，以习近平同志为核心的党中央把对民族的责任、对人民的责任、对党的责任，落实到使党始终成为坚强领导核心上。在新时代条件下，党要团结带领人民进行伟大斗争、推进伟大事业、实现伟大梦想，必须毫不动摇坚持和完善党的领导，毫不动摇推进党的建设新的伟大工程，把党建设得更加坚强有力。全面从严治党，核心是加强党的领导。"党的政治建设是党的根本性建设，决定党的建设方向和效果。保证全党服从中央，坚持党中央权威和集中统一领导，是党的政治建设的首要任务。"[③] 我们在新时代所要坚持和发展的中国特色社会主义，就是以党的领导为最本质的特征和最大制度优势，而且是党的建设不断加强和改进、党的领导不断加强和完善的中国特色社会主义。

---

① 习近平：《决胜全面建成小康社会 夺取新时代中国特色社会主义伟大胜利——在中国共产党第十九次全国代表大会上的报告》，《人民日报》2017 年 10 月 28 日。
② 中共中央文献研究室编：《习近平关于社会主义政治建设论述摘编》，中央文献出版社 2017 年版，第 30 页。
③ 习近平：《决胜全面建成小康社会 夺取新时代中国特色社会主义伟大胜利——在中国共产党第十九次全国代表大会上的报告》，《人民日报》2017 年 10 月 28 日。

习近平新时代中国特色社会主义思想所"明确"的八个方面，从根本上回答了在新时代坚持和发展什么样的中国特色社会主义的问题，同时也在一定意义上回答了在新时代怎样坚持和发展中国特色社会主义的问题，构成了习近平新时代中国特色社会主义思想最基本的内涵。这里之所以强调是"最基本的"，是因为习近平新时代中国特色社会主义思想所具有的科学理论内涵和科学理论价值远不止这八个方面，这八个方面只能说是最基本的内容。

"十四个坚持"基本方略

习近平在党的十九大报告中，在深刻阐述新时代中国特色社会主义思想的基本内涵时，还系统地提出和阐述了新时代坚持和发展中国特色社会主义必须坚持的基本方略，即"十四个坚持"。

一是坚持党对一切工作的领导。党政军民学，东西南北中，党是领导一切的。必须增强政治意识、大局意识、核心意识、看齐意识，自觉维护党中央权威和集中统一领导，自觉在思想上政治上行动上同党中央保持高度一致，完善坚持党的领导的体制机制，坚持稳中求进工作总基调，统筹推进"五位一体"总体布局，协调推进"四个全面"战略布局，提高党把方向、谋大局、定政策、促改革的能力和定力，确保党始终总揽全局、协调各方。

二是坚持以人民为中心。人民是历史的创造者，是决定党和国家前途命运的根本力量。必须坚持人民主体地位，坚持立党为公、执政为民，践行全心全意为人民服务的根本宗旨，把党的群众路线贯彻到治国理政全部活动之中，把人民对美好生活的向往作为奋斗目标，依靠人民创造历史伟业。

三是坚持全面深化改革。只有社会主义才能救中国，只有改革开放才能发展中国、发展社会主义、发展马克思主义。必须坚持和完善中国特色社会主义制度，不断推进国家治理体系和治理能力现代化，坚决破除一切不合时宜的思想观念和体制机制弊端，突破利益固化的藩篱，吸收人类文明有益成果，构建系统完备、科学规范、运行有效的制度体系，充分发挥我国社会主义制度优越性。

四是坚持新发展理念。发展是解决我国一切问题的基础和关键，发展必须是科学发展，必须坚定不移贯彻创新、协调、绿色、开放、共享的发展理念。必须坚持和完善我国社会主义基本经济制度和分配制度，毫不动摇巩固和发展公有制经济，毫不动摇鼓励、支持、引导非公有制经济发展，使市场在资源配置中起决定性作用，更好发挥政府作用，推动新型工业化、信息化、城镇化、农业现代化同步发展，主动参与和推动经济全球化进程，发展更高层次的开放型经济，不断壮大我国经济实力和综合国力。

五是坚持人民当家作主。坚持党的领导、人民当家作主、依法治国有机统一是社会主义政治发展的必然要求。必须坚持中国特色社会主义政治发展道路，坚持和完善人民代表大会制度、中国共产党领导的多党合作和政治协商制度、民族区域自治制度、基层群众自治制度，巩固和发展最广泛的爱国统一战线，发展社会主义协商民主，健全民主制度，丰富民主形式，拓宽民主渠道，保证人民当家作主落实到国家政治生活和社会生活之中。

六是坚持全面依法治国。全面依法治国是中国特色社会主义的本质要求和重要保障。必须把党的领导贯彻落实到依法治国全过程和各方面，坚定不移走中国特色社会主义法治道路，完善以宪法为核心的中国特色社会主义法律体系，建设中国特色社会主义法治体系，建设社会主义法治国家，发展中国特色社会主义法治理论，坚持依法治国、依法执政、依法行政共同推进，坚持法治国家、法治政府、法治社会一体建设，坚持依法治国和以德治国相结合，依法治国和依规治党有机统一，深化司法体制改革，提高全民族法治素养和道德素质。

七是坚持社会主义核心价值体系。文化自信是一个国家、一个民族发展中更基本、更深沉、更持久的力量。必须坚持马克思主义，牢固树立共产主义远大理想和中国特色社会主义共同理想，培育和践行社会主义核心价值观，不断增强意识形态领域主导权和话语权，推动中华优秀传统文化创造性转化、创新性发展，继承革命文化，发展社会主义先进文化，不忘本来、吸收外来、面向未来，更好构筑中国精神、中国价值、中国力量，为人民提供精神指引。

八是坚持在发展中保障和改善民生。增进民生福祉是发展的根本目的。必须多谋民生之利、多解民生之忧，在发展中补齐民生短板、促进社会公平正义，在幼有所育、学有所教、劳有所得、病有所医、老有所养、住有所居、弱有所扶上不断取得新进展，深入开展脱贫攻坚，保证全体人民在共建共享发展中有更多获得感,不断促进人的全面发展、全体人民共同富裕。建设平安中国,加强和创新社会治理,维护社会和谐稳定,确保国家长治久安、人民安居乐业。

九是坚持人与自然和谐共生。建设生态文明是中华民族永续发展的千年大计。必须树立和践行绿水青山就是金山银山的理念,坚持节约资源和保护环境的基本国策,像对待生命一样对待生态环境,统筹山水林田湖草系统治理,实行最严格的生态环境保护制度,形成绿色发展方式和生活方式,坚定走生产发展、生活富裕、生态良好的文明发展道路,建设美丽中国,为人民创造良好生产生活环境,为全球生态安全作出贡献。

十是坚持总体国家安全观。统筹发展和安全,增强忧患意识,做到居安思危,是我们党治国理政的一个重大原则。必须坚持国家利益至上,以人民安全为宗旨,以政治安全为根本,统筹外部安全和内部安全、国土安全和国民安全、传统安全和非传统安全、自身安全和共同安全,完善国家安全制度体系,加强国家安全能力建设,坚决维护国家主权、安全、发展利益。

十一是坚持党对人民军队的绝对领导。建设一支听党指挥、能打胜仗、作风优良的人民军队,是实现"两个一百年"奋斗目标、实现中华民族伟大复兴的战略支撑。必须全面贯彻党领导人民军队的一系列根本原则和制度,确立新时代党的强军思想在国防和军队建设中的指导地位,坚持政治建军、改革强军、科技兴军、依法治军,更加注重聚焦实战,更加注重创新驱动,更加注重体系建设,更加注重集约高效,更加注重军民融合,实现党在新时代的强军目标。

十二是坚持"一国两制"和推进祖国统一。保持香港、澳门长期繁荣稳定,实现祖国完全统一,是实现中华民族伟大复兴的必然要求。必须把维护中央对香港、澳门特别行政区全面管治权和保障特别行政区高度自治权有机结合起来,确保"一国两制"方针不会变、不动摇,确保"一国两制"实践不变形、不走样。必须坚持一个中国原则,坚持"九二共识",推动两岸关系和平发展,深化两岸经济合作和文化往来,推动两岸同胞共同反对一切分裂国家的活动,共同为实现中华民族伟大复兴而奋斗。

十三是坚持推动构建人类命运共同体。中国人民的梦想同各国人民的梦想息息相通,实现中国梦离不开和平的国际环境和稳定的国际秩序。必须统筹国内国际两个大局,始终不渝走和平发展道路、奉行互利共赢的开放战略,坚持正确义利观,树立共同、综合、合作、可持续的新安全观,谋求开放创新、包容互惠的发展前景,促进和而不同、兼收并蓄的文明交流,构筑尊崇自然、绿色发展的生态体系,始终做世界和平的建设者、全球发展的贡献者、国际秩序的维护者。

十四是坚持全面从严治党。勇于自我革命,从严管党治党,是我们党最鲜明的品格。必须以党章为根本遵循,把党的政治建设摆在首位,思想建党和制度治党同向发力,统筹推进党的各项建设,抓住"关键少数",坚持"三严三实",坚持民主集中制,严肃党内政治生活,严明党的纪律,强化党内监督,发展积极健康的党内政治文化,全面净化党内政治生态,坚决纠正各种不正之风,以零容忍态度惩治腐败,不断增强党自我净化、自我完善、自我革新、自我提高的能力,始终保持党同人民群众的血肉联系。①

习近平在系统阐述这"十四个坚持"后明确指出:"以上十四条,构成新时代坚持和发展中国特色社会主义的基本方略。"②习近平提出和阐述的"十四个坚持"的基本方略,既是理论性的,又是实践性的,同时还具有很强的统领性、全局性、原则性,对在新时代坚持和发展中国特色社会主义既具有普遍的指导意义,也具有很强的现实针对性。从理论溯源上看,新时代坚持和发展中国特色社会主义的基本方略,是对党的十五大提出的"党在社会主义初级阶段的基本纲领"、党的十六大提出的"党领导人民建设中国特色社会主义必须坚持的基本经验"和党的十八大提出的"夺取中国特色社会主义新胜利必须牢牢把握的基本要求"的系统归纳、科学概括和创新发展。从根本上说,这"十四个坚持"的基本方略是对中国革命、建设和改革的基本经验,特别是党的十八大以来推进改革开放和社会主义现代化建设新的实践经验的科学概括、系统总结和提炼升华,既是在新时代坚持和发展中国特色社会主义必须坚持的基本方略,也是习近平新时代中国特色社会主义思想的重要内容。

---

① 习近平:《决胜全面建成小康社会 夺取新时代中国特色社会主义伟大胜利——在中国共产党第十九次全国代表大会上的报告》,《人民日报》2017年10月28日。
② 习近平:《决胜全面建成小康社会 夺取新时代中国特色社会主义伟大胜利——在中国共产党第十九次全国代表大会上的报告》,《人民日报》2017年10月28日。

四、实现国家治理体系和治理能力现代化

党的十九大以来,在习近平新时代中国特色社会主义思想指引下,中国共产党人高擎全面深化改革的旗帜,义无反顾地向改革的制高点——党和国家机构改革攻坚,中国特色社会主义在进一步深化改革中释放出极大的内生动力,国家治理体系和治理能力现代化建设蓝图得以绘就,中国特色社会主义的制度优势日益释放出巨大的制度效能。

深化党和国家机构改革:打响改革攻坚战

历届三中全会,是一座一座中国改革的里程碑。

1978年12月,党的十一届三中全会,吹响了中国改革开放的集结号,拉开了中国特色社会主义新时期的历史大幕。

2013年11月,党的十八届三中全会,再次吹响了全面深化改革的冲锋号,拉开了改革开放以来最艰巨的改革攻坚战的帷幕。

2018年2月,党的十九届三中全会,距离中国改革开放大幕拉开的1978年,正好是40年,新时代的改革攻坚战开始主攻制高点,全会审议通过了《中共中央关于深化党和国家机构改革的决定》和《深化党和国家机构改革方案》。

深化党和国家机构改革是推进国家治理体系和治理能力现代化的一场深刻变革。党和国家机构职能体系是中国特色社会主义制度的重要组成部分,是我们党治国理政的重要保障。新中国成立后,在我们党领导下,我国确立了社会主义基本制度,逐步建立起具有我国特点的党和国家机构职能体系。在社会主义建设和改革开放过程中,我们党积极推进党和国家机构改革,各方面机构职能不断优化、逐步规范。党的十八大以来,以习近平同志为核心的党中央紧紧围绕完善和发展中国特色社会主义制度、推进国家治理体系和治理能力现代化这个总目标全面深化改革,加强党的领导,坚持问题导向,突出重点领域,深化党和国家机构改革,在一些重要领域和关键环节取得重大进展,为党和国家事业取得历史性成就、发生历史性变革提供了有力保障。

面对新时代新任务提出的新要求,党和国家机构设置和职能配置同统

筹推进"五位一体"总体布局、协调推进"四个全面"战略布局的要求还不完全适应，同实现国家治理体系和治理能力现代化的要求还不完全适应。全党必须统一思想、坚定信心、抓住机遇，在全面深化改革进程中，下决心解决党和国家机构职能体系中存在的障碍和弊端，加快推进国家治理体系和治理能力现代化，更好发挥我国社会主义制度优越性。

深化党和国家机构改革的指导思想是，全面贯彻党的十九大精神，坚持以马克思列宁主义、毛泽东思想、邓小平理论、"三个代表"重要思想、科学发展观、习近平新时代中国特色社会主义思想为指导，适应新时代中国特色社会主义发展要求，坚持稳中求进工作总基调，坚持正确改革方向，坚持以人民为中心，坚持全面依法治国，以加强党的全面领导为统领，以国家治理体系和治理能力现代化为导向，以推进党和国家机构职能优化协同高效为着力点，改革机构设置，优化职能配置，深化转职能、转方式、转作风，提高效率效能，为决胜全面建成小康社会、开启全面建设社会主义现代化国家新征程、实现中华民族伟大复兴的中国梦提供有力制度保障。深化党和国家机构改革，必须贯彻坚持党的全面领导、坚持以人民为中心、坚持优化协同高效、坚持全面依法治国的原则。

深化党和国家机构改革的目标是，构建系统完备、科学规范、运行高效的党和国家机构职能体系，形成总揽全局、协调各方的党的领导体系，职责明确、依法行政的政府治理体系，中国特色、世界一流的武装力量体系，联系广泛、服务群众的群团工作体系，推动人大、政府、政协、监察机关、审判机关、检察机关、人民团体、企事业单位、社会组织等在党的统一领导下协调行动、增强合力，全面提高国家治理能力和治理水平。既要立足于实现第一个百年奋斗目标，针对突出矛盾，抓重点、补短板、强弱项、防风险，从党和国家机构职能上为决胜全面建成小康社会提供保障；又要着眼于实现第二个百年奋斗目标，注重解决事关长远的体制机制问题，打基础、立支柱、定架构，为形成更加完善的中国特色社会主义制度创造有利条件。

深化党和国家机构改革的首要任务是，完善坚持党的全面领导的制度，加强党对各领域各方面工作领导，确保党的领导全覆盖，确保党的领导更加坚强有力。要建立健全党对重大工作的领导体制机制，强化党的组织在同级组织中的领导地位，更好发挥党的职能部门作用，统筹设置党政机构，推进党的纪律检查体制和国家监察体制改革。

转变政府职能，优化政府机构设置和职能配置，是深化党和国家机构改革的重要任务。要坚决破除制约使市场在资源配置中起决定性作用、更好发挥政府作用的体制机制弊端，围绕推动高质量发展，建设现代化经济体系，调整优化政府机构职能，合理配置宏观管理部门职能，深入推进简政放权，完善市场监管和执法体制，改革自然资源和生态环境管理体制，完善公共服务管理体制，强化事中事后监管，提高行政效率，全面提高政府效能，建设人民满意的服务型政府。

统筹党政军群机构改革，是加强党的集中统一领导、实现机构职能优化协同高效的必然要求。要统筹设置相关机构和配置相近职能，理顺和优化党的部门、国家机关、群团组织、事业单位的职责，完善党政机构布局，深化人大、政协和司法机构改革，深化群团组织改革，推进社会组织改革，加快推进事业单位改革，深化跨军地改革，增强党的领导力，提高政府执行力，激发群团组织和社会组织活力，增强人民军队战斗力，使各类机构有机衔接、相互协调。

治理好我国这样的大国，要理顺中央和地方职责关系，更好发挥中央和地方两个积极性。要统筹优化地方机构设置和职能配置，构建从中央到地方运行顺畅、充满活力、令行禁止的工作体系，中央加强宏观事务管理，地方在保证党中央令行禁止前提下管理好本地区事务，赋予省级及以下机构更多自主权，合理设置和配置各层级机构及其职能，增强地方治理能力，加强基层政权建设，构建简约高效的基层管理体制。

机构编制法定化是深化党和国家机构改革的重要保障。要完善党和国家机构法规制度，依法管理各类组织机构，加快推进机构、职能、权限、程序、责任法定化，全面推行政府部门权责清单制度，规范和约束履职行为，让权力在阳光下运行，强化机构编制管理刚性约束，加大机构编制违纪违法行为查处力度。

深化党和国家机构改革是一个系统工程，各级党委和政府要把思想和行动统一到党中央关于深化党和国家机构改革的决策部署上来，增强"四个意识"，坚定"四个自信"，坚决维护以习近平同志为核心的党中央权威和集中统一领导,把握好改革发展稳定关系,不折不扣抓好党中央决策部署贯彻落实,依法依规保障改革,增强改革的系统性、整体性、协同性,加强党政军群各方面机构改革配合,使各项改革相互促进、相得益彰,形成总体效应。①

全会以后,全党在党中央坚强领导下,在短短一年左右的时间里,统一思想,统一行动,锐意改革,确保完成了深化党和国家机构改革的各项任务,逐步构建了系统完备、科学规范、运行高效的党和国家机构职能体系。

实现国家治理体系和治理能力现代化

如果说党的十九届三中全会是通过改革攻坚为不断提高国家治理体系和治理能力现代化扫清道路,那么 2019 年 10 月召开的十九届四中全会,则是加速搭建中国特色社会主义国家治理体系和治理能力现代化的宏伟大厦。全会审议通过了《中共中央关于坚持和完善中国特色社会主义制度 推进国家治理体系和治理能力现代化若干重大问题的决定》。习近平就《决定(讨论稿)》向全会作了说明。

该决定指出,中国特色社会主义制度是党和人民在长期实践探索中形成的科学制度体系,我国国家治理一切工作和活动都依照中国特色社会主义制度展开,我国国家治理体系和治理能力是中国特色社会主义制度及其执行能力的集中体现。

该决定指出,中国共产党自成立以来,团结带领人民,坚持把马克思主义基本原理同中国具体实际相结合,赢得了中国革命胜利,并深刻总结国内外正反两方面经验,不断探索实践,不断改革创新,建立和完善社会主义制度,形成和发展党的领导和经济、政治、文化、社会、生态文明、军事、外事等各方面制度,加强和完善国家治理,取得历史性成就。党的十八大以来,我们党领导人民统筹推进"五位一体"总体布局、协调推进"四个全面"战略布局,推动中国特色社会主义制度更加完善、国家治理体系和治理能力现代化水平明显提高,为政治稳定、经济发展、文化繁

---

① 参见《中国共产党第十九届中央委员会第三次全体会议公报》,《人民日报》2018 年 3 月 1 日。

荣、民族团结、人民幸福、社会安宁、国家统一提供了有力保障。实践证明，中国特色社会主义制度和国家治理体系是以马克思主义为指导、植根中国大地、具有深厚中华文化根基、深得人民拥护的制度和治理体系，是具有强大生命力和巨大优越性的制度和治理体系，是能够持续推动拥有14亿人口大国进步和发展、确保拥有5 000多年文明史的中华民族实现"两个一百年"奋斗目标进而实现伟大复兴的制度和治理体系。

全会总结概括了我国国家制度和国家治理体系的13个显著优势，主要包括：一是坚持党的集中统一领导，坚持党的科学理论，保持政治稳定，确保国家始终沿着社会主义方向前进的显著优势；二是坚持人民当家作主，发展人民民主，密切联系群众，紧紧依靠人民推动国家发展的显著优势；三是坚持全面依法治国，建设社会主义法治国家，切实保障社会公平正义和人民权利的显著优势；四是坚持全国一盘棋，调动各方面积极性，集中力量办大事的显著优势；五是坚持各民族一律平等，铸牢中华民族共同体意识，实现共同团结奋斗、共同繁荣发展的显著优势；六是坚持公有制为主体、多种所有制经济共同发展和按劳分配为主体、多种分配方式并存，把社会主义制度和市场经济有机结合起来，不断解放和发展社会生产力的显著优势；七是坚持共同的理想信念、价值理念、道德观念，弘扬中华优秀传统文化、革命文化、社会主义先进文化，促进全体人民在思想上精神上紧紧团结在一起的显著优势；八是坚持以人民为中心的发展思想，不断保障和改善民生、增进人民福祉，走共同富裕道路的显著优势；九是坚持改革创新、与时俱进，善于自我完善、自我发展，使社会始终充满生机活力的显著优势；十是坚持德才兼备、选贤任能，聚天下英才而用之，培养造就更多更优秀人才的显著优势；十一是坚持党指挥枪，确保人民军队绝对忠诚于党和人民，有力保障国家主权、安全、发展利益的显著优势；十二是坚持"一国两制"，保持香港、澳门长期繁荣稳定，促进祖国和平统一的显著优势；十三是坚持独立自主和对外开放相统一，积极参与全球治理，为构建人类命运共同体不断作出贡献的显著优势。这些显著优势，是我们坚定中国特色社会主义道路自信、理论自信、制度自信、文化自信的基本依据。

全会提出了坚持和完善中国特色社会主义制度、推进国家治理体系和治理能力现代化的指导思想和遵循的原则。要求必须坚持以马克思列宁主义、毛泽东思想、邓小平理论、"三个代表"重要思想、科学发展观、习近平新时代中国特色社会主义思想为指导，增强"四个意识"，坚定"四个自信"，做到"两个维护"，坚持党的领导、人民当家作主、依法治国有机统一，坚持解放思想、实事求是，坚持改革创新，突出坚持和完善支撑中国特色社会主义制度的根本制度、基本制度、重要制度，着力固根基、扬优势、补短板、强弱项，构建系统完备、科学规范、运行有效的制度体系，加强系统治理、依法治理、综合治理、源头治理，把我国制度优势更好转化为国家治理效能，为实现"两个一百年"奋斗目标、实现中华民族伟大复兴的中国梦提供有力保证。

全会提出了坚持和完善中国特色社会主义制度、推进国家治理体系和治理能力现代化的总体目标，即到我们党成立 100 年时，在各方面制度更加成熟更加定型上取得明显成效；到 2035 年，各方面制度更加完善，基本实现国家治理体系和治理能力现代化；到新中国成立 100 年时，全面实现国家治理体系和治理能力现代化，使中国特色社会主义制度更加巩固、优越性充分展现。

全会提出了必须坚持和完善的 13 个制度体系：一是坚持和完善党的领导制度体系，提高党科学执政、民主执政、依法执政水平。必须坚持党政军民学、东西南北中，党是领导一切的，坚决维护党中央权威，健全总揽全局、协调各方的党的领导制度体系，把党的领导落实到国家治理各领域各方面各环节。要建立不忘初心、牢记使命的制度，完善坚定维护党中央权威和集中统一领导的各项制度，健全党的全面领导制度，健全为人民执政、靠人民执政各项制度，健全提高党的执政能力和领导水平制度，完善全面从严治党制度。

二是坚持和完善人民当家作主制度体系，发展社会主义民主政治。必须坚持人民主体地位，坚定不移走中国特色社会主义政治发展道路，确保人民依法通过各种途径和形式管理国家事务，管理经济文化事业，管理社会事务。要坚持和完善人民代表大会制度这一根本政治制度，坚持和完善中国共产党领导的多党合作和政治协商制度，巩固和发展最广泛的爱国统一战线，坚持和完善民族区域自治制度，健全充满活力的基层群众自治制度。

三是坚持和完善中国特色社会主义法治体系，提高党依法治国、依法执政能力。建设中国特色社会主义法治体系、建设社会主义法治国家是坚持和发展中国特色社会主义的内在要求。必须坚定不移走中国特色社会主义法治道路，全面推进依法治国，坚持依法治国、依法执政、依法行政共同推进，坚持法治国家、法治政府、法治社会一体建设。要健全保证宪法全面实施的体制机制，完善立法体制机制，健全社会公平正义法治保障制度，加强对法律实施的监督。

四是坚持和完善中国特色社会主义行政体制，构建职责明确、依法行政的政府治理体系。国家行政管理承担着按照党和国家决策部署推动经济社会发展、管理社会事务、服务人民群众的重大职责。必须坚持一切行政机关为人民服务、对人民负责、受人民监督，创新行政方式，提高行政效能，建设人民满意的服务型政府。要完善国家行政体制，优化政府职责体系，优化政府组织结构，健全充分发挥中央和地方两个积极性体制机制。

五是坚持和完善社会主义基本经济制度，推动经济高质量发展。公有制为主体、多种所有制经济共同发展，按劳分配为主体、多种分配方式并存，社会主义市场经济体制等社会主义基本经济制度，既体现了社会主义制度优越性，又同我国社会主义初级阶段社会生产力发展水平相适应，是党和人民的伟大创造。必须坚持社会主义基本经济制度，充分发挥市场在资源配置中的决定性作用，更好发挥政府作用，全面贯彻新发展理念，坚持以供给侧结构性改革为主线，加快建设现代化经济体系。要毫不动摇巩固和发展公有制经济，毫不动摇鼓励、支持、引导非公有制经济发展，坚持按劳分配为主体、多种分配方式并存，加快完善社会主义市场经济体制，完善科技创新体制机制，建设更高水平开放型经济新体制。

六是坚持和完善繁荣发展社会主义先进文化的制度，巩固全体人民团结奋斗的共同思想基础。发展社会主义先进文化、广泛凝聚人民精神力量，是国家治理体系和治理能力现代化的深厚支撑。必须坚定文化自信，牢牢把握社会主义先进文化前进方向，激发全民族文化创造活力，更好构筑中国精神、中国价值、中国力量。要坚持马克思主义在意识形态领域指导地位的根本制度，坚持以社会主义核心价值观引领文化建设制度，健全人民文化权益保障制度，完善坚持正确导向的舆论引导工作机制，建立健全把社会效益放在首位、社会效益和经济效益相统一的文化创作生产体制机制。

七是坚持和完善统筹城乡的民生保障制度，满足人民日益增长的美好生活需要。增进人民福祉、促进人的全面发展是我们党立党为公、执政为民的本质要求。必须健全幼有所育、学有所教、劳有所得、病有所医、老有所养、住有所居、弱有所扶等方面国家基本公共服务制度体系，注重加强普惠性、基础性、兜底性民生建设，保障群众基本生活。满足人民多层次多样化需求，使改革发展成果更多更公平惠及全体人民。要健全有利于更充分更高质量就业的促进机制，构建服务全民终身学习的教育体系，完善覆盖全民的社会保障体系，强化提高人民健康水平的制度保障。坚决打赢脱贫攻坚战，建立解决相对贫困的长效机制。

八是坚持和完善共建共治共享的社会治理制度，保持社会稳定、维护国家安全。社会治理是国家治理的重要方面。必须加强和创新社会治理，完善党委领导、政府负责、民主协商、社会协同、公众参与、法治保障、科技支撑的社会治理体系，建设人人有责、人人尽责、人人享有的社会治理共同体，确保人民安居乐业、社会安定有序，建设更高水平的平安中国。要完善正确处理新形势下人民内部矛盾有效机制，完善社会治安防控体系，健全公共安全体制机制，构建基层社会治理新格局，完善国家安全体系。

九是坚持和完善生态文明制度体系，促进人与自然和谐共生。生态文明建设是关系中华民族永续发展的千年大计。必须践行绿水青山就是金山银山的理念，坚持节约资源和保护环境的基本国策，坚持节约优先、保护优先、自然恢复为主的方针，坚定走生产发展、生活富裕、生态良好的文明发展道路，建设美丽中国。要实行最严格的生态环境保护制度，全面建立资源高效利用制度，健全生态保护和修复制度，严明生态环境保护责任制度。

十是坚持和完善党对人民军队的绝对领导制度，确保人民军队忠实履行新时代使命任务。党对人民军队的绝对领导是人民军队的建军之本、强军之魂。必须牢固确立习近平强军思想在国防和军队建设中的指导地位，巩固和拓展深化国防和军队改革成果，构建中国特色社会主义军事政策制度体系，全面推进国防和军队现代化，确保实现党在新时代的强军目标，把人民军队全面建成世界一流军队,永葆人民军队的性质、宗旨、本色。要坚持人民军队最高领导权和指挥权属于党中央,健全人民军队党的建设制度体系,把党对人民军队的绝对领导贯彻到军队建设各领域全过程。

十一是坚持和完善"一国两制"制度体系,推进祖国和平统一。"一国两制"是党领导人民实现祖国和平统一的一项重要制度,是中国特色社会主义的一个伟大创举。必须严格依照宪法和基本法对香港特别行政区、澳门特别行政区实行管治,维护香港、澳门长期繁荣稳定。建立健全特别行政区维护国家安全的法律制度和执行机制。要坚定推进祖国和平统一进程,完善促进两岸交流合作、深化两岸融合发展、保障台湾同胞福祉的制度安排和政策措施,团结广大台湾同胞共同反对"台独"、促进统一。

十二是坚持和完善独立自主的和平外交政策,推动构建人类命运共同体。必须统筹国内国际两个大局,高举和平、发展、合作、共赢旗帜,坚定不移维护国家主权、安全、发展利益,坚定不移维护世界和平、促进共同发展。要健全党对外事工作领导体制机制,完善全方位外交布局,推进合作共赢的开放体系建设,积极参与全球治理体系改革和建设。

十三是坚持和完善党和国家监督体系,强化对权力运行的制约和监督。党和国家监督体系是党在长期执政条件下实现自我净化、自我完善、自我革新、自我提高的重要制度保障。必须健全党统一领导、全面覆盖、权威高效的监督体系,增强监督严肃性、协同性、有效性,形成决策科学、执行坚决、监督有力的权力运行机制,构建一体推进不敢腐、不能腐、不想腐体制机制,确保党和人民赋予的权力始终用来为人民谋幸福。

坚持和完善中国特色社会主义制度、推进国家治理体系和治理能力现代化,是全党的一项重大战略任务。各级党委和政府以及各级领导干部要切实强化制度意识,带头维护制度权威,做制度执行的表率,带动全党全社会自觉尊崇制度、严格执行制度、坚决维护制度。加强制度理论研究和宣传教育,引导全党全社会充分认识中国特色社会主义制度的本质特征和优越性,坚定制度自信。推动广大干部严格按照制度履行职责、行使权力、开展工作,提高推进"五位一体"总体布局和"四个全面"战略布局等各项工作能力和水平。①

党的十八大以来，党中央强调全面建成小康社会，必须以更大的政治勇气和智慧，坚决破除一切妨碍科学发展的思想观念和体制机制弊端，构建系统完备、科学规范、运行有效的制度体系，使各方面制度更加成熟更加定型。建设和发展中国特色社会主义，制度是基础，治理是抓手。良好的制度要转化为治理的成效必须依靠系统全面高效的治理体系。任何制度的长短优劣，归根结底都要看治理的效果。因此，在制度的基础上还要实施治理。所以党的十八届三中全会首次提出"推进国家治理体系和治理能力现代化"的重大命题，并把"完善和发展中国特色社会主义制度、推进国家治理体系和治理能力现代化"确定为全面深化改革的总目标。党的十八届五中全会进一步强调，"十三五"时期要实现"各方面制度更加成熟更加定型，国家治理体系和治理能力现代化取得重大进展，各领域基础性制度体系基本形成"。党的十九大作出到21世纪中叶把我国建成社会主义现代化强国的战略安排，其中一个重要的目标是：到2035年，"各方面制度更加完善，国家治理体系和治理能力现代化基本实现"；到21世纪中叶，"实现国家治理体系和治理能力现代化"。党的十九届二中、三中全会在制度建设和治理能力建设上迈出了新的重大步伐。②党的十九届四中全会着眼于坚持和巩固中国特色社会主义制度、确保党长期执政和国家长治久安，着眼于完善和发展中国特色社会主义制度、全面建设社会主义现代化国家，着眼于充分发挥中国特色社会主义制度优越性、推进国家治理体系和治理能力现代化，作出了抓紧制度建设推进国家治理现代化的全面部署。推进国家治理现代化的政治前提是始终坚持并不断完善中国特色社会主义制度，既要坚定制度自信、发挥制度优势，又要通过各方面的制度建设夯实这个政治前提。

按照习近平对《中共中央关于坚持和完善中国特色社会主义制度 推进国家治理体系和治理能力现代化若干重大问题的决定》的说明，决定稿由15个部分构成，分为三大板块。第一板块为总论，主要阐述中国特色社会

---

① 参见《中共中央关于坚持和完善中国特色社会主义制度 推进国家治理体系和治理能力现代化若干重大问题的决定》，《人民日报》2019年11月6日。
② 参见《习近平关于〈中共中央关于坚持和完善中国特色社会主义制度 推进国家治理体系和治理能力现代化若干重大问题的决定〉的说明》，《人民日报》2019年11月6日。

主义制度和国家治理体系发展的历史性成就、显著优势，提出新时代坚持和完善中国特色社会主义制度 推进国家治理体系和治理能力现代化的重大意义和总体要求。第二板块为分论，聚焦坚持和完善支撑中国特色社会主义制度的根本制度、基本制度、重要制度，安排了13个部分，明确了各项制度必须坚持和巩固的根本点、完善和发展的方向，并作出工作部署。第三板块为第15部分和结束语，主要就加强党对坚持和完善中国特色社会主义制度、推进国家治理体系和治理能力现代化的领导提出要求。《中共中央关于坚持和完善中国特色社会主义制度 推进国家治理体系和治理能力现代化若干重大问题的决定》的出台，标志着中国特色社会主义制度和国家治理进一步走向了系统化、整体化和规范化的高度；意味着我国改革开放以来所作的大量探索、创新和成果，都纳入了这种系统化、整体化、规范化的制度体系和治理体系之中。同样，未来奋斗、努力、改革、创新的一个基础性、战略性任务，就是要按照《中共中央关于坚持和完善中国特色社会主义制度 推进国家治理体系和治理能力现代化若干重大问题的决定》的部署，以坚持和完善中国特色社会主义制度、推进国家治理体系和治理能力现代化为主轴，把制度建设和治理能力建设摆到更加突出的位置，继续深化各领域各方面体制机制改革，推动各方面制度更加成熟更加定型，推进国家治理体系和治理能力现代化。习近平强调："各方面认为，在庆祝中华人民共和国成立70周年之际，党的十九届四中全会重点研究坚持和完善中国特色社会主义制度、推进国家治理体系和治理能力现代化问题并作出决定，体现了党中央高瞻远瞩的战略眼光和强烈的历史担当，对决胜全面建成小康社会、全面建设社会主义现代化国家，对巩固党的执政地位、确保党和国家长治久安，具有重大而深远的意义。"① 这是一个最权威的评价。

2020年初我国暴发了新冠肺炎疫情，面对这个第二次世界大战结束以来最严重的全球公共卫生突发事件，我国在党的全面和坚强领导下，经过全党和全国人民艰苦卓绝的努力，取得重大战略成果。这是对我国治理体系和治理能力的一次全面严格的考试和检验，也是对全球各个国家治理体系和治理能力的严峻考验。对于亲身经历中国这场抗击疫情战役和亲眼见

---

① 《习近平关于〈中共中央关于坚持和完善中国特色社会主义制度 推进国家治理体系和治理能力现代化若干重大问题的决定〉的说明》，《人民日报》2019年11月6日。

证西方国家面对疫情治理应对的每一个中国共产党人和中国人民来说，都是一次极为深刻的中国特色社会主义制度优越性的再教育，也是一次深刻体会中国共产党领导政治优势的再教育。这也再次印证了党的十九届四中全会的未雨绸缪、高瞻远瞩和深谋远虑。

第九章

全面从严治党炼就金刚不坏之身

办好新时代中国的事情，关键在党，关键在通过全面从严治党全面加强党的领导和党的建设，关键在通过制度治党、依规治党彻底超越运动治党模式，使党持续长期做到政治过硬、本领高强，炼就党长期执政的金刚不坏之身，不因领导人的改变而改变，不因领导人的注意力的改变而改变。继续坚持好、发展好新时代中国特色社会主义伟大事业，人民和时代对中国共产党的要求和期待比以往任何时候都高，我们党要面临和经受的风险和考验比以往任何时候都大，只有通过全面从严治党，只有通过全面加强党的领导和党的建设，才能有效克服一段时期以来管党治党宽松软的问题，才能切实做到不忘初心、牢记使命，才能使党继续有资格和能力领导人民实现中华民族的伟大复兴。因此，党的十八大以来，党中央全面加强党的领导和党的建设的主题就是全面从严治党。那么究竟什么是全面从严治党呢？它与过去的从严治党相比，究竟有什么创新呢？

一、什么是全面从严治党？

从严治党不是党的十八大以后才提出的命题，而是从党成立起就一直高度重视的重大课题，可以说，正是从严治党造就了铁一般信仰、铁一般信念、铁一般纪律、铁一般担当的中国化马克思主义政党，才使党有能力和资格领导中国人民在较短时间里，让中华民族发生了如此天翻地覆的沧桑巨变。而"治国必先治党，治党务必从严"，更成为当代中国共产党人的高度共识。那么党的十八大以来提出并推进的全面从严治党，与过去的从严治党相比，究竟有什么不同和创新？究竟什么是全面从严治党？为什么要大力推进全面从严治党？全面从严治党究竟有什么具体的内涵？今后如何更好地推进全面从严治党？全面从严治党所实现的大党之治与中华民族的伟大复兴究竟是什么关系？

全面从严治党的提出及其起点

2014年10月8日，习近平在党的群众路线教育实践活动总结大会上发表了重要讲话。在这次讲话中，习近平开宗明义指出："今天这个大会，是对党的群众路线教育实践活动进行总结，对巩固和拓展教育实践活动成果、加强党的作风建设、全面推进从严治党进行部署。"① 这是党中央首次提出"全面推进从严治党"的重大命题。习近平在讲话中强调："这次教育实践活动，对我们探索新形势下从严治党的特点和规律具有十分重要的牵引作用。从严治党必须具体地而不是抽象地、认真地而不是敷衍地落实到位，这是这次活动给我们提供的最深刻的启示。全党要以此为起点，在从严治党上继续探索、不断前进。"② 并就新形势下如何坚持从严治党作出了八个方面的部署和要求。

2014年12月13—14日，习近平在江苏调研期间提出"四个全面"战略布局的同时，首次明确提出了"全面从严治党"的概念。他说，要协调推进全面建成小康社会、全面深化改革、全面依法治国、全面从严治党，推动改革开放和社会主义现代化建设迈上新台阶。习近平还特别强调指出，全面从严治党是推进党的建设新的伟大工程的必然要求。从严治党的重点，在于从严管理干部，要做到管理全面、标准严格、环节衔接、措施配套、责任分明。从严治党是全党的共同任务，需要大气候，也需要小气候。各级党组织要主动思考、主动作为，通过营造良好小气候促进大气候进一步形成。随后，"全面从严治党"就成了全党政治生活中耳熟能详、倍感亲切的日常用语，就成了全党感同身受、整装再发的统一行动。

有人会提出这样的问题，党中央关于"全面从严治党"这一重大命题提出的时间，是不是意味着等同于"全面从严治党"这一重大战略部署的行动起点呢？

从党的十八大以来党中央从严治党的一系列重大战略决策和重大部署

---

① 习近平：《在党的群众路线教育实践活动总结大会上的讲话》，《人民日报》2014年10月9日。
② 习近平：《在党的群众路线教育实践活动总结大会上的讲话》，《人民日报》2014年10月9日。

来看,"全面从严治党"是提前经过周密的精心设计和科学布局的。这么一场摧枯拉朽般声势浩大、近乎空前的从严治党行动,既规避了过去运动方式治党的误区,又实实在在克服了过去不搞运动就不能有效抓党建的弊端,解决了许多长期想解决而没有解决的难题,办成了许多过去想办而没有办成的大事。如果没有大政治家的运筹帷幄、未雨绸缪、充分评估和毅然决断,是难以想象的。因此,笔者认为,不能把"全面从严治党"的提出时间作为其起点,而应该把党的十八大召开作为"全面从严治党"行动的起点,特别是党的十八大鲜明提出要"进行许多具有新的历史特点的伟大斗争",这些"伟大斗争"体现在管党治党方面,应该看作是吹响了"全面从严治党"的集结号。

全面从严治党这一重大战略部署的战略和策略选择非常清晰,全面从严治党的主题就是狠抓党风,而整肃党风的雷霆行动就是党的十八大以后迅速开展的群众路线教育实践活动,而实现党风好转的突破口就是反对"四风"(即形式主义、官僚主义、享乐主义和奢靡之风)。正如习近平指出的那样:"'伤其十指,不如断其一指。'党中央在谋划这次活动时认为,这次活动的重点是促使全党更好执行党的群众路线,而当前影响执行党的群众路线的要害是作风问题,必须突出改进作风这个主题。而作风又有很多方面,需要进一步聚焦,我们就聚焦到形式主义、官僚主义、享乐主义和奢靡之风这些群众反映强烈的突出问题上。党中央明确提出以反'四风'为突破口,以点带面,不搞面面俱到,打到了七寸。我们抓住要害、集中发力、持续用劲,对群众反映强烈的共性问题,集中开展专项整治;对出现的'四风'种种变异问题,保持高度警惕,坚持露头就打;对顶风违纪现象,严肃责任追究,加大查处力度。实践证明,有的放矢事易成,无的放矢事难成,集中教育活动要取得实效,必须找准靶子、点中穴位。"[①] 而全面从严治党的一系列重大行动也以此由点到面、由面到体地渐次展开。

全面从严治党的权威解读

那么究竟什么是全面从严治党呢?

---

① 习近平:《在党的群众路线教育实践活动总结大会上的讲话》,《人民日报》2014年10月9日。

第九章　全面从严治党炼就金刚不坏之身

到目前为止，对全面从严治党解读最权威的当然是直接带领全党发动和推进这一重大战略部署的习近平。2016年1月12日，习近平在第十八届中央纪律检查委员会第六次全体会议上的讲话中指出："全面从严治党，核心是加强党的领导，基础在全面，关键在严，要害在治。'全面'就是管全党、治全党，面向8 700多万党员、430多万个党组织，覆盖党的建设各个领域、各个方面、各个部门，重点是抓住'关键少数'。'严'就是真管真严、敢管敢严、长管长严。'治'就是从党中央到省市县党委，从中央部委、国家机关部门党组（党委）到基层党支部，都要肩负起主体责任，党委书记要把抓好党建当作分内之事、必须担当的职责；各级纪委要担负起监督责任，敢于瞪眼黑脸，勇于执纪问责。"①

这是习近平要求各级党组织要担负起全面从严治党主体责任时所强调的，也是党的领导人自全面从严治党战略部署提出以后，第一次就这一重大命题作出界定。对于准确把握和理解"全面从严治党"的核心要义和准确意图非常重要。

第一，全面从严治党的核心是加强党的领导。习近平不是从一般意义上谈党的领导，他具体的指向是加强党对从严治党的领导，是强调各级党组织要担负起全面从严治党的主体责任。过去也谈从严治党，为什么不少地方效果不好，成效不大？管党治党宽松软问题日益严重，最大的问题就是管党治党责任主体不清、问责不力、追责不严，使得经济建设和招商引资成为大家都重视的硬指标，而党的建设和管党治党则成了嘴上说重要、忙起来不要的软指标，使得很多党组织在集中精力抓经济建设的同时，忘记了自己作为政治组织的本分，更失去了马克思主义执政党的政治功能和优势。这是邓小平早就发现并强调过的"一手硬、一手软问题"，也是他有生之年想"两手抓、两手都要硬"但一直没有得到有效解决的问题。这也是2017年2月13日习近平在省部级主要领导干部学习贯彻十八届六中全会精神专题研讨班上开宗明义强调的全面从严治党必须从讲政治说起的问题，他指出："历史经验表明，我们党作为马克思主义政党，必须旗帜鲜明讲政治，严肃认真开展党内政治生活。讲政治，是我们党补钙壮骨、强

---

① 习近平：《在第十八届中央纪律检查委员会第六次全体会议上的讲话》，《人民日报》2016年5月3日。

身健体的根本保证,是我们党培养自我革命勇气、增强自我净化能力、提高排毒杀菌政治免疫力的根本途径。什么时候全党讲政治、党内政治生活正常健康,我们党就风清气正、团结统一、充满生机活力,党的事业就蓬勃发展;反之,就弊病丛生、人心涣散、丧失斗志,各种错误思想得不到及时纠正,给党的事业造成严重损失。党的高级干部要注重提高政治能力,牢固树立政治理想,正确把握政治方向,坚定站稳政治立场,严格遵守政治纪律,加强政治历练,积累政治经验,自觉把讲政治贯穿于党性锻炼全过程,使自己的政治能力与担任的领导职责相匹配。"①因此,这次党中央作出"全面从严治党"的重大战略部署,就是要下决心首先破解这一难题,就是要抓住管党治党主体责任这个"牛鼻子",使得管党治党的所有要求都变成硬性要求落地生根、开花结果,并久久为功形成新的政治生态,形成全面从严治党的习惯和自觉。这就要求各级党委(党组)要牢固树立不管党治党就是严重失职的理念。特别是党的主要领导干部,尤其是党的书记一把手,必须承担起全面从严治党的首责,必须立下全面从严治党的首功。

第二,全面从严治党的重点对象是主要领导干部,同时,全面从严治党最重要的责任主体也是主要领导干部。抓住了这个"关键少数",做到了管党治党从严治党的责任到位、监督到位、问责到位、激励到位,做到了从严治党与主要领导干部命运一体,多年存在的"一手硬、一手软"的老大难问题就迎刃而解。党的十八大以来从严治党立竿见影,其成功的经验中最核心的一条就是抓住了"加强党的领导"这一条,加强各级党的组织特别是书记一把手对全面从严治党的领导,做不到就问责跟进,做到了做好了就激励跟进。

第三,全面从严治党的基础在全面。就管党治党来讲,"全面"主要是指内容无死角、主体全覆盖、贯穿全过程,涉及各个主体、各个方面、各个部门,靠全党、管全党、治全党。各级党组织都要肩负起监督责任,不断完善党内监督体系,解决监督主体比较分散、监督责任不够明晰、监督制度针对性操作性不强等问题,使监督主体及其责任更加明确,各主体监

---

① 《习近平在省部级主要领导干部学习贯彻十八届六中全会精神专题研讨班开班式上发表重要讲话强调:以解决突出问题为突破口和主抓手推动党的十八届六中全会精神落到实处》,《人民日报》2017年2月14日。

督职责界定更加科学,党员个人参与监督的机制更加完备。要建立健全党中央统一领导、党委(党组)全面监督、纪律检查机关专责监督、党的工作部门职能监督、党的基层组织日常监督、党员民主监督的党内监督体系。要完善党员与党员之间、党组织与党员之间、各级党组织之间的监督,强化自上而下的组织监督,改进自下而上的民主监督,发挥同级相互监督的作用。要把党内监督与外部监督结合起来,形成监督合力。

第四,全面从严治党的关键在严。管党治党,必须严字当头,做到真管真严、敢管敢严、长管长严。为什么要这么严?不这么严行不行?习近平多次语重心长地给全党讲清楚了这个道理。他强调:全面从严治党"必须严字当头、从严从实。'取法于上,仅得为中;取法于中,故为其下。'我们一开始就强调活动要高标准、严要求,全程贯彻整风精神,'照镜子、正衣冠、洗洗澡、治治病',坚决防止搞形式、放空炮、走过场。我们坚持严的标准、采取严的举措,重要节点一环紧扣一环抓。对存在的问题明察暗访,及时查处并公开曝光违纪案件。对党员、干部特别是领导干部的对照检查提出具体标准,要求必须见人见物见思想,有深度、像自己。对专题民主生活会和组织生活会提出明确要求,防止批评和自我批评蜻蜓点水、避实就虚、避重就轻、一团和气。对整改项目,实行台账管理,完成一个销号一个。中央和地方各级督导组敢于'唱黑脸'、'当包公',紧紧围绕关键环节、重要部位、重点工作严督实导、持续用劲。实践证明,只有严要求、动真格,真实抓、抓真实,才能真正达到预期目的"[①]。他还指出:"党要管党、从严治党,是党的建设的一贯要求和根本方针。现在,党内有些同志感到不适应,有的说要求太严,管得太死,束缚了手脚;有的说党员、干部也有七情六欲,管党治党应'人性化';有的说都去抓管党治党,经济社会发展没精力抓了。说来说去,就是希望松一点、宽一点。2012年12月,我在中央政治局会议审议八项规定时就说过,我们不舒服一点、不自在一点,老百姓的舒适度就好一点、满意度就高一点,对我们的感觉就好一点。《诗经》中说'战战兢兢,如临深渊,如履薄冰',就是说官当得越大,就越要谨慎,古往今来都是如此,每一个党员、干部特别是领导干

[①] 习近平:《在党的群众路线教育实践活动总结大会上的讲话》,《人民日报》2014年10月9日。

部都应该明白这个道理。"①

第五,全面从严治党的要害在治。管党治党要动真格,就要敢管敢治、真管真治,就要认认真真、不折不扣地按照以党章为根本遵循的党内法规制度体系管党治党,切实做到在党纪党规面前人人平等、没有例外,做到在党内监督面前没有禁区、没有例外,做到在问责和责任追究面前没有禁区、没有例外,不仅没有禁区和例外,而且各级党组织的书记和主要领导干部必须要率先垂范以上率下,特别是党的中央委员会委员,尤其是中央政治局和中央政治局常委组成人员,更要率先垂范,要求全党同志做到的,自己必须首先做到;要求全党同志不做的,自己坚决不能做。制度执行没有例外,监督执纪问责没有例外。这些庄严承诺和相应的党内法规制度跟进,是这次从严治党取得成功的重要原因。道理很简单,在监督问责问题方面,中央领导和各级主要领导干部都不例外,而且还要率先垂范以上率下,全党同志心服口服。

对全面从严治党的基本认知

综合党的十八大以来全面从严治党的理论与实践,我们可以得出对全面从严治党的一个基本认知和初步界定。

第一,全面从严治党是有完整、系统的理论体系指导的。这个理论体系即习近平提出的中国化马克思主义党建理论体系。正是有了这一科学的理论体系的指导,全面从严治党才取得了大的理论创新、实践创新和制度创新,如此惊天动地的全面从严治党行动才得以披荆斩棘,顺利成功推进。对于中国共产党来讲,在和平发展时期发动开展这样一场整肃党风党纪、雷霆反腐的巨大行动(而不是运动),如果没有系统的思想理论支持和指导,要推进到今天这种让全党敬佩、让全国人民振奋的程度和水平,而没有引起大的风险和动荡,并确保中国特色社会主义伟大事业继续破浪前行,行稳致远,还走得更好,实在是让人难以想象的。革命导师列宁说过,没有革命的理论,就不可能有革命的行动。这真是至理名言。对于全面从严治党来讲,我们可以这样说,没有中国化马克思主义党建理论体系的治党

---

① 习近平:《在第十八届中央纪律检查委员会第六次全体会议上的讲话》,《人民日报》2016年5月3日。

理论，也就不可能有全面从严治党的成功治党行动。

第二，全面从严治党是经过系统设计和周密部署的。正是有了系统的治党理论体系的指导，才可能有政党的系统治理实践。根据我们初步的研究发现，在政党治理意义上，中国化马克思主义党建理论体系是蕴含着丰富的现代系统治理哲学思维的。正是得益于这种系统治理哲学的战略高度和境界，才有了全面从严治党的顶层设计和周密部署。以广大人民群众和全党特别关注的党风问题和腐败问题作为全面从严治党的突破口和切入点，带动从严治党的整体战略部署，始终把握住决不搞运动治党的红线和底线，始终把制度治党作为标本兼治的根本取向，把每一个整肃党风和惩治腐败的个案和治标之举都与治本之策紧密相连，使全面从严治党每前行一步，都不仅快速增强党和政府的公信力，而且更为依规治党开辟道路、铺设基础、营造氛围，从而步步为营，久久为功。这是对治党规律的自觉认识和自觉遵循，是对我们党从严治党历史经验的恪守和创新。回首全面从严治党的历程，我们不能不折服于新时代党的领导人和党中央高远的政治境界。

第三，全面从严治党是有科学的制度安排跟进的。不仅要走出运动治党的误区，而且要开辟超越运动治党的新路，这才是改革开放以来全党最需要解决的重大课题。一味谴责"文化大革命"，一味抱怨、埋怨前人的失误和错误，去否定前人，并不能令全党心服口服。关键是要有比前人高明的办法，去解决前人想解决而没有解决的问题，去开辟前人想开辟而不可能开辟的新路。一句话，只有善待前人、善待历史，才有可能超越前人、超越历史。全面从严治党以来，之所以能够取得让全党心服口服的成效，关键原因在于我们党找到了比运动治党更好的办法和制度安排，那就是以党章为根本遵循的党内法规制度体系，使管党治党真正走上了制度治党、依规治党的光明正道。2013年11月5日，中共中央印发了《中央党内法规制定工作五年规划纲要（2013—2017年）》，已经顺利完成。2018年2月，中共中央印发《中央党内法规制定工作第二个五年规划（2018—2022年）》，该规划深入贯彻落实习近平新时代中国特色社会主义思想和党的十九大精神，着眼于到建党100周年时形成比较完善的党内法规制度体系，对2018—2022年5年的党内法规制度建设进行顶层设计，提出了指导思想、目标要求、重点项目和落实要求。党的十八大以来，我国政治建设和政治发展取得的重大进步,就是通过依规治党促进依法治国。其中最突出的成就是在推进全面从严治党的进程中,不断加大党内法规制度体系的建设力度和执行力度,在党内逐步生成养成了有规矩、懂规矩、守规矩的良性政治生态。这是对过去运动治党模式的历史性超越,是对前人的历史性超越。

第四,全面从严治党是着力于把制度规范升华为制度文化的。这种党内法规制度文化就是党内政治文化的核心内容,是对党内法规制度建设客观规律的自觉把握和遵循。任何一个没有升华为制度文化的制度,都不是好制度,都不可能长久。只有当一个制度体系和一种制度安排成功转化和升华为制度文化以后,才能使这种制度内化于心、外化于行,成为人们的内心信念和行为自觉,成为一个党和一个国家、一个社会的政治生态,从而形成制度文化与制度规范的良性互动。这就是习近平在全党深入推进全面从严治党的过程中反复强调的重要原则,即全面从严治党必须坚持思想建党与制度治党的有机结合,只有这样,才能使管党治党达到知行合一的高度和境界。下一步的关键是,如何使建立健全完善的党内法规制度体系的过程尽快转化升华为党内法规制度文化建设和成长的过程,尽快成为全党内化于心、外化于行的知行合一的过程。党内政治文化建设这一重大命题的提出,应该是为了更好地促进党内法规制度文化形成的进程,应该是为了让全党更自觉地以程序化的方式治理党内政治生活,促进良好党内政治生态的生成。党的十八大以来,全党在推进全面从严治党实践中,最可贵的是党中央对党内法规程序理性建构的坚定信念和坚持。目前,一些对党内政治文化建设过度解读的现象,很容易误导党的十八大以来党内法规程序理性建构的可贵坚持。而离开党内法规制度体系建设,空谈党内政治文化,不仅无益于准确把握和领会这一重大命题的价值,而且容易陷入过去程序理性建构中反复出现的泛道德化误区,既有误党内法规制度建设,又有悖党内道德成长的善良愿景,更不可能促进党内好的政治生态的形成,最后很可能与国家治理现代化的目标渐行渐远。所以笔者坚持认为,党内政治文化的核心和支撑,应该是党内法规制度文化,而撑起这一文化的制度安排,就是党的十八大以来以习近平同志为核心的党中央义无反顾地对党内法规制度建设的坚持和遵循,是对由此而展现出来的执政党对程序理性的坚守，而程序理性则是我们党提升国家治理体系和治理能力现代化的关键。

第五，全面从严治党是致力于党和国家长治久安的。正因为全面从严治党的深入推进是坚持依规治党的程序理性取向，是坚持系统治理的科学方法，所以全面从严治党就不是管党治党的权宜之计，就不是头痛医头、脚痛医脚的短期行为，而是以中国梦的实现为远景目标而实施的管党治党的治本之策，是久久为功的标本兼治之举。这也是全党对全面从严治党越来越有信心的重要原因。中国共产党是具有高度忧患意识的清醒的马克思主义政党，是拥有远大理想和伟大使命的政党，不是为了简单追求长期执政，而是以感动人民的道义力量和实践力量，领导人民实现社会主义现代化和中华民族伟大复兴的中国梦。一党长期执政，能够铸就独特的政治优势和制度优势，也必然会遇到特殊的矛盾和难题。而优势的发挥和难题的破解，又直接决定着政党的执政状况和执政命运，这也为我们党的历史实践和新鲜经验所证明。党的十八大以来，以习近平同志为核心的党中央坚持全面从严治党，大力破解党自身面临的种种问题和挑战，开辟了党的建设和治国理政的新境界、新高度。

第六，全面从严治党是要求党的高级干部必须率先垂范、以上率下的。这是全面从严治党能够深入党心民心、快速取得成效的动因，因为它自觉遵循了我们党的领导体制的基本规律，继承了我们党的优秀传统和可贵品格，使全党感觉到党的好作风又回来了，使全国人民又惊喜地看到，他们那个曾经熟悉的亲切的中国共产党又回来了。党的十八大以来，以习近平同志为核心的党中央大力推进全面从严治党的一系列举措，之所以让全党如沐春风、如饮甘霖，让全国人民倍感亲切，让越来越多的群众发出"共产党的好作风又回来了"的赞叹和感慨，一个非常直接而关键的原因就是党中央领导在从严治党中能够起到表率作用和带头作用。习近平在动员和号召党的高级干部带头开展党的群众路线教育实践活动时说过：我早在浙江工作的时候就总听同志们反映，过去党的一些教育活动为什么效果不让人满意，无法长期坚持，其中一个很重要的原因就是"上面生病下面吃药"。从这次群众路线教育实践活动开始，决不允许再出现这样的情况，凡是要求全党同志做到的，中央政治局领导同志必须率先做到。凡是要求

百年大党：走向最强大政党

全党同志不做的，中央政治局领导同志坚决不能做。制度执行，没有例外。从中央率先垂范的坚定行动中，不仅使全党和全国人民看到了中央决策层对全面从严治党的坚定决心，也进一步为全党通过制度新路保证全面从严治党的落实带来了愿景和期待。历史经验证明，党的群众路线践行得好不好，是与党的领导干部特别是中央领导层能否做到率先垂范有直接关系的。我们党早在民主革命时期，就已经形成了中央领导以身作则带头践行群众路线的优良传统。这次全面从严治党之所以受到党内外、国内外的高度关注，其中一个主要的原因就是继承和发扬光大了这一优良传统。中央八项规定出台以来，中央政治局的同志身体力行、带头贯彻落实，促进了党风政风转变，带动了社会风气好转，提高了党在人民群众中的威信，激发了广大干部群众的积极性和主动性，为开展教育实践活动打下了重要的思想和工作基础。这些真真切切的变化，迅速确立了新时代党的领导人和中央领导集体在全党和全国人民心中的高度政治权威，赢得了全国上下的真心拥戴和支持。从大家的切身感受而言，全党耳闻目睹的是新时代党的领导人极其清醒的忧患意识和政治担当，是时时处处切中时弊的锐意变革，是以身示范引导全党研究新情况、解决真问题的热忱、赤诚和信念。这才是中国共产党的领导，也是中国共产党区别于其他任何政党的领导境界。党的领导人和新时代中央领导集体的风范越来越清晰地展现了这样的境界。对于我们这样一个党起领导核心作用的国家，任何制度规范和法律规定，没有中央的率先垂范都难以确立其权威，也不可能实现制度设计的预期。特别是对于党的作风建设方面的严格要求，如果针对的都是地方和下级党组织和党员，而把自己置身事外，就很难取信于全党。中央率先垂范的直接效果就是让全党相信你是动真格的，是真要解决问题的，从而坚定跟进的决心和信心。

第七，全面从严治党依然任重道远，全面从严治党永远在路上。中央纪委十九届四次全会指出，党的十八大以来，以习近平同志为核心的党中央以前所未有的勇气和定力推进全面从严治党，推动新时代全面从严治党取得了历史性、开创性成就，产生了全方位、深层次影响。在管党治党实践中，我们党探索出一条长期执政条件下解决自身问题、跳出历史周期率的成功道路，构建起一套行之有效的权力监督制度和执纪执法体系，这条道路、这套制度必须长期坚持并不断巩固发展。这种评价是客观的、中肯的，是实事求是的，是党的十八大以来全党同志和全国人民倍感鼓舞和振奋的历史事实。对全面从严治党取得的巨大成就，党中央保持了清醒的头脑，正如习近平在省部级主要领导干部"学习习近平总书记重要讲话精神，迎接党的十九大"专题研讨班开班式上的讲话中强调的那样，对党的十八大以来全面从严治党取得的成果，人民群众给予了很高评价，成绩值得充分肯定，经验值得深入总结。但是我们决不能因此而沾沾自喜、盲目乐观。全面从严治党依然任重道远。他指出，全面从严治党永远在路上。党要团结带领人民进行伟大斗争、推进伟大事业、实现伟大梦想，必须毫不动摇坚持和完善党的领导，毫不动摇推进党的建设新的伟大工程，把党建设得更加坚强有力。只有进一步把党建设好，确保我们党永葆旺盛生命力和强大战斗力，我们党才能带领人民成功应对重大挑战、抵御重大风险、克服重大阻力、解决重大矛盾，不断从胜利走向新的胜利。实践使我们越来越深刻地认识到，管党治党不仅关系党的前途命运，而且关系国家和民族的前途命运，必须以更大的决心、更大的勇气、更大的气力抓紧抓好。他要求全党要坚持问题导向，保持战略定力，推动全面从严治党向纵深发展，把全面从严治党的思路举措搞得更加科学、更加严密、更加有效，确保党始终同人民想在一起、干在一起，引领承载着中国人民伟大梦想的航船破浪前进，胜利驶向光辉的彼岸。

总之，全面从严治党是以习近平同志为核心的党中央作出的保证党和国家长治久安的重大战略决策部署，全面从严治党已经取得了全党同志和人民群众都满意的重大成果，全面从严治党已经在伟大斗争中迈出了具有决定性意义的豪迈步伐，但全面从严治党前面的路还长，任务更艰巨，而前途也更光明。

二、为什么要全面从严治党？

从根本原因来讲，就是进入新时代的执政党现状越来越无法适应中国特色社会主义事业发展的迫切要求。最集中的表现，一是腐败恶性蔓延问题和党风萎靡不振问题已经到了非常严峻的历史关头，用过去一般意义上的所谓从严治党早已解决不了根本问题，如果再不采取全面从严治党这样的雷霆行动，就很难挽救党的命运，很难挽回党的公信力，党执政的合法性和正当性将面临严重危机；二是面对中国特色社会主义发展到新的历史阶段，中华民族的伟大复兴进入关键的历史时期，中国因为发展和治理的巨大成就而在全球治理中的影响力越来越大，党的整体能力和制度水平越来越不适应这种更高的要求和挑战，如果再不进行全面从严治党这样的重振党的雄风的大刀阔斧、力挽狂澜的改革和制度建设，党将有可能面对失去对中国特色社会主义伟大事业领导的资格和能力的巨大风险。归结为一句话，全面从严治党既有非常急迫的必要条件，又有极为关键的充分条件。

党执政的道义根基在"政治过硬、本领高强"

习近平多次强调，民心是最大的政治。民心也是党执政最紧要、最根本的政治基础，是党执政的根本道义所在。1949年我们党领导人民建立新中国依靠的是民心，今天我们党要领导人民取得中国特色社会主义伟大事业的成功，依靠的依然是也必须是民心。人心所向是事业成功的关键，这不仅仅是我们党执政的规律要求，也是全世界所有政党执政的基本规律，只有自觉遵循好这一规律，一个政党才能赢得人心，才能取得和保持执政地位。而马克思主义执政党要想长期执政，就必须不断厚植和积累党执政的民心基础，这是最重要的政治基础。这也是我们党在中国人民心中与当年国民党的本质区别所在，是我们党与其他性质的政党的本质区别所在，也是中国共产党人在近百年的伟大历史中、在世界政党政治比较中，做得最优秀、最卓越、最让我们引以为豪的光荣传统和巨大优势。什么时候都不能在这个重大原则问题上出现迷失。无论是什么样的发展阶段，无论是什么样的国际国内形势变化，无论是什么样的执政任务和使命，都不能作为动摇和迷失这一原则的借口。总之，加强中国共产党领导的根本标准，就是党要自觉坚持中国特色社会主义的根本价值取向，坚持民心导向，坚持习近平强调的"以人民为中心"，坚持人民至上的信念和信仰，以确保党始终同人民想在一起、干在一起。

而赢得人心的关键在于毛泽东所强调的"态度好、能力强"，在于习近平所强调的"政治过硬、本领高强"。

早在民主革命时期,毛泽东就对中国共产党领导中国革命的资格问题作过非常精彩的论述,他讲道,人民要解放,就把权力委托给能够代表他们的并忠实为他们办事的人,这些人就是我们共产党人。这种紧密结合中国共产党人的奋斗实践、历史经验和独特的中国智慧得出的结论,比任何试图以西方政治学逻辑对中国共产党的解读都精准得多。民主革命时期,有实力领导中国革命的政党还有国民党,为什么中国人民选择了中国共产党来领导中国革命呢?从来都不是无条件的,就因为你叫中国共产党,中国人民就跟着你闹革命?关键不是看你叫什么,关键是看你做什么,看你为谁做,看你怎么做,看你做得怎么样。那么,第一条就是要态度好,你对中国人民的态度要好,你对中国革命的态度要好,要"忠实为他们办事",而不是虚假地、敷衍地为人民办事,不是带着自私自利的目的去搞革命,人民群众的眼睛在这方面永远都是雪亮的。你的态度是真是假,是真心实意、全心全意,还是虚情假意、半心半意为他们办事情,人民群众一看就心里清楚。当时的国民党对待中国革命、对待一同在其旗帜下奋斗牺牲的中国共产党人和革命群众的态度,通过一场大革命就深刻地教育了所有的中国人民。中国革命的希望不可能寄托在这样的党身上,因为这样一个为了一党之私、一家之私、一人之私,就可以不仁不义置革命大义于不顾、置昨日友党于死地的政党,不可能为中国革命和中国人民带来光明。而中国共产党在中国革命的始终都与中国人民生死与共、与中国革命生死与共的无私和赤诚,也使中国人民彻底看清楚了,中国共产党才是中国革命和中华民族值得信赖的领导者。

但值得信赖就能够领导好中国革命吗?实践证明,仅有好的态度是不够的,那只是中国共产党领导中国革命的必要条件,中国人民选择中国共产党领导中国革命的充分条件是党的领导能力,是"能够代表他们"并能够不断实现中国人民和中华民族利益的能力,是领导中国人民成功完成中国革命艰巨任务的伟大能力,一句话就是"能力强"。这种能力体现在各个方面,是党通过自身建设苦练内功修得的正果,一般包括党的思想理论能力、政治能力、组织领导能力等。总之,只有态度好、能力强,才能赢得人民群众对党的支持和认同,才能赢得党对中国革命的领导权。毛泽东之所以用"委托",就是因为委托意味着是有条件的,不是一劳永逸、一成不变,而是看一个党在实际的革命进程中的一贯表现,什么时候态度好、能力强,什么时候人民群众就把中国革命的领导权交给你;一直态度好、能力强,中国人民就一直把中国革命的领导权交给你;什么时候态度不好了、能力不强了,人民群众就把中国革命的领导权收回来了。也就是说,领导中国革命的所有权是属于中国人民的,是取决于民的。一个党只有始终坚持并切实做到全心全意为中国人民和中华民族的利益无私奋斗的时候,才能始终赢得中国人民的信赖。

中国共产党在 28 年的民主革命过程中,让中国人民始终切身感受到了"态度好、能力强",才使得中国共产党赢得了人民的信赖和支持,也才使中国共产党人有了领导中国革命取得胜利的坚定信心,这种信心来自人民的民心,来自我们党赢得了民心。所以面对国民党发动内战的严峻形势时,毛泽东作为中国共产党的领袖才有那样坚如磐石的自信,他讲道,蒋介石国民党有的是美国政府武装起来的飞机、大炮和面包,我们共产党有的是小米加步枪;国民党号称八百万军队,我们加上民兵有八十万,但未来的结果,一定是八十万战胜八百万,一定是小米加步枪战胜飞机、大炮和面包。为什么?因为中国不是蒋介石的中国,中国是人民的中国。也就是说,失去民心的国民党不管眼前再强大,得到民心的中国共产党不管当时怎么处于弱势,只要赢得了民心,弱就可以变强,小就可以变大,败就可以转胜。其实,解放战争开始的第一天,就早已决定了战争的结果,差别也许仅仅在于国民党早一天失败还是晚一天失败的问题。

那么,在中国共产党执政以后,如何在一党长期执政的条件下继续做到"态度好、能力强",保证党领导的国家政权其人民主体性质不变质,保证党始终具备能力和资格把建设、改革、发展搞好,为人民掌好权、执好政,使党永远同人民群众保持血肉联系,永不脱离群众,真正实现人民群众当家作主、直接管理社会事务的目标,永远铲除官僚主义、腐化堕落滋生的土壤呢?这对中国共产党人来讲,始终是一个不懈求索的重大课题,也始终是巨大的挑战和考验,我们党也为此作出了艰辛的探索和奋斗,取得了丰富的宝贵经验,也有着深刻的教训。

事实上,早在民主革命时期,以毛泽东同志为主要代表的中国共产党人就开始十分关注这一问题了。1940年5—6月，作为"不官不党居第三者地位"的著名爱国华侨领袖陈嘉庚先生，在回国考察了重庆和延安等地之后，深深地为延安共产党人的一代新风所打动，预言假如更多的人像他们那样刻苦耐劳、埋头苦干，我们中国一定可以成为世界第一强国。正因为他从此把拯救民族和国家的希望寄托在了共产党身上，所以倍加珍惜这种极为珍贵的延安精神，而不愿看到共产党重蹈国民党的覆辙。为此，他在《南侨回忆录》中也提出了自己的疑惑和担心："然陕北地贫，交通不便，商业不盛，地方非广，故治理较易，风化诚朴。设共党若握着东南富庶市场，区域广大，不知能如此廉洁，兴利除弊，为人民造福如延安之精神乎？"[①]面对民主人士黄炎培对中国共产党即将面临历史周期率的忧虑，毛泽东用"人人监督政府，人人负责起来"的民主新路来破解，这绝不是共产党人争取人心的许诺！因为从根本的法理和道义上讲，马克思主义政党夺取政权，建立社会主义制度，就是要实现高于资本主义的民主，真正实现劳动人民当家作主、成为社会主人的目标。

应该说，执政以后，为保证党在长期执政条件下做到"态度好、能力强"，继续赢得人民群众的拥护和信赖，我们党是下了很大决心，花了很多心思，也想了很多办法。特别是从1956年整风运动，到后来的"四清"，再到"文化大革命"，最后几乎是用政治革命的方式来保证党不变质，保证党永远保持革命的优良作风和本色。但后来的事实证明，依靠群众运动的办法是不成功的，其代价太大，得不偿失。因此，改革开放以后，我们党毅然放弃用群众运动方式整党整风的决策是正确的。但问题是有没有新的、更好的办法呢？存在的问题总得解决。我们也不能说1956年整风运动是空穴来风吧？更不能说黄炎培先生1945年与毛泽东"窑洞对"时，警示中国共产党不要重蹈历史周期率的覆辙是杞人忧天吧？"文化大革命"的办法和做法是错误的，但毛泽东想通过"文化大革命"解决的很多问题是客观存在的，高度关注并想办法下决心彻底解决这些问题的初衷也是需要继续引起高度关注的，正所谓"不能把洗澡水和孩子一起泼掉"。不靠群众运动的老办法，新的、更好的办法是靠制度、靠民主、靠法治。取向当然是好的，但问题是：靠什么样的制度？靠什么样的民主、法治？具体

[①] 陈嘉庚：《南侨回忆录》，岳麓书社1998年版，第188页。

怎么建设、怎么操作？具体依靠谁来设计、建设和操作？如何确保这种制度办法既不需要付出群众运动方式的代价，又能切实解决毛泽东想解决而没有解决的问题？这一系列问题如果得不到有效的回答和解决，党风建设乃至整个党的建设就将面临非常尴尬的局面：旧的办法不能用，新的办法想不到，或者所谓的新办法不管用。

历史告诉我们，结束过去仅仅意味着结束过去，并不一定意味着开辟未来；批评过去的错误容易，超越过去的错误却很艰难。我们经历过20世纪80年代初期的整党运动，的确没有再搞群众运动，但改进党风的效果并不理想。现在我们党存在的精神懈怠危险、能力不足危险、脱离群众危险、消极腐败危险，以及形式主义、官僚主义、享乐主义和奢靡之风的不良风气，与我们党一直还没有摆脱这种尴尬局面有直接关系，与一直还没有真正找到科学、管用的制度办法来有效促进党的作风建设有直接关系。而且时间越长，党风积累的问题就越多，甚至一些小问题就会演变成大问题，一些局部问题就会演变成全局问题，个别干部的不良习气就会演变成大的风气，其根源主要是党的建设宽松软问题长期积累，而一直没有找到管用的办法进行有效解决。

当然，其间国内外发生的一些事件又催化了这些问题的膨胀和放大，使得党和政府的公信力面临越来越严重的危机。一是东欧剧变、苏联解体给当时全党带来的集体性信仰焦虑问题，比如共产主义还是值得奋斗的目标吗？如果说苏共那么多党的领袖都不再相信，我们还要继续相信吗？苏共的失败是不是意味着共产主义的失败？等等。这种信仰的焦虑如果得不到及时治愈，一些党的干部就很容易出现各种问题。现在看来，这种信仰危机的持续影响并没有消失。二是改革开放以后，价值多元给主流意识形态所带来的冲击，特别是在发展中遇到一些问题的时候，如社会差别、分配不公、环境恶化、食品安全、政府和社会诚信的双重缺失等，如果不能理性对待，也会使一些人在信仰这个根本问题上产生动摇。三是对市场经济的误读、误导，为享乐主义、奢靡之风提供依据。似乎市场经济就必须物欲横流，人就必须自私自利、放荡不羁，甚至有个别专家声称腐败是市场经济的"润滑剂"，理直气壮为腐化堕落摇旗呐喊，极力宣扬中国最大的进步就是以金钱面前人人平等代替了特权的不公，有钱就有一切比有权就有一切文明得多。这些话让所有市场经济的鼻祖国家都目瞪口呆。殊不知，现代市场经济运行所需要的不仅是法治的保障，更需要的是市场主体必备的价值精神，这种精神不仅不是对私欲物欲的放纵，恰恰是克勤克俭，是高度的自我克制和社会责任。四是一些腐败大案、要案在网络媒体上的极度渲染，使人们对公权拥有者产生了妖魔化的倾向，似乎所有官员都与抓起来的腐败分子一个德行。所有这些因素都直接或间接地对党的一些干部的信念信仰产生了负面影响。而信仰一旦迷失，防线不攻自破。对于我们这样一个一直注重思想建党的大党来讲，思想防线不牢，对作风的影响就会更大。

因此，到党的十八大，长达60多年执政，我们党在领导人民取得国家重大经济发展成就和社会进步的同时，在执政党建设问题上，一直没有能够成功解决一党长期执政条件下如何保证我们党始终做到"态度好、能力强"的问题。而这个问题再不通过全面从严治党加以成功解决，我们党就将面临失去人民群众信赖的公信力危机。

进入新时代前的"态度"状况

全面从严治党既具有必要条件，又具有充分条件。全面从严治党的必要条件就是，党的十八大之前，在人民群众的内心党的公信力（态度）已经存在非常严重的问题；全面从严治党的充分条件就是，党的十八大之前，无论是干部个体（"关键少数"），党的干部队伍整体，还是制度层面，党的执政和领导能力远远无法适应党的十八大以后新时代、新形势、新任务的迫切要求，远远无法适应中国共产党和中国政府在全球治理中的巨大影响力的形象要求。加快推进国家治理体系和治理能力现代化建设，已迫在眉睫，而作为马克思主义执政党，打铁必须自身硬，则必须首先提升自己领导和驾驭国家治理体系和治理能力现代化的能力和水平。

早在20世纪80年代后期，党内党外广泛流传着这样一句反映当时社会舆情的话，叫"拿起筷子吃肉，放下筷子骂娘"。这是对当时老百姓真实心态的形象表述。也就是说，党通过改革发展和经济建设，让老百姓的物质生活水平提高了，但党和政府在人民群众心目中的公信力却下降了。很遗憾，这一社会现象在繁重的经济建设任务面前，一直没有引起党的高度重视。

其实，这种公信力下降的苗头暗藏着执政危机。按理说，这个说法是不合常理的。过去没有以经济建设为中心，而是搞阶级斗争和群众运动，老百姓温饱问题都解决不了，而改革开放以后，人民群众的生活水平提高了，拿起筷子都吃上肉了，而吃肉在 20 世纪 50 年代、60 年代、70 年代绝大多数中国人的记忆里，是只有过年才可以奢望的事情，照理说人民群众今天应该高兴才对，应该对党和政府感到满意才对，怎么可能还会放下筷子骂娘呢？其中一个非常重要的原因就是，随着改革开放和经济发展，始终没有做到邓小平反复强调要求的"两手抓、两手都要硬"。一些不良风气开始滋生，一些腐败现象开始蔓延，一些与过去宣传的社会主义核心价值不同的社会不公问题开始抬头，人民群众在有了民生改善方面的一些获得感以后，并没有得到其他方面的获得感，甚至在很多方面还增加了失落感，对于普通的工人、农民和劳动者来讲，感觉党和国家离自己越来越远，与自己越来越没有关系。如果这种现象变成一种常态，在政治治理中就是政治冷漠，而再往前发展就离政治冲突不远了。后来在社会治理中付出那么高昂的治理成本却收效甚微，甚至把应该是常态治理的维稳问题几乎全部作为危机治理，是与这种公信力的下降有直接关系的。

道理很简单，党和政府让人民群众感觉到自己和党是一家人的时候，党和国家的事情就是自己一家人的事情，一家人就不必说两家话，人民群众就会把党和政府当成自家人，当成自己的主心骨和亲人，就会主动为党和政府分忧，就会像维护自己的声誉一样去爱护和维护党的声誉。党和政府作出了好的决策，人民群众会为我们党高兴，而当党和政府有工作失误的时候，他们会替党和政府说话解释，会发自内心理解党和政府的艰辛，会替党和政府弥补制度和规定的漏洞，而不可能去钻制度和规定的漏洞。任何党和政府都是会犯错误的，我们党最伟大的地方就是把人民群众一直视为亲人、家人、主人，所以即使偶尔犯了错误，人民群众也会选择原谅、体谅，帮助改正错误后，依然还坚定地跟着党走。如果我们因为自己工作的失误，在政策上、在感情上疏离了人民群众，让人民群众在国家政治生活中失去了获得感，特别是让曾经跟着我们党忠诚一心的工农大众和普通劳动者感觉到的是失落感，人民群众心中那本账就得反过来算了。当年国民党伤害人民群众的感情，后果有多严重，几代中国人都清清楚楚。我们党也不能因为与人民群众感情密切而不懂得珍惜和敬畏，这种感情也不是一劳永逸、一成不变的，而是要我们党始终在信仰上、在感情上、在制度办法上把习近平提出的"以人民为中心"落到实处才能够做到的。至少在中国，执政党也许会犯一些错误，但蔑视、轻视、漠视、忽视人民的错误一次都不能犯，因为一旦出现这样的错误，人民群众是不可能给你改正的机会的，人民群众也是永远不可能原谅这样的政党的。

2014年3月18日，习近平在河南省兰考县委常委扩大会议上的讲话中谈道，古罗马历史学家塔西佗提出了一个理论，说当公权力失去公信力时，无论发表什么言论、无论做什么事，社会都会给以负面评价，也就是"塔西佗陷阱"。习近平作为政治家在党的群众路线教育实践活动中指出这个问题，绝不是泛泛而谈，而是有着极强的现实针对性的，一定是针对现实中存在的突出政治问题所提出的，并且是要通过推进全面从严治党从根本上加以解决的。这个问题从20世纪80年代后期初见端倪，到党的十八大召开沉积发酵日久，已经到了必须从理论到实践彻底澄清并尽快加以解决的时候。这就是党的领导和党的执政的公信力问题。这个问题一日得不到好的解决，则党无宁日，国无宁日，谈何党和国家长治久安？谈何中国梦？谈何中华民族伟大复兴？这次全面从严治党，就是要把这个历史遗留问题一次性肃清并且找到好的办法来保障治党治国治军的过程，使之成为我们党厚植执政的政治基础的过程，变成人民群众越来越真诚拥护党的领导的过程。

"拿起筷子吃肉，放下筷子骂娘"现象，是党的公信力走进"塔西佗陷阱"的一种警示，而公信力出现危机的根本原因是政治意识的淡化和执政能力带来的恐慌，而造成执政能力恐慌的根本原因是多年来不讲政治。一个马克思主义政党，如果不讲政治，就会犯颠覆性的错误，就会失去灵魂，就会迷失方向，就会丧失政治免疫力和自我革命的勇气，就会弊端丛生、人心涣散、一盘散沙、分崩离析，就会亡党亡国。小舢板翻了，也许还可以再翻过来，但一艘大船如果翻了，就只能是"泰坦尼克号"的命运，不可能有翻转的机会。我们是一个大党，我们党领导的中国特色社会主义事业是一艘巨轮，我们党作为执政党一定要讲政治，绝对不能犯颠覆性的错误。在谈到党风和腐败问题时，习近平每一次都讲得很动感情，他说："腐败是社会毒瘤。如果任凭腐败问题愈演愈烈，最终必然亡党亡国。"① "如果'四风'问题蔓延开来又得不到有效遏制，就会像一座无形的墙把党和人民群众隔开，就会像一把无情的刀割断党同人民群众的血肉联系。"②

毛泽东曾经说过，我们党在人民群众心中应该是一个庄重的党。这"庄重"二字很关键，如果我们的很多干部在人民群众心中不庄重了，党在人民群众心中就不庄重了，人民群众就不会再尊重、敬重我们党了。所以"四风"问题和腐败蔓延问题一旦在党内屡禁不止，整个党的形象就谈不上庄重了。习近平指出："党要管党，才能管好党；从严治党，才能治好党。对我们这样一个拥有八千五百多万党员、在一个十三亿人口大国长期执政的党，管党治党一刻不能松懈。如果管党不力、治党不严，人民群众反映强烈的党内突出问题得不到解决，那我们党迟早会失去执政资格，不可避免被历史淘汰。这决不是危言耸听。"③ "新形势下，我们党的自身建设面临一系列新情况新问题新挑战，落实党要管党、从严治党的任务比以往任何时候都更为繁重、更为紧迫。我们必须以更大的决心和勇气抓好党的自身建设，确保党在世界形势深刻变化的历史进程中始终走在时代前列，在应对国内外各种风险和考验的历史进程中始终成为全国人民的主心骨，在发展中国特色社会主义的历史进程中始终成为坚强的领导核心。"④

党的十八大前的"能力"状况

习近平指出："这些年来，我们全面推进党的建设新的伟大工程，党的执政能力得到新的提高，党的先进性和纯洁性得到保持和发展，党的领导得到加强和改善。同时，与国内外形势发展变化相比，与党所承担的历史任务相比，党的领导水平和执政水平、党组织建设状况和党员干部素质、能力、作风都还有不小差距。特别是新形势下加强和改进党的建设面临'四大考验'、'四种危险'，落实党要管党、从严治党的任务比以往任

---

① 中共中央纪律检查委员会、中共中央文献研究室编：《习近平关于党风廉政建设和反腐败斗争论述摘编》，中国方正出版社2015年版，第5页。
② 中共中央纪律检查委员会、中共中央文献研究室编：《习近平关于党风廉政建设和反腐败斗争论述摘编》，中国方正出版社2015年版，第76页。
③ 中共中央文献研究室编：《十八大以来重要文献选编》（上），中央文献出版社2014年版，第349—350页。
④ 习近平：《全面贯彻落实党的十八大精神要突出抓好六个方面工作》，《求是》2013年第1期。

何时候都更为繁重更为紧迫。"①"实现中华民族伟大复兴,关键在党。今天,我们正在进行具有许多新的历史特点的伟大斗争。全党要牢记毛泽东同志提出的'我们决不当李自成'的深刻警示,牢记'两个务必',牢记'生于忧患,死于安乐'的古训,着力解决好'其兴也勃焉,其亡也忽焉'的历史性课题,增强党要管党、从严治党的自觉,提高党的执政能力和领导水平,增强党自我净化、自我完善、自我革新、自我提高能力。"②

全面从严治党要求党的执政能力和领导水平与党的十八大以来新形势、新任务要求相适应,与民族复兴大业发展到新时代的要求相适应,与国家的发展实力相匹配。集中表现在以下两个方面。

第一,领导"五位一体"发展的能力需要进一步提升。应该说,改革开放以来,党的干部队伍的能力进步是巨大的,特别是在我们党义无反顾地摒弃了治国理政的运动模式以后,在以市场为导向的经济改革动力驱动下,中国特色社会主义迸发出了前所未有的发展活力,广大党的干部顺应时代发展历史潮流,刻苦学习,奋发有为,努力实践,领导经济建设的能力得到了历史性的提升,我们党很快造就了一大批懂经济、经济工作能力强的干部。以笔者在中央党校25年的工作经历为证,从1992年到2017年这25年,正是中国经济腾飞最关键的时期,应该说全党上下比学赶帮、同心同德,整个干部队伍和选人用人的导向也是非常清晰的,就是经济建设。长达近30年,经济学以及与经济学相关的管理类专业,一直是各大高校的热门专业,这种被学界称为"经济学帝国主义"的现象也折射到中央党校学员的专业结构中,在中央党校各主体班学员的学科专业中绝大部分都是经济学研究生博士学历,特别是今天所说的"关键少数",各省各市核心领导层的主要组成人员,绝大部分也是经济学博士,有的还是经济学博士生导师。

中央党校经济学部也是多年来一直被学员优先选择学习进修的部门。这应该被看作我国历史发展进程中一个必须经历的阶段,应该是这个必经阶段的好现象。因为办好中国的事情,关键在党,关键在人,关键在干部。把经济建设这件繁重的工作做好,道理一定也是这样。这是我们党能够领

---

① 中共中央文献研究室编:《十八大以来重要文献选编》(上),中央文献出版社2014年版,第80页。
② 中共中央文献研究室编:《十八大以来重要文献选编》(上),中央文献出版社2014年版,第701页。

导中国人民，在"文化大革命"后迅速抓住历史机遇加快国家发展的关键，也是今天我们国家能够取得这么大的发展成就的关键。同时，这也是中国共产党很了不起的伟大成就，也是今天我们谈到的自我革命能力的重要体现。走出"文化大革命"的阴影，走向以经济建设为中心，把全党工作的重心转移到经济建设上来，在当年太艰难了，没有一种自我革命的精神，是忍受不了那种凤凰涅槃的阵痛的，但中国共产党的伟大就在这里，就像民主革命时期一样，在每一次革命的重大挫折过后，都会坚强地站起来，沿着更加明亮的道路奋力前行。这也再次验证了一个道理，那就是只要中国共产党认清了、认准了、认对了一件事情，并下决心做好这件事情，从来就没有我们党做不好的。这是历史给我们党积淀的最可贵的自信。

但是在充分肯定我们党的干部其能力取得历史性进步，并在经济发展和社会稳定中彰显卓越治理能力的同时，还要清醒地看到，领导一个国家的经济建设很重要，但它仅仅是实现一个国家文明复兴的基础，而不是全部；相对于"以阶级斗争为纲"的极左路线而言，以经济建设为中心是一个历史性的进步，但如果因此把以经济建设为中心理解为党的基本路线的全部内容，因此而把经济建设为中心推到"以GDP为纲"的极端，甚至以为，只要把经济建设搞上去，人民群众就会理解、认同、支持和拥护党的领导和执政，就会顺利实现中华民族的伟大复兴，那就把问题理解得过于简单了。借用毛泽东在党的七届二中全会上的话讲，经济建设在改革开放以后所取得的成就，也仅仅是万里长征走完了第一步和第二步，如果连这两步都值得骄傲，那么我们共产党人是渺小的。

我们今后的路更长，任务更艰巨。这个艰巨的任务就是党的十八大所提出的"五位一体"总体布局，必须实现经济、政治、文化、社会和生态文明建设的"五位一体"发展，而且要把生态文明建设深刻融入经济建设、政治建设、文化建设和社会建设中去，这样才能适应中国经济进入新常态阶段以后的发展新特点新要求。今天我们必须说，在"五位一体"总体布局的指引下，在经济进入新常态发展阶段以后，中国共产党的新发展理念，再也不能是沙尘暴越来越多的"发展"，再也不能是雾霾越来越严重的"发展"，再也不能是看不到蓝天白云、喝不到纯净水、呼吸不到清新空气的"发展"，再也不能是山区的穷孩子失学辍学率越来越高的"发展"，再也不能是地区之间、社会各阶层之间的收入分配差距越来越急剧拉大以致严重失调的"发展"……我们今天必须说,只有"五位一体"发展才是硬道理,只有把生态文明建设深刻融入经济建设、政治建设、文化建设和社会建设中去的发展才是中国特色社会主义事业所需要的发展。

很显然,党的十八大之前,干部队伍面临着本领恐慌。即便是经济建设本身,在经济新常态发展形势下,也绝不是继续简单沿用过去招商引资的套路和办法,就可以彰显自己领导经济建设的能力水平的,而是必须具备依法领导经济建设的能力,必须具备把生态文明建设深刻融入当地经济建设的能力,必须具备习近平所说的"绿水青山就是金山银山"的现代经济发展理念和能力,而且更为重要的是,作为一级地方党委,如何把抓好党建与抓好经济建设形成良性互动,提高"两手抓、两手都要硬"的能力等,都是需要各级各地党的干部继续认真学习和掌握的本领。干部队伍只有提升能力,包括领导政治建设的能力、领导文化建设的能力、领导社会建设的能力和领导生态文明建设的能力等,才能实现中华民族伟大复兴的中国梦。

我们在集中精力抓经济建设的同时,党的干部必须注重能力提升,尤其是领导政治建设和政治发展能力。10年前笔者看过一份内部参阅的调研报告,是一位著名的老学者在沿海发达地区对主要地市级领导干部调研后写的。其中,一个重要的结论就是:当问到这些应该是中国当代最优秀的干部群体关于经济建设方面的问题时,可以说个个都是行家里手,如数家珍。但一旦问到政治建设和社会建设方面的问题时,立刻显示出了知识结构和能力结构的软肋,有的连基本常识都不具备。他认为,在中国发展以党的领导和政府主导的体制特点下,干部素质和能力水平在很大程度上就决定了一个地区的发展命运。他建议尽快提升领导干部的综合能力和素质,并且要在四大班子尤其是党的常委班子配备中,尽可能考虑到专业知识结构的全面均衡,即不能都是学经济学的,要有学法学的、管理学的、自然科学的、党史党建的、社会学的、政治科学的,等等。至今笔者对这篇报告印象还很深刻,因为笔者在中央党校同领导干部一起学习研讨,平时的调研也比较多,这方面的体会也更具体、更深切。比如,领导文化建设的意识和能力。在经济建设的过程中,特别是在城市改造和乡村城镇化建设过程中，留下的教训是很大的。比如，社会建设能力。因为涉及的内容很多，这里主要谈谈自己关注比较多的社会个体的素质问题，也就是党对国民教育的领导能力水平问题，至于在经济社会发展中出现的社会分化和分配不公问题，这里不再赘述。

　　面对全面建成小康社会的要求，我们的教育理念、教育体制、教育内容、教育方式、教育艺术都面临着很大的挑战，也遗留了很多教训和问题。1989年邓小平说过，我们最大的失误是教育，尤其是对下一代的思想政治教育。重视教育并不仅仅是加大对教育的投资（当然这个层面本身也是非常重要的，笔者也是极力期望能够加大对教育尤其是基础教育和广大农村贫困地区的教育投资的），更迫切的是教育理念的现代化。这种现代化不单是指高等院校规模有多大，能够培养多少硕士、博士，也不是这个学校出了多少政治家、文学家、科学家等，而应该首先是我们的教育为国家培育了多少比例的符合中国特色社会主义建设要求的成熟的政治公民，塑造了多少在毕业之后能够对自己的政治行为、经济行为、生活行为，尤其能够对自己的个人生活行为负责并真正能负得起责任的成熟公民人格。

　　第二，党的自身建设能力需要进一步提升。主要解决以下四个方面的问题：一是在新形势下管党治党的办法模式上，在处理运动治党和制度治党的关系上，表现为旧的办法不能用，而新的办法不会用。二是在领导国家治理的执政方式和领导方式上，执政党与国家政权之间的关系一直没有梳理清楚，特别是在民主与集中的关系处理上。三是对市场经济条件下如何实现党对社会的科学领导，一直办法不多、效果不佳。四是在构建国家主流意识形态的能力方面，特别是在全球治理中的话语权能力建设方面有些滞后，无法做到从容自信。具体而言，体现在以下四点。

　　首先，在社会主义市场经济和改革开放新形势下如何管好党、治好党，一直在探索实践，但一直解决得没有让全党满意。应该说，在"文化大革命"结束以后，通过对"文化大革命"的痛定思痛，党中央在将党的中心工作转移到经济建设上来以后，在党的自身建设和管党治党的方法、办法和模式上，毅然决然放弃了群众运动、政治运动以及路线斗争的方式，提出制度治党的正确方向，是一个历史性的重大进步，是应该得到充分肯定的。而且，特别应该指出和强调的是，无论改革开放以来遇到什么样的风云变幻，我们党始终坚持了永远不再用运动方式治党的底线和红线，义无反顾地朝着制度治党的正确方向前进，这种政治定力是值得充分肯定的，这本身就是一种政治能力的体现，特别是在改革开放初期，能顶住压力坚守底线不走回头路，是极其不容易的。当然，说到底，导致腐败蔓延和"四风"问题最根本的要素还是权力问题，是我们党执政后还没有在制度上成功解决如何授好权、掌好权、管好权、用好权、换好权的问题。这个根本课题解决不了，党风建设问题的尴尬困局就破解不了。而一旦这个艰难的课题有了解决的希望，全党就会燃起越来越多的信念信仰的希望，燃起越来越多党风刷新的希望。进入新时代，是到了必须下大决心解决这一课题的时候了。

其次，在领导国家治理的执政方式和领导方式上，在执政党与国家政权之间的关系上，特别是在民主与集中的关系处理上，梳理得不是很清楚。表现为该集中权力的时候无法正确集中，不该集中权力的时候过于集中，该民主的时候正确发扬民主不够。这种现象的长期持续存在，严重影响和制约了党和国家制度优势的有效发挥。笔者1995年底参加了党的十五大政治报告的前期调研工作，而当时交给我们调研组的调研课题就是民主集中制的贯彻落实情况。记得在当时的中央组织部老办公楼，同时接受这一课题的还有另外一个调研组。我们当时的调研组组长是卢先福教授，成员有赵云献教授、陈凯龙副教授和笔者。我们先后到辽宁的沈阳、鞍钢、大连，安徽的合肥、马鞍山、巢湖，最后到上海，并在上海过的1996年元旦。其间，与两省三市的主要领导和地市县领导同志，以及有代表性的各行各业代表，进行了广泛深入的座谈和调研。尽管我们组的行政级别不高，但都是中央党校的学者，座谈对象又多是中央党校的学员，更为关键的是我们是中央调研组，是中央办公厅提前给各地发了通知提出明确要求的，所以大家谈得都很实在，这也是笔者第一次亲身感觉到了中国共产党的党内民主形式和程序，而且感受到这套做法是很厉害的，是很管用的。要求大家都对党必须说实话，又不对外发表，就可以比较好地畅所欲言。因此，包括以后参加的党的十六大调研等，调研组写的调研报告也是必须实事求是的，能够反映机制存在的突出问题的。当时我们调研组在上报的调研报告中指出了民主集中制普遍存在的问题——民主不够，集中也不够。在很长一段时间里，这个问题一直没有得到有效解决，到现在还是集中存在的具有普遍性的问题，而且有些问题还有了进一步的蔓延和发展。

再次，对市场经济条件下如何实现党对社会的科学领导，一直显得办法不多，效果不佳。旧中国的落后贫弱，除了政治腐败、经济文化贫穷、军事科技落后以外，一个很重要的方面就是中国社会的落后，不仅是中国社会的国民个体素质距离现代民族国家的公民素质太远，更是整个社会的现代化程度太低，旧中国的社会组织化程度太低，也就是让近代所有优秀的中华儿女痛心疾首的一盘散沙。一个现代化国家的主要标志，不仅仅是国家的经济、文化、科技、军事实力的强大和政治制度的优越，还有一个重要的内容就是社会的组织化程度的水平高、社会的自组织能力和功能强、人民当家作主的能力水平高。

在计划经济时期，我们在城市社会用了单位制的办法，在农村用了人民公社制度的办法，并用党的各级组织的领导来实现了对中国社会的管理。在改革开放实行社会主义市场经济以后，城市打破了单位制，农村废除了人民公社制度，并且先后在中国农村和城市社区推行了自治制度，这些都是我们党顺应市场经济发展历史潮流作出的深层社会变革，是历史性的进步，但却对中国的社会管理和治理提出了前所未有的挑战。在计划经济条件下，全党对通过运动的方式动员群众、组织群众是得心应手的。但在市场经济条件下，不仅管党治党不能再用运动的方式，经济建设和文化建设不能再用运动的方式，包括整个社会的管理也不能再用运动的办法，而是应该实现社会管理的创新，应该在党的领导下实现对中国社会的依法管理和治理。但怎么去实现这种治理，从思想意识到知识储备，对全党同志都是全新的重大课题。在相当长的时期内，又出现了旧的办法不能用、新的办法不会用的管理困境，也就是在这样的社会治理阵痛期，党的干部在社会治理能力方面普遍感到力不从心。并且在国内生产总值指标的重压之下，很多地方也没有把解决和克服这种本领恐慌放到应该有的重视程度上，社会治理中的不少问题因此而逐步积累起来，维稳问题越来越成为各级党委的隐痛，本来常态治理的信访制度演变成了越来越多的"上访"乱象。社会治理的成本越来越高，各级党委和政府为此付出的时间精力越来越大，但所取得的治理成效差强人意，社会的公信力并没有得到相应的提高。

党的十八大之前，我国的社会治理水平与我国的经济发展水平很不适应，党的很多干部对市场经济条件下领导好社会治理显得能力不足。

最后，在构建党和国家主流意识形态的能力方面，特别是在全球治理中的话语体系建设方面有些滞后，无法做到从容自信。主要表现为以下三个方面。

一是在党的思想理论建设和创新方面，尽管党的十八大之前取得了很大的进展，但是对一些全党和广大人民群众普遍关心的深层次问题，对一些涉及党和国家领导制度改革和建设的重大课题，很多时候显得滞后，没有站在当代中国马克思主义执政党长期执政和国家长治久安的高度作出整体设计，没有系统的理论突破、战略布局和制度安排，被动应对的多，主动发力的少，而且很多时候似乎不知道怎么去主动发力，缺乏应有的理论自信。

二是在社会主义市场经济发展带来的利益主体多元化和社会思潮多元化的新形势下，以党和国家主流意识形态、核心价值引领社会核心价值，显得力度不够。也许正是因为党的思想理论建设存在的不足，直接导致了党的主流意识形态引导力的不够。特别是在后来迅猛发展起来的网络媒体面前，党对于如何正确有效引领网络媒体的主流价值取向表现出明显的本领恐慌。也许这是一个世界性的难题，世界上任何一个执政党在网络媒体面前都很不适应，都有一个不断积累经验和提升应对水平的过程。但对于中国共产党来讲，这个应对的时间不能很长，必须在尽可能短的时间内完成由应对网络媒体到引领网络媒体的转变，这是党的先进性在意识形态领域里的必然要求。如果党的干部长期对网络媒体处于恐惧状态，谈何引领力？也正是相当长的时期内的引导不力，在以青少年为主流群体的网民大军中，党和政府主流的正面声音成为被攻击、被嘲弄的对象，而那些带头炒作、操纵、煽动网民的一些所谓"网络大V"则成为成千上万粉丝追捧的网络明星和红人，名利双收，弹冠相庆。还有一些人长期在微博、微信公众号上发表不负责任的言论，甚至长期辱骂、攻击党的领袖和革命先烈，这在任何国家都是无法让人容忍的违法行为。

为什么我们不能充分利用（而不仅是应对）新兴媒体的有利资源平台，来为我们党的主流意识形态建设服务呢？意识形态阵地你不去占领，别人就会去占领；好人不去占领，坏人就会去占领；你占领了用得不好，别人就会钻你的漏洞。这就是对意识形态能力的更高要求，尤其对马克思主义执政党来讲，这一点什么时候都是检验党领导能力的重要标准，也是我们党历来特别重视意识形态工作的重要原因。特别是宣传工作，如果党做到路线方针政策正确和率先垂范，加上做好耐心细致的宣传说服工作，人民群众就能够对我们党的政策有直接的获得感。

三是在全球治理体系中的话语权能力建设亟待加强。随着中国建设发展治理取得的历史性成就的不断增强，随着中国党和政府国际影响力的不断增强，党在全球治理中的话语权问题显得越来越重要。而这些方面对党的很多干部的挑战也是很大的。就像习近平在全国党校工作会议上讲话中所强调指出的那样，在全球话语权争夺的问题上，很多时候明明道理在我们这一边，却显得有理说不清；很多时候西方国家明明是没有道理的，却显得理直气壮。当然，这一方面是西方话语霸权的表现，但另一方面也有我们自己工作上存在的薄弱环节，这就是我们党在全球治理中的话语权建设问题，这也是我们党在新形势下领导意识形态工作能力所面临的新的挑战。现在我国经济社会发展的伟大成就和中国治理越来越多的成功经验，也为我们党的话语权建设提供了成熟的条件。

三、如何全面从严治党？

针对党的领导和党的建设存在的宽松软问题，针对适应经济发展进入新常态以后对党的领导能力提升的紧迫性要求，党应该如何通过全面从严治党固本培元、强身健骨、恢复优势、补齐短板，锻造真功夫、真本领，继续使自己有资格和能力成为中国特色社会主义伟大事业坚强有力的领导核心，就成为党的十八大以来我们党和国家政治生活中最华彩的乐章。那么，全面从严治党究竟有什么样的核心内容呢？根据我们对习近平关于全面从严治党重要论述的系统梳理和研究，认为党的十八大以来，以习近平同志为核心的党中央，至少在以下十个方面作出了全面从严治党的顶层设计和制度跟进，给全党带来了越来越多的惊喜和信心。

全面落实从严治党责任

全面落实从严治党责任，是全面从严治党能够落地生根、开花结果最直接的动因，也是全面从严治党敢管敢严、真管真严、长管长严的基本保证。从建党到现在，我们党任何时候都在强调从严治党，特别是从改革开放开始到党的十八大召开，我们党也很重视从严治党，很多从严治党的道理都讲到了，也讲得非常好，包括治国必先治党、治党务必从严，包括从严治党的现实意义、历史意义、对党和国家命运的特殊重要性，包括一定要怎么做、务必怎么做、必须怎么做的原则要求等，但到了具体执行的时候却没有很好地落实，监督机构也没有很好地发挥监督作用。这就是长期以来我们党存在的"一手硬、一手软"的陈年痼疾一直得不到有效治愈的最直接原因，一个是责任不清、问责不力，一个是政绩不明、激励缺失。以习近平同志为核心的党中央抓全面从严治党最有效的办法，就是从全面落实从严治党责任开始——做到了如何问责，做到了如何激励。这就抓住了牛鼻子，导向明晰清楚了，对全党同志都是无声的指令，很快大家就知道该怎么做，并且很快就学会怎么做。事实上也是这样，全面落实从严治党责任以来，各级各地党的组织特别是党组织的一把手，在短短不到一年的时间里都把党建工作当作日常工作中的重中之重，都逐步习惯并学会如何抓好党建工作。现在我们可以说，也许大家抓党建工作的水平有高有低，但大家对党建工作的重视程度很难分出高低来，因为都特别重视。这是多少年都没看到过的让人振奋的景象，也让全党发自内心地折服于党的领导人，折服于党中央会抓党建，有好思路，有好办法。多少年来一直被邓小平牵挂于心、期望尽快解决的"一手硬、一手软"这个似乎无法解决的老大难问题，很短时间内就迎刃而解了，而且不仅继续把经济工作抓好了，党建工作也抓好了。

具体如何全面落实从严治党责任呢？首先要明确落实党建责任主体，强调从严治党是各地各级党委特别是党委书记的首要责任和最大政绩，切实解决多年存在的"一手硬、一手软""经济建设一俊遮百丑""简单以GDP论英雄"的老大难问题。具体来讲，习近平从四个方面对落实从严治党责任提出要求：一是突出强调从严治党是全党的政治责任，首先是中央政治局的政治责任。各级党委是从严治党的责任主体，党委书记是党的建设第一责任人。二是强调各级各部门党委（党组）必须树立正确的政绩观，坚持从巩固党的执政地位的大局看问题，把抓好党建作为最大的政绩。对各级各部门党组织负责人特别是党委（党组）书记的考核，首先要看抓党建的实效，考核其他党员领导干部工作也要加大这方面的权重。三是抓党建不是虚的，坚持党建工作和中心工作一起谋划、一起部署、一起考核，把每条战线、每个领域、每个环节的党建工作抓具体、抓深入，坚决防止"一手硬、一手软"。四是领导带头，从严治党的要求落到实处，领导机关和领导干部带头作用非常重要。领导机关和领导干部作出示范，下面就会跟着来、照着做。党的高级领导干部要强化带头意识，特别是抓好中央委员会、中央政治局、中央政治局常委会的组成人员是关键。把这部分人抓好了，能够在全党作出表率，很多事情就好办了。因此，加强和规范党内政治生活、加强党内监督、加强党的领导和党的建设，必须首先从这部分人抓起。所以，高级干部特别是中央领导层组成人员必须以身作则，模范遵守党章党规，严守党的政治纪律和政治规矩，坚持不忘初心、继续前进，坚持率先垂范、以上率下，为全党全社会作出示范。

坚持思想建党与制度治党紧密结合

要克服长期以来存在的一谈思想建设就陷入假大空道德说教，一谈制度建设就忽视核心价值的倾向，要切实把思想建党的优势和传统融会贯通于制度建设之中。习近平突出强调二者的紧密结合，指出从严治党靠教育，也靠制度，二者一柔一刚，要同向发力、同时发力。① 强调从严管理干部，要坚持思想建党和制度治党紧密结合，既从思想教育上严起来，又从制度上严起来。②

一方面，要在思想上严起来。习近平指出："坚定理想信念，坚持求真务实，坚持清正严明，需要广大党员和干部从自身做起、从现在做起，也需要严格的党内政治生活来规制和引导。我说过，得其大者可以兼其小。立明规则，破潜规则，必须在党内形成弘扬正气的大气候。大气候不形成，

---

① 习近平：《在党的群众路线教育实践活动总结大会上的讲话》，《人民日报》2014年10月9日。
② 中共中央文献研究室编：《习近平关于协调推进"四个全面"战略布局论述摘编》，中央文献出版社2015年版，第149页。

小气候自然就会成气候。"①"坚定理想信念,坚守共产党人精神追求,始终是共产党人安身立命的根本。对马克思主义的信仰,对社会主义和共产主义的信念,是共产党人的政治灵魂,是共产党人经受住任何考验的精神支柱。形象地说,理想信念就是共产党人精神上的'钙',没有理想信念,理想信念不坚定,精神上就会'缺钙',就会得'软骨病'。现实生活中,一些党员、干部出这样那样的问题,说到底是信仰迷茫、精神迷失。"②"革命理想高于天。没有远大理想,不是合格的共产党员;离开现实工作而空谈远大理想,也不是合格的共产党员。在我们党九十多年的历史中,一代又一代共产党人为了追求民族独立和人民解放,不惜流血牺牲,靠的就是一种信仰,为的就是一个理想。"③"要教育引导广大党员、干部把践行中国特色社会主义共同理想和坚定共产主义远大理想统一起来,做到虔诚而执着、至信而深厚。有了坚定的理想信念,站位就高了,眼界就宽了,心胸就开阔了,就能坚持正确政治方向,在胜利和顺境时不骄傲不急躁,在困难和逆境时不消沉不动摇,经受住各种风险和困难考验,自觉抵御各种腐朽思想的侵蚀,永葆共产党人政治本色。"④"事实一再表明,理想信念动摇是最危险的动摇,理想信念滑坡是最危险的滑坡。我一直在想,如果哪天在我们眼前发生'颜色革命'那样的复杂局面,我们的干部是不是都能毅然决然站出来捍卫党的领导、捍卫社会主义制度?我相信,绝大多数党员、干部是能够做到的。"⑤"崇高信仰、坚定信念不会自发产生。要炼就'金刚不坏之身',必须用科学理论武装头脑,不断培植我们的精神家园。对领导干部特别是高级干部来说,要把系统掌握马克思主义基本理论作为看家本领。"⑥

另一方面,要在制度上严起来。在制度治党方面,习近平认为:"要建

---

① 中共中央文献研究室编:《习近平关于全面从严治党论述摘编》,中央文献出版社2016年版,第29页。
② 中共中央文献研究室编:《十八大以来重要文献选编》(上),中央文献出版社2014年版,第80—81页。
③ 中共中央文献研究室编:《十八大以来重要文献选编》(上),中央文献出版社2014年版,第116页。
④ 中共中央文献研究室编:《十八大以来重要文献选编》(上),中央文献出版社2014年版,第116—117页。
⑤ 中共中央文献研究室编:《十八大以来重要文献选编》(上),中央文献出版社2014年版,第339—340页。
⑥ 中共中央文献研究室编:《习近平关于全面从严治党论述摘编》,中央文献出版社2016年版,第61页。

立健全相关制度,用制度管权管事管人。要突出重点,重在管用有效,全方位扎紧制度笼子,更多用制度治党、管权、治吏。"①"法规制度带有根本性、全局性、稳定性、长期性。邓小平同志说:'要解决思想问题,也要解决制度问题。''这种制度问题,关系到党和国家是否改变颜色,必须引起全党的高度重视。'反腐倡廉法规制度既'禁于未然之前',又'禁于已然之后',为党员、干部拉起了高压线、划出了警戒线,在党风廉政建设中具有规范引导、控制约束、警戒告诫、惩罚威慑的作用。"②"铲除不良作风和腐败现象滋生蔓延的土壤,根本上要靠法规制度。我们党长期执政,既具有巨大政治优势,又面临严峻挑战,必须依靠党的各级组织和人民的力量,不断加强和改进党的建设、管理、监督。只有建好制度、立好规矩,把法规制度建设贯穿到反腐倡廉各个领域、落实到制约和监督权力各个方面,发挥法规制度的激励约束作用,才能筑起遏制腐败现象滋生蔓延的'堤坝',才能推动形成不敢腐、不能腐、不想腐的有效机制。"③强调制度治党的意义在于以制度化、程序化、具体化方式治理党内政治生活,保证党的先进性和纯洁性。

严肃党内政治生活

习近平把严肃党内政治生活视为"解决党内自身问题的重要途径"。针对党内政治生活的庸俗化现象,习近平指出,党内政治生活是党组织教育管理党员和党员进行党性锻炼的主要平台,管党治党必须从党内政治生活管起,从严治党必须从党内政治生活严起。要提高党内政治生活的政治性、时代性、原则性、战斗性,使党内政治生活真正起到教育、改造、提高党员、干部的作用。他指出,严肃党内生活,最根本的是认真执行党的民主集中制,着力解决发扬民主不够、正确集中不够、开展批评不够、严肃纪律不够等问题。严肃党内政治生活贵在经常、重在认真、要在细节。党内政治生活和组织生活都要讲政治、讲原则、讲规矩,不能搞假大空,

---

① 中共中央文献研究室编:《习近平关于全面从严治党论述摘编》,中央文献出版社2016年版,第110页。
② 中共中央文献研究室编:《习近平关于全面从严治党论述摘编》,中央文献出版社2016年版,第188页。
③ 中共中央文献研究室编:《习近平关于全面从严治党论述摘编》,中央文献出版社2016年版,第187—188页。

不能随意化、平淡化，更不能娱乐化、庸俗化。党内上下关系、人际关系、工作氛围都要突出团结和谐、纯洁健康、弘扬正气，不允许搞团团伙伙、帮帮派派，不允许搞利益集团、进行利益交换。批评和自我批评是解决党内矛盾的有力武器，也是保持党的肌体健康的有力武器。党内政治生活质量在相当程度上取决于这个武器用得怎么样。党内要开展积极健康的思想斗争，帮助广大党员、干部分清是非、辨别真假，坚持真理、修正错误，统一意志、增进团结。特别是习近平在 2017 年 2 月 13 日省部级主要领导干部学习十八届六中全会精神研讨班上的重要讲话，联系国内国际形势和改革发展稳定任务，联系我们党正反两方面经验，联系中外政党政治比较，深刻阐明了讲政治的重要意义、根本目的、基本内涵和实践要求，总结概括了我们党讲政治的四个基本结论，即讲政治关乎党的前途命运；讲政治的目的在于统一全党意志、凝聚全党力量，为实现党的纲领和目标而共同奋斗；民心是最大的政治；讲政治不能纸上谈兵、空喊口号，而是要落实到党的领导、党的建设、党和国家各项工作中去。把我们对讲政治、开展严肃的党内政治生活这一重大问题的认识提高到了新的高度。

从严治党重在从严管理干部

习近平指出："党要管党，首先是管好干部；从严治党，关键是从严治吏。要把从严管理干部贯彻落实到干部队伍建设全过程。要坚持从严教育、从严管理、从严监督，让每一个干部都深刻懂得，当干部就必须付出更多辛劳、接受更严格的约束。没有这样的思想准备和觉悟，就不要进入干部队伍。"[①]

一要强化"认真"二字，强化干部讲规矩意识。习近平认为："坚持党性原则，关键是立规矩、讲规矩、守规矩。哪些事能做、哪些事不能做，哪些事该这样做、哪些事该那样做，都要规定得明明白白。要提高制度执行力，让制度、纪律成为带电的'高压线'，使查处违纪违法问题制度化、经常化，使党员、干部心有所畏、言有所戒、行有所止。"[②]"各级党组织和

[①] 中共中央文献研究室编：《十八大以来重要文献选编》（上），中央文献出版社 2014 年版，第 350 页。
[②] 中共中央文献研究室编：《十八大以来重要文献选编》（中），中央文献出版社 2016 年版，第 195 页。

广大党员、干部特别是主要领导干部自觉遵守党章，自觉按照党的组织原则和党内政治生活准则办事，自觉接受党的纪律约束，决不允许任何个人凌驾于组织之上，中央政治局的同志首先要做到。"① "要加强对干部经常性的管理监督，形成对干部的严格约束。没有监督的权力必然导致腐败，这是一条铁律。组织上培养干部不容易，要管理好、监督好，让他们始终有如履薄冰、如临深渊的警觉。"②

二要以严的措施、严的纪律，使干部心有所畏、言有所戒、行有所止。习近平指出："从严管理干部，总的是要坚定理想信念，加强道德养成，规范权力行使，培育优良作风，使各级干部自觉履行党章赋予的各项职责，严格按照党的原则和规矩办事。要坚持以严的标准要求干部、以严的措施管理干部、以严的纪律约束干部，使干部心有所畏、言有所戒、行有所止。"③他教育党的干部牢记："我们的权力是党和人民赋予的，是为党和人民做事用的，姓公不姓私，只能用来为党分忧、为国干事、为民谋利。要正确行使权力，依法用权、秉公用权、廉洁用权，做到法定职权必须为，法无授权不可为，保持如临深渊、如履薄冰的谨慎，做到心有所畏、言有所戒、行有所止，处理好公和私、情和法、利和法的关系。"④ "要以严的标准要求干部、以严的措施管理干部、以严的纪律约束干部，防止失之于宽、失之于软，使干部心有所畏、言有所戒、行有所止。这也是对干部最大的负责、最大的爱护。"⑤

三要把对一把手的监督作为重中之重。习近平指出："上级纪委要把下级一把手纳入监督重点，发现问题线索及时处置。同级纪委要定期将同级领导班子成员特别是一把手落实主体责任、执行民主集中制、廉洁自律等情况向上级纪委报告；平时掌握了对下级一把手的反映，就要及时报告同级党委书记。要健全对一把手的监督制度，完善领导班子议事制度，对

---

① 中共中央文献研究室编：《习近平关于全面从严治党论述摘编》，中央文献出版社2016年版，第23页。
② 中共中央文献研究室编：《十八大以来重要文献选编》（上），中央文献出版社2014年版，第342页。
③ 中共中央文献研究室编：《十八大以来重要文献选编》（中），中央文献出版社2016年版，第97—98页。
④ 中共中央文献研究室编：《十八大以来重要文献选编》（中），中央文献出版社2016年版，第325页。
⑤ 中共中央文献研究室编：《习近平关于全面从严治党论述摘编》，中央文献出版社2016年版，第228页。

集体讨论事项，每个班子成员必须亮明态度并记录在案。要建立干部选拔任用问责制度，做到谁提名谁负责，谁考察谁负责，谁主持会议讨论决定谁负责。建立领导干部插手重大事项记录制度，对违规过问下级有关事项如实登记和问责。"[1] "严是爱，松是害。各级党组织要多设置一些监督'探头'，使一把手置身于党组织、党员、群众监督之下。上级对下级尤其是上级一把手对下级一把手的监督最管用、最有效。上级党组织要多了解下级一把手日常的思想、工作、生活状况，多注意干部群众对下级一把手问题的反映，多听取下级领导班子成员对一把手的意见。党员、干部可在党的会议上和干部提拔、领导干部述职述廉等环节对一把手实施监督。"[2]

扎实做好抓基层、打基础的工作

习近平高度重视基层党建，强调贯彻党要管党、从严治党方针，必须做好基层工作。一是强调当前和今后一个时期，要以党的十八大提出的加强基层服务型党组织建设来指导基层党建。"党的工作最坚实的力量支撑在基层，经济社会发展和民生最突出的矛盾和问题也在基层，必须把抓基层打基础作为长远之计和固本之策，丝毫不能放松。要重点加强基层党组织建设，全面提高基层党组织凝聚力和战斗力。要高度关注基层政权组织、经济组织、自治组织、群团组织、社会组织发展变化的特点，加强指导和管理，使各类基层组织按需设置、按职履责、有人办事、有章理事，既种好自留地、管好责任田，又唱好群英会、打好合力牌。"[3]

二是在组织设置上，针对在市场体制下的新情况，强调在非公经济组织、社会领域、城乡接合部、流动人口聚集地加强党的工作。习近平曾用通俗的语言来阐释这一道理："俗话说，麻绳最容易从细处断。越是情况复杂、基础薄弱的地方，越要健全党的组织、做好党的工作，确保全覆盖，固本强基，防止'木桶效应'。要建立严密的基层党组织工作制度，推动服务群众、做群众工作制度化、常态化、长效化，把基层党组织的工作重

---

[1] 习近平：《在第十八届中央纪律检查委员会第六次全体会议上的讲话》，《人民日报》2016年5月3日。
[2] 习近平：《在第十八届中央纪律检查委员会第六次全体会议上的讲话》，《人民日报》2016年5月3日。
[3] 《习近平在贵州调研时强调：看清形势适应趋势发挥优势 善于运用辩证思维谋划发展》，《人民日报》2015年6月19日。

心转到服务发展、服务民生、服务群众、服务党员上来,使基层党组织领导方式、工作方式、活动方式更加符合服务群众的需要。"①

三是重视基层党组织的功能与领导方式工作方式的转变。习近平指出:"各级都要重视基层、关心基层、支持基层,加大投入力度,加强带头人队伍建设,确保基层党组织有资源、有能力为群众服务。广大基层干部任务重、压力大、待遇低、出路窄,要把热情关心和严格要求结合起来,对广大基层干部充分理解、充分信任,格外关心、格外爱护,多为他们办一些雪中送炭的事情。基层干部中有问题的有没有?肯定有,但不能因为出了一些事就把基层干部整体'污名化'了。有些人这样做是别有用心的,要提高政治警惕性。"②

党的作风建设常态化制度化

把坚持党的群众路线与作风建设联系起来,作风建设向制度建设要长效,是党的十八大以来以习近平同志为核心的党中央对群众路线和作风建设的发展。

在改进作风建设方面,一是强调坚持马克思主义群众观点,以知促行、以行促知。习近平指出:"人民立场是中国共产党的根本政治立场,是马克思主义政党区别于其他政党的显著标志。党与人民风雨同舟、生死与共,始终保持血肉联系,是党战胜一切困难和风险的根本保证,正所谓'得众则得国,失众则失国'。"③习近平强调:"'水能载舟,亦能覆舟。'这个道理我们必须牢记,任何时候都不能忘却。老百姓是天,老百姓是地。忘记了人民,脱离了人民,我们就会成为无源之水、无本之木,就会一事无成。我们要坚持党的群众路线,始终保持党同人民群众的血肉联系,始终接受人民群众批评和监督,心中常思百姓疾苦,脑中常谋富民之策,使我们党永远赢得人民群众信任和拥护,使我们的事业始终拥有不竭的力量源泉。"④

二是指出要持之以恒正风肃纪。习近平指出,作风建设永远在路上,

---

① 中共中央文献研究室编:《十八大以来重要文献选编》(上),中央文献出版社 2014 年版,第 352 页。
② 中共中央文献研究室编:《十八大以来重要文献选编》(上),中央文献出版社 2014 年版,第 352 页。
③ 习近平:《在庆祝中国共产党成立 95 周年大会上的讲话》,《人民日报》2016 年 7 月 2 日。
④ 习近平:《在纪念红军长征胜利 80 周年大会上的讲话》,《人民日报》2016 年 10 月 22 日。

永远没有休止符,必须抓常、抓细、抓长。"抓常,就是要经常抓、见常态。作风建设,重在经常,必须常常抓。风气养成重在日常教化,作风建设贵在常抓不懈,时刻摆上位置、有机融入日常工作,做到管事就管人,管人就管思想、管作风。"①"抓细,就是要深入抓、见实招。作风建设,重在抓细节,必须环环抓。老百姓看作风建设,主要不是看开了多少会、讲了多少话、发了多少文件,而是看解决了什么问题。'春江水暖鸭先知',有没有变化,老百姓体会最深。"②"抓长,就是要持久抓、见长效。作风建设,重在持久,必须反复抓。历史和现实都告诉我们,抓好作风建设非一日之功。作风问题往往抓一抓就好一些,放一放就松下来,存在一个很难走出来的怪圈。这么多年来,作风问题我们一直在抓,但很多问题不仅没有解决,反而变本加厉了。症结就是没有抓长,三天打鱼两天晒网,集中抓的时候雷霆万钧,平时则放任自流。所以,作风问题必须抓长、长抓,扭住不放,持之以恒,久久为功。要从体制机制层面进一步破题,为作风建设形成长效化保障。"③

三是指出要体现改革精神和法治思维。习近平强调,作风建设常态化制度化,要"体现改革精神和法治思维,把中央要求、群众期盼、实际需要、新鲜经验结合起来,努力形成系统完备的制度体系,以刚性的制度规定和严格的制度执行,确保改进作风规范化、常态化、长效化,切实防止'四风'问题反弹"④。"历史经验告诉我们,作风问题最容易反弹,如果不紧紧抓住,一些已经初步压下去的问题很可能死灰复燃。经过教育实践活动,'四风'问题蔓延的态势得到遏制。但是,我们必须看到,这其中很多还停留在治标的层面上,病原体并没有根除;还有一些是因为不敢才有所遏制的,不能、不想的问题远远没有解决。这正如人治病一样,病治了以后,进入恢复期,如果条件具备,潜伏于身体内的病原体就可能再度繁殖,进而使病症再度发作或反复发作。改革开放以来,我们党一直抓作风问题,

---

① 中共中央纪律检查委员会、中共中央文献研究室编:《习近平关于党风廉政建设和反腐败斗争论述摘编》,中国方正出版社2015年版,第84页。
② 中共中央纪律检查委员会、中共中央文献研究室编:《习近平关于党风廉政建设和反腐败斗争论述摘编》,中国方正出版社2015年版,第85页。
③ 中共中央纪律检查委员会、中共中央文献研究室编:《习近平关于党风廉政建设和反腐败斗争论述摘编》,中国方正出版社2015年版,第85—86页。
④ 中共中央纪律检查委员会、中共中央文献研究室编:《习近平关于党风廉政建设和反腐败斗争论述摘编》,中国方正出版社2015年版,第88页。

规定文件有几大筐,查处的党员、干部也不少,可为什么屡禁不止甚至愈演愈烈呢?我看就是病原体没有根除。'善除害者察其本,善理疾者绝其源。'所以,解决作风问题,要像人防止疾病复发一样来抓。如果'四风'问题很快就在一些地方和部门反弹了,那对我们党的形象和威信损害就大了。对这个问题千万不能掉以轻心,必须继续以教育实践活动中的那么一股劲、那么一种精神来抓作风建设。"①"横下一条心纠正'四风',常抓抓出习惯、抓出长效。当前,'四风'问题在面上有所收敛,但不良作风积习甚深,树倒根在,稍有松懈,刚刚压下去的问题就可能死灰复燃,防反弹、防回潮任务依然艰巨。绳锯可断木,滴水能穿石。在改进作风问题上,我们不能退,也退不得,必须保持常抓的韧劲、长抓的耐心,在坚持中见常态,向制度建设要长效。"②

把权力关进制度的笼子里

党的十八大以来,党中央一再强调健全权力运行制约和监督体系。一是确立了权力制约体系的目标:构建决策科学、执行坚决、监督有力的权力运行体系,健全惩治和预防腐败体系,建设廉洁政治。习近平指出:"中外经验告诉我们,只有坚持依法严厉惩治、形成不敢腐的惩戒机制和威慑力,坚持完善法规制度、形成不能腐的防范机制和预防作用,坚持加强思想教育、形成不想腐的自律意识和思想道德防线,才能有效铲除腐败现象的生存空间和滋生土壤。要贯彻全面深化改革、全面依法治国的要求,加大反腐倡廉法规制度建设力度,把中央要求、群众期盼、实际需要、新鲜经验结合起来,本着于法周延、于事有效的原则制定新的法规制度、完善已有的法规制度、废止不适应的法规制度,努力形成系统完备的反腐倡廉法规制度体系。"③

二是把反腐败、权力制约与党和国家权力运行体系联系在一起整体设计,提出完善党和国家领导体制,坚持民主集中制,充分发挥党的领导核

---

① 中共中央文献研究室编:《习近平关于全面从严治党论述摘编》,中央文献出版社2016年版,第163—164页。
② 中共中央文献研究室编:《习近平关于全面从严治党论述摘编》,中央文献出版社2016年版,第165—166页。
③ 中共中央文献研究室编:《习近平关于全面从严治党论述摘编》,中央文献出版社2016年版,第188—189页。

心作用,规范党政主要领导干部职责权限,科学配置党政部门及内设机构权力和职能,明确职责定位和工作任务,加强和改进对主要领导干部行使权力的制约和监督。

三是对政府内部的权力制约,主要是减少行政审批,转变政府职能。习近平强调,要最大限度减少政府对微观事务的管理。对保留的审批事项,要推行地方各级政府权力清单制度,依法公开权力运行流程。对审批权力集中的部门和岗位要分解权力、定期轮岗,强化内部流程控制,防止权力滥用。习近平指出:"转变政府职能是深化行政体制改革的核心,实质上要解决的是政府应该做什么、不应该做什么,重点是政府、市场、社会的关系,即哪些事应该由市场、社会、政府各自分担,哪些事应该由三者共同承担。"[①]深入推进行政审批制度改革工作,切实转变政府职能、简政放权,进一步挖掘取消和下放行政审批空间,最大限度地向市场、向社会放权,将权力归还给市场、社会、人民,政府职能要切实转变,更好地发挥引导和服务作用。

四是让人民有监督权,完善党务、政务和各个领域的办事公开制度,推进决策公开、执行公开、管理公开、服务公开、结果公开。习近平强调:"要强化公开,推行地方各级政府及其工作部门权力清单制度,依法公开权力运行流程,让权力在阳光下运行,让广大干部群众在公开中监督,保证权力正确行使。"[②]

五是善于用法治思维、法治方式反对腐败,加快反腐败国家立法,健全反腐倡廉法规制度体系。加强反腐败体制机制创新和制度保障。习近平强调:"我们说要把权力关进制度的笼子里,就是要依法设定权力、规范权力、制约权力、监督权力。如果法治的堤坝被冲破了,权力的滥用就会像洪水一样成灾。各级党政组织、各级领导干部手中的权力是党和人民赋予的,是上下左右有界受控的,不是可以为所欲为、随心所欲的。要把厉行法治作为治本之策,把权力运行的规矩立起来、讲起来、守起来,真正做

[①] 中共中央文献研究室编:《习近平关于全面深化改革论述摘编》,中央文献出版社2014年版,第52页。
[②] 中共中央文献研究室编:《习近平关于全面深化改革论述摘编》,中央文献出版社2014年版,第81页。

到谁把法律当儿戏,谁就必然要受到法律的惩罚。"①

严明党的政治纪律和组织纪律

习近平指出,严明党的纪律,首要的就是严明政治纪律。党的纪律是多方面的,但政治纪律是最重要、最根本、最关键的纪律,是遵守党的全部纪律的重要基础,"是各级党组织和全体党员在政治方向、政治立场、政治言论、政治行为方面必须遵守的规矩,是维护党的团结统一的根本保证"②。遵守党的政治纪律和政治规矩,必须维护党中央权威,在思想上政治上行动上同党中央保持高度一致,维护党的团结。有纪可依是严明纪律的前提。党章是全党必须遵循的总章程,也是总规矩。严明纪律从遵守和维护党章入手。执行党的纪律,一是坚持纪律面前一律平等,党内不允许有不受纪律约束的特殊党员。二是切实增强党性。组织纪律性是党性修养的重要内容。加强组织纪律必须增强党性,想问题、搞研究、作决策、办事情,都必须站在党和人民的立场。三是遵守组织制度。严格执行民主集中制、党内组织生活制度等。坚持党章规定的"四个服从",坚持重大问题、重要事项的请示报告制度。决不允许搞非组织活动。

习近平特别强调,党章是全党必须遵循的总章程,也是总规矩。他指出:"党章是党的总章程,集中体现了党的性质和宗旨、党的理论和路线方针政策、党的重要主张,规定了党的重要制度和体制机制,是全党必须共同遵守的根本行为规范。没有规矩,不成方圆。党章就是党的根本大法,是全党必须遵循的总规矩。"③习近平强调:"要完善党内法规制定体制机制,注重党内法规同国家法律的衔接和协调,构建以党章为根本、若干配套党内法规为支撑的党内法规制度体系,提高党内法规执行力。党章等党规对党员的要求比法律要求更高,党员不仅要严格遵守法律法规,而且要严格遵守党章等党规,对自己提出更高要求。"④习近平要求:"要引导各级干部

---

① 中共中央文献研究室编:《习近平关于全面从严治党论述摘编》,中央文献出版社 2016 年版,第 110 页。
② 中共中央文献研究室编:《十八大以来重要文献选编》(上),中央文献出版社 2014 年版,第 132 页。
③ 习近平:《认真学习党章 严格遵守党章》,《人民日报》2012 年 11 月 12 日。
④ 中共中央文献研究室编:《十八大以来重要文献选编》(中),中央文献出版社 2016 年版,第 188 页。

自觉学习党章、遵守党章、贯彻党章、维护党章，真正使党章内化于心、外化于行。党规党纪是对党章的延伸和具体化，学好了党规党纪，就能弄清楚自己该做什么、不该做什么、能做什么、不能做什么。"①

发挥人民监督作用

习近平提出："让人民支持和帮助我们从严治党，要注意畅通两个渠道，一个是建言献策渠道，一个是批评监督渠道。在这两方面，这些年我们总的是做得越来越好，但还有不足，主要是围绕经济社会发展听意见多、围绕从严治党听意见少，请上来听意见多、走下去听意见少。群众的很多想法，往往不是在那些很正式的场合、当着很多人的面会讲出来的，而是要同他们身挨身坐、心贴心聊才能听得到。各级干部要多沉下身子、走近群众，就从严治党问题多向群众请教。"②党的十八届六中全会修订的《中国共产党党内监督条例》，强调党内监督与人民群众监督相结合，进一步把人民监督纳入党内法规的制度安排。

关于依靠群众的途径，习近平给出了答案："让人民支持和帮助我们从严治党，要注意畅通两个渠道，一个是建言献策渠道，一个是批评监督渠道。""群众对党组织和党员、干部有意见，应该欢迎他们批评指出。群众发现党员、干部有违纪违法问题，要让他们有安全畅通的举报渠道。群众提出的意见只要对从严治党有好处，我们就要认真听取、积极采纳。"③关于如何监督纪委，习近平指出，纪检干部必须接受社会监督。社会监督包括人民群众的监督、社会组织的监督和社会舆论的监督等。建设一支让党放心、人民信赖的纪检干部队伍，除了加强自我监督和接受党内监督以外，还必须充分发挥社会监督的作用，形成监督合力。④

深入把握从严治党规律

把握从严治党规律是习近平提出的重大课题。他指出："从严治党有其自身规律，对我们这样一个老党大党来说，从严治党更有其自身规律。我

---

① 习近平：《在全国党校工作会议上的讲话》，《求是》2016年第9期。
② 习近平：《在党的群众路线教育实践活动总结大会上的讲话》，《人民日报》2014年10月9日。
③ 习近平：《在党的群众路线教育实践活动总结大会上的讲话》，《人民日报》2014年10月9日。
④ 参见习近平：《在十八届中央纪委七次全会上的重要讲话》，《人民日报》2017年1月7日。

们党在长期实践中，不断总结自己正反两方面经验，也积极借鉴国外执政党建设的经验教训，深刻认识到了一些从严治党规律。"①"随着世情、国情、党情的不断变化，影响从严治党的因素更加复杂，提出了很多新课题。我们要深入基层、深入实际，深入研究管党治党实践，通过纵向和横向的比较，进行去伪存真、由表及里的分析，正确把握掩盖在纷繁表面现象后面的事物本质，深化对从严治党规律的认识。要注重把继承传统和改革创新结合起来，把总结自身经验和借鉴世界其他政党经验结合起来，增强从严治党的系统性、预见性、创造性、实效性。"②

习近平在党的十九届中央纪委二次全会上，系统总结党的十八大以来全面从严治党的六条宝贵经验，即坚持思想建党和制度治党相统一，坚持使命引领和问题导向相统一，坚持抓"关键少数"和管"绝大多数"相统一，坚持行使权力和担当责任相统一，坚持严格管理和关心信任相统一，坚持党内监督和群众监督相统一。"六个统一"的宝贵经验，不仅深化了我们党对管党治党规律的认识，而且对于引领新时代全面从严治党向纵深发展具有十分重要的指导价值和意义。

四、开辟全面从严治党新征程

党的十八大以来，以习近平同志为核心的党中央正是依照以上全面从严治党的系统部署，坚持党要管党、全面从严治党，解决了管党治党宽松软的问题，破解了长期以来存在的"一手硬、一手软"的难题，祛除了党内长期存在的"顽瘴痼疾"，探索出一条长期执政条件下解决自身问题、跳出历史周期率的成功道路，构建起一套行之有效的权力监督制度和执纪执法体系，推动党的建设新的伟大工程迈入了新的阶段。

迎接具有许多新的历史特点的伟大斗争

2012年11月8日，中国共产党第十八次全国代表大会在北京召开。

---

① 习近平：《在党的群众路线教育实践活动总结大会上的讲话》，《人民日报》2014年10月9日。
② 习近平：《在党的群众路线教育实践活动总结大会上的讲话》，《人民日报》2014年10月9日。

党的十八大报告提出，准备进行具有许多新的历史特点的伟大斗争，从而开启了新时代党的建设的恢宏大幕。

一是坚定理想信念，坚守共产党人精神追求。党的十八大报告指出："对马克思主义的信仰，对社会主义和共产主义的信念，是共产党人的政治灵魂，是共产党人经受住任何考验的精神支柱。"

二是坚持以人为本、执政为民，始终保持党同人民群众的血肉联系。为了保持党的先进性和纯洁性，提高群众工作本领，党的十八大决定在全党深入开展以为民务实清廉为主要内容的党的群众路线教育实践活动，着力解决人民群众反映强烈的突出问题。

三是积极发展党内民主，增强党的创造活力。

四是深化干部人事制度改革，建设高素质执政骨干队伍。

五是坚持党管人才原则，把各方面优秀人才集聚到党和国家事业中来。

六是创新基层党建工作，夯实党执政的组织基础。党的十八大报告指出要健全党的基层组织体系，一要加强基层党组织带头人队伍建设；二要以服务群众、做群众工作为主要任务，加强基层服务型党组织建设；三要以增强党性、提高素质为重点，加强和改进党员队伍教育管理。为给基层党组织建设提供保证，大会提出严格党内组织生活，要求健全党员党性定期分析、民主评议等制度。

七是坚定不移反对腐败，永葆共产党人清正廉洁的政治本色。

八是严明党的纪律，自觉维护党的集中统一。要求党员干部特别是主要领导干部一定要自觉遵守党章，自觉按照党的组织原则和党内政治生活准则办事，任何人都不能凌驾于组织之上。要坚决维护中央权威，在思想上政治上行动上同党中央保持高度一致，坚决贯彻党的理论和路线方针政策，保证中央政令畅通，决不能搞"上有政策、下有对策"，决不允许有令不行、有禁不止。

党的十八大对新时代党的建设进行了整体部署，是新时代推进党的建设新的伟大工程的良好开端。党的十八大之后，2012年11月16日，习近平提出了"认真学习党章 严格遵守党章"的要求，指出："党章是党的总章程，集中体现了党的性质和宗旨、党的理论和路线方针政策、党的重要主张，规定了党的重要制度和体制机制，是全党必须共同遵守的根本行为规范。没有规矩，不成方圆。党章就是党的根本大法，是全党必须遵循的总规矩。在各级党组织的全部活动中，都要坚持引导广大党员、干部特别是领导干部自觉学习党章、遵守党章、贯彻党章、维护党章，自觉加强党性修养，增强党的意识、宗旨意识、执政意识、大局意识、责任意识，切实做到为党分忧、为国尽责、为民奉献。"①

开展党的群众路线教育实践活动

按照中央部署，第一批党的群众路线教育实践活动于2013年6月18日启动，教育活动时间一年左右，活动紧紧围绕保持和发展党的先进性和纯洁性，以为民务实清廉为主题，按照"照镜子、正衣冠、洗洗澡、治治病"的总要求，自上而下在中国共产党全党深入开展。教育活动指导思想是"高举中国特色社会主义伟大旗帜，坚持以马克思列宁主义、毛泽东思想、邓小平理论、'三个代表'重要思想、科学发展观为指导，紧紧围绕保持党的先进性和纯洁性，以为民务实清廉为主要内容，以县处级以上领导机关、领导班子和领导干部为重点，切实加强全体党员马克思主义群众观点和党的群众路线教育"②。切入点是"贯彻落实中央八项规定"，教育活动重点对象是"县处级以上领导机关、领导班子和领导干部"。第二批党的群众路线教育实践活动于2014年1月开始进行，于2014年10月结束，这次活动更为贴近基层。根据中央统一安排，中央政治局常委在第二批教育实践活动中分别联系一个县，习近平联系兰考县。深入开展党的群众路线教育实践活动，对于教育引导党员干部牢固树立宗旨意识和马克思主义群众观点，改进工作作风，赢得人民群众信任和拥护，夯实党的执政基础，提高为人民服务的本领，具有十分重大而深远的意义。

2014年10月8日，党的群众路线教育实践活动总结大会在北京召开，习近平发表重要讲话。讲话首次提出了"全面推进从严治党"，概括了教育实践活动的成果，总结了教育实践活动的经验：第一，落实从严治党责任；第二，坚持思想建党和制度治党紧密结合；第三，严肃党内政治生活；

---

① 习近平：《认真学习党章 严格遵守党章》，《人民日报》2012年11月20日。
② 中共中央文献研究室编：《十八大以来重要文献选编》（上），中央文献出版社2014年版，第284页。

第四，坚持从严管理干部；第五，持续深入改进作风；第六，严明党的纪律；第七，发挥人民监督作用；第八，深入把握从严治党规律。①

2014年12月，习近平在江苏调研时发表讲话，首次提出"协调推进全面建成小康社会、全面深化改革、全面依法治国、全面从严治党"②，正式提出全面从严治党。

2015年1月13日，习近平在党的十八届中央纪委五次全会上指出：党的团结统一"要靠共同的理想信念，靠严密的组织体系，靠全党同志的高度自觉，还要靠严明的纪律和规矩"③。党的总规矩总体包括以下四类："其一，党章是全党必须遵循的总章程，也是总规矩。其二，党的纪律是刚性约束，政治纪律更是全党在政治方向、政治立场、政治言论、政治行动方面必须遵守的刚性约束。其三，国家法律是党员、干部必须遵守的规矩，法律是党领导人民制定的，全党必须模范执行。其四，党在长期实践中形成的优良传统和工作惯例。"④习近平指出，遵守党的政治纪律和政治规矩，就要做到五个方面：一是必须维护党中央权威；二是必须维护党的团结；三是必须遵循组织程序；四是必须服从组织决定；五是必须管好亲属和身边工作人员。⑤习近平强调："在所有党的纪律和规矩中，第一位的是政治纪律和政治规矩。"⑥

"三严三实"专题教育

早在2014年3月9日，习近平在参加十二届全国人大第二次会议安徽代表团审议时，就提到"既严以修身、严以用权、严以律己，又谋事要实、创业要实、做人要实"。2015年4月，中共中央办公厅印发《关于在县处级以上领导干部中开展"三严三实"专题教育方案》，指明了"三严三实"

---

① 参见中共中央文献研究室编：《十八大以来重要文献选编》（中），中央文献出版社2016年版，第93—101页。
② 中共中央文献研究室编：《习近平关于协调推进"四个全面"战略布局论述摘编》，中央文献出版社2015年版，第12页。
③ 中共中央纪律检查委员会、中共中央文献研究室编：《习近平关于严明党的纪律和规矩论述摘编》，中国方正出版社2016年版，第6页。
④ 中共中央文献研究室编：《十八大以来重要文献选编》（中），中央文献出版社2016年版，第347页。
⑤ 参见中共中央文献研究室编：《十八大以来重要文献选编》（中），中央文献出版社2016年版，第350—351页。
⑥ 中共中央文献研究室编：《十八大以来重要文献选编》（中），中央文献出版社2016年版，第351页。

专题教育的要求和措施,对 2015 年在县处级以上领导干部中开展"三严三实"专题教育作出安排。2015 年 4 月 21 日,刘云山在"三严三实"专题教育工作座谈会上发表讲话,指出了这次专题教育的重要意义:"这是党的群众路线教育实践活动的延展深化,是持续深入推进党的思想政治建设和作风建设的重要举措,是严肃党内政治生活、严明党的政治纪律和政治规矩的重要抓手。"①他提出要深入把握"三严三实"专题教育的总体要求,突出教育主题,强化问题导向,贯彻从严要求,坚持以上率下,注重讲求实效,着力解决不严不实的突出问题,切实做到专题教育与日常工作两手抓、两促进。2015 年 9 月 11 日,习近平在十八届中央政治局第二十六次集体学习时发表讲话,就领导干部践行"三严三实"提出了四点意见:第一,"立根固本,挺起精神脊梁",坚定对马克思主义的信仰,坚定对共产主义和社会主义的信念,坚定对党和人民的忠诚。第二,"落细落小,注重细节小事",真正把修身、用权、律己,谋事、创业、做人,贯穿领导干部工作生活方方面面。第三,必须随时准备坚持真理,凡是有利于党和人民事业的,就坚决干、加油干、一刻不停歇地干;随时准备修正错误。凡是不利于党和人民事业的,就坚决改、彻底改、一刻不耽误地改。第四,领导干部践行"三严三实",既要靠自身的努力,也靠党和人民的监督。②

不断完善党内法规体系,强调依规治党

2015 年 8 月,中共中央印发《中国共产党巡视工作条例》,为巡视工作提供法理依据。早在 2009 年 7 月,中共中央曾印发《中国共产党巡视工作条例(试行)》,对推动巡视工作制度化、规范化发挥了重要作用。党的十八大以来,巡视实践深入发展,取得明显成效,原有的条例已经不能完全适应新时代巡视工作的需要,为此,中共中央于 2015 年 8 月重新印发了《中国共产党巡视工作条例》。《中国共产党巡视工作条例》规定了巡视工作的指导思想、机构和人员、巡视范围和内容、工作方式和权限、工作程序、纪律与责任,是指导新时代党的巡视工作的基本依据。随着巡视工

---

① 中共中央文献研究室编:《十八大以来重要文献选编》(中),中央文献出版社 2016 年版,第 474 页。
② 参见中共中央文献研究室编:《十八大以来重要文献选编》(中),中央文献出版社 2016 年版,第 675—678 页。

作的深入开展，为更好地指导新时代党的巡视工作，党中央对《中国共产党巡视工作条例》进行修改，并于 2017 年 7 月 1 日重新印发了修改后的条例。

2015 年 10 月 18 日，中共中央印发《中国共产党廉洁自律准则》，规定了党员廉洁自律规范和党员领导干部廉洁自律规范，要求党员"公私分明，先公后私，克己奉公""崇廉拒腐，清白做人，干净做事""尚俭戒奢，艰苦朴素，勤俭节约""吃苦在前，享受在后，甘于奉献"；要求党员领导干部廉洁从政、廉洁用权、廉洁修身、廉洁齐家。廉洁自律准则是执政党的道德宣示，为党员领导干部树立了一个看得见、够得着的高标准，展现了共产党人的高尚道德追求，对于保持党的先进性和纯洁性具有重要意义。

2015 年 10 月 18 日，中共中央印发《中国共产党纪律处分条例》，为处理党内违纪行为提供了基本遵循。《中国共产党纪律处分条例》坚持依规治党与以德治党相结合，围绕党纪戒尺要求，明确违反政治纪律、组织纪律、廉洁纪律、群众纪律、工作纪律和生活纪律六类违纪行为，开列负面清单，重在立规，将党的十八大以来管党治党理论创新和实践创新成果制度化，围绕全面从严治党，加强党的先进性、纯洁性建设，坚持纪严于法、纪在法前、纪法分开；把党章、党中央的纪律要求以及其他党内法规的纪律规定，整合为政治纪律、组织纪律、廉洁纪律、群众纪律、工作纪律和生活纪律六项纪律；突出政治纪律和政治规矩，强调政治纪律在六项纪律中是管总的、打头的，是最重要的纪律；把落实中央八项规定精神的要求转化为纪律规范，体现作风建设最新成果，使党的纪律成为管党治党的尺子和全体党员的行为底线。

2016 年 7 月 8 日，中共中央印发《中国共产党问责条例》，这是党中央全面从严治党的又一制度创新。问责条例是全面从严治党的利器，《中国共产党问责条例》列举了应当问责的六类情形，规定了对党组织问责的四种方式，突出"有责必问，问责必严"，强调"终身问责"，充分彰显了中国共产党人敢于担当的鲜明品格，也为严肃党内政治生活、净化党内政治生态提供了重要保障。

2014 年 10 月 23 日，习近平在党的十八届四中全会二次会议上提出了"七个有之"，要求领导干部要做到"五个必须"。2016 年 10 月 27 日，

百年大党：走向最强大政党

党的十八届六中全会通过了《关于新形势下党内政治生活的若干准则》和《中国共产党党内监督条例》。《关于新形势下党内政治生活的若干准则》从坚定理想信念、坚持党的基本路线、坚决维护党中央权威、严明党的政治纪律、保持党同人民群众的血肉联系、坚持民主集中制原则、发扬党内民主和保障党员权利、坚持正确选人用人导向、严格党的组织生活制度、开展批评和自我批评、加强对权力运行的制约和监督、保持清正廉洁的政治本色这 12 个方面对党内政治生活作出了规定。《中国共产党党内监督条例》详细介绍了各级各类党组织及党员的监督，为党内监督工作提供了依据。这两个文件坚持继承和创新的有机统一，既深入总结了我们党在加强自身建设方面的经验和教训，继承和发扬了党在长期实践中形成的制度规定和优良传统，又全面总结了党的十八大以来党中央推进全面从严治党的生动实践，对全面从严治党的理论和实践创新成果进行了集中归纳，并深入分析新形势下党的建设面临的新情况、新问题，针对当前党内政治生活和党内监督存在的薄弱环节提出了明确措施，形成了新的制度安排，顺应了新形势新任务对党严肃党内政治生活、加强党内监督的要求。

2016 年 12 月 13 日，中共中央颁发《关于加强党内法规制度建设的意见》，强调党内法规制度建设的重要意义，指出："加强党内法规制度建设，是全面从严治党、依规治党的必然要求，是建设中国特色社会主义法治体系的重要内容，是推进国家治理体系和治理能力现代化的重要保障，事关党长期执政和国家长治久安。"① 该意见指出要加快构建完善的党内法规制度体系，主要包括健全基础主干中央党内法规制度、健全部门和地方党内法规制度、坚持立改废释并举、提高制定质量。要提高党内法规制度的执行力度，坚持以上率下、加强学习教育、强化监督检查、加强备案审查。要加强组织领导，落实领导责任，完善体制机制，加强队伍建设，强化工作保障。

2016 年 1 月 12 日，习近平在党的十八届中央纪委六次全会上发表重要讲话，着重阐述了八个方面。其一，分析了党的十八大以后 3 年反腐败斗争的形势，指出："3 年来，我们着力解决管党治党失之于宽、失之于松、失之于软的问题，使不敢腐的震慑作用充分发挥，不能腐、不想腐的

---

① 中共中央党史和文献研究院编：《十八大以来重要文献选编》（下），中央文献出版社 2018 年版，第 509 页。

效应初步显现，反腐败斗争压倒性态势正在形成。"其二，强调了尊崇党章的重要性，指出全面从严治党首先要尊崇党章，要求各级党委和纪委首先要加强对维护党章、执行党的路线方针政策和决议情况的监督检查，确保党的集中统一，保证党中央政令畅通。其三，强调了严明党的纪律，要求把纪律建设摆在更加突出位置，坚持纪严于法、纪在法前，健全完善制度，深入开展纪律教育，狠抓执纪监督，养成纪律自觉，用纪律管住全体党员。其四，强调持之以恒整顿作风，把作风建设抓到底，要用铁的纪律整治各种面上的顶风违纪行为，有多少就处理多少。其五，指出要加强反腐败斗争，实现不敢腐，坚决遏制腐败现象滋生蔓延势头。惩治腐败要做到"紧抓不放、利剑高悬，坚持无禁区、全覆盖、零容忍"，加大国际追逃追赃力度，严厉惩治腐败。其六，指出全面从严治党永远在路上，要求党组织要担负起全面从严治党主体责任，强调"全面从严治党，核心是加强党的领导，基础在全面，关键在严，要害在治"。其七，要完善监督制度，做好监督体系顶层设计，既加强党的自我监督，又加强对国家机器的监督。要整合问责制度，健全问责机制，坚持有责必问、问责必严。要强化巡视监督，推动巡视向纵深发展。对巡视发现的问题和线索，要分类处置、注重统筹，在件件有着落上集中发力。其八，强调标本兼治，净化政治生态。各级领导干部特别是高级干部要从自身做起，廉洁用权，做遵纪守法的模范，同时要坚持原则、敢抓敢管，立"明规矩"、破"潜规则"，通过体制机制改革和制度创新促进政治生态不断改善。①

开展"两学一做"学习教育

2016年2月4日，习近平在中央政治局常委会会议审议"两学一做"学习教育方案时发表讲话，对"两学一做"学习教育进行了相关说明。第一，"两学一做"学习教育是加强党的思想政治建设的一项重大部署，要推动党内教育从"关键少数"向广大党员拓展，从集中性教育向经常性教育延伸。第二，"两学一做"学习教育是协调推进"四个全面"战略布局特别是推动全面从严治党向基层延伸的有力抓手。指出"两学一做"学习教育，

---

① 参见习近平：《在第十八届中央纪律检查委员会第六次全体会议上的讲话》，《人民日报》2016年5月3日。

基础在学，关键在做。开展"两学一做"学习教育，要突出问题导向，学要带着问题学，做要针对问题改。第三，各级党组织要履行抓好"两学一做"学习教育的主体责任，坚决防止形式主义，各级党委（党组）要对领导班子学习教育作出安排，层层示范，层层带动，给党支部作出榜样。中央要一级抓一级，加强及时指导，防止走过场和形式主义。①

2016年2月24日，中共中央办公厅印发《关于在全体党员中开展"学党章党规、学系列讲话，做合格党员"学习教育方案》，指出：开展"两学一做"学习教育，是面向全体党员深化党内教育的重要实践，是推动党内教育从"关键少数"向广大党员拓展、从集中性教育向经常性教育延伸的重要举措，是加强党的思想政治建设的重要部署，"两学一做"学习教育不是一次活动，要突出正常教育，区分层次，有针对性地解决问题，"着力解决一些党员理想信念模糊动摇的问题，主要是对共产主义缺乏信仰，对中国特色社会主义缺乏信心，精神空虚，推崇西方价值观念，热衷于组织、参加封建迷信活动等；着力解决一些党员党的意识淡化的问题，主要是看齐意识不强，不守政治纪律政治规矩，在党不言党、不爱党、不护党、不为党，组织纪律散漫，不按规定参加党的组织生活，不按时交纳党费，不完成党组织分配的任务，不按党的组织原则办事等；着力解决一些党员宗旨观念淡薄的问题，主要是利己主义严重，漠视群众疾苦、与民争利、执法不公、吃拿卡要、假公济私、损害群众利益，在人民群众生命财产安全受到威胁时临危退缩等；着力解决一些党员精神不振的问题，主要是工作消极懈怠，不作为、不会为、不善为，逃避责任，不起先锋模范作用等；着力解决一些党员道德行为不端的问题，主要是违反社会公德、职业道德、家庭美德，不注意个人品德，贪图享受、奢侈浪费等。要持之以恒纠正'四风'，抓好不严不实突出问题整改，推动党的作风不断好转"②。

2017年3月20日，中共中央办公厅印发《关于推进"两学一做"学习教育常态化制度化的意见》，要求全党从讲政治的高度充分认识"两学一做"学习教育常态化制度化的重大意义，要坚持融入日常、抓在经常，

---

① 参见中共中央党史和文献研究院编：《十八大以来重要文献选编》（下），中央文献出版社2018年版，第177—181页。
② 中共中央党史和文献研究院编：《十八大以来重要文献选编》（下），中央文献出版社2018年版，第223页。

把"两学一做"作为党员教育的基本内容,长期坚持、形成常态,引导广大党员按照"四讲四有"标准,做到"政治合格、执行纪律合格、品德合格、发挥作用合格",真正把"两学一做"学习教育纳入党支部"三会一课"等基本制度。

新时代五年来党的建设经验

2016年7月1日,习近平在庆祝中国共产党成立95周年大会上发表重要讲话,总结了新时代五年来党的建设经验。

在思想建设方面,习近平指出:"理想信念动摇是最危险的动摇,理想信念滑坡是最危险的滑坡。"要始终坚持马克思主义指导思想,坚定共产主义远大理想和中国特色社会主义共同理想。"理论上清醒,政治上才能坚定",要求全党深入学习马克思列宁主义、毛泽东思想、邓小平理论、"三个代表"重要思想、科学发展观,深入学习党的十八大以来党中央治国理政新理念新思想新战略,不断提高马克思主义思想觉悟和理论水平,保持对远大理想和奋斗目标的清醒认知和执着追求。要求教育引导广大党员、干部把学习成果转化为提升党性修养、思想境界、道德水平的精神营养,做到真学真懂真信真用,在胜利和顺境时不骄傲不急躁,在困难和逆境时不消沉不动摇。[①]

在党的政治立场方面,习近平强调:"人民立场是中国共产党的根本政治立场,是马克思主义政党区别于其他政党的显著标志。"要坚信党的根基在人民、党的力量在人民,坚持一切为了人民、一切依靠人民,充分发挥广大人民群众积极性、主动性、创造性,不断把为人民造福事业推向前进。要求全党同志要把人民放在心中最高位置,坚持全心全意为人民服务的根本宗旨,实现好、维护好、发展好最广大人民根本利益,把人民拥护不拥护、赞成不赞成、高兴不高兴、答应不答应作为衡量一切工作得失的根本标准。要求把带领人民创造幸福生活作为党始终不渝的奋斗目标。要求尊重人民主体地位,保证人民当家作主。[②]

在党的领导方面,习近平指出:"办好中国的事情,关键在党。中国特

[①] 参见中共中央党史和文献研究院编:《十八大以来重要文献选编》(下),中央文献出版社2018年版,第347—348页。
[②] 参见中共中央党史和文献研究院编:《十八大以来重要文献选编》(下),中央文献出版社2018年版,第352页。

色社会主义最本质的特征是中国共产党领导,中国特色社会主义制度的最大优势是中国共产党领导。坚持和完善党的领导,是党和国家的根本所在、命脉所在,是全国各族人民的利益所在、幸福所在。"①

在保持党的先进性和纯洁性方面,习近平提出:"先进性和纯洁性是马克思主义政党的本质属性,我们加强党的建设,就是要同一切弱化先进性、损害纯洁性的问题作斗争,祛病疗伤,激浊扬清。全党要以自我革命的政治勇气,着力解决党自身存在的突出问题,不断增强党自我净化、自我完善、自我革新、自我提高能力,经受'四大考验'、克服'四种危险',确保党始终成为中国特色社会主义事业的坚强领导核心。"②

在严肃党内政治生活方面,习近平指出:"严肃党内政治生活是全面从严治党的基础。党要管党,首先要从党内政治生活管起;从严治党,首先要从党内政治生活严起。我们要加强和规范党内政治生活,严肃党的政治纪律和政治规矩,增强党内政治生活的政治性、时代性、原则性、战斗性,全面净化党内政治生态。全党同志要增强政治意识、大局意识、核心意识、看齐意识,切实做到对党忠诚、为党分忧、为党担责、为党尽责。"③

在党的作风建设方面,习近平指出,党的作风是党的形象,是观察党群干群关系、人心向背的晴雨表。作风建设永远在路上,要从中央政治局常委会、中央政治局、中央委员会抓起,从高级干部抓起,持之以恒加强作风建设,坚持和发扬党的优良传统和作风,坚持抓常、抓细、抓长,使党的作风全面好起来,确保党始终同人民同呼吸、共命运、心连心。④

在反腐败斗争方面,习近平指出:"我们党作为执政党,面临的最大威胁就是腐败。党的十八大以来,我们党坚持'老虎'、'苍蝇'一起打,使不敢腐的震慑作用得到发挥,不能腐、不想腐的效应初步显现,反腐败斗争压倒性态势正在形成。……各级领导干部要牢固树立正确权力观,保持高尚精神追求,敬畏人民、敬畏组织、敬畏法纪,做到公正用权、依法用

---

① 中共中央党史和文献研究院编:《十八大以来重要文献选编》(下),中央文献出版社2018年版,第355页。
② 中共中央党史和文献研究院编:《十八大以来重要文献选编》(下),中央文献出版社2018年版,第355页。
③ 中共中央党史和文献研究院编:《十八大以来重要文献选编》(下),中央文献出版社2018年版,第355—356页。
④ 参见中共中央党史和文献研究院编:《十八大以来重要文献选编》(下),中央文献出版社2018年版,第356页。

权、为民用权、廉洁用权，永葆共产党人拒腐蚀、永不沾的政治本色。我们要以顽强的意志品质，坚持零容忍的态度不变，做到有案必查、有腐必惩，让腐败分子在党内没有任何藏身之地！"①

在组织建设方面，突出干部队伍建设。习近平指出："伟大的斗争，宏伟的事业，需要高素质干部。我们要坚持德才兼备、以德为先，坚持五湖四海、任人唯贤，坚持事业为上、公道正派，坚决防止和纠正选人用人上的不正之风，把党和人民需要的好干部精心培养起来、及时发现出来、合理使用起来。""每一名党员干部都要坚守'三严三实'，拧紧世界观、人生观、价值观这个'总开关'，做到心中有党、心中有民、心中有责、心中有戒，把为党和人民事业无私奉献作为人生的最高追求。"②

五、开创全面从严治党新局面

党的十九大提出了新时代党的建设总体布局，为党在新时代加强自身建设提供了科学战略部署。党的十九大以来，党中央高度重视政治建设，牢牢扭住政治建设这个根本性建设，注重以政治建设统领其他方面的建设，同时重视党的制度建设，进一步完善党内法规体系，为党的建设提供了制度保障。

党的十九大形成新时代党的建设总布局

2017年10月18日，中国共产党第十九次全国代表大会在北京召开，习近平作题为《决胜全面建成小康社会 夺取新时代中国特色社会主义伟大胜利》的报告。报告总结了全面从严治党以来取得的成果。总体而言，全面从严治党成效卓著，由于全面加强党的领导和党的建设，过去管党治党中存在的宽松软问题已经得到解决。政治建设上，推动全党尊崇党章，增强政治意识、大局意识、核心意识、看齐意识，坚决维护党中央权威和集

---

① 中共中央党史和文献研究院编：《十八大以来重要文献选编》（下），中央文献出版社2018年版，第356页。
② 中共中央党史和文献研究院编：《十八大以来重要文献选编》（下），中央文献出版社2018年版，第356—357页。

中统一领导,严明党的政治纪律和政治规矩,层层落实管党治党政治责任。思想建设上,坚持"照镜子、正衣冠、洗洗澡、治治病"的要求,开展党的群众路线教育实践活动和"三严三实"专题教育,推进"两学一做"学习教育常态化、制度化,全党理想信念更加坚定、党性更加坚强。组织建设上,贯彻新时期好干部标准,选人用人状况和风气明显好转。制度建设上,党的建设制度改革深入推进,党内法规制度体系不断完善。纪律建设上,把纪律挺在前面,着力解决人民群众反映最强烈、对党的执政基础威胁最大的突出问题。作风建设上,出台中央八项规定,严厉整治形式主义、官僚主义、享乐主义和奢靡之风,坚决反对特权。巡视利剑作用彰显,实现中央和省级党委巡视全覆盖。反腐败斗争上,坚持反腐败无禁区、全覆盖、零容忍,坚定不移"打虎""拍蝇""猎狐",不敢腐的目标初步实现,不能腐的笼子越扎越牢,不想腐的堤坝正在构筑,反腐败斗争压倒性态势已经形成并巩固发展。

党的十九大报告把加强党的领导摆在了前所未有的重要位置,指出:"中国特色社会主义最本质的特征是中国共产党领导,中国特色社会主义制度的最大优势是中国共产党领导,党是最高政治领导力量",要"坚持党对一切工作的领导"。[①]

党的十九大在系统总结党的建设经验的基础上,提出了新时代党的建设的总要求,那就是:"坚持和加强党的全面领导,坚持党要管党、全面从严治党,以加强党的长期执政能力建设、先进性和纯洁性建设为主线,以党的政治建设为统领,以坚定理想信念宗旨为根基,以调动全党积极性、主动性、创造性为着力点,全面推进党的政治建设、思想建设、组织建设、作风建设、纪律建设,把制度建设贯穿其中,深入推进反腐败斗争,不断提高党的建设质量,把党建设成为始终走在时代前列、人民衷心拥护、勇于自我革命、经得起各种风浪考验、朝气蓬勃的马克思主义执政党。"[②]

---

① 习近平:《决胜全面建成小康社会 夺取新时代中国特色社会主义伟大胜利——在中国共产党第十九次全国代表大会上的报告》,《人民日报》2017年10月28日。
② 习近平:《决胜全面建成小康社会 夺取新时代中国特色社会主义伟大胜利——在中国共产党第十九次全国代表大会上的报告》,《人民日报》2017年10月28日。

作出新时代党的建设战略部署

一是把党的政治建设摆在首位。报告指出："旗帜鲜明讲政治是我们党作为马克思主义政党的根本要求。党的政治建设是党的根本性建设，决定党的建设方向和效果。保证全党服从中央，坚持党中央权威和集中统一领导，是党的政治建设的首要任务。全党要坚定执行党的政治路线，严格遵守政治纪律和政治规矩，在政治立场、政治方向、政治原则、政治道路上同党中央保持高度一致。要尊崇党章，严格执行新形势下党内政治生活若干准则，增强党内政治生活的政治性、时代性、原则性、战斗性，自觉抵制商品交换原则对党内生活的侵蚀，营造风清气正的良好政治生态。完善和落实民主集中制的各项制度，坚持民主基础上的集中和集中指导下的民主相结合，既充分发扬民主，又善于集中统一。弘扬忠诚老实、公道正派、实事求是、清正廉洁等价值观，坚决防止和反对个人主义、分散主义、自由主义、本位主义、好人主义，坚决防止和反对宗派主义、圈子文化、码头文化，坚决反对搞两面派、做两面人。全党同志特别是高级干部要加强党性锻炼，不断提高政治觉悟和政治能力，把对党忠诚、为党分忧、为党尽职、为民造福作为根本政治担当，永葆共产党人政治本色。"

二是用习近平新时代中国特色社会主义思想武装全党。报告指出："共产主义远大理想和中国特色社会主义共同理想，是中国共产党人的精神支柱和政治灵魂，也是保持党的团结统一的思想基础。"要把坚定理想信念作为党的思想建设的首要任务，教育引导全党牢记党的宗旨，挺起共产党人的精神脊梁，解决好世界观、人生观、价值观这个"总开关"问题，使党员自觉做共产主义远大理想和中国特色社会主义共同理想的坚定信仰者和忠实实践者。要弘扬马克思主义学风，推进"两学一做"学习教育常态化制度化，在全党开展"不忘初心、牢记使命"主题教育，用党的创新理论武装头脑。

三是建设高素质专业化干部队伍。报告指出，要坚持党管干部原则，把好干部标准落到实处。坚持正确选人用人导向，匡正选人用人风气，突出政治标准。注重培养专业能力、专业精神，增强干部队伍适应新时代中国特色社会主义发展要求的能力。大力发现储备年轻干部，注重在基层一线和困难艰苦的地方培养锻炼年轻干部，源源不断选拔使用经过实践考验的优秀年轻干部。坚持严管和厚爱结合、激励和约束并重，完善干部考核评价机制，建立激励机制和容错纠错机制，旗帜鲜明为那些敢于担当、踏实做事、不谋私利的干部撑腰鼓劲。各级党组织要关心爱护基层干部，主动为他们排忧解难。

四是加强基层组织建设。报告指出，要以提升组织力为重点，突出政治功能，把各类基层党组织建设成为宣传党的主张、贯彻党的决定、领导基层治理、团结动员群众、推动改革发展的坚强战斗堡垒。党支部要担负好直接教育党员、管理党员、监督党员和组织群众、宣传群众、凝聚群众、服务群众的职责，引导广大党员发挥先锋模范作用。坚持"三会一课"制度，加强基层党组织带头人队伍建设，扩大基层党组织覆盖面，着力解决一些基层党组织弱化、虚化、边缘化问题。

五是持之以恒正风肃纪。报告指出，要紧紧围绕保持党同人民群众的血肉联系，增强群众观念和群众感情，厚植党执政的群众基础。坚持以上率下，巩固拓展落实中央八项规定精神成果，继续整治"四风"问题，坚决反对特权思想和特权现象。重点强化政治纪律和组织纪律，带动廉洁纪律、群众纪律、工作纪律、生活纪律严起来。坚持开展批评和自我批评，运用监督执纪"四种形态"，抓早抓小、防微杜渐。赋予有干部管理权限的党组相应纪律处分权限，强化监督执纪问责。加强纪律教育，强化纪律执行，让党员、干部知敬畏、存戒惧、守底线，习惯在受监督和约束的环境中工作生活。

六是夺取反腐败斗争压倒性胜利。报告指出，要深化标本兼治，保证干部清正、政府清廉、政治清明。要坚持无禁区、全覆盖、零容忍，坚持重遏制、强高压、长震慑，坚持受贿行贿一起查，坚决防止党内形成利益集团。在市县党委建立巡察制度，加大整治群众身边腐败问题力度。不管腐败分子逃到哪里，都要缉拿归案、绳之以法。推进反腐败国家立法，建设覆盖纪检监察系统的检举举报平台。强化不敢腐的震慑，扎牢不能腐的笼子，增强不想腐的自觉。

七是健全党和国家监督体系。报告指出，要把权力关进制度的笼子，强化组织监督，改进民主监督，发挥同级相互监督作用，深化政治巡视，深化国家监察体制改革，制定国家监察法，改革审计管理体制，构建党统一指挥、全面覆盖、权威高效的监督体系。

八是全面增强执政本领。报告指出,要增强学习本领、政治领导本领、改革创新本领、科学发展本领、依法执政本领、群众工作本领、狠抓落实本领和驾驭风险本领。①

把全面从严治党引向深入

2018年1月11日,中国共产党召开第十九届中央纪律检查委员会第二次全体会议,习近平发表重要讲话。他强调以永远在路上的执着把全面从严治党引向深入,开创全面从严治党新局面。

习近平总结了党的十八大以来管党治党的经验。一要坚持思想建党和制度治党相统一,既要解决思想问题,也要解决制度问题,把坚定理想信念作为根本任务,把制度建设贯穿到党的各项建设之中。二要坚持使命引领和问题导向相统一,既要立足当前、直面问题,在解决人民群众最不满意的问题上下功夫;又要着眼未来、登高望远,在加强统筹谋划、强化顶层设计上着力。三要坚持抓"关键少数"和管"绝大多数"相统一,既对广大党员提出普遍性要求,又对"关键少数"特别是高级干部提出更高更严的标准,进行更严的管理和监督。四要坚持行使权力和担当责任相统一,真正把落实管党治党政治责任作为最根本的政治担当,紧紧咬住"责任"二字,抓住"问责"这个要害。五要坚持严格管理和关心信任相统一,坚持真管真严、敢管敢严、长管长严,贯彻惩前毖后、治病救人的一贯方针,抓早抓小、防微杜渐,最大限度防止干部出问题,最大限度激发干部积极性。六要坚持党内监督和群众监督相统一,以党内监督带动其他监督,积极畅通人民群众建言献策和批评监督渠道,充分发挥群众监督、舆论监督作用。习近平指出,要坚持以党的政治建设为统领,坚决维护党中央权威和集中统一领导。要锲而不舍落实中央八项规定精神,保持党同人民群众的血肉联系。要全面加强纪律建设,用严明的纪律管全党治全党。要深化标本兼治,夺取反腐败斗争压倒性胜利。②

---

① 参见习近平:《决胜全面建成小康社会 夺取新时代中国特色社会主义伟大胜利——在中国共产党第十九次全国代表大会上的报告》,《人民日报》2017年10月28日。
② 参见《习近平在十九届中央纪委二次全会上发表重要讲话强调 全面贯彻落实党的十九大精神 以永远在路上的执着把从严治党引向深入》,《人民日报》2018年1月12日。

完善组织建设法规体系

为深入贯彻习近平新时代中国特色社会主义思想和党的十九大精神，充分调动和激发干部队伍的积极性、主动性、创造性，激励广大干部在新时代担当新使命、展现新作为，努力创造属于新时代的光辉业绩，2018年5月，中共中央办公厅印发了《关于进一步激励广大干部新时代新担当新作为的意见》。《意见》深入贯彻习近平新时代中国特色社会主义思想和党的十九大精神，提出了对干部的思想教育要求、用人导向要求、考核评价要求、"不能为"措施、容错纠错要求、关心关爱要求、凝聚合力要求和宣传落实要求，对充分调动和激发干部队伍的积极性、主动性、创造性，教育引导广大干部为决胜全面建成小康社会、夺取新时代中国特色社会主义伟大胜利、实现中华民族伟大复兴的中国梦不懈奋斗，具有十分重要的意义。

2018年7月3日，习近平在全国组织工作会议上发表重要讲话，回顾了党的十八大以来党的建设和组织工作，指出"组织路线对坚持党的领导、加强党的建设、做好党的组织工作具有十分重要的意义"，并明确提出了新时代党的组织路线，即"全面贯彻新时代中国特色社会主义思想，以组织体系建设为重点，着力培养忠诚干净担当的高素质干部，着力集聚爱国奉献的各方面优秀人才，坚持德才兼备、以德为先、任人唯贤，为坚持和加强党的全面领导、坚持和发展中国特色社会主义提供坚强组织保证"，指出要着力培养忠诚干净担当的高素质干部，做好培养年轻干部的工作。[①]

为进一步加强党的干部工作，为建设高素质干部队伍提供制度保障，党中央先后通过了一些条例。2019年3月，中共中央印发了修订后的《党政领导干部选拔任用工作条例》，为干部选拔任用工作提供指导；2019年4月，中共中央印发《党政领导干部考核工作条例》，使领导干部的考核有了依据；2019年5月，中共中央印发《中国共产党党员教育管理工作条例》，为党员教育和管理提供制度保障。

为加强党的组织建设，提高党组织战斗力，党中央出台了一系列法规。2018年11月，中共中央印发《中国共产党支部工作条例（试行）》；2019年1月，中共中央印发《中国共产党农村基层组织工作条例》；2019年4月，中

---

① 参见中共中央党史和文献研究院编：《十九大以来重要文献选编》（上），中央文献出版社2019年版，第559—560页。

共中央印发修订后的《中国共产党党组工作条例》；2019年5月，中共中央办公厅印发《关于加强和改进城市基层党的建设工作的意见》；2019年11月，中共中央印发修订后的《中国共产党党和国家机关基层组织工作条例》；2020年1月，中共中央印发《中国共产党国有企业基层组织工作条例（试行）》；2020年3月，中共中央办公厅印发《党委（党组）落实全面从严治党主体责任规定》。中央印发的这些条例形成了指导基层党组织工作的制度体系。

加强党的政治建设

2018年6月29日，习近平在十九届中央政治局第六次集体学习时就加强党的建设发表重要讲话。习近平指出："任何政党都有政治属性，都有自己的政治使命、政治目标、政治追求。马克思主义政党具有崇高政治理想、高尚政治追求、纯洁政治品质、严明政治纪律。如果马克思主义政党政治上的先进性丧失了，党的先进性和纯洁性就无从谈起。""全面从严治党首先要从政治上看"，"政治问题要从政治上来解决"。虽然党的十八大以来党的政治建设成就颇多，但党内存在的政治问题还没完全解决。新时代加强党的政治建设，要做到以下几点：第一，把准政治方向，我们所要坚守的政治方向，就是共产主义远大理想和中国特色社会主义共同理想、"两个一百年"奋斗目标，就是党的基本理论、基本路线、基本方略；第二，坚持党的政治领导，最重要的是坚持党中央权威和集中统一领导，这要作为党的政治建设的首要任务；第三，夯实政治根基，人民群众拥护和支持是我们党最可靠的力量源泉，要紧扣民心这个最大的政治，把赢得民心民意、汇集民智民力作为重要着力点；第四，涵养政治生态，要把树立正确选人用人导向作为重要着力点，突出政治标准；第五，防范政治风险，就是教育引导各级领导干部增强政治敏锐性和政治鉴别力；第六，永葆政治本色，必须以永远在路上的坚定和执着，坚决把反腐败斗争进行到底，使我们党永不变质、永不变色；第七，提高政治能力，善于从政治上分析问题、解决问题。[①]

---

① 参见习近平：《增强推进党的政治建设的自觉性和坚定性》，《求是》2019年第14期。

2019年1月31日，中共中央印发《关于加强党的政治建设的意见》，明确提出："加强党的政治建设，目的是坚定政治信仰，强化政治领导，提高政治能力，净化政治生态，实现全党团结统一、行动一致。"①《意见》就加强党的政治建设作了以下部署：一是坚定政治信仰，二是坚持党的政治领导，三是提高政治能力，四是净化政治生态。要求落实领导责任，抓住"关键少数"，强化制度保障，加强监督问责。

加强纪律建设，强化监督问责

修订《中国共产党纪律处分条例》。2018年8月，中共中央印发了修订后的《中国共产党纪律处分条例》。《中国共产党纪律处分条例》是关于党的纪律建设的基础性法规。修订《条例》，是党中央站在新的历史起点上，适应新时代党的建设总要求，对全面从严治党、加强纪律建设再部署、再动员。这次修订《条例》，认真学习领会习近平关于党的纪律建设重要论述，深入总结监督执纪中的新经验、新做法，深刻分析党的十八大以来中央纪委查处的严重违纪违法中管干部忏悔录反映的问题，落实全面从严治党永远在路上、推动全面从严治党向纵深发展的要求，进一步拧紧党纪螺栓、扎紧制度篱笆。《条例》全面贯彻习近平新时代中国特色社会主义思想和党的十九大精神，以党章为根本遵循，将党章和《关于新形势下党内政治生活的若干准则》等党内法规的要求细化具体化。坚持使命引领和问题导向，实现制度的与时俱进。严明政治纪律和政治规矩，把坚决维护习近平总书记党中央的核心、全党的核心地位，坚决维护党中央权威和集中统一领导作为出发点和落脚点，着力提高纪律建设的政治性、时代性、针对性，使全面从严治党的思路举措更加科学、更加严密、更加有效。

修订《中国共产党问责条例》。2016年7月实施的《中国共产党问责条例》为党的问责工作提供了制度遵循，推动失责必问、问责必严成为常态，发挥了全面从严治党的利器作用。党的十九大对新时代推进中国特色社会主义伟大事业和党的建设新的伟大工程作出了全面部署，为深入贯彻党的十九大精神，激励广大党员领导干部不忘初心、牢记使命，2019年9月，中共中

---

① 中共中央党史和文献研究院编：《十九大以来重要文献选编》（上），中央文献出版社2019年版，第795页。

央印发了修订后的《中国共产党问责条例》。修订后的《条例》全面贯彻了习近平新时代中国特色社会主义思想和党的十九大精神，以党章为根本遵循，把"两个维护"作为根本原则和首要任务，聚焦管党治党政治责任，坚持严字当头，针对实践中出现的问责不力、泛化简单化等问题，提高了问责工作的政治性、精准性和实效性。

开展"不忘初心、牢记使命"主题教育

2017年10月18日，习近平在党的十九大报告中指出，弘扬马克思主义学风，推进"两学一做"学习教育常态化制度化，以县处级以上领导干部为重点，在全党开展"不忘初心、牢记使命"主题教育，用党的创新理论武装头脑，推动全党更加自觉地为实现新时代党的历史使命不懈奋斗。中国共产党人的初心和使命，就是为中国人民谋幸福，为中华民族谋复兴。

2019年5月13日，中共中央政治局召开会议，决定从2019年6月开始，在全党自上而下分两批开展"不忘初心、牢记使命"主题教育。2019年5月31日，在"不忘初心、牢记使命"主题教育工作会议上，习近平阐述了此次主题教育的重要意义，即开展这次主题教育，是用新时代中国特色社会主义思想武装全党的迫切需要，是推进新时代党的建设的迫切需要，是保持党同人民群众血肉联系的迫切需要，是实现党的十九大确定的目标任务的迫切需要。明确了此次主题教育的目标，就是要坚持思想建党、理论强党，坚持学思用贯通、知信行统一，推动广大党员干部全面系统学、深入思考学、联系实际学，不断增强"四个意识"、坚定"四个自信"、做到"两个维护"，筑牢信仰之基、补足精神之钙、把稳思想之舵；就是要认真贯彻新时代党的建设总要求，奔着问题去，以刮骨疗伤的勇气、坚忍不拔的韧劲坚决予以整治，同一切影响党的先进性、弱化党的纯洁性的问题作坚决斗争，努力把我们党建设得更加坚强有力；就是要继续教育引导广大党员干部自觉践行党的根本宗旨，把群众观点、群众路线深深植根于思想中、具体落实到行动上，着力解决群众最关心最现实的利益问题，不断增强人民群众对党的信任和信心，筑牢党长期执政最可靠的阶级基础和群众根基；就是要教育引导广大党员干部发扬革命传统和优良作风，团结带领人民把党的十九大绘就的宏伟蓝图一步一步变为美好现实。提出把

"守初心、担使命，找差距、抓落实"的总要求贯穿主题教育的全过程，教育引导广大党员干部在原有学习的基础上取得新进步，加深对新时代中国特色社会主义思想和党中央大政方针的理解，学深悟透、融会贯通，增强贯彻落实的自觉性和坚定性，提高运用党的创新理论指导实践、推动工作的能力。①2019年6月，中共中央发出关于印发《习近平新时代中国特色社会主义思想学习纲要》的通知，要求将《纲要》作为广大干部群众深入学习领会习近平新时代中国特色社会主义思想的重要辅助读物，并紧密结合"不忘初心、牢记使命"主题教育，把《纲要》纳入学习计划，开展多形式、分层次、全覆盖的学习培训。

2019年9月，中央"不忘初心、牢记使命"主题教育领导小组印发《关于开展第二批"不忘初心、牢记使命"主题教育的指导意见》。根据《意见》，第二批主题教育从2019年9月开始，到11月底基本结束。2019年9月7日，"不忘初心、牢记使命"主题教育第一批总结暨第二批部署会议召开，对第二批主题教育进行动员部署。11月，《关于第二批主题教育单位基层党组织召开专题组织生活会和开展民主评议党员的通知》印发。各地区各单位高度重视，迅速行动。

2020年1月8日，"不忘初心、牢记使命"主题教育总结大会在北京召开，习近平发表重要讲话。习近平在讲话中列举了主题教育的成果，总结了主题教育的经验，提出："全党要以这次主题教育为新的起点，不断深化党的自我革命，持续推动全党不忘初心、牢记使命。"并强调了六个方面：第一，不忘初心、牢记使命，必须作为加强党的建设的永恒课题和全体党员、干部的终身课题常抓不懈；第二，不忘初心、牢记使命，必须用马克思主义中国化最新成果统一思想、统一意志、统一行动；第三，不忘初心、牢记使命，必须以正视问题的勇气和刀刃向内的自觉不断推进党的自我革命；第四，不忘初心、牢记使命，必须发扬斗争精神，勇于担当作为；第五，不忘初心、牢记使命，必须完善和发展党内制度，形成长效机制；第六，不忘初心、牢记使命，必须坚持领导机关和领导干部带头。②

---

① 参见《习近平在"不忘初心、牢记使命"主题教育工作会议上强调 守初心担使命找差距抓落实 确保主题教育取得扎扎实实的成效》，《人民日报》2019年6月1日。
② 参见习近平：《在"不忘初心、牢记使命"主题教育总结大会上的讲话》，《人民日报》2020年1月9日。

坚持和完善党的领导制度体系

2019年10月31日，党的十九届四中全会通过《中共中央关于坚持和完善中国特色社会主义制度 推进国家治理体系和治理能力现代化若干重大问题的决定》，《决定》指出，坚持和完善党的领导制度体系，提高党科学执政、民主执政、依法执政水平，把党的领导落实到国家治理各领域各方面各环节。

第一，建立不忘初心、牢记使命的制度。确保全党遵守党章，恪守党的性质和宗旨，坚持用共产主义远大理想和中国特色社会主义共同理想凝聚全党、团结人民，用习近平新时代中国特色社会主义思想武装全党、教育人民、指导工作，夯实党执政的思想基础。把不忘初心、牢记使命作为加强党的建设的永恒课题和全体党员、干部的终身课题，形成长效机制，坚持不懈锤炼党员、干部忠诚干净担当的政治品格。全面贯彻党的基本理论、基本路线、基本方略，持续推进党的理论创新、实践创新、制度创新，使一切工作顺应时代潮流、符合发展规律、体现人民愿望，确保党始终走在时代前列、得到人民衷心拥护。

第二，完善坚定维护党中央权威和集中统一领导的各项制度。推动全党增强"四个意识"、坚定"四个自信"、做到"两个维护"，自觉在思想上政治上行动上同以习近平同志为核心的党中央保持高度一致，坚决把维护习近平总书记党中央的核心、全党的核心地位落到实处。健全党中央对重大工作的领导体制，强化党中央决策议事协调机构职能作用，完善推动党中央重大决策落实机制，严格执行向党中央请示报告制度，确保令行禁止。健全维护党的集中统一的组织制度，形成党的中央组织、地方组织、基层组织上下贯通、执行有力的严密体系，实现党的组织和党的工作全覆盖。

第三，健全党的全面领导制度。完善党领导人大、政府、政协、监察机关、审判机关、检察机关、武装力量、人民团体、企事业单位、基层群众自治组织、社会组织等制度，健全各级党委（党组）工作制度，确保党在各种组织中发挥领导作用。完善党领导各项事业的具体制度，把党的领导落实到统筹推进"五位一体"总体布局、协调推进"四个全面"战略布局各方面。完善党和国家机构职能体系，把党的领导贯彻到党和国家所有机构履行职责全过程，推动各方面协调行动、增强合力。

第四，健全为人民执政、靠人民执政各项制度。坚持立党为公、执政为民，保持党同人民群众的血肉联系，把尊重民意、汇集民智、凝聚民力、改善民生贯穿党治国理政全部工作之中，巩固党执政的阶级基础，厚植党执政的群众基础，通过完善制度保证人民在国家治理中的主体地位，着力防范脱离群众的危险。贯彻党的群众路线，完善党员、干部联系群众制度，创新互联网时代群众工作机制，始终做到为了群众、相信群众、依靠群众、引领群众、深入群众、深入基层。健全联系广泛、服务群众的群团工作体系，推动人民团体增强政治性、先进性、群众性，把各自联系的群众紧紧团结在党的周围。

第五，健全提高党的执政能力和领导水平制度。坚持民主集中制，完善发展党内民主和实行正确集中的相关制度，提高党把方向、谋大局、定政策、促改革的能力。健全决策机制，加强重大决策的调查研究、科学论证、风险评估，强化决策执行、评估、监督。改进党的领导方式和执政方式，增强各级党组织政治功能和组织力。完善担当作为的激励机制，促进各级领导干部增强学习本领、政治领导本领、改革创新本领、科学发展本领、依法执政本领、群众工作本领、狠抓落实本领、驾驭风险本领，发扬斗争精神，增强斗争本领。

第六，完善全面从严治党制度。坚持党要管党、全面从严治党，增强忧患意识，不断推进党的自我革命，永葆党的先进性和纯洁性。贯彻新时代党的建设总要求，深化党的建设制度改革，坚持依规治党，建立健全以党的政治建设为统领，全面推进党的各方面建设的体制机制。坚持新时代党的组织路线，健全党管干部、选贤任能制度。规范党内政治生活，严明政治纪律和政治规矩，发展积极健康的党内政治文化，全面净化党内政治生态。完善和落实全面从严治党责任制度。坚决同一切影响党的先进性、弱化党的纯洁性的问题作斗争，大力纠治形式主义、官僚主义，不断增强党的创造力、凝聚力、战斗力，确保党始终成为中国特色社会主义事业的坚强领导核心。①

---

① 参见《中共中央关于坚持和完善中国特色社会主义制度 推进国家治理体系和治理能力现代化若干重大问题的决定》，《人民日报》2019年11月6日。

历史性的创新与成就

习近平关于全面从严治党的重要论述以及全面从严治党的战略行动，对当代党和国家命运产生了深刻而巨大的影响。其中最重要的创新成就，是走出了一条长期执政条件下跳出历史周期率的治党新路。习近平指出："新时代全面从严治党取得了历史性、开创性成就，产生了全方位、深层次影响。""党的十八大以来，我们探索出一条长期执政条件下解决自身问题、跳出历史周期率的成功道路，构建起一套行之有效的权力监督制度和执纪执法体系，这条道路、这套制度必须长期坚持并不断巩固发展。"① 具体来讲，笔者认为可以归结为以下三个方面。

首先，形成了新时代党的建设科学体系。党的建设科学体系的形成，是党在不同时期走向成熟的重要标志。党的十九大提出了新时代党的建设总要求，形成了新时代党的建设的科学体系。习近平对这一理论成果作出了原创性、系统性的贡献。

第一，回答解决了一个重大课题。即继续领导中国人民坚持和发展好新时代中国特色社会主义伟大事业，需要一个什么样的中国共产党、怎么建设好这样一个马克思主义执政党，以及如何长期管好治好这样一个党。这是在我们党确立新时代中国特色社会主义基本方略之后，在党的建设新的伟大工程方面必须首先廓清的重大时代课题。第二，提出了新时代党的建设必须坚持的重大政治原则，即坚持和加强党的全面领导，坚持党要管党、全面从严治党。第三，明确了一个新时代党的建设目标，即新时代应该把党建设成为始终走在时代前列、人民衷心拥护、勇于自我革命、经得起各种风浪考验、朝气蓬勃的马克思主义执政党。第四，制定了一条新时代党的建设主线。即必须以加强党的长期执政能力建设、先进性和纯洁性建设为主线。第五，确立了新时代党的建设的总体布局。即必须以党的政治建设为统领，以坚定理想信念为根基，以调动全党积极性、主动性、创造性为着力点，全面推进党的政治建设、思想建设、组织建设、作风建设、纪律建设，把制度建设贯穿其中，深入推进反腐败斗争，不断提高党的建

---

① 《习近平在十九届中央纪委四次全会上发表重要讲话强调 一以贯之全面从严治党强化对权力运行的制约和监督 为决胜全面建成小康社会决战脱贫攻坚提供坚强保障》，《人民日报》2020年1月14日。

设质量。第六，作出了新时代党的建设八个方面的战略部署。一是把党的政治建设摆在首位，二是用习近平新时代中国特色社会主义思想武装全党，三是建设高素质专业化干部队伍，四是加强基层组织建设，五是持之以恒正风肃纪，六是坚决打好反腐败斗争攻坚战、持久战，七是健全党和国家监督体系，八是全面增强执政本领。

其次，探索到了跳出历史周期率的治党新路。一党执政、长期执政，如何管好党治好党，永葆党的先进性，永葆国家政权的人民主体性质不变质，是世界性难题，成功的少，失败的多，一些大党老党，特别是苏联、东欧一些国家的共产党，都留下了因管党治党失败而导致执政失败的深刻教训。我们党对这个问题始终高度关注，进行了曲折艰辛的不懈探索，有宝贵经验，也有深刻教训。新民主主义革命时期，我们党在几次局部执政条件下，高度重视从思想上建党，以铁的纪律管党治党，做到了政治过硬、本领高强。国共两党最后较量的结果，可以说就是党的建设成败的结果，因为党的建设成败直接决定了民心向背。更为可贵的是，党在中国革命巨大胜利面前，登高望远，以深沉的忧患意识对执政后党的执政风险作出了前瞻性的预警思考，从1940年陈嘉庚访问延安时的警示，到延安整风运动全党学习《甲申三百年祭》，到1945年毛泽东与黄炎培的"窑洞对"，到1949年执政前的"两个务必"，再到新中国成立后严厉的反腐斗争，对执政条件下实现党的纯洁性、先进性问题，进行了无私无畏的探索，并开创了新中国成立初期党的一代新风。后来，鉴于国际国内极为复杂的局势，鉴于新中国社会主义建设探索出现重大挫折，管党治党的思路也出现了曲折，依靠群众运动方式保持党的思想纯洁性的考量逐渐占据主导地位，再后来运动方式变成了一个接一个的政治运动，这些都留下了深刻教训。改革开放以后，党毅然放弃运动治党模式，不搞路线斗争，提出制度治党，但制度治党究竟该怎么治，如何在市场经济和改革开放的全新环境下通过制度把党管好，是更为艰巨的考验。党的十八大之前出现的党的领导和党的建设宽松软问题，特别是严重腐败和"四风"问题，也是有教训的。

党的十八大以来，在深刻、全面、系统总结从严治党历史经验教训的基础上，结合新时代的鲜明特点，以全面从严治党开辟了伟大自我革命的新征程，并以伟大自我革命推进伟大社会革命，使党大大提高了自我净化、自我完善、自我革新、自我提高的能力。在取得全面从严治党巨大成就的同时，我们党探索出了一条思想建党与制度治党统一的治党新路，这是一条长期执政条件下跳出历史周期率的成功道路。这条道路，既继承发扬了我们党重视思想建党的优良传统，又发展完善了制度治党的宝贵经验，保障了党最大政治优势的发挥。这条新路的成功经验，集中起来就是习近平提出的全面从严治党"六个统一"的基本经验，即坚持思想建党和制度治党相统一，坚持使命引领和问题导向相统一，坚持抓"关键少数"和管"绝大多数"相统一，坚持行使权力和担当责任相统一，坚持严格管理和关心信任相统一，坚持党内监督和群众监督相统一。这是我们党对长期执政条件下管党治党规律的探索结晶和自觉把握。

最后，对权力监督作出了制度安排。权力监督问题是人类政治发展的永恒课题，更是一党执政、长期执政的难题，也是很多一党长期执政的国家治理的短板。对于我们党来讲，没有了战争环境的外部制约，不能再用群众运动的非理性办法监督，在长期执政、市场经济和改革开放条件下，破解权力监督问题更是显得异常艰巨，一些西方政客甚至宣称，这是共产党国家无法破解的难题。

习近平指出，自我监督是世界性难题，是国家治理的"哥德巴赫猜想"，我们要通过行动回答"窑洞之问"，练就中国共产党人自我净化的"绝世武功"。对我们党来讲，外部监督是必要的，但从根本上讲，还在于强化自身监督。党内监督是最根本的、第一位的，但如果不与有关国家机关监督、民主党派监督、群众监督、舆论监督等结合起来，就不能形成监督合力。沿着这一理念和信心，党的十八大以来，我们党迎难而上，不畏艰险，以刀刃向内的自我革命勇气和行动，构建了一套行之有效的权力监督制度和执纪执法体系，切实把权力关进了制度的笼子，实现了对权力运行的全程监督。我们党完善强化了政治巡视制度；深化了国家监察体制改革，组建了国家、省、市、县监察委员会，实现了对所有行使公权力的公职人员监察全覆盖；制定了国家监察法；改革了审计管理体制，完善了统计体制；构建了党统一指挥、全面覆盖、权威高效的党内监督体系，并与党外监督有机结合，形成了具有中国特色的监督制约制度体系。

特别是党的监督保障法规建设成绩显著，为党的权力监督制约制度运行提供了越来越完备的法规制度保证。主要包括:《中国共产党纪律处分条例》《中国共产党党内监督条例》《中国共产党问责条例》《中国共产党巡视工作条例》《中国共产党廉洁自律准则》《关于深化中央纪委国家监委派驻机构改革的意见》《中国共产党纪律检查机关监督执纪工作规则》《党组讨论和决定党员处分事项工作程序规定(试行)》,等等。

结语

百年大党与中国梦

100年前，中国的马克思主义先驱，面对满目疮痍、苦难深重的祖国，为了新的百年梦想，他们秘密聚集在上海并辗转嘉兴南湖的一艘游船上，宣告了一个伟大政党的诞生。100年过去了，当年的中国共产党有50多名党员，今天的中国共产党有9 100多万名党员；当年的中国共产党与中华民族同呼吸、共命运，成就了中国近现代历史上开天辟地的大事变；今天的中国共产党早已与中华民族命运与共，即将领导中国人民成就中华民族伟大复兴的中国梦。

在整整一个世纪的艰辛探索、牺牲和奋斗中，中国共产党领导中国人民，在汹涌澎湃的革命洪流中，在风云激荡的建设大潮中，在除旧布新的改革风云中，无私无畏，只争朝夕，义无反顾，披荆斩棘，坚持真理，修正错误，以自我革命的精神引领中国社会革命，实现了中华民族的光荣独立梦想和繁荣富强梦想，赢得了这个5 000多年文明古国应有的自豪和尊严。而新时代实现中华民族伟大复兴的中国梦，蓝图已经绘就，道路已经铺设，制度已经安排，世界上再也没有任何力量能够阻挡中国人民前进的步伐。

在第一个百年即将过去、新的百年即将起航的时刻，让我们一起展望：中国共产党将在新的百年引领21世纪的中国，在理性的制度建构中变得更加富有智慧和自信，5 000多年的中华文明将在制度创新中焕发出隐藏太久的巨大潜能；21世纪的中国不仅会成为世界经济强国，而且还会走出一条融现代文明与古老华夏智慧于一体的成功的中国特色的民主法治国家新路，建成一个令世人钦羡的、清廉昌明的政治文明强国和现代文化大国……21世纪的中国将不仅对社会主义作出历史性的贡献，而且将以其辉煌的业绩对世界文明的发展走向产生重大影响。如果说中华人民共和国的成立意味着中国人民在政治上成为自己的主人，那么中华民族以其强大的经济实力和卓越的制度文明傲立于 21 世纪的世界民族之林，便是历史庄严地交给我们这一代共产党人的责任了。

当代世界著名的历史学家阿诺德·约瑟夫·汤因比曾预言："将来统一世界的大概不是西欧国家，也不是西欧化的国家，而是中国。并且正因为中国有担任这样的未来政治任务的征兆，所以今天中国在世界上才有令人惊叹的威望。"[①]

早在 1940 年 1 月，中国人民的伟大领袖毛泽东就庄严地提出："我们共产党人，多年以来，不但为中国的政治革命和经济革命而奋斗，而且为中国的文化革命而奋斗；一切这些的目的，在于建设一个中华民族的新社会和新国家。在这个新社会和新国家中，不但有新政治、新经济，而且有新文化。这就是说，我们不但要把一个政治上受压迫、经济上受剥削的中国，变为一个政治上自由和经济上繁荣的中国，而且要把一个被旧文化统治因而愚昧落后的中国，变为一个被新文化统治因而文明先进的中国。"[②] 在新中国诞生前夕，毛泽东再一次郑重地宣布："随着经济建设的高潮的到来，不可避免地将要出现一个文化建设的高潮。中国人被人认为不文明的时代已经过去了，我们将以一个具有高度文化的民族出现于世界。"[③]

在历经了几十年的曲折探索之后，邓小平站在全新的时代高度指出："我们的党和人民浴血奋斗多年，建立了社会主义制度。尽管这个制度还不完善，又遭受了破坏，但是无论如何，社会主义制度总比弱肉强食、损人利己的资本主义制度好得多。我们的制度将一天天完善起来，它将吸收我们可以从世界各国吸收的进步因素，成为世界上最好的制度。"[④]

当中国特色社会主义进入新时代，习近平以伟大政治家的豪迈自信和赤诚情怀说："中国的昨天已经写在人类的史册上，中国的今天正在亿万人民手中创造，中国的明天必将更加美好。全党全军全国各族人民要更加紧密地团结起来，不忘初心，牢记使命，继续把我们的人民共和国巩固好、

---

① 〔英〕A.J.汤因比、〔日〕池田大作：《展望二十一世纪——汤因比与池田大作对话录》，荀春生等译，国际文化出版公司 1985 年版，第 289 页。
② 《毛泽东选集》第 2 卷，人民出版社 1991 年版，第 663 页。
③ 《毛泽东文集》第 5 卷，人民出版社 1996 年版，第 345 页。
④ 《邓小平文选》第 2 卷，人民出版社 1994 年版，第 337 页。

发展好,继续为实现'两个一百年'奋斗目标、实现中华民族伟大复兴的中国梦而努力奋斗!"[1]

回望中国共产党的百年奋斗与辉煌,面对当今世界百年未有之大变局,展望中华民族伟大复兴的光荣梦想,我们秉持初心,肩负使命,重整行装再出发。

---

[1] 习近平:《在庆祝中华人民共和国成立70周年大会上的讲话》,《人民日报》2019年10月2日。

参考文献

1. 《毛泽东选集》第1、2、3、4卷，人民出版社1991年版。

2. 《毛泽东文集》第1卷，人民出版社1993年版。

3. 《毛泽东文集》第5卷，人民出版社1996年版。

4. 《毛泽东军事文集》第1卷，军事科学出版社、中央文献出版社1993年版。

5. 《邓小平文选》第1、2卷，人民出版社1994年版。

6. 《邓小平文选》第3卷，人民出版社1993年版。

7. 《江泽民文选》第1、2、3卷，人民出版社2006年版。

8. 《胡锦涛文选》第2、3卷，人民出版社2016年版。

9. 《刘少奇选集》上卷，人民出版社1981年版。

10. 《马克思恩格斯选集》第1、3、4卷，人民出版社2012年版。

11. 中国李大钊研究会编注：《李大钊全集》第2、4卷，人民出版社2006年版。

12. 《陈独秀文章选编》（上），生活·读书·新知三联书店1984年版。

13. 胡乔木：《胡乔木回忆毛泽东》，人民出版社2014年版。

14. 李君如：《中国共产党建设史》上、下册，福建人民出版社2011年版。

15. 中共中央文献研究室、中共湖南省委《毛泽东早期文稿》编辑组编：《毛泽东早期文稿》，湖南人民出版社2013年版。

16. 中共中央文献研究室编：《建国以来重要文献选编》第1、2册，中央文献出版社1992年版。

17. 中共中央文献研究室编：《建国以来重要文献选编》第4册，中央文献出版社1993年版。

18. 中共中央文献研究室编：《毛泽东年谱（1893—1949）》（上）（中），中央文献出版社2013年版。

19. 中共中央文献研究室编：《毛泽东年谱（1949—1976）》第2、3卷，中央文献出版社2013年版。

20. 中共中央文献研究室、中央档案馆编：《建党以来重要文献选编（1921—

1949）》第 8、11、13、14、15、19、22 册，中央文献出版社 2011 年版。

21. 陈明钦等：《中外人士访延纪实——封锁线内的真相（1944—1945）》，云南人民出版社 1990 年版。

22. 黄炎培：《八十年来》，文史资料出版社 1982 年版。

23. 中共中央文献研究室编：《十四大以来重要文献选编》（中），中央文献出版社 2011 年版。

24. 中共中央文献研究室编：《十五大以来重要文献选编》（下），中央文献出版社 2011 年版。

25. 中共中央文献研究室编：《十八大以来重要文献选编》（上），中央文献出版社 2014 年版。

26. 中共中央文献研究室编：《十八大以来重要文献选编》（中），中央文献出版社 2016 年版。

27.《习近平谈治国理政》第 1 卷，外文出版社 2018 年版。

28. 中共中央文献研究室编：《习近平关于实现中华民族伟大复兴的中国梦论述摘编》，中央文献出版社 2013 年版。

29. 中共中央文献研究室编：《习近平关于全面深化改革论述摘编》，中央文献出版社 2014 年版。

30. 中共中央文献研究室编：《习近平关于协调推进"四个全面"战略布局论述摘编》，中央文献出版社 2015 年版。

31. 中共中央文献研究室编：《习近平关于全面从严治党论述摘编》，中央文献出版社 2016 年版。

32. 中共中央纪律检查委员会、中共中央文献研究室编：《习近平关于党风廉政建设和反腐败斗争论述摘编》，中国方正出版社 2015 年版。

33. 习近平：《决胜全面建成小康社会 夺取新时代中国特色社会主义伟大胜利——在中国共产党第十九次全国代表大会上的报告》，《人民日报》2017 年 10 月 28 日。

后记

20年前，正好是建党80周年，我写了一本书《从民主新路到依法治国——为人民民主奋斗八十年的中国共产党》。后来五洲传播出版社以"中国共产党与中国民主政治"为题翻译成英文出版。这是我多年来一直琢磨的主题。从事党史党建研究这么多年，我的主要视角和信念也是这个方向。

一晃20年过去了，对于我们党来讲，这20年是决定中华民族未来命运极其关键的20年。2017年我带团访问美国时，美国亚洲学会的负责人在欢迎我们的致辞中说，近40年来中国一直在做正确的事情。我相信他说这话是友好、真诚的。而最让我们党自豪的正确的事是，20年来我们党领导中国人民成功实现了社会主义与市场经济的结合，使中国特色社会主义市场经济从理论到实践再到制度安排日益完善和定型。市场经济这一道关我们跨过去了！在跨过市场经济这一大关的进程中，我们的法治国家建设在提速，我们的人民民主在法治轨道上稳步推进，中国共产党和中国人民有理由在新时代更加自信，社会主义市场经济发展将使国家更加充满活力，社会主义法治国家建设将使中华民族长治久安，人民民主事业将使中国成为一个大强国而又使人民觉得可亲，中华民族伟大复兴的前途将更加光明与锦绣。

在建党100周年之际，我写这本书的初衷，就是想以自己多年的思考梳理100年来我们党带领人民为民主、为自由、为富强、为复兴不懈奋斗的光辉历程。梳理的线索有两条：一是中国共产党领导中国人民做的事情，二是中国共产党如何通过自身建设持续修得领导人民做好正确事情的功夫和能力。这两个方面是如此紧密地联系和互动了100年，早已涵养成了执政党和共和国的文化，以至于想要了解中国的成功，就必须了解中国共产党，就必须了解中国共产党的历史和中国共产党的建设。百年大党，百年辉煌，本书力图从这一维度探寻些许百年恢宏历史的真义，但由于境界、悟性和能力所限，时感心有余而力不足，特别是到书稿收笔之际，更觉惶恐和不安。

在本书撰写过程中，学习参考借鉴了很多学者的研究成果，获益良多，深表感谢。特别是20年前李君如先生专门为我那本《从民主新路到依法治国——为人民民主奋斗八十年的中国共产党》作序，20年后这本《百年大党：走向最强大政党》又汲取了他新近党建著述的研究成果，感念不已，惜缘惜福。书中的不慎不确之处，恭请党建学人和读者朋友赐教指正。我的三个博士生许芷浩、马云龙、董庆霞帮忙整理了资料，在此表示感谢。

愿这部拙作，能为党的百年华诞添一朵祝福的小花。

张志明
2021年初夏于北京大有庄100号